Cyfaill Pwy o'r Hen Wlad?

Cyfaill Pwy o'r Hen Wlad?
Gwasg Gyfnodol Gymraeg America 1838–1866

Rhiannon Heledd Williams

Gwasg Prifysgol Cymru
2017

Hawlfraint © Rhiannon Heledd Williams, 2017
Ailargraffwyd 2017

Cedwir pob hawl. Ni cheir atgynhyrchu unrhyw ran o'r cyhoeddiad hwn na'i gadw mewn cyfundrefn adferadwy na'i drosglwyddo mewn unrhyw ddull na thrwy unrhyw gyfrwng electronig, mecanyddol, ffotogopïo, recordio, nac fel arall, heb ganiatâd ymlaen llaw gan Wasg Prifysgol Cymru, 10 Rhodfa Columbus, Maes Brigantîn, Caerdydd CF10 4UP.

www.gwasgprifysgolcymru.org

Mae cofnod catalogio'r gyfrol hon ar gael gan y Llyfrgell Brydeinig.

ISBN   978-1-78683-058-6
e-ISBN 978-1-78683-059-3

Datganwyd gan Rhiannon Heledd Williams ei hawl foesol i'w chydnabod yn awdur ar y gwaith hwn yn unol ag adrannau 77 a 78 Deddf Hawlfraint, Dyluniadau a Phatentau 1988.

Cysodwyd yng Nghymru gan Eira Fenn Gaunt, Caerdydd.
Argraffwyd gan CPI Antony Rowe, Chippenham, Wiltshire.

I gofio'n annwyl am Mam a Dad,
fy arwyr

Cynnwys

Diolchiadau		ix
Cyflwyniad		1
1	Newyddiaduraeth Gymraeg America	11
2	'Heb Dduw heb ddim, Duw a digon': Enwadaeth a Chrefydd Cymry America	63
3	'Cyhoeddiad rhydd ac anmhleidgar'? Gwleidyddiaeth Cymry America a Dylanwad y Wasg	107
4	'Oes y byd i'r iaith Gymreig?' Parhad yr iaith Gymraeg yn America	169
5	'Llon heddy' yw llenyddiaeth?' Traddodiad llenyddol a diwylliant Cymry America	203
Casgliad		
	'Tra Môr Tra Brython?' Dylanwad y Wasg a pharhad diwylliant Cymraeg America	257
Nodiadau		273
Llyfryddiaeth		307
Mynegai		319

Diolchiadau

Carwn ddiolch i nifer helaeth o bobl am eu cymorth wrth lunio'r gyfrol hon. Yn gyntaf oll, hoffwn ddiolch i staff archifdy Prifysgol Bangor, llyfrgell Prifysgol Caerdydd a Llyfrgell Genedlaethol Cymru am gael pori drwy'r cyfnodolion.

Diolch arbennig i Brifysgol Bangor am ysgoloriaeth i dreulio cyfnod ym Mhrifysgol Harvard, a fu'n brofiad bythgofiadwy. Diolch i staff a myfyrwyr yr adran Geltaidd yno, ac i gynorthwywyr yr holl lyfrgelloedd. Diolchaf i'r darlithwyr canlynol am ganiatáu imi astudio eu modiwlau tra oeddwn yno: yr Athro Elisa New, yr Athro Henry Louis Gates Jr, Dr Stephanie Sandler, Dr John Schauffer, Dr Kang. Diolch hefyd am sgyrsiau difyr gyda'r Athro Werner Sollors, Dr Kevin van Anglen a Dr Melinda Gray.

Rwy'n ddyledus iawn i'r AHRC am nawdd i gwblhau'r ddoethuriaeth sy'n sail i'r gyfrol hon. Hoffwn ddiolch i holl staff Ysgol y Gymraeg, Prifysgol Bangor, am eu cyfeillgarwch, yn enwedig Rhodri, Heledd a Menna. Cyflwynaf fy niolchgarwch pennaf i'r Athro Jerry Hunter, a gynigiodd arweiniad a chefnogaeth ar bob cam o'r daith.

Hoffwn ddiolch yn ddiffuant i Dr Lowri Rees, Dr Aled Llion Jones, yr Athro Bill Jones a Dr Simon Brooks am ddarllen rhannau o'r gyfrol a chynnig sylwadau. Diolch hefyd am sgyrsiau gydag eraill sy'n ymddiddori yn y maes, megis yr Athro E. Wyn James, yr Athro Densil Morgan a'r Athro Daniel Williams, ac i Angharad Watkins am ei hargymhellion gwerthfawr.

Diolch i aelodau o Gymdeithas Gymraeg Utica, Cymry Vermont a staff llyfrgell Coleg Utica am eu croeso a'u cyfarwyddyd, ond

Diolchiadau

yn anad dim i Leonard Wynne a'i wraig Dolores am eu parodrwydd i gynnig cymorth.

Hoffwn gydnabod y nawdd a dderbyniais i gyhoeddi'r gyfrol gan Brifysgol De Cymru, a hefyd i Wasg Prifysgol Cymru am eu hamynedd a'u trylwyredd wrth baratoi'r deipysgrif.

Yn olaf, diolch i'm cydweithwyr a'm ffrindiau a fu'n gwmni ar hyd y daith, yn enwedig Glesni, Elliw, Einir, Hefina, Lowri, Catrin, Eifiona, Llinos, Sian Eleri, Sioned, Angharad, Cyril, Cris a Judith. Diolch i fy nheulu, yn enwedig fy chwaer Annes Fflur a'm nith Cadi Fflur am eu cariad. Diolch arbennig iawn i Llion Iwan am dy gymorth parod wrth olygu'r gyfrol, am dy sylwadau adeiladol, ond yn anad dim am dy gariad a'th anogaeth dibendraw.

Cyflwynaf fy niolchgarwch pennaf i Mam a Dad am eu cefnogaeth ddiwyro. Gresyn na chawsant rannu pen draw'r daith gyda mi. Diolch gwirioneddol am y sylfaen gadarn a gefais gennych, eich ysbrydoliaeth a'ch cariad di-amod. Cyflwynaf y gyfrol hon felly i gofio'n annwyl iawn amdanoch.

Cyflwyniad

Er gadel Cymru lawn ei breintiau,
Ei lloer, ei ser, a'i goleuadau,
Wele'n dod, er difa'n alaeth
A'r colledion, Gyfaill odiaeth.[1]

Dychmygwch eistedd mewn hen Land Rover gyda dyn yn ei nawdegau yn gwrando ar gasetiau corau meibion o Gymru. Siarad o flaen cynulleidfa o dros ddau gant mewn cymanfa ganu Gymraeg, a bwyta cacennau cri ar y diwedd. Gweld bedd Wil Colar Starts, un o gymeriadau mwyaf cofiadwy Caradog Prichard. Cwrdd â rhywun oedd â chefnder yn dod o'r un pentref â chi. Rhedeg i ganol y môr yn Boston ar ddydd Gŵyl Dewi. Yna dychmygwch gael y profiadau hyn ar dir a daear Gogledd America, a'r bobl hyn y deuthum ar eu traws yn ddisgynyddion i ymfudwyr o Gymru neu â rhyw gysylltiad teuluol a diddordeb yn y genedl.

Swynwyd llu o awduron a darllenwyr gan ramant iwtopaidd ac antur sefydlu'r Wladfa, ac o'r herwydd cyhoeddwyd toreth o ddeunydd sy'n archwilio profiadau'r Cymry i Batagonia. Er bod graddfa yr ymfudo i Ogledd America yn llawer uwch nag i Dde America mewn gwirionedd, prin o'i gymharu yw'r diddordeb yn hynt a helynt yr ymfudwyr hyn, er iddynt greu a chynnal diwylliant Cymraeg ar dir estron yr un mor llewyrchus â'u cyfoeswyr yn yr Ariannin. Yn wir, pan deithiais o amgylch hen dreflannau'r Cymry yn rhan uchaf talaith Efrog Newydd, cefais syndod o ganfod y bwrlwm sy'n dal i fod ymysg y cymdeithasau Cymreig yno, ac ambell gapel yn sefyll o hyd. Rhyfeddais at ddathliadau lu ar

Cyfaill pwy o'r hen wlad?

Ddydd Gŵyl Dewi, ac yn Vermont gwelais gryn dipyn o ysgrifen Cymraeg yn yr amgueddfa lechi. Cofnodwyd hanes y Cymry ymfudedig yn amgueddfa Ynys Ellis yn Efrog Newydd. Eto i gyd, ychydig iawn a wyddant fod gwasg Gymraeg fywiog ar un adeg yn gwasanaethu'r Cymry ar hyd ac ar led America.

Yn sgil ton o ymfudo na welwyd ei thebyg o Gymru i America yn ystod y bedwaredd ganrif ar bymtheg, ymdrechwyd i ail-greu'r diwylliant Cymraeg a fyddai'n gweddu i amodau byw'r wlad fabwysiedig. Un o'r cyfryngau mwyaf grymus yn y cyfnod i ddiffinio cenedligrwydd oedd y wasg gyfnodol, a weithredai fel dull cyfathrebu hanfodol i roi mynegiant i amrywiol agweddau ar hunaniaeth yr ymfudwyr. Yn anad dim, trwy gyfrwng y Gymraeg y trafodwyd pynciau megis crefydd, gwleidyddiaeth, diwylliant, iaith a llenyddiaeth o fewn y cloriau hyn.

Cyhoeddwyd nifer o gerddi tebyg i'r uchod yn y cyfnodolion, sy'n tystio i bwysigrwydd y cyfrwng print yn camu i'r adwy fel 'cyfaill' i lenwi bwlch ym mywydau'r ymfudwyr a lleddfu eu hiraeth am yr hen wlad. Yn wir, am bron i ganrif bu arloeswr y maes hwn yn ceisio gwireddu arwyddocâd ei deitl, *Y Cyfaill o'r Hen Wlad*.

Er bod ymfudo yn ffenomen sy'n ganolog i'r cyfnod modern, ychydig o waith sy'n ei drafod fel pwnc hanesyddol o bwys a weddnewidiodd holl ddemograffeg Cymru a Phrydain yn y bedwaredd ganrif ar bymtheg. Cyhoeddwyd nifer o astudiaethau cyfoes yn ymateb i'r diddordeb cynyddol mewn allfudo a mewnfudo, a thermau fel 'globaleiddio' ac 'amlddiwylliannaeth' yn ennill eu plwyf, ond cymharol ychydig yw'r deunydd sy'n ymdrin â'r gorffennol mewn cymhariaeth. Canolbwyntiodd cyfran sylweddol o haneswyr ar olrhain y patrymau ymfudo mwyaf blaenllaw i America, yn enwedig yr Almaenwyr a'r Gwyddelod, ac edrychwyd yn helaeth ar effeithiau'r mewnlifiad ar frodwaith cymdeithasol y wlad. Cyfeiriadau arwynebol yn unig a geir at y Cymry, os o gwbl, mewn llyfrau cyffredinol ar ymfudo i America, gan roi'r prif sylw i'r grwpiau mwy niferus ac amlwg. Yn wir, anwybyddir Cymru i raddau helaeth hyd yn oed yn yr astudiaethau ar ymfudo o Brydain yn y cyfnod.

Eto i gyd, cafwyd rhai testunau gan haneswyr Cymreig sy'n olrhain hynt y genedl yn America, er eu bod wedi dyddio erbyn

Cyflwyniad

hyn. Serch hynny, prin yw'r trafodaethau ar oblygiadau ymfudo'r Cymry ar ansawdd eu hunaniaeth. Canolbwyntiwyd yn bennaf ar godi statws y genedl, gan ddarlunio cenedligrwydd drwy gyflwyno hanes Cymry adnabyddus a wnaeth gyfraniad i dwf a datblygiad America mewn gwahanol ffyrdd. Tueddwyd hefyd i ganolbwyntio ar ail hanner y bedwaredd ganrif ar bymtheg er mwyn darlunio'r croestoriad rhwng cynnal Cymreictod ac ymdoddi i'r ffordd Americanaidd o fyw, gan fod diwylliant yr hanner cyntaf yn ymdebygu i raddau helaeth i arferion y famwlad. Edrychwyd yn fanwl yn ogystal gan gyfran deg o awduron ar amgylchiadau'r Cymry mewn ardal neu dalaith benodol yn America.

Prinnach fyth yw'r dadansoddiad o effaith ymfudo ar genedligrwydd drwy lygaid llenyddiaeth Gymraeg America – yn enwedig y wasg – er iddi gynnig ystod eang o wybodaeth gyffredinol am arferion cymdeithasol a diwylliannol dros gyfnod hir o amser. Ceir ambell bennod yn trafod y wasg Gymraeg yng Nghymru gyda chyfeiriadau at y wasg Americanaidd mewn cyfrolau ieithyddol, ond yng nghyd-destun cynhaliaeth a theithi'r iaith yn hytrach nag ystyried y materion sy'n nodweddu cyfnodolion fel *genre* yn eu hawl eu hunain. Am flynyddoedd bu'r pwyslais ar lunio llyfryddiaethau, gan roi cynseiliau yn unig ar gyfer ysgolheictod o natur mwy dadansoddol. Anaml, felly, y caed astudiaeth o rediad y cyfnodolyn a'i ddefnyddio fel deunydd ymchwil cynradd.

Gresyna Aled Gruffydd Jones yn ei drafodaeth dreiddgar ar y wasg yng Nghymru fod cyn lleied o ymchwil i gyfnodolion fel etifeddiaeth lenyddol y bedwaredd ganrif ar bymtheg, gan iddynt weithredu fel ffenestr werthfawr i ddigwyddiadau hanesyddol yr oes.[2] Fodd bynnag, mae Margaret Beetham yn ystyried bod papurau newydd yn hytrach yn rhan o broses gymdeithasol gymhleth, sy'n arwyddocaol wrth ystyried hunaniaeth amlochrog Cymry America. Rhoddir pwyslais cynyddol ar rychwant rhyngddisgyblaethol astudiaethau ym maes y wasg gyfnodol, fframwaith sy'n ddelfrydol i astudio hunaniaeth oherwydd ei natur gwmpasog:

> Nineteenth century magazines and newspapers are prime sources on economic, political and literary matters. However, a periodical is not a window on to the past or even a mirror of it. Each article,

Cyfaill pwy o'r hen wlad?

each periodical number, was and is part of a complex process in which writers, editors, publishers and readers engaged in trying to understand themselves and their society; that is, they struggled to make their world meaningful.[3]

Ystyrir bod gan y wasg gyfnodol, felly, gwmpas eang o destunau a all ddarparu arf i asesu hanfodion cenedligrwydd, a'r dull yr oedd y cyfrwng yn dehongli ystyron ar ran y genedl. Fel ffynonellau sy'n cyffwrdd â chonglfeini hunaniaeth y gymdeithas, cynigir rhywbeth amgenach na chofnodion moel at ddibenion yr hanesydd yn unig. Un o'r prif gwestiynau, felly, yw i ba raddau yr oedd y wasg fel cyfrwng yn bodloni anghenion cyfranwyr a darllenwyr fel testunau llenyddol, ac yn ymateb i gyd-destun y gymuned ehangach ar yr un pryd? Honna Lyn Pykett fod y wasg yn rhan weithredol o'r strwythur cymdeithasol ac yn greadigaeth ddiwylliannol a oedd yn fan cyfarfod i fyrdd o feysydd ideolegol:

> Far from being a mirror of Victorian culture, the periodicals have come to be seen as a central component of that culture – an 'active and integral part,' and they can only be read and understood as part of that culture and society, and in the context of other knowledges about them . . . The periodical press is now defined not as a mirror reflecting Victorian culture, nor as a means of *expressing* Victorian culture, but as an inescapable ideological and subliminal environment, a (or perhaps *the*) constitutive medium of a Victorian culture which is now seen as interactive.[4]

Cynrychiolai neges a symbolaeth y wasg hefyd fodd i ddiffinio ac ail-ddiffinio hunaniaeth newydd a oedd yn gofnod byw o feddylfryd a chymdeithas yr oes. Byddai'n gosod diwylliant y Cymry ar wahân i'r myrdd o ymfudwyr eraill a gyrhaeddai glannau America yn y cyfnod. Fel y cyfryngau cymdeithasol heddiw, crëwyd ymdeimlad o berthyn i gymuned wrth sefydlu'r rhwydweithiau cyfathrebu, er bod un droed yn y famwlad a'r llall yn camu i'r byd newydd. Mae Robert Park yn cadarnhau ymlyniad yr ymfudwyr at sefydliadau diwylliannol cyfarwydd o'r hen wlad fel modd o bontio'r gorffennol a'r presennol drwy gyfrwng y famiaith: 'The nationalistic tendencies of the immigrants find their natural expression and strongest stimulus in the national societies, the Church, and the foreign-language press – the institutions most closely connected with the preservation of the racial languages.'[5]

Roedd dyfodiad y diwylliant print a thwf y wasg argraffu yn ddigwyddiadau hanesyddol o bwys yn y modd y crëwyd cymunedau o ddarllenwyr a roddai fri ar iaith fel grym diwylliannol. Yn wir, syniai Ernest Gellner fod cyfrwng cyfathrebu safonol yn sylfaenol i'r gymdeithas fodern er mwyn lledaenu hynodion diwylliannol yn effeithiol.[6] Daeth yn fodd o fowldio meddyliau pobl a sefydlu strwythur cymdeithasol newydd yn Ewrop a oedd yn ymwybodol o'u cenedligrwydd.

Er bod arwynebedd y cyfandir yn enfawr, daeth y wasg yn ddyfais ddelfrydol i gysylltu aelodau o gymdeithas neilltuol ar sail dychymyg. Honna Benedict Anderson fod strwythur y papur newydd a flodeuodd yn Ewrop yn y ddeunawfed ganrif yn brawf o ddilysrwydd cenedl. Dyfynna Seton-Watson: 'It is imagined because the members of even the smallest nation will never know most of their fellow members, meet them, or even know of them, yet in the minds of each lives the image of their communion.'[7] Tra oedd awduron a golygyddion yn bwydo meddyliau preifat darllenwyr, roedd rhannu'r ddefod o ddarllen papur newydd yn creu dolen sefydlog rhwng pobl ac yn darparu mynediad i frawdoliaeth anweledig a ffurfiwyd ym meddyliau'r darllenwyr.

Y cwestiwn sy'n codi yw pa mor 'real' yw seiliau'r ymdeimlad honedig o berthyn ymhlith aelodau'r genedl? Os ffrwyth seicolegol unigolion yw sylfaen cenedligrwydd, a yw'r genedl felly wedi ei chreu ar lefel ffug? Heb hunanlywodraeth nac uned ddaearyddol benodol yn America, nodweddion hanfodol i genedl yn nhyb nifer, ai rhith haniaethol oedd swm a sylwedd hunaniaeth Cymry America?

Dywed David Miller na all cenhedloedd fodoli'n effeithiol heb gyfryngau cyfathrebu i gynhyrchu'r gred yn hanfod y genedl: 'What holds nations together are beliefs . . . but these beliefs cannot be transmitted except through cultural artefacts which are available to everyone who belongs – books, newspapers, pamphlets . . .'[8] Yn wir, gellid dadlau bod papurau newydd wedi eu gwreiddio yn

Cyfaill pwy o'r hen wlad?

realiti'r gymdeithas. Roedd y wasg yn fwy na chyfrwng cyfathrebu rhwng pobl: roedd ganddi arwyddocâd dyfnach fel crochan o bortreadau gwahanol, a'r rheiny yn eu tro yn rhan o system sy'n cynhyrchu ystyron.[9] Adlewyrchir amrywiaeth o ideolegau ar ei dalennau, a'r rheiny wedi'u cynhyrchu ar y cyd â chynulleidfa sy'n rhannu nodweddion tebyg ac yn ymateb iddi fel rhan o berthynas ddwyffordd. Yn achos y Cymry a'u diffyg sofraniaeth wleidyddol, roedd llenyddiaeth yn hollbwysig fel cyfrwng i fynegi sut yr oeddent yn addasu i'w sefyllfa ar y pryd, sy'n arwydd o ba mor amserol yw'r wasg fel ffynhonnell.

O ystyried ei grym pellgyrhaeddol yn clymu cymunedau gwasgaredig Cymry America ynghyd, mae'r wasg gyfnodol yn gyfrwng delfrydol i asesu hunaniaeth am ei bod yn cyffwrdd â safbwyntiau crefyddol, gwleidyddol, ieithyddol a llenyddol yr ymfudwyr Cymraeg eu hiaith. Serch hynny, parha'n gyfoeth llenyddol cudd, ac wrth godi cwr y llen ar y deunydd archifol, ceir llwyfan bywiog yn arddangos Cymreictod yn ei amrywiol wisgoedd.

O'r herwydd, mae angen dybryd am astudiaeth sy'n rhoi blaenoriaeth i ddatgloi naratifau cenedlaethol y wasg, er mwyn ymgyrraedd at well dealltwriaeth o feddylfryd y genedl ar dir estron – yn enwedig yn anterth y diwylliant print Cymraeg yn America rhwng 1838 ac 1866. Mae'r cyfnod toreithiog hwn yn ei hanes yn rhychwantu golygyddiaeth sylfaenydd y *Cyfaill o'r Hen Wlad*, un o'r cyfnodolion hwyaf ei gyfraniad a ystyrir yn rheng flaen gwasg gyfnodol Cymry America, ond cyhoeddiad sydd wedi ei anwybyddu ar y cyfan hyd yn hyn.

Pwrpas y gyfrol hon felly yw edrych ar y *Cyfaill* o fewn y cyfnod penodedig hwn fel rhan arwyddocaol o bennod bwysig yn hanes llenyddiaeth Gymraeg America. Rhydd ddarlun cwmpasog o gonglfeini Cymreictod y cyfnod ymhell o'r famwlad, ond gosodir ei gyfraniad yng nghyd-destun oes aur gwasg Gymraeg America, gan giledrych yn achlysurol ar ddatblygiad newyddiaduraeth Cymru. Drwyddi draw, gwelir sut y mae'r wasg gyfnodol yn ymateb i'r gymdeithas sy'n ei bwydo, ond hefyd sut y mae daliadau golygydd un cyhoeddiad yn effeithio ar ei ddarllenwyr a swm a sylwedd y cyfraniadau. Yn hyn o beth, prin yw'r ystyriaeth i'r berthynas rhwng golygydd, testun a'r gynulleidfa mewn beirniadaeth

Cyflwyniad

lenyddol neu astudiaethau testunol yn gyffredinol – er gwaethaf y cymhlethdodau mewnol a ddeillia ohoni.

Er bod y disgwrs a gyflwynir mewn cyfnodolion yn gymhleth yn sgil eu hymgais i siapio gwerthoedd y gymdeithas, mae darllen y testun yn 'agos' yn allweddol i ddeall oblygiadau diwylliannol ehangach y portreadau hyn i natur cenedligrwydd. Er y ceisir ymateb yn llenyddol iddynt yma, rhoddir ystyriaethau cymdeithasol a hanesyddol yn ogystal er mwyn eu gwreiddio yn eu cyd-destun ehangach, methodoleg a elwir yn gymdeithaseg testunol (*sociology of texts*).[10]

Er bod sawl ymchwilydd wedi defnyddio'r wasg fel sylfaen ar gyfer perwyl arall, mae ystyried strwythur cyfnodolion hefyd yn amlygu gwe o brosesau cymhleth. Nid oes ffynhonnell gystal ychwaith i ystyried offeryn y Cymry fel rhan o wasg ethnig amlieithog a oedd yn endid mor allweddol i ymfudwyr o wahanol genhedloedd.

Wrth ddefnyddio'r argraffwasg fel ffon fesur i asesu hunaniaeth Cymry America, mae nifer o gwestiynau yn mynnu atebion. I ba raddau yr oedd y wasg yn rhoi mynegiant i grefydd, iaith a diwylliant llenyddol fel nodweddion amlwg cenedligrwydd yr ymfudwyr yn y bedwaredd ganrif ar bymtheg? Ym mha fodd y cyfrannodd y wasg i ddiwylliant gwleidyddol Cymry America mewn gwladwriaeth ddieithr? I ba raddau yr oedd hi'n bosibl cadw cysylltiad â'r hen wlad a mabwysiadu arferion newydd yr Unol Daleithiau? Sut yr oedd arwahanrwydd eu cenedl yn ffynnu yng nghanol cenhedloedd eraill yn America? I ba raddau yr oedd gwasg Gymraeg America yn gorgyffwrdd â llenyddiaeth yr Unol Daleithiau, ac â diwylliant print Cymru yn y cyfnod? A oedd cynnwys y cyfrwng cyfathrebu hwn yn adlewyrchu amodau cymdeithasol sefydliadau Cymreig America, a'r golygydd yn bodloni disgwyliadau ei ddarllenwyr yn hyn o beth? Beth oedd y berthynas rhwng y golygydd, y gohebwyr, y darllenwyr a'r testun? Sut y bu'r wasg yn gyfrwng i uno aelodau'r genedl, gan ddiffinio a chynnal hunaniaeth cymunedau Cymreig-Americanaidd yn y bedwaredd ganrif ar bymtheg?

Yn y bennod gyntaf, cyflwynir cyd-destun yr ymchwil drwy amlinellu hanes cryno yr ymfudo a'r sefydliadau a ffurfiwyd gan

Cyfaill pwy o'r hen wlad?

Gymry America, gan gynnwys braslun o'r wasg gyfnodol. Yn ogystal, rhoddir bywgraffiad o William Rowlands a sefydlodd y *Cyfaill*, sy'n ein galluogi i ddechrau ymgodymu â'i benderfyniadau golygyddol ymfflamychol ar adegau, ynghyd â chynnwys amrywiol y cyfnodolyn. Trafodir crefydd ac enwadaeth yn yr ail bennod, sef rhai o brif glymau Cymreictod yr oes ond a oedd hefyd yn achosi ymrannu a dadlau chwyrn ar dudalennau'r cyfnodolion. Yn yr un modd, roedd gwleidyddiaeth a oedd yn gysylltiedig â chrefydd yn destun cecru ffyrnig – yn arbennig yr ymgyrch yn erbyn caethwasanaeth a fanylir arni yn y drydedd bennod. Yma ystyrir y dirgelwch sy'n nodweddu ysgrifau a gyfrannwyd o dan ffugenwau ac sy'n effeithio ar ddynameg y cyhoeddiad a'i ddylanwad ar y gynulleidfa. Edrychir ar y Gymraeg fel cyfrwng mynegiant allweddol i bynciau'r dydd yn y bedwaredd bennod, gan ystyried swyddogaeth y cyfnodolion fel cynhysgaeth i'r iaith a'u rhan yn yr ymdrech fwriadol i sicrhau ei pharhad. Arweinia hyn at drafodaeth am lenyddiaeth a diwylliant yn y chweched bennod, a'r modd y mae'r cylchgronau yn cefnogi pileri diwylliannol megis eisteddfodau a gwyliau, ond hefyd yn fagwrfa i draddodiad llenyddol newydd sy'n cwmpasu gwahanol elfennau eu hunaniaeth. Mae'r casgliad yn cloriannu cyfraniad y wasg gyfnodol i genedligrwydd Cymry America yn y cyfnod dadlennol hwn.

Mae cymaint mwy y gall y cyfnodolion ddweud wrthym am fywydau Cymry America na ellir ymdrin ag o yn y gyfrol hon. Ond parha *Ninnau* – papur newydd Cymry America heddiw a sylfaenwyd ar y *Drych* – yn dyst bod y cyswllt rhwng y ddwy wlad yn fyw o hyd. Prin nad oes teulu â rhyw berthynas a fentrodd ar draws yr Iwerydd yn y gorffennol. Fel un o'r rheiny, pendronais ambell dro a wnaeth fy nghyndadau fodio'r union ddalennau yr ydw i'n pori drostynt yn yr archifdy. Pan ymwelais â theulu yn Seattle, cofiaf sylwi ar focsys a etifeddwyd gan y teulu yn y selar, a gresynaf hyd heddiw eu bod wedi mynd rhwng y cŵn a'r brain wrth i ni golli cysylltiad yn y man. Stori debyg a welir yng nghartrefi nifer o ddisgynyddion Cymreig, a'r cyfoeth sy'n llechu yn yr atig yn aml yn cael ei ailgylchu oherwydd diffyg dealltwriaeth o'r iaith. Diolch, felly i'r sawl a gadwodd y trysorau hyn a chaniatáu i bobl fel finnau dreulio orig ddifyr yn eu cwmni. Ymgais yw'r gyfrol

Cyflwyniad

felly i fwrw golwg dros gylchgrawn y *Cyfaill* yn erbyn cefnlen gwasg Gymraeg America am y tro cyntaf, gan roi rhan fechan o'n hetifeddiaeth ar gof a chadw.

1

Newyddiaduraeth Gymraeg America

'Gyfaill mwyngu': y diwylliant print a hunaniaeth Gymreig

> Cenedl Gomer gymwys hawddgar,
> Boed i'ch gysur heb ddim galar,
> Wele'n dyfod i'ch diddanu
> Mewn estronwlad, Gyfaill mwyngu.[1]

Ymddangosodd rhifyn cyntaf *Y Cyfaill o'r Hen Wlad* gan wasg argraffu William Osborn yn ninas Efrog Newydd ym mis Ionawr 1838. Sefydlwyd y misolyn gan William Rowlands, gweinidog blaenllaw gyda'r Methodistaidd Calfinaidd. Cynrychiola'r *Cyfaill* ymgais lwyddiannus gyntaf Cymry America i sefydlu cyfnodolyn ar gyfer y genedl yn gyfan gwbl yn y famiaith, gweithred a esgorodd ar gyfnod toreithiog i'r wasg Gymraeg ar y cyfandir. Roedd yn arloeswr a fyddai'n 'diddanu' Cymry America drwy gydol y ganrif – ac yn rhyfeddol – ymhell i'r ugeinfed ganrif hyd at 1933. Mae'r pennill uchod yn nodweddiadol o'r croeso a gawsai'r 'Cyfaill mwyngu' gan ei ddarllenwyr wrth iddo newid y tirlun print yn gyfan gwbl.

A thros ddau gant o dreflannau Cymreig ar wasgar ar hyd cyfandir eang America, roedd y wasg yn allweddol i ffurfio cymuned Gymraeg genedlaethol oherwydd ei gallu i greu dolen gyswllt rhyngddynt. Wrth iddi fodloni eu hanghenion cymdeithasol a diwylliannol, pylu yr oedd arwyddocâd tiriogaeth neilltuol i hunaniaeth Cymry America. Roedd yn fodd o glymu cymdeithas o ddarllenwyr ynghyd a oedd yn ymwybodol eu bod yn hanu o'r

Cyfaill pwy o'r hen wlad?

un genedl – yn bennaf ar sail yr iaith – yng nghanol môr amlddiwylliannol yr Unol Daleithiau.

Cyn dyfodiad yr oes ddigidol, yr unig ddull i gyrraedd cynulleidfa eang yn y bedwaredd ganrif ar bymtheg oedd drwy'r cyfrwng print. Disgrifia Andrew King a John Plunkett Brydain Oes Victoria fel 'a society's Being-in-Print', sy'n ffordd gelfydd o gyfleu bod y diwylliant hwn yn rhan annatod o'r gymdeithas.[2] Fel un o brif gonglfeini byd cyhoeddi'r oes, roedd cyfnodolion yn symbolau allweddol i gynnal yr undod cymdeithasol hwn, ac yn cyflawni swyddogaeth fel ffynhonnell wybodaeth amhrisiadwy a fforwm drafod. Yn wir, roedd yr ymwybyddiaeth o ddylanwad y wasg brint yn cydredeg â hinsawdd newyddiadurol America, a roddai bwyslais enfawr ar rym pellgyrhaeddol y cyfnodolion fel prif gyfrwng cyfathrebu'r oes. Roedd chwyldro print y Cymry yn cyd-fynd â'r twf yn y maes yn America o 1830 ymlaen pan roddwyd bri ar lythrennedd, a phan gredid fod gan y wasg gyfnodol oblygiadau cymdeithasol cryfach na'r llyfr. Roedd hefyd yn fodd i ledaenu gweithgarwch deallusol ymysg trwch y boblogaeth, ac felly dylid astudio rhythmau ac effaith y wasg fel cynnyrch cymdeithas a diwylliant y cyfnod.

Beth felly oedd yr amgylchiadau a'i gwnaeth yn bosibl i sefydlu gwasg Gymraeg yn America? Byddai'n rhaid wrth gymuned ddigonol o ddarllenwyr yn y man cyntaf.

Bu'r bedwaredd ganrif ar bymtheg yn drobwynt hanesyddol i Gymru ar ystyr wleidyddol, cymdeithasol a diwylliannol, a thrawsnewidiwyd ei holl ddemograffeg. O ganlyniad i'r twf sylweddol mewn diwydiant, roedd y boblogaeth gynyddol yn dreth ar adnoddau, a greai adfyd i weithwyr yr ardaloedd diwydiannol a chefn gwlad fel ei gilydd. Fel ag yn Iwerddon, tyfai anniddigrwydd dwys ymhlith deiliaid tir a ffermwyr wrth iddynt wrthryfela'n erbyn y tirfeddianwyr, gan achosi rhwyg ideolegol a diwylliannol rhwng gwahanol haenau cymdeithas. Pwysai trethi, rhenti uchel a'r degwm yn drwm ar y cymunedau amaethyddol, a golygai diweithdra a phrinder tir fod rhai yn daer am ddihangfa rhag y caledi. Yn nannedd hyn oll, nid yw'n syndod i nifer sylweddol o Gymry anfodlon ddyheu am osgoi gormes Prydain a cheisio lloches yn America a gwledydd eraill ledled y byd, fel y tystia cerdd o'r cyfnod yn y *Cyfaill*:

Newyddiaduraeth Gymraeg America

Ffarwel Brydain, a'i chwyn a'i chynen,
A'i hingol angen, aflawen floedd;
Ffarwel Gymru a'i thraws arglwyddi,
A'i gwladaidd dlodi sy'n gwaeddi ar g'oedd.³

Nid oedd y dwymyn ymfudo'n gwbl ddieithr i'r Cymry, gan i nifer o Grynwyr a Bedyddwyr Cymreig ymgartrefu yn nhrefedigaethau Pennsylfania a Delaware ar drothwy'r ail ganrif ar bymtheg i osgoi erledigaeth grefyddol a gwleidyddol. Yn ddiweddarach yn ystod y ddeunawfed ganrif, symudiadau o natur Anghydffurfiol a chenhadol a welwyd o Gymru. Canfuwyd hefyd nifer o anturiaethwyr Cymreig yn tramwyo tir America yn drwm dan ddylanwad addewid y chwedl Fadogaidd.

Fodd bynnag, erbyn yr 1820au roedd sôn am ymfudo o fath gwahanol yn britho papurau newydd a chylchgronau Cymru, a'r ddelfryd o fywyd gwell yn cydio'n gyflym. Yn wahanol i natur afieithus a chenedlgarol yr ymfudo yn ystod y ddeunawfed ganrif, ystyriaethau ymarferol a ddenai nifer i groesi'r Iwerydd erbyn yr 1800au. Yn sgil tlodi a chaledi amodau byw'r ganrif hynod gyfnewidiol hon, rheidrwydd economaidd a'r awydd am fywoliaeth mwy cysurus oedd y prif ffactor a yrrai'r Cymry i godi eu pac. Yn hyn o beth, ymdebygai'r Cymry i'r mwyafrif o ymfudwyr o Ewrop a deimlai gymysgedd o dynfa a gorfodaeth, ffenomen a elwir yn *push-pull*.⁴ Cawsai'r sawl a ddioddefodd orthrwm ym Mhrydain eu denu at y cyfleoedd a gynigiai America, fel y dengys y gerdd hon:

Os oedd hyfryd cael Caerefrog,
Wlad oludog enwog iawn,
Yn lle Brydain, (gan orthrymder)
Treiddia llymder trwyddi'n llawn.⁵

Ymysg breintiau'r wlad newydd, ceid tiroedd ffrwythlon am brisiau rhesymol a chynnydd yn y galw am lafur yn y diwydiannau mawrion. Golygai hyn gyflogau uwch yn y gweithfeydd copr, arian, dur, glo a llechi. Yn fwy na hynny, ymddangosai fod America hefyd yn cynnig rhyddid a thegwch gwleidyddol a chrefyddol,

Cyfaill pwy o'r hen wlad?

cymhelliad arall i'r Cymry democrataidd adael eu cynefin. Tystia'r gweinidog blaenllaw Iorthryn Gwynedd i'r rhinweddau tybiedig hyn ar ei ymweliad â'r Unol Daleithiau yn 1852. Mae ei eiriau yn adlewyrchu'r cysyniadau a oedd yn treiddio drwy Gymru benbaladr yn y llenyddiaeth am ymfudo, ac yn dylanwadu ar farn y Cymry am wlad fabwysiedig eu cydwladwyr:

> Darllenais, a chlywais lawer yn yr Hen Wlad am yr Unol Daleithiau; ac yr oeddwn er ys blynyddau yn mawr gymeradwyo eich ffurflywodraeth, eich cyfreithiau, eich rhyddid, a'ch rhagorfreintiau gwladol a chrefyddol; ond ni fynegwyd i mi yr hanner, wedi gweled a'm llygaid, a chlywed a'm clustiau, yr wyf yn awr yn gwbl argyhoeddedig o ragoriaethau y wlad eang hon.[6]

Tasg amhosibl yw nodi faint yn union o Gymry a ymfudodd i'r Unol Daleithiau yn y bedwaredd ganrif ar bymtheg, oherwydd diffyg dogfennau a chofnodion swyddogol dibynadwy. Erbyn 1850, a'r don gyntaf o ymfudo wedi cyrraedd ei glannau, amcangyfrifir yn ôl y cyfrifiad Americanaidd bod 29,868 o Gymry'n byw yno. Erbyn 1860, cynyddodd y rhif hwn i 45,763.[7]

Er eu bod wedi bwrw gwreiddiau ar hyd y cyfandir, roedd 89 y cant o'r rheiny wedi ymgartrefu yn nhaleithiau Efrog Newydd, Pennsylfania, Ohio a Wisconsin yn unig.[8] Yn 1812, dim ond pum treflan Gymreig oedd yn yr Unol Daleithiau. Gwelwyd rhai treflannau Cymreig ar drothwy'r bedwaredd ganrif ar bymtheg, ond sefydlwyd sawl un newydd yn ystod y degawdau canlynol – yn enwedig yn siroedd Oneida a Lewis yn rhan uchaf talaith Efrog Newydd.[9] Yn hanner cyntaf y bedwaredd ganrif ar bymtheg, sir Oneida a gynhwysai'r nifer uchaf o Gymry ar yr holl gyfandir, ym mhentrefi Remsen a Steuben yn neilltuol. Erbyn yr 1830au, daeth y ddinas agosaf, Utica, yn ganolbwynt masnachol a diwylliannol pwysig i'r Cymry.[10] Cynrychiolai'r 1840au gyfnod gwaeth fyth o galedi yng Nghymru, a gyflymodd raddfa'r ymfudo yn aruthrol nes bod Cymry ar wasgar mewn gwahanol daleithiau yng Nghanada ac America.

Glaniodd y Cymry ar gyfandir a oedd yn wynebu cyfnod cythryblus a thrawsnewidiol tu hwnt yn ystod hanner cyntaf y bedwaredd ganrif ar bymtheg.¹¹ Yn wir, gwelwyd newid cyflymach ac amlycach ar yr adeg hon nag yn ystod y ddwy ganrif flaenorol. Dyblodd y boblogaeth fesul chwarter canrif, ymhelaethwyd ei ffiniau hyd at y Môr Tawel, dyblwyd maint y tiroedd a feddiannwyd, a chynyddodd nifer y taleithiau o 18 i 33. Yn fwy na hynny, diflannodd cymdeithas amaethyddol a chyntefig cyfnod Jefferson, a daeth economi fasnachol a dyfodd yn gyflym yn ei lle. Gwelwyd gwelliannau dibendraw ym maes trafnidiaeth a chyfathrebu, tyfodd y dinasoedd a masnach dramor, a chyrhaeddodd y raddfa ymfudo lefelau na ragflaenwyd.¹²

Gweddnewidwyd hinsawdd wleidyddol America yn dilyn ethol Andrew Jackson yn arlywydd yn 1828. Yn sgil ei ddaliadau democrataidd a'r ymhelaethiad i'r gorllewin, rhoddwyd mwy o rym i'r dyn cyffredin yn hytrach na cheidwadwyr cyfoethog. Trawsnewidwyd America o fod yn wlad amaethyddol i un fasnachol a diwydiannol, a ffurfiodd batrwm cymdeithasol a diwylliannol newydd ar y cyfandir. Sefydlwyd busnesau newydd yn ystod yr 1820au a'r 1830au, a thyfodd ffatrïoedd a diwydiannau fel cotwm a haearn. Coleddwyd syniadau chwyldroadol megis unigolyddiaeth ac optimistiaeth a oedd yn magu'r dyhead i ehangu. Cydiodd y cysyniad o gynnydd, ac o ganlyniad lledaenwyd y gred dros wella'r meddwl yn ogystal â chymdeithas yn gyffredinol. Golygai hyn ddatblygiadau ym myd diwydiant, gwyddoniaeth, cenedlaetholdeb, mudiadau diwygiadol a chydraddoldeb. Yn ei sgil, diflannodd y cysyniad o haenau cymdeithasol, ehangodd y cyffindir, a daethpwyd i arddel democratiaeth fel delfryd.

Wedi 1830, trawsnewidwyd America mewn amrywiol ffyrdd yn sgil ysbryd a grym gwleidyddol newydd. Achoswyd hyn yn rhannol gan symudiad i gymoedd Ohio, Kentucky a Tennessee. Erbyn 1828, trigai bron i draean o Americanwyr i'r gorllewin o'r Alleghenies, cynnydd o bron 30 y cant mewn 20 mlynedd. Dylanwadodd yr wyth talaith orllewinol o natur amaethyddol yn fawr ar y meddylfryd cenedlaethol. Deilliodd ymdeimlad o annibyniaeth yn sgil rheidrwydd i reoli a gwneud penderfyniadau, a'r cyfansoddiadau gwleidyddol yn fwy rhyddfrydol o'r herwydd.¹³ Rhwng 1790 ac 1840, croesodd 4.5 miliwn y mynyddoedd Appalachian,

Cyfaill pwy o'r hen wlad?

a chyfrannodd gwelliannau mewn trafnidiaeth a chyfathrebu at greu ardal orllewinol rymus a hunanymwybodol.[14]

Yn ystod yr 1840au, gwelwyd mudiad trawsgyfandirol tua'r gorllewin. Achosodd dirwasgiad 1837 i nifer ymgartrefu yn Oregon a Chaliffornia, er mai rhan o Fecsico ydoedd Califfornia. Gwaddol arlywyddiaeth Jackson a'r newidiadau a ddaeth yn ei sgil oedd dyhead i ehangu tiroedd. Bathwyd y term *Manifest Destiny* yn 1845 i ddisgrifio'r gred dros hawl ddwyfol i feddiannu Gogledd America. Byddai creu cyfleoedd newydd yn allweddol i greu ymdeimlad o ryddid. Am genedlaethau, credai trigolion y cyfandir fod America wedi ei dewis gan Dduw fel arbrawf yn hanes y ddynoliaeth, a byddai sicrhau rhyddid a'r symudiad i'r gorllewin yn rhan o'r dynged honno. Yn 1845, meddiannodd yr Unol Daleithiau Texas, ac yn 1846–8 aethpwyd i ryfel gyda Mecsico. Canlyniad hyn oedd ildio Califfornia, Mecsico Newydd, Arizona, Nevada ac Utah i ddwylo'r Unol Daleithiau. Daethpwyd i ystyried y fuddugoliaeth dros y tiroedd newydd helaeth hyn yn symbolau o wareiddiad, cynnydd a rhyddid.[15] Yn ychwanegol, gwelwyd cynnydd dramatig yn y niferoedd a symudodd i Galiffornia yn sgil canfod aur yno. Yn 1849, ymgartrefodd 80,000 yno o wahanol rannau o'r byd, a gafodd effaith sylweddol ar y dalaith.[16]

Yn fwy na hynny, canlyniad y chwyldro diwydiannol oedd mewnlifiad anferth i wahanol rannau o Ogledd America er mwyn diwallu'r gweithlu. Rhwng 1840 ac 1860, daeth dros 4 miliwn o bobl i America, ffigwr sy'n uwch na'r boblogaeth gyfan yn 1790. Aeth 90 y cant ohonynt i'r taleithiau gogleddol a gwneud eu marc mewn ardaloedd gwledig a dinesig fel ei gilydd. Yn 1860, roedd 384,000 o 814,000 o drigolion dinas Efrog Newydd, y prif borthladd, yn ymfudwyr. Roedd traean trigolion talaith Wisconsin wedi ymgartrefu yno. O tua 1840 ymlaen, cynyddodd yr allfudo o Ewrop yn sgil trafferthion economaidd a'r newid a ddaeth i ffordd o fyw gyda'r chwyldro diwydiannol. Daeth teithio'n rhwyddach gyda'r rheilffordd a'r llongau ager, a gwelai nifer ddihangfa i wlad a oedd yn cynnig rhyddid gwleidyddol a chrefyddol. Sigai rhai o drigolion Ewrop dan ormes llywodraethol a hierarchiaeth gymdeithasol gaeth, ac eraill yn ffoaduriaid gwleidyddol yn dilyn methiannau chwyldro 1848. Daeth y mwyafrif o ymfudwyr o ogledd a gorllewin

Newyddiaduraeth Gymraeg America

Ewrop, yn bennaf o Iwerddon, Prydain a'r Almaen. Ffoi oddi wrth y newyn mawr a wnaeth nifer o Wyddelod yn ystod 1845–51, a achoswyd gan fethiant cnydau tatws a oedd yn gynhaliaeth iddynt. Ymfudodd tua miliwn yn ystod y cyfnod hwn, a'r mwyafrif wedi dewis America fel eu cyrchfan. Yr Almaenwyr oedd yr ail fewnlifiad mwyaf grymus o ran niferoedd. Ymfudodd rhai hefyd o'r Swistir, yr Iseldiroedd a Scandinafia.[17] I ganol y newidiadau chwyldroadol hyn yr aeth y Cymry felly.

Tueddai'r Cymry i ymsefydlu ymysg eu cydwladwyr, ac i raddau helaeth, yn glwstwr o gymunedau o'r un ardal. O'r herwydd, gellid ail-gynhyrchu eu strwythur cymdeithasol cyfarwydd yn gymharol ddi-drafferth, a roddai synnwyr cryf o hunaniaeth ethnig iddynt yn yr amgylchfyd dieithr. Gan fod nifer yn uniaith Gymraeg o hyd, roedd clywed iaith y famwlad o'u cwmpas yn lleddfu hiraeth drwy ddarparu sicrwydd. Mae ymgartrefu yn yr un safle daearyddol â gweddill y gymuned yn nodweddiadol o ymfudiadau eraill o Ewrop yn y cyfnod, er bod Alan Conway a Glanmor Williams yn dadlau bod y Cymry wedi glynu at ei gilydd yn fwy clos oherwydd yr arwahanrwydd ieithyddol.[18]

Mae'r tueddiad i ymsefydlu mewn grwpiau penodol yn adlewyrchu'r system gyfathrebu a ymestynnai ar draws yr Iwerydd, a oedd yn cysylltu cymunedau yn Ewrop â'u cydgenedl yn America. Yn sgil pwyslais cynyddol ar lythrennedd, câi trigolion eu trwytho ym manteision y wlad drwy amrywiol gyfryngau.[19] Byddai gohebiaeth yn canu clodydd yr amodau byw newydd yn cael darlleniad gan drwch y gymuned yng Nghymru, ac felly'n ffactor hollbwysig i ddylanwadu ar y Cymry gartref a'u tywys i fan penodol lle byddai'r gymuned gynt yn eu croesawu unwaith eto.

Gwelir tystiolaeth o erthyglau, dyddiaduron, cerddi a sawl ffurf lenyddol arall yn codi blys y Cymro am fywyd gwell yn fynych mewn cyfnodolion enwadol a phapurau newydd yng Nghymru. Nid yw'n syndod i'r ymfudwyr ddwyn perswâd ar gynifer o'r Cymry i ddilyn eu trywydd gyda'u sôn am iwtopia a pharadwys, tir rhad a ffrwythlon, cnydau toreithiog a chyflogau uchel. Apeliwyd at afiaith grefyddol y Cymry drwy ddisgrifio America mewn termau beiblaidd megis Eden, Seion, Gwlad yr Addewid a Chanaan, a'i darlunio fel dihangfa rhag gormes.

Cyfaill pwy o'r hen wlad?

Yn ychwanegol, darparwyd llyfrau tywys a thaflenni ar gyfer ymfudwyr drwy gyfrwng y Gymraeg. Byddai'r rhain yn cynnwys gwybodaeth fanwl ynghylch amgylchiadau'r wlad newydd, ac felly'n hwyluso'r broses drafferthus o godi pac. Dychwelai gweinidogion megis Ben Chidlaw a Chymry blaengar eraill i Gymru yn achlysurol, ac yn ystod eu hymweliadau byddai darlithiau a sgyrsiau ganddynt yn canmol y wlad yn ddigon i sicrhau bod y dyhead i ymfudo yn magu nerth. Yn yr un modd, anfonwyd deunydd o America i'r diben o hyrwyddo, ac arwydd o bresenoldeb y Cymry yno yw cyhoeddi pamffledi am rai taleithiau drwy gyfrwng y Gymraeg. Fel y tystia'r toreth o ddeunydd apelgar, roedd America erbyn hyn yn fwy na llecyn penodol i ymgartrefu ynddo: roedd yn feddylfryd grymus ac yn addewid o well safon byw.

Roedd y rhan fwyaf o'r treflannau yn cynnwys llai na dwy fil o drigolion, ac eto roedd nifer yn frwd ac yn weithgar dros gadw gwerthoedd yr hen wlad. Er mai nifer pitw o Gymry a droediodd y tir mawr o'i gymharu â chenhedloedd eraill Ewrop, mae ffyniant eu diwylliant yn arddangos eu balchder a'u dymuniad i gadw eu Cymreictod yn y wlad estron. Nid oedd y famwlad yn angof i nifer ohonynt wedi croesi'r Iwerydd, yn wahanol i sylfaen cysyniad y *tabula rasa* sy'n honni bod ymfudwyr yn eiddgar i gymathu ar unwaith.[20] Yn hytrach, er eu bod wedi mentro er mwyn manteisio ar y cyfleoedd newydd, roedd atgofion o'r hen wlad yn rhan o brofiad yr ymfudwyr ac yn ffurfio eu traddodiadau a'u ffordd o fyw yn y wlad fabwysiedig.

Yr hyn sy'n allweddol wrth ystyried profiadau ymfudwyr yw symud oddi wrth bwyslais rhai haneswyr ar ddiwreiddio a dieithrwch, ac yn hytrach arddel y trosiad o drawsblannu i ddisgrifio proses ail-greu hunaniaeth ddiwylliannol y famwlad yn America.[21] Yn sgil yr ymfudo helaeth o fewn terfynau Prydain o ganlyniad i'r twf diwydiannol, roedd rhai Cymry eisoes yn gyfarwydd â'r orchwyl o feithrin cymunedau newydd: 'Uprooted this migrant society may have been, but it was not rootless or lonely. Surviving customs and beliefs were blended with the different demands and opportunities of the new order.'[22] Creu microcosm o Gymru oedd bwriad sawl ymfudwr yn ôl John Davies, proses gymharol rwydd cyn belled â'u bod yn rhannu'r un nodweddion gwaelodol o hyd.[23]

Er bod Cymry America'n creu hunaniaeth newydd, roedd ei gwreiddiau yn ddwfn yn etifeddiaeth yr hen wlad. Roedd felly'n broses ymwybodol a olygai gadw elfennau diwylliannol yn ogystal â chreu rhai newydd ar yr un pryd. Ar un wedd, roedd yr ymfudwyr yn teimlo'n chwerw iddynt orfod ffoi a cheisio rhyddid gwleidyddol yn America dan amgylchiadau tebyg i'r Gwyddelod. Dioddefai Cymru ac Iwerddon dan law system diroedd y llywodraeth. Serch hynny, gellid dadlau eu bod yn ymdebygu mwy i'r Almaenwyr yn eu balchder cenedlgarol ar ystyr ddiwylliannol ac ieithyddol, yn yr ymgais i drawsblannu hen werthoedd mewn amgylchfyd newydd.

Er i'r hunaniaeth blethu nodweddion y ddwy wlad, ffurfiwyd creadigaeth cwbl newydd yn ei hanfod, fel y gwnaethpwyd gan nifer o genhedloedd Ewrop. Yn ôl Douglas Miller, roedd modd i sawl hunaniaeth ethnig a chenedlaethol gyd-fyw yn America, gan nad oedd hunaniaeth Americanaidd ystrydebol beth byn nag yn sgil yr amrywiaeth o genhedloedd a drigai yn y wlad. Yn wir, roedd America hefyd yn profi newidiadau enfawr yn ei demograffeg, a'r ymwybyddiaeth o grwpiau ethnig amrywiol yn rhan o'i phatrwm cymdeithasol.[24] Roedd yn llawn *hyphenated groups* a gyfunai ddau begwn eu cenedligrwydd yn llwyddiannus. Rhwystr felly fyddai ystyried cymuned ethnig unffurf sy'n dibynnu ar berthyn i un genedl yn absoliwt, er gwaetha'r naratifau cenedlaethol a gynhyrchir gan grwpiau ethnig, gan fod nifer o gymunedau yn dangos teyrngarwch i ddwy genedl.

O'r herwydd, dadleua Miller fod cenedligrwydd Americanaidd yn ychwanegiad yn hytrach na rhywbeth sy'n cymryd lle yr hunaniaeth wreiddiol. Oherwydd hyn, mae'r wedd ddeublyg sy'n datblygu yn naturiol yn bosibl pan fo'r ail elfen yn cynhyrchu ystyron nad ydynt yn dibynnu ar ffactorau ethnig. Atega nifer o ysgolheigion ei bod yn bosibl i'r broses gymathu a chenedlaetholdeb gyd-fynd i raddau helaeth gan nad oedd angen dewis rhwng y ddau. Yn wir, mae modd i bobl goleddu sawl math o hunaniaeth ar yr un pryd.

Cyfaill pwy o'r hen wlad?

Mae Gellner hefyd yn darlunio'r trawsfudiad hwn drwy dynnu cymhariaeth â gerddi. A chymhwyso'i drosiad, mae planhigion gwyllt yn cynrychioli Cymry'r hen wlad a oedd yn rhannu iaith ac arferion cymdeithasol, ac yn atgynhyrchu o genhedlaeth i genhedlaeth yn naturiol. Ar y llaw arall, byddai diwylliant Cymry America fel planhigion wedi eu trin yn fwriadol, er eu bod yn deillio o'r hadau gwreiddiol, a chreda mai llythrennedd a system gyfathrebu oedd y gwreiddyn hanfodol.[25] Cyfuniad o'r wasg, y capel a'r iaith oedd seiliau anhepgor eu hunaniaeth, nodweddion cyffredin yn y ddwy wlad.

Prin bod angen nodi bod crefydd ymhlith nodweddion amlycaf hunaniaeth Gymreig yn y cyfnod dan sylw, yr hyn a ddiffinir gan E. J. Hobsbawm fel *religio-ethnic identification*.[26] Roedd yn agwedd hynod ddylanwadol ar ddiwylliant y Cymry a ymledodd dros yr Iwerydd, fel yn hanes nifer o genhedloedd eraill a ymfudai i America. Yn wir, roedd crefydd hefyd yn rhan sylweddol o glytwaith cymdeithasol America, a threfn foesol yn un o gonglfeini'r wlad yn dilyn y Datganiad Annibyniaeth.

I sawl grŵp ethnig, gweithredai'r capel fel canolbwynt eu treflannau ar ystyr gymdeithasol a diwylliannol yn ogystal â mannau addoliad. Roeddent yn fan cyfarfod i nifer o gymdeithasau ac yn lle i gynnal digwyddiadau a gweithgareddau nad oeddent o reidrwydd yn grefyddol eu naws. Yn y cyfnod hwn, disodlwyd dylanwad yr eglwys wladol ar y Cymry gan rym ysgubol Anghydffurfiaeth, a chafodd effaith bellgyrhaeddol ar feddylfryd y genedl oherwydd ei apêl i'r bobl gyffredin. Daethai'r capel o'r herwydd yn angor i'r gymdeithas ac yn rhan o ffordd o fyw i'r Cymry yn y modd y gwasanaethai eu hanghenion arbennig. Cynrychiolai ran naturiol o'u Cymreictod yn deillio o'r awydd i addoli yn eu mamiaith:

> Most Welsh people lived their lives within the orbit of, or in reaction to, the chapels. Their literacy, their world outlook, increasingly their politics, were deeply affected by the morality of the chapel, its often crabbed narrowness and its often sweeping spiritual vision . . .[27]

O'r herwydd, ymdreiddiodd yr argyhoeddiad crefyddol hwn i wahanol agweddau ar eu bywydau, gan ddod yn un o brif fynegbyst eu cenedligrwydd yng Nghymru ac yn y cymunedau diasporaidd. Bu'r deffroadau hyn yn gyfrifol am weddnewid bydolwg y Cymry, gan gynyddu eu moesoldeb a'u hymlyniad at grefydd.

Ernes o'u sêl grefyddol yw mai un o flaenoriaethau'r treflannau Cymreig yn aml iawn oedd adeiladu eu capeli eu hunain yn fuan ar ôl ymsefydlu, sef dilyniant i'r cynnydd aruthrol a welwyd eisoes yng Nghymru. Byddant fel arfer yn cynnig gwasanaethau yn eu mamiaith, tuedd a oedd hefyd yn nodweddiadol o genhedloedd eraill. Adlewyrchir y pwyslais ar grefydd ac iaith yn y llythyrau a anfonai'r Cymry i'w mamwlad yn rhoi cyngor ar ymfudo, a ddengys fod y nodweddion hyn ymysg ystyriaethau pennaf y Cymry wrth adael cartref: 'There are three things a Welshman must think about when emigrating, his country, his language, and his religion.'[28]

Cynrychiolai crefydd fuchedd foesol y Cymry a darddodd o'r hen wlad, yn ogystal â gweithredu fel magwrfa i ddiwylliant a oedd wedi ei seilio ar yr iaith. Yn hyn o beth, nid oedd y Cymry'n wahanol i genhedloedd eraill yn eu hangen am ganolfur sefydlog i warchod eu traddodiadau arbennig. Adlewyrchir pwysigrwydd y capel i'w Cymreictod yn nhwf cyflym yr enwadau Anghydffurfiol yn America, a sicrhâi naws gartrefol i'r newydd-ddyfodiaid.

Erbyn yr 1830au, roedd niferoedd digonol o gapeli i sicrhau mudiadau lleol a chenedlaethol. Amcangyfrifir bod cyfanswm o fwy na 600 o gapeli Cymreig wedi eu ffurfio gan y gwahanol enwadau yn yr Unol Daleithiau yn ystod y ganrif.[29] Dan amodau economaidd mwy ffafriol yma, gallai'r Cymry fforddio sefydlu addoldai i'w gwasanaethu, ac yn aml gwelid capeli gan y Methodistiaid, yr Annibynwyr a'r Bedyddwyr yn yr un dref.

Yn America fel ag yng Nghymru felly, deilliai agweddau eang ar Gymreictod yn uniongyrchol o'r capel, megis gwyliau diwylliannol, ymgynulliadau gwladgarol a chynnyrch print.[30] Ymdrechwyd yn galed i greu brawdoliaeth drwy ffurfio cymdeithasau amrywiol, ac roedd dathliadau Dydd Gŵyl Dewi yn flynyddol yn gyfle i efelychu gwerthoedd brodorol.

Roedd yr achlysuron hyn yn fodd i drafod yr hen ffordd o fyw a chadw cysylltiad gyda'r famwlad. I raddau helaeth, plannwyd y sefydliadau diwylliannol Cymreig yn ddwfn yn y pridd tramor

Cyfaill pwy o'r hen wlad?

fel rhan o ymgyrch ymwybodol i gynnal Cymreictod. Yn wir, honna W. S. Shepperson fod y Cymry'n eithriad i'r norm Prydeinig wrth iddynt arddangos arwahanrwydd eu diwylliant ar sail yr iaith, ac yn hyn o beth ymdebygent i grwpiau o ymfudwyr Ewropeaidd eraill.[31] Er nad oedd gan y Gymraeg statws ffurfiol na nawdd swyddogol, roedd y sefydliadau gwirfoddol hyn yn wreiddyn diysgog i'w diwylliant yn America fel ag yng Nghymru.

O ffynnon crefydd llifai dŵr bywiol hunaniaeth Gymreig wrth i'r elfennau cymysg ymffurfio i greu ideoleg o genedl. Bu'r ysgol Sul yn gatalydd i lythrennedd a phorthi awch y Cymry am gyhoeddiadau a llenyddiaeth grefyddol. Bu'r eisteddfodau a'r cyfarfodydd llenyddol a ddeilliai o'r capel yn fagwrfa werthfawr i'r cynnyrch llenyddol hwn, gan feithrin doniau'r Cymry yn y celfyddydau drwy gyfrwng yr iaith Gymraeg. Bu'r wasg yn enau i'r llenyddiaeth a ddatblygai o'r sefydliadau crefyddol a diwylliannol, ac yn eu tro – roedd y peuoedd hyn yn gynhysgaeth i'r iaith a oedd eisoes yn gwlwm i'w cydio ynghyd.

Nid oedd Cymry'r bedwaredd ganrif ar bymtheg yn ddall i botensial y wasg. Datblygodd mewn byr amser i adlewyrchu amodau byw a weddnewidiai seiliau'r genedl yn barhaus, arferiad a nodweddai wasg Cymry America maes o law. Cyflawnai swyddogaeth hollbwysig, a châi'r cyfnodolion eu cydnabod fel agwedd allweddol ar fywyd llenyddol y genedl. Nid yw hynny yn syndod o ystyried bod tua phum cant o bapurau newydd gwahanol wedi eu sefydlu yng Nghymru yn ystod bwrlwm newyddiadurol y ganrif, proses a fagodd fomentwm yn ystod yr 1820au.[32] Nid yw'n gyddddigwyddiad ychwaith mai yn yr 1830au y seiniwyd yr alwad am wasg Gymraeg yn America, sy'n ddrych i'r datblygiadau ymhlith cymunedau Cymreig alltud eraill yn Lerpwl, Llundain ac Awstralia.

Gallai'r Cymry a fedrai Saesneg ddarllen *The Old Countryman*, papur wythnosol ar gyfer ymfudwyr o Brydain yn America nad oedd wedi ei gyfyngu i'r Saeson. Er ei fod yn cynnwys adran ar gyfer newyddion o Gymru ymhlith cenhedloedd eraill y Deyrnas Unedig, ynghyd â newyddion o weddill y byd, nid oedd yn bodloni chwaeth darllen y Cymry yn ddigonol. O'r herwydd, roedd angen dybryd i lenwi'r bwlch gyda chyhoeddiad yn yr iaith Gymraeg a fyddai'n cyfateb i'w hanghenion newydd:

Newyddiaduraeth Gymraeg America

The Welsh early felt the need of a paper in their own language devoted to the interests of their people in this country. Many of them knew no language but Welsh and those who spoke English were, but a few of them, able to read the written language. They were as a consequence unable to benefit from the American journals and they found the periodicals from the old country expensive and, as they gave little attention to things in this country, far from satisfactory. A paper was needed which would give the news of both Wales and America.[33]

O ystyried bod cyfran helaeth o'r Cymry yn uniaith Gymraeg, nid oeddent yn chwenychu newyddion Cymreig ac Americanaidd yn unig. Deisyfent y wybodaeth hon, yn anad dim, drwy gyfrwng eu mamiaith. Mae dadl Aled Jones y câi cynnwys y wasg ei siapio gan anghenion y gymdeithas yn egluro'r duedd hon. Fel y newidiai seiliau cymunedau Cymry America yn dilyn y ffrwd ymfudol parhaus, roedd gofyn i'r wasg addasu i gwrdd â disgwyliadau newydd ei chymuned o gyfranwyr a darllenwyr. Mae'n wir bod y wasg yn gyfrwng cyfathrebu allweddol i bob grŵp ieithyddol ac yn brawf o'u harwahanrwydd. Eto i gyd, o ystyried presenoldeb lleiafrifol y Cymry yn America, mae natur lewyrchus y wasg Gymraeg ar y cyfandir yn destun rhyfeddod. Honna Robert Park nad y niferoedd sy'n ddadlennol wrth asesu effaith y wasg ar ymfudwyr o wahanol genhedloedd, ond y ffaith fod aelodau'r genedl wedi sylweddoli'r angen am lais i'w cynrychioli fel grŵp ar wahân: 'As long as there are people in this country who have common racial or nationalist interests; they will have papers to interpret events from their own peculiar point of view ... The press has become an organ of speech. Every group has its own.'[34]

I ateb y diben hwn, cyhoeddwyd cyfanswm trawiadol o 65 o gyfnodolion, cylchgronau neu bapurau newydd Cymraeg amrywiol yn ystod y bedwaredd ganrif ar bymtheg yn yr Unol Daleithiau. Er mai byrhoedlog oedd y mwyafrif, ffynnodd rhai yn rhyfeddol. Yn gyffredinol, cyhoeddiadau diwinyddol a rhai'n cynnwys newyddion a fyddai'n sefyll yn gadarn am amser hir, tra byddai cylchgronau llenyddol neu arbenigol yn trengi'n gyflym.[35] Sefydlwyd nifer o bapurau newydd a chylchgronau i

Cyfaill pwy o'r hen wlad?

wasanaethu'r Cymry yn ninas Utica yn nhalaith Efrog Newydd, a fyddai maes o law yn gadarnle i'r byd cyhoeddi Cymraeg. Nid oedd yn syndod i'r wasg flodeuo mewn daear ffrwythlon yma, o ystyried y câi'r ddinas ei chydnabod fel canolfan ddiwylliannol i Gymry America.

Fel y tyfodd cymunedau Cymreig America, mentrodd sawl Cymro i'r byd cyhoeddi. Amcangyfrifir bod 15–20,000 o Gymry yn Utica a'r cyffiniau erbyn 1860, cynnydd dirfawr ers dechrau'r ganrif. Gwelwyd ymdrechion i sefydlu papurau newydd yn rhychwantu pynciau eang, gan gynnwys cyhoeddiadau at ddibenion yr ysgol Sul ac ar gyfer plant, rhai o natur wleidyddol, llenyddol ac addysgiadol. Cynrychiolai'r 1840au a'r 1850au oes aur y wasg Gymraeg ar y cyfandir, fel ag yng Nghymru. Mae'r ffaith i'w datblygiad gyd-fynd ag ymdrechion grwpiau mwy niferus fel y Gwyddelod a'r Almaenwyr i gynhyrchu diwylliant print llewyrchus yn dyst diamheuol i frwdfrydedd y Cymry yn y maes, er gwaethaf eu niferoedd bychan mewn cymhariaeth.

Yn ystod y bedwaredd ganrif ar bymtheg, roedd nifer o Americanwyr hefyd yn dibynnu mwy ar y wasg i ddod i wybod am y byd o'u cwmpas. Cyfrannodd datblygiadau chwyldroadol ym maes technoleg a democratiaeth at greu cymdeithas fwy darllengar. Cyhoeddwyd canllawiau teithio, llyfrynnau yn darparu cyngor, rhai crefyddol a phob math o ddeunydd darllen amrywiol. Gwelwyd twf aruthrol mewn cylchgronau ers troad y ganrif, ond fel yn achos y Cymry, bregus iawn oedd eu tynged. Er bod tua 600 mewn print erbyn 1850, ni fyddai'r mwyafrif yn goroesi'n hwy na dwy flynedd.[36] Cylchgronau crefyddol oedd y rhai mwyaf poblogaidd yn y wasg Gymraeg a Saesneg fel ei gilydd, tra bo rhai llenyddol yn llawer llai tebygol o wrthsefyll y llif.

Y cyfnodolyn cyntaf yn America i arddel y famiaith oedd *Cymro America*, cyhoeddiad dwyieithog a gynhyrchwyd yn ninas Efrog Newydd yn 1832, a ymddangosai bob pythefnos. Cynhwysai newyddion tramor a chenedlaethol a mynegi barn ar bynciau'r dydd, ond methiant fu ei hanes ar ôl deuddeg rhifyn.[37] Bu gwasg gyfnodol Gymraeg yr Unol Daleithiau yn hesb tan ddiwedd y degawd, ond torrodd gwawr newydd yn ei hanes pan ddechreuwyd cyhoeddi *Y Cyfaill o'r Hen Wlad*.

Newyddiaduraeth Gymraeg America

Trwytho'r Cymry mewn dysgeidiaeth grefyddol oedd ei brif amcan, yn unol â phatrwm y wasg enwadol Gymraeg. Ond yn wahanol i'w gymrodyr yn yr hen wlad, nid lledaenu coelbren ei olygydd oedd pwrpas y misolyn newydd hwn. Er mwyn sicrhau gwerthiant digonol, roedd yn rhaid i'r golygydd wasanaethu cenedl y Cymry yn gyffredinol yn yr Unol Daleithiau mewn nifer o feysydd – tuedd sydd yn nodweddu gweisg trefedigaethau Cymreig eraill yn y cyfnod.[38]

Roedd cyhoeddiadau o'r fath hefyd yn adnoddau diwylliannol a oedd yn atgynhyrchu ystyron Cymreictod, cymhelliad a welid yng Nghymru ac yn America fel ei gilydd sy'n dangos y gorgyffwrdd helaeth rhwng y ddwy wlad. Roedd gwasg Gymraeg America hefyd yn nodweddiadol o weisg ymfudwyr o wahanol genhedloedd a'u hymdrech i sicrhau parhad yr iaith frodorol a sefydliadau diwylliannol y genedl, yn unol ag ethos grefyddol benodol.[39] Swyddogaeth y wasg yn y cyfnod oedd rhoi arweiniad cymdeithasol, moesol a diwylliannol i'w darllenwyr, ac felly adlewyrchid hunaniaeth y genedl yn y peuoedd hyn y ddwy ochr i'r Iwerydd. Yn ogystal â chyfleu a chynrychioli hunaniaeth, rhoddodd y wasg fynegiant i fywiogrwydd diwylliannol y Cymry drwy gyfrwng dadleuon crefyddol a gwleidyddol yn ogystal.

Camp fawr y *Cyfaill* oedd rhoi llais i'r holl elfennau hyn drwy gyfrwng yr iaith Gymraeg. Cludwyd patrwm print yr hen wlad a'i ddefnyddio i drafod materion cwbl ddieithr y wlad fabwysiedig. Yn wir, yr iaith oedd yr allwedd i lwyddiant y cyhoeddiad a ddiffiniai ei arwahanrwydd oddi wrth y wasg Seisnig, fel ag yn achos y wasg yng Nghymru.[40] Yn sgil diffyg gwladwriaeth annibynnol, câi cymeriad unigryw'r wasg Gymraeg y ddwy ochr i'r Iwerydd ei diffinio'n bennaf gan iaith a chrefydd, a oedd yn adlewyrchiad triw o gywair cymdeithas y cyfnod. Roedd yr ymlyniad crefyddol hefyd yn darparu rhwydwaith sefydledig o ddarllenwyr a oedd yn llythrennog yn sgil addysg yr ysgol Sul, ac yn asgwrn cefn yn fasnachol i'r byd cyhoeddi Cymraeg.[41]

Cyn archwilio'r gynulleidfa hon ymhellach, dylem ystyried pwy oedd y cymwynaswr a fu'n gyfrifol am ddwyn y *Cyfaill* i olau dydd? Gallwn nodi gyda chryn sicrwydd mai un o brif arweinwyr y wasg Gymraeg yn America oedd William Rowlands, sylfaenydd

Cyfaill pwy o'r hen wlad?

y *Cyfaill*. O ystyried ei gyfraniad dihafal i barhad yr iaith, syndod yw canfod mai yn Llundain y cafodd ei eni yn 1807, a'i fagu ar aelwyd ddi-Gymraeg. Hanai ei rieni o Dregaron, ac ni ddysgodd yr iaith nes iddo orfod symud yno i fyw at berthnasau yn ddiweddarach yn ystod ei blentyndod. Mae'n eironig ei fod yn gyff gwawd a elwid yn 'Bili Sais' o ystyried ei fod wedi ymaflyd i wasanaethu'r genedl a'r iaith am weddill ei oes. Bu'n olygydd y cyhoeddiad am 29 o flynyddoedd, hyd ei farwolaeth yn 1866.

Yn rhyfeddol, ni chafodd ychwaith ei fagu ar aelwyd grefyddol, er iddo ddod yn weinidog blaenllaw gyda'r Methodistiaid Calfinaidd a'u gwasanaethu am 41 o flynyddoedd.[42] Er nad oedd amgylchiadau bore oes yn cyd-fynd â thrywydd ei yrfa yn y man, gellir priodoli nifer o nodweddion ei olygyddiaeth i ddylanwadau a brofwyd ganddo cyn ymadael â Chymru.

Er nad oedd yr un o'i rieni o anian grefyddol, dywedir bod William Rowlands yn 'gweddio Duw mewn dirgel leoedd' ac yn derbyn 'argraffiadau crefyddol' dwys er pan oedd yn ifanc. Wedi i'w rieni farw, roedd ei lysdad – dyn annuwiol – yn mynd ag ef i gyfarfodydd dawnsio gyda'r nos ac yn ei orfodi i gysgu yn y cloddiau gydag ef pan oedd yn feddw. Perai'r arferion hyn 'wasgfa' ar ei feddwl a 'dychrynfeydd cydwybod' iddo, sy'n brawf pellach o'i ymwybyddiaeth grefyddol yn ystod ei ieuenctid.

Yn 1820, dan nawdd ei ewythr, fe'i hanfonwyd i ysgol Ystradmeurig a hyfforddai fechgyn i fod yn offeiriaid yn yr Eglwys Sefydledig. Fodd bynnag, achosai arferion drwg ei gyd-ddisgyblion ofid mawr iddo, a chyn hir dechreuodd wrando ar bregethau yng nghapel y Trefnyddion Calfinaidd yn Swyddffynnon. Ymbellhaodd oddi wrth yr eglwys, gan adael Ystradmeurig yn 1822 – yn groes i ddymuniad ei berthnasau.

Mae'r ffaith iddo bechu ei deulu er mwyn dilyn y Methodistiaid yn awgrymu cryfder y dynfa i'w gwasanaethu. Aeth i athrofa Llangeitho, i ganol y 'Jerusalem Fethodistaidd', lle yr addysgwyd aelodau blaenllaw yr enwad megis Ebenezer Richard a Lewis Edwards. Yma cafodd William Rowlands hefyd fanteisio ar ffrwyth llafur yr athro John Jones (Glanleri). Yn ôl ei gofiannydd, y Parch. Howell Powell, dywedir ei fod yn dysgu'n gyflym a bod gan yr athro feddwl mawr ohono wrth iddo weddïo'n gyhoeddus yn yr

Newyddiaduraeth Gymraeg America

ysgol. Erbyn iddo adael yn 1824, fe'i hystyrid yn ysgolhaig medrus. Yn 1823, fe'i derbyniwyd yn aelod cyflawn o gapel y Trefnyddion Calfinaidd yn Llangeitho, a hynny ar yr un adeg â Thomas Jenkins, a fyddai'n gyd-olygydd y *Cyfaill* ymhen blynyddoedd.

Yma teimlodd effeithiau crefydd yn ddwys a phrofi'r angerdd cynharaf am wybodaeth drwy ddarllen a myfyrio. Yn ogystal, daeth i'w ran brofiadau ysbrydol dwfn a ysgogwyd gan Mary Deubit, hen wraig a oedd yn byw ar ei phen ei hun. Pan fyddai'n ymweld â'i thŷ, byddai'n darllen y Beibl iddo, yn gweddïo drosto ac yn rhoi cyngor crefyddol iddo nes ei fod dan deimlad. Roedd gan ei deulu hefyd gysylltiad pellach â'r Methodistiaid gan fod eu hachos yn Llanddewibrefi wedi cychwyn yn nhŷ ewythr ei fam, Thomas Jones, Pant-bach. Daeth William Rowlands, yn ei dro, yn brif arweinydd y cyfarfod gweddi a'r seiat yn yr achos hwn. Yn 1824, ymadawodd â Cheredigion gan fynd yn athro ysgol i ardal Merthyr Tudful ac yna yn Nantyglo. Yn fuan wedyn dechreuodd bregethu a chafodd brofiad cenhadu ar ran y Methodistiaid Calfinaidd yn rhai o siroedd y gororau.

Cyn i William Rowlands ymfudo i America, magodd ddiddordeb dwfn ym myd cyhoeddi wedi iddo brynu argraffwasg Richard Jones ym Mhontypŵl yn 1829. Dysgodd grefft argraffu, rhwymo llyfrau a'u gwerthu. Diddordebau masnachol a'i cymhellodd i ddechrau, ond daeth yn sylfaen i'w ddiddordeb ysol mewn llyfrau a chyhoeddiadau, ac yn y pen draw i'w yrfa yn y dyfodol. Bu'n bwrw ei brentisiaeth gyda chylchgrawn yr *Athraw* a fwriadwyd ar gyfer disgyblion yr ysgolion Sul.

Er ei fod yn bregethwr addawol gyda'r Methodistiaid Calfinaidd, mwynhâi brysurdeb masnachu, ac arwydd pellach o hynny oedd y ffaith iddo ddod yn gyd-berchennog glofa Coed Duon ac agor siop yno. Yn 1832, cafodd ei urddo i'r weinidogaeth yng Nghymdeithasfa Llangeitho. Fodd bynnag, daeth tro ar fyd yn 1833 pan aeth yn fethdalwr a cholli ei holl eiddo ar ôl cael ei dwyllo gyda'r busnes glo yn y Coed Duon. O ganlyniad i hyn, cafodd ei atal rhag pregethu. Ychydig yn ddiweddarach, bu farw ei wraig a'i blentyn, treialon a drodd ei olygon tuag America. Fel y dywed yn ei ddyddlyfr:

Cyfaill pwy o'r hen wlad?

Yr ydwyf yn bresenol mewn tywydd mawr – o ran fy meddwl yn derfysglyd iawn. Y mae arnaf fwy o chwant myned i America nag a fu erioed. Pe gwybyddwn fod llais yn y pethau hyn i fy ngyru tuag yno, awn yn ewyllysgar; ond y mae arnaf ofn weithiau mai dianc oddiar ffordd y wialen sydd yn fy ngolwg; ac eto y mae rhyw duedd ynof am wasanaethu fy nghenedlaeth; y mae yn amser y cynhauaf, ni ddylai neb fod yn segur.[43]

Efallai'n wir bod y dynfa i'r cyfandir yn ei waed gan ei fod o'r un teulu â Rowland Selby o blwyf Tregaron a ymfudodd yno yn ystod yr ail ganrif ar bymtheg, a diau y byddai'n ymwybodol o gyfraniad ei ddisgynyddion i'r wlad.[44]

Wrth reswm, cymhelliad amlwg arall dros ymfudo oedd erledigaeth aelodau o'r cyfundeb a chosb yr eglwys am y ddyled a ddeilliodd o'i fethiant ariannol. Yn America, roedd 'llais cyffredinol a pharhaus . . . am weinidogion yr efengyl'.[45] Derbyniodd alwad ffurfiol gan eglwys y Trefnyddion Calfinaidd yn nhalaith Efrog Newydd ar sail argymhellion gan nifer o'i gymdeithion a wyddai am ei allu a'r awydd ynddo am antur newydd yn America.

Glaniodd yn ninas Efrog Newydd yn ystod haf 1837, a derbyniodd groeso brwd wrth i tua deugain o aelodau eglwys y Methodistiaid Calfinaidd ymweld ag ef ar ei noson gyntaf. Ni fu'n ymarhous cyn ymroi i'w waith efengylu yn America, wrth iddo bregethu drannoeth ei laniad. Gwnaeth gryn argraff ar ei eglwys, a sicrhaodd dderbyniad gwresog ymhlith sawl cymuned Gymreig arall wrth i'r sôn amdano ledaenu. Mae'n amlwg, fodd bynnag, nad fel dechrau newydd yr ystyriai William Rowlands y cam hwn. Ac ystyried ei eiriau wrth gyrraedd America, roedd elfen o barhad i'w fwriadau crefyddol: 'Yn awr, ffarwel Brydain, ffarwel Gymru, ffarwel gwlad fy ngenedigaeth, gwlad fy nhroedigaeth, a gwlad fy ngalwedigaeth i'r hoff waith o bregethu anchwiliadwy olud Crist.'[46]

O ystyried ei fedrusrwydd cynhenid yn Saesneg, ei iaith gyntaf, gallai fod wedi gweinidogaethu yn 'eglwysi lluosocaf a chyfoethocaf y wlad'. Hefyd, er gwaethaf teimladau surion pan adawodd Cymru, parodd ei ymrwymiad i'r 'Hen Gorff' ei fod yn arddel yr alwedigaeth i wasanaethu'r Cymry yn eu mamiaith. Atega ei gofiant fod nifer yn ninas Efrog Newydd, lle yr ymgartrefodd i ddechrau, wedi ymbellhau oddi wrth eu Cymreictod. O'r herwydd, 'glynodd ef i wasanaethu ei genedl', ar sail yr 'awydd angerddol am eu crefyddoli a'u dyrchafu yn mhob rhinwedd'.[47] Serch hynny, roedd gwedd genhadol ei weinidogaeth yn golygu ei fod hefyd yn pregethu yn Saesneg i'r Americanwyr ac yn teithio'n helaeth, ac felly'n croesi ffiniau ieithyddol a daearyddol wrth ledaenu'r efengyl.

Yn sgil ymfudo cynyddol o'r hen wlad, roedd angen taer am arweinwyr i'r gymdeithas newydd, ac ufuddhaodd William Rowlands – ymhlith eraill – i'r alwad. Teithiodd o amgylch nifer o'r treflannau Cymreig yn nhaleithiau Efrog Newydd, Pennsylfania ac Ohio bron yn syth ar ôl ymfudo ac yn ystod y flwyddyn ganlynol. Ymchwiliodd yn drwyadl i'w sefyllfa a bachu ar y cyfle i ledaenu'r Gair. Ond roedd yr ymweliadau hyn yn gyfle hefyd i fraenaru'r tir ar gyfer cyfnodolyn er budd y Cymry:

> Yr oedd yn mryd Rowlands cyn iddo ymadael â Chymru wasanaethu ei gydgenedl yn America, drwy lafur llenyddol; ac yn y flwyddyn 1837, ymgymerodd â'r daith fawr barotoadol ar ddwyn cylchgrawn misol allan. Cafodd allan fod y genedl yn awyddus am gyhoeddiad cyfnodol.[48]

Synhwyrodd ddymuniad dwys am gyfnodolyn yn eu mamiaith ymhlith y Cymry alltud, ac roedd yn argyhoeddedig na fedrai'r eglwys gyflawni ei chenhadaeth yn gyflawn heb gyfrwng o'r fath. Dychwelodd i ddinas Efrog Newydd yn fuan i roi ei gynlluniau ar waith, wedi sicrhau nifer o gefnogwyr brwd a goruchwylwyr cynorthwyol i'r misolyn yr oedd â'i galon ar ei sefydlu. Credir bod tua 4,000 o Gymry yn y ddinas yn y cyfnod hwn, ond ymestynnodd y cylch darllen i'r gorllewin ac ymhell y tu hwnt i'r taleithiau Cymreiciaf.

Roedd y wasg Saesneg yn America hefyd yn dechrau cydio yn ninas Efrog Newydd yn yr 1830au cynnar, ac felly gwreiddiodd Rowlands ei fenter mewn daear ffrwythlon. Digon bregus oedd ffawd cyfnodolion Saesneg y wlad yn ystod yr 1820au, ond erbyn tua 1825 sefydlwyd cylchgronau ar batrwm cyhoeddiadau Saesneg

Cyfaill pwy o'r hen wlad?

y cyfnod, a oedd yn arwydd o gryn dwf o'i gymharu â'r sefyllfa cyn 1815.

Mae'n deg, felly, ystyried William Rowlands yn brif arloeswr gwasg gyfnodol Gymraeg yr Unol Daleithiau. Nid ar hap y sefydlodd y *Cyfaill*, gan fod ganddo eisoes brofiad o fwrlwm twf y wasg yng Nghymru ar y pryd, fel yn achos golygyddion diweddarach yn America.[49] Fel golygydd a chyhoeddwr yr *Athraw*, cafodd William Rowlands flas o'r hyn y dylai cyfnodolyn ei gynnig a chyfle i hogi ei grefft fel newyddiadurwr. Awgrymir gan ei gofiannydd i'r cylchgrawn gael derbyniad da a chylchrediad eang. Yn wir, dyma ragflas o'r math o ganmoliaeth a fynegwyd yn gyson am y *Cyfaill* maes o law.

Ystyrid golygyddion a phregethwyr yn ddynion o statws uchel yng nghymdeithas y cyfnod. Mae eu rhestru ymhlith 'enwogion Cymreig America' gan Iorthryn Gwynedd yn awgrymu'r pwys a roddid ar y ddwy alwedigaeth a'u gwasanaeth i'r gymuned Gymraeg yn America:

> Gan mai y pwlpud a'r wasg yw y ddau offeryn mawr er gwareiddio ac efengyleiddio y byd, mae o annhraethol bwys pa fath ddynion a ddringa i'r pwlpudau, ac a eistedda yn y cadeiriau golygyddol, i olygu ein newyddiaduron a'n cylchgronau. Ystyriwn fod y swydd olygyddol i'w rhestru yn agosaf at weinidogaeth fawr yr efengyl. Dylai pob golygydd fod yn ddyn dysgedig, o gymeriad da, yn feirniad craffus yng ngwahanol ganghenau llenyddiaeth, yn hollol ddiduedd a gonest, ac o chwaeth goethedig.[50]

Dyma ddisgrifiad addas o waith William Rowlands ac eraill yn America a fu'n cyfuno dyletswyddau gweinidogol a golygyddol. Yn ôl Maldwyn Jones, roedd pwysigrwydd y wasg fel sefydliad diwylliannol i ymfudwyr yn gyfartal â'r eglwys, ac roedd yn ddisgwyliedig iddynt sefydlu gwasg a chapeli yn fuan ar ôl glanio fel mynegiant o'u cenedligrwydd.[51] Pwy'n union felly oedd y gynulleidfa, a pha gymunedau fyddai'r *Cyfaill* yn eu gwasanaethu?

Newyddiaduraeth Gymraeg America

'Cyfrwng cyfeillgarwch rhwng cyfeillion': cymunedau o ddarllenwyr o boptu'r Iwerydd

Y blaenred croesawgar, sydd gyflym gludai newyddion o wlad anwyl ein genedigaeth; gofalus Geidwad Iaith a barddoniaeth ein cyn-deidiau; ac anmhleidgar amddiffynydd y ffydd Gristionogol, yn mhurdeb cynhenid ei phrif bynciau sylfaenol. Caffed gefnogaeth ddigonol, yr hyn a wir haedda.[52]

Mynegwyd y geiriau hyn o gefnogaeth i'r *Cyfaill* mewn gwledd i ddathlu Dydd Gŵyl Dewi yn Efrog Newydd yn 1839. Roedd yn naturiol i'r dathliad gydnabod cyfraniad y cyhoeddiad flwyddyn ers ei sefydlu fel un o bileri diwylliannol y genedl. Byddai'r 'blaenred' yn croesawu darllenwyr o bob cefndir gydag arlwy amrywiol, fel yr awgrymir yn yr anerchiad uchod. Yn ei dro byddai'n atgyfnerthu hunaniaeth Gymreig yr ymfudwyr drwy fodloni eu hanghenion mewn gwahanol beuoedd.

Trwy blethu edafedd eu hunaniaeth ynghyd, atega Jerry Hunter fod y wasg gyfnodol yn ddi-os yn cynorthwyo'r ymfudwyr i greu eu 'cymuned ystyrlon' eu hunain ar lefel genedlaethol.[53] Fel y mynegir gan un darllenydd: 'cyfaill yw, a chyfrwng cyfeillgarwch rhwng cyfeillion gwasgaredig yn America a'u gilydd'.[54] Mae'n amlwg fod y darllenydd hwn yn credu yng ngrym cymdeithasol y wasg i weithredu fel rhwydwaith cysylltiol rhwng treflannau Cymreig y cyfandir, ffactor nid dibwys yng nghynhaliaeth eu hymdeimlad o Gymreictod.

Fodd bynnag, mae'r disgrifiad ohono fel 'cludai newyddion' hefyd yn awgrymu'r modd y cynigiai'r wasg y dull a'r modd i droi'r cymunedau lleol hyn yn frawdoliaeth genedlaethol a ymestynnai ar draws y cyfandir a'r Iwerydd. Nid ar dir a daear America yn unig oedd ei gynulleidfa.

Mae adran newyddion y *Cyfaill* yn costrelu amrywiol agweddau hunaniaeth yr ymfudwyr – yn gyfuniad o elfennau Cymreig, Americanaidd a Chymreig-Americanaidd. Roedd y duedd amlochrog hon yn un a welwyd yng ngwasg cenhedloedd eraill, a ddisgrifir yn gelfydd gan Jones:

Cyfaill pwy o'r hen wlad?

Though most immigrants had little previous experience of newspapers, they welcomed the appearance of journals that kept them in touch with the happenings in the old country, acquainted them with developments in the immigrant community itself, and interpreted for them a variety of American events and issues.[55]

Roedd y gwahanol adrannau a oedd yn cyflenwi'r newyddion yn gwasanaethu anghenion yr ymfudwyr Cymreig yn America, gan eu cysylltu â'i gilydd yn y wlad newydd, ac yn fwy arwyddocaol, â'u cydgenedl yn yr hen wlad.

Er bod gweisg y grwpiau ethnig llai niferus yn America megis y Norwyaid yn tueddu i ogwyddo at grefydd, ac er bod eu golygyddion yn weinidogion yn amlach na pheidio, roeddent yn cyflawni'r un swyddogaeth â phapurau newydd ymfudwyr o genhedloedd eraill. Trwy ddarparu ffocws i'r gymuned a chymorth i ddygymod â'r amgylchfyd newydd, ynghyd ag amrywiaeth o newyddion, roeddent yn driw i ddisgwyliadau'r darllenwyr a oedd yn dymuno cael 'newyddiadur' at wasanaeth y genedl ymfudedig.[56] Yn ôl Marcus Hansen, newyddiaduraeth oedd prif alwedigaeth arweinwyr deallusol y grwpiau ymfudol, ac oherwydd prisiau postio uchel, byddai'n fwy hwylus i'r ymfudwyr llythrennog ddarllen deunydd a gynhyrchwyd ar dir a daear America.[57] Adfywiodd gwasg yr Almaenwyr yn ystod yr 1830au, gan weld twf yn y degawd dilynol, ond yn gyffredinol cymerodd amser i ddatblygu diwylliant cyhoeddi sefydlog yn sgil tlodi ac anllythrennedd nifer o'r newydd-ddyfodiaid. Yn wir, ni chydiodd newyddiaduraeth Wyddelig tan i'r don ymfudol anferth yn ystod yr 1840au a'r 1850au chwyddo nifer y darllenwyr, ac felly mae'r ffaith y sefydlwyd y *Cyfaill* yn ystod yr 1830au yn arwydd o flaengaredd. Gelwir Rowlands yn 'bioneer' y cylchgronau Cymraeg gan un gohebydd.

Rhoddwyd gofod helaeth i golofn newyddion Cymry America a gwmpasai weithgareddau crefyddol a diwylliannol amrywiaeth o dreflannau Cymreig ar wasgar ar y cyfandir. Cynhwysid cyhoeddiadau personol am briodasau, marwolaethau a genedigaethau. Er mai newyddion lleol y cymunedau unigol a ddarparwyd, yn debyg i bapur bro heddiw, cyflawnai'r *Cyfaill* swyddogaeth fel dolen gydiol rhyngddynt ar lefel genedlaethol.

Newyddiaduraeth Gymraeg America

Yn unol ag amcanion y wasg Gymraeg mewn trefedigaethau eraill, ceisiai'r golygydd hefyd gadw cydbwysedd yn y trawsfudiad rhwng yr hen wlad a'r wlad fabwysiedig. Rhoddai'r *Cyfaill* gyfarwyddyd ymarferol i'r dinasyddion newydd, ond sicrhawyd sylwebaeth gyson ar newyddion Cymru a Phrydain i atgoffa'r trigolion o'u genedigaeth-fraint. Ar un llaw felly, ceid braslun o hanes y treflannau newydd a'r gweithleoedd, gan gynnwys gwybodaeth ddefnyddiol neu hysbysebion am brisiau marchnad, tiroedd a masnach i esmwytháu'r orchwyl o ymgynefino yn y wlad newydd. Ar y llaw arall, ceisiai'r *Cyfaill* leddfu hiraeth yr ymfudwyr drwy roi'r cyfle iddynt gadw eu bysedd ar guriad calon yr hen wlad, patrwm a ganfyddir mewn papurau newydd a chyfnodolion amrywiol ieithoedd yn America. Meddai'r wasg ar y gallu i adlewyrchu amodau byw newydd America, a hynny heb dorri'r clymau gyda'r famwlad, fel y mynega cerdd yn y *Cyfaill*:

> O fro'n genedigaeth cawn bob hanesyddiaeth,
> A hyny'n ein mamiaith yn helaeth gan hwn.[58]

Y gair allweddol yma sy'n cyfleu craidd ei apêl yw bod y *Cyfaill* yn cynnig gwledd o eitemau drwy gyfrwng y famiaith, a'r newyddion o Gymru yn abwyd i gynnal cenedligrwydd mewn tiriogaeth estron. Deuai'r *Cyfaill* â 'newyddion i'n haneddau', er gwaethaf 'rhwystrau daear estron' yn ôl y bardd Gwilym ab Ioan, a'r newyddion drwy gyfrwng y Gymraeg yn hwyluso sefyllfa'r ymfudwyr yn fawr.[59]

Yn fwy na dim, cawsai Cymry America synnwyr cryf o faterion cyfoes yr hen wlad oherwydd ailadroddid y newyddion gwreiddiol o gyfnodolion Cymru yng nghawl eildwym y wasg Gymraeg yn America. Yn ogystal, defnyddid 'Gohebwr o Gymro', ac yn ddiweddarach gohebydd o'r de a'r gogledd i grynhoi prif eitemau newyddion Cymru a'u trosglwyddo i'r gynulleidfa y tu hwnt i'r Iwerydd, gweithred a nodweddai grwpiau ymfudol Ewropeaidd eraill:

> The local editor stepped into the breach, armed with paste pot and shears. Page after page of news, lifted from European sources, attests

Cyfaill pwy o'r hen wlad?

the continuing interest in the homeland . . . though perhaps two months late, the settler was transported back to the politics and official gossip of the world he had left . . .'.[60]

Golygai'r dull hwn o newyddiadura 'ail-law' fod rheidrwydd hefyd i droi at bapurau newydd Saesneg. O'r herwydd, gwelid cyhoeddiadau Cymraeg yr hen wlad ac America yn defnyddio cyfieithiadau o gylchgronau enwadol a phapurau newydd eu cymrodyr Seisnig yn y ddwy wlad yn sgil cyfleustra a chost isel y fath hon o newyddiaduraeth.[61]

Sylweddolodd William Rowlands yntau yr angen i ymdrin â newyddion Cymru a Phrydain ar wahân, er budd y sawl a ddymunai arddel eu cysylltiad â'r Deyrnas Gyfunol. Mae'r cyfeiriadau mynych at weithgareddau'r teulu brenhinol a llwncdestunau Gŵyl Dewi i'r Frenhines Victoria a'r Ymerodraeth Brydeinaidd yn awgrymu bod rhai o'r ymfudwyr yn arddel Prydeindod, a ychwanegai haen arall i'w hunaniaeth.

Nid oedd y *Cyfaill* ychwaith yn eithriad i duedd y wasg gyfnodol Gymraeg i gynnwys newyddion cyffredinol gyda gogwydd fydeang, a rhoddwyd dogn helaeth o newyddion tramor i ddiwallu anghenion y genedl y ddwy ochr i'r Iwerydd yn y cyfnod. Cynhwysid adran sylweddol o newyddion o'r fath o dan y pennawd 'Crynodeb o Helyntion y Byd' a ysgrifennid gan William Rowlands ei hun, sef cipolwg cryno ar ddigwyddiadau gwahanol wledydd. Darllenai doreth o ffynonellau a'i galluogai i roi braslun o newyddion ledled y byd. Roedd ganddo hefyd ymwybyddiaeth o faterion cyfoes, 'arwyddion yr amseroedd', elfen arall sy'n driw i strwythur papur newydd. Er mai papur crefyddol oedd y *Cyfaill* yn ei grynswth, roedd darparu newyddion tramor wedi ei gyfieithu i'r famiaith yn hollbwysig i amcan y wasg gyfnodol Gymraeg o ehangu gorwelion ers cyfnod cynnar yn ei hanes.

Fodd bynnag, nid yw adrannau newyddion y *Cyfaill* yn cydymffurfio'n llwyr â newyddiaduraeth arferol y cyfnod, gan na chyhoeddid rhyw lawer o newyddion 'poblogaidd' ar wahân i adran neilltuol am ddedfrydu troseddwyr yn y llysoedd. Roedd y tueddiad i osgoi apêl deunydd mwy syfrdanol (*sensational*) yn adlewyrchiad o ddylanwad gwerthoedd ceidwadol y gymdeithas

Newyddiaduraeth Gymraeg America

Anghydffurfiol ar ddisgwyliadau'r darllenwyr. Amgylchiadau'r genedl Gymreig oedd y prif gonsérn yn y cyfnod hwn, boed ar dir America neu'r hen wlad. Ond nid proses unffordd oedd hon ar unrhyw gyfrif.

Disgrifia William Rowlands y gobeithion am lwyddiant *Y Cyfaill* yn y rhifyn cyntaf yn sgil llythyrau o ganmoliaeth ar ddechrau'r fenter. Awgrymir ynddynt bod y misolyn wedi cydio yn awydd rhai o Gymry America am gylchgrawn o'r fath:

> Hyfryd genym allu hysbysu fod y llythyrau yr ydym yn eu derbyn o bob parth lle y cylchreda y cyhoeddiad, mewn perthynas i'w deilyngdod, yn foddhaol iawn. Ac er nad ymddangosodd llyfryn erioed a foddlonai bawb, y mae y farn gyffredinol am y *Cyfaill* yn gymeradwyol.[62]

Yn y rhifyn cyntaf, fe'i croesewir yn frwd gan anerchiadau sy'n cofleidio'r bwriad i 'oleuo'r genedl', ac awgrymir bod syched ymhlith Cymry America am gyhoeddiad o'r fath.

Mae cerdd i gyfarch y cyhoeddiad mor fuan â'r ail rifyn yn dystiolaeth bod y *Cyfaill* yn barod yn llenwi bwlch ym mywydau rhai ymfudwyr. Anerchir y *Cyfaill* gan fardd sy'n teimlo gorfoledd llesmeiriol yn sgil ei ddyfodiad: 'Ti gei fy nghalon'. Oherwydd ei 'duedd at feithrin dysg a moesau da', teimla reidrwydd, 'oddiar gariad yn hytrach na medrusrwydd' i ddangos ei 'ewyllys da' i'r cyhoeddiad gyda cherdd yn pentyrru ei rinweddau.[63] Ceir llu o gerddi tebyg yn y rhifynnau cynnar yn dathlu genedigaeth y *Cyfaill*.

Er gwaethaf ansicrwydd y byd cyhoeddi, mae'n amlwg fod y golygydd yn cychwyn ei brosiect mentrus gyda ffydd bod angen cyhoeddiad o'r fath. Ymgymerodd â'r orchwyl yn dilyn anogaeth gan nifer o'i gydwladwyr: 'O barthed ein golygiadau presennol, yr ydym yn dra sicr fod yn y wlad hon ddigon o Gymry ewyllysgar i gynnal Cyhoeddiad Misol.'[64] Serch hynny, o dipyn i beth byddai 'Cymry ewyllysgar' eraill yn dangos eu cefnogaeth y tu hwnt i'r 'wlad hon'.

Tystia cofiant William Rowlands fod gan y *Cyfaill* ddarllenwyr yng Nghymru. Mae'n amlwg hefyd bod William Rowlands yn ymwybodol o'i ddarllenwyr yr ochr arall i'r Iwerydd wrth iddo

Cyfaill pwy o'r hen wlad?

roi ystyriaeth i argraffiad arbennig o'r cyfnodolyn er mwyn hybu ei gylchrediad ymhlith 'ein cyfeillion' yng Nghymru.[65] Roedd meithrin clymau â Chymru'n hollbwysig i ymwybyddiaeth genedlaethol Cymry America ddal ei thir mewn gwlad estron, ac roedd holl gyhoeddiadau eu gwasg yn anrhydeddu'r nod hwnnw. Yn hyn o beth, roedd y wasg yn rhan o gysylltiad 'trawsatlantig' a ymestynnai y tu hwnt i'r cyfandir.[66] Cynhelid y cyswllt hwn gan amrywiol sefydliadau diwylliannol, ond roedd yr argraffwasg yn hwylusydd amlwg iddo drwy gyfnewid deunydd darllen – boed lyfrau neu gylchgronau – rhwng Cymru ac America. Atgyfnerthwyd y cysylltiad hwn gan olygydd y *Cyfaill* drwy ddefnyddio ystod helaeth o ddarnau gan awduron yr hen wlad a chyfnodolion yng Nghymru, yn enwedig yn ei gyfnod cynharaf.[67] Cyhoeddwyd hanes teithiau yng Nghymru. Cyfeirir at sefydlu'r *Cyfaill* ar dudalennau'r *Drysorfa* yn 1838, cylchgrawn y Methodistiaid Calfinaidd yng Nghymru. Mae'n ymfalchïo yn y ffaith fod y 'gydgenedl' yn lledaenu 'gwybodaeth fuddiol' yn y famiaith yn America. Yn aml, ceir anerchiadau, llythyrau a newyddion o America yn darlunio sefyllfa crefydd a'r gymdeithas Gymraeg, gan ailgyhoeddi darnau o'r *Cyfaill*. Cyhoeddwyd hanes teithiau i America ynghyd â gwybodaeth a chyfarwyddiadau am y broses ymfudo. Gwelwyd darnau megis 'Ymddyddan am America', sylwebaeth ar gaethwasanaeth ac adolygiadau o lyfrau Cymraeg a gyhoeddwyd ar y cyfandir, sy'n brawf o gryfder y llinyn cyswllt ar draws yr Iwerydd. Ond gellid hefyd troi'r cysylltiad hwn ar ei ben.

Mae'r ffaith fod cyhoeddiadau Cymru yn ail-ddefnyddio deunydd o wasg Gymraeg America yn tystio i wedd ddwyffordd y diwylliant print Cymraeg. Yn wir, honna Aled Jones fod cynulleidfa'r cyfnodolion yng Nghymru yn awyddus i wybod am sefyllfa'r Cymry alltud, a bod deunydd o'r fath yn ymateb i'w disgwyliadau fel darllenwyr.[68] Yn hyn o beth, roedd y Cymry'n cydymffurfio â phatrwm hanesyddol hir o feithrin cysylltiad rhwng Ewrop a'r Unol Daleithiau ym myd crefydd a llenyddiaeth wrth i systemau cyfathrebu esblygu, heb sôn am lythyrau ymfudwyr a oedd yn tynhau'r cwlwm yn sylweddol.[69] Honnir, yn wir, mai'r diwylliant 'trawsatlantig' hwn yw sylfaen arwyddocâd teitl y cyfnodolyn. Dywedir i William Rowlands drafod cyhoeddi cylchgrawn Cymraeg

Newyddiaduraeth Gymraeg America

yn America gyda ffrind yng Nghymru, ac mai ei awgrym ef oedd y teitl 'Y Cyfaill o'r Hen Wlad'. Fe'i mabwysiadwyd gan ei fod yn adlewyrchu'r arferiad o ddefnyddio deunydd gan awduron o'r hen wlad yn y cyfnod cynnar, ynghyd â gweithredu fel trosiad am y llwybrau diwylliannol a groesai'r Iwerydd.[70]

Ar y dudalen gyntaf, cyferchir y darllenydd gan ddarlun o ymfudwr yn glanio, sy'n atgyfnerthu symbolaeth y teitl drwy roi sicrwydd o safon byw uchel yn America, ac yn fwy na dim – o gyfeillgarwch ymhlith y gydgenedl.[71] Dadleua Homi Bhabha fod trosiadau o'r fath yn fodd effeithiol iawn o gyfannu'r rhwyg o groesi ffiniau.[72] Nid yn America'n unig yr oedd William Rowlands yn ceisio pontio'r ffiniau daearyddol hyn, gan fod y Cymry ble bynnag yr ymgartrefent yn rhan o'r gymuned genedlaethol y ceisiai'r *Cyfaill* ei chynnal.

Mae llythyr gan Iago Trichrug, gweinidog yn Llundain ar y pryd, yn rhifyn cyntaf y *Cyfaill* yn enghraifft gynnar o gyhoeddi anerchiadau i Gymry America yn y wasg gyfnodol. Roedd cyhoeddi llythyrau a chyfarchion gan ohebwyr – gweinidogion yn enwedig – o Gymru a threfedigaethau Cymreig eraill ar y cyd â deunydd Cymreig-Americanaidd yn duedd a fyddai'n nodweddu'r *Cyfaill* am flynyddoedd lawer. Dyma awgrym clir o'i bwysigrwydd fel llinyn cyswllt i'r Cymry – nid yn unig yn drawsatlantig – ond hefyd fel rhan o rwydwaith ehangach y diaspora Cymreig. Dywed Chidlaw – gweinidog blaenllaw gyda'r Annibynwyr – mewn anerchiad arall y gall y *Cyfaill* ymffrostio yn ei gylchrediad ymhlith Cymry yr Unol Daleithiau, yr hen wlad a phrif drefi Lloegr. Dengys hyn fod y cyhoeddiad yn taflu'r rhwyd yn eang i ddenu darllenwyr. Parhaodd y duedd hon hefyd ymhell i'r 1860au pan welir hanes Cymry Llundain a Chymry Victoria, Awstralia ar dudalennau'r *Cyfaill* yn ystod 1864.

Roedd y broses gyfnewidiol o ddarllen cyhoeddiadau y ddwy ochr i'r Iwerydd hefyd yn bwysig ar gyfer meithrin sylwebaeth feirniadol ar y wasg yng Nghymru ac America. Mae Iago Trichrug ymysg awduron eraill o'r tu allan i'r cylchoedd Cymreig-Americanaidd sy'n croesawu'r *Cyfaill* â chanmoliaeth ac yn annog y gydgenedl i'w ddarllen. Ar ôl gofidio nad oedd llyfrau Cymraeg yn cael eu cyhoeddi ar y cyfandir, meddai:

Cyfaill pwy o'r hen wlad?

Gobeithiwyf yn ddiragrith y cefnogir ef yn mhob modd genych, yn yr anturiaeth hon. Chwi sydd yn fedrus mewn ysgrifenu ar wahanol bethau, diwallwch ef a defnyddiau buddiol i lenwi y Grëal Americanaidd hwn; a chwithau, fy nghydwladwyr Americanaidd oll, derbyniwch y Cyhoeddiad yn helaeth . . . darllenwch ef yn efrydawl, er eich difyrwch, eich lles, a'ch adeiladaeth fuddiol.[73]

Awgryma ei ddelwedd grefyddol o'r *Cyfaill* fel 'Grëal Americanaidd' swyddogaeth werthfawr y cylchgrawn fel rhan o lenyddiaeth Gymraeg America, ond roedd ei ddylanwad yn ymestyn yn llawer pellach. Roedd hefyd yn ymgorfforiad o'r frawdoliaeth grefyddol drawsatlantig a oedd yn greiddiol i ffyniant Anghydffurfiaeth. Nid pregethwyr yn unig a groesai'r Iwerydd yn gyson;[74] byddai cyfnewid gohebiaeth am achosion crefyddol y ddwy wlad yn adfywio cysylltiad Cymry America â'u Cymreictod wrth iddynt edrych tua'r famwlad am arweiniad ysbrydol. Yn union fel y Bedyddwyr a ymfudodd ganrif ynghynt, roedd y rhwydwaith cyfathrebu gyda Chymru'n bywiogi eu cenhadaeth. Nododd Hywel Davies yn eu hachos hwy, 'their faiths literally spawned the Atlantic'.[75]

Mae taerineb yr anerchiadau hyn yn erfyn ar yr ymfudwyr i beidio ag anghofio'r efengyl yn dyst eu bod yn ystyried crefydd yn edafedd anhepgor yng ngwead cenedligrwydd y Cymry. Mynegai trigolion yr hen wlad ofid gwirioneddol am ddarpariaeth 'moddion gras' ddigonol yn eu cynefin newydd. Roedd llythyrau o'r fath yn ffurf boblogaidd i gynghori cymunedau Cymreig ar eu sefyllfa grefyddol a'r gymdeithas yn gyffredinol, yn ogystal â dangos eu cefnogaeth iddynt drwy ddymuno eu llwyddiant.

Yn y cyswllt hwn, ceir hanes nifer o ddigwyddiadau a gweithgareddau crefyddol yn yr adran newyddion, gan gynnwys adroddiadau am gymdeithasau o natur grefyddol yn ogystal â chyflwr ysbrydol ac ysgolion Sul y treflannau Cymreig.[76] Byddai clywed hanesion am amgylchiadau crefydd mewn cymunedau eraill yn America a'r hen wlad yn eu cysylltu o fewn rhwydwaith gyfathrebu eang, gan roi ymdeimlad o undeb ar ystyr grefyddol a daearyddol. Cawsai'r *Cyfaill* sylw amlwg yng nghofnodion y cyfarfodydd hyn, a gwelir pwysigrwydd y newyddion hwn i'r cyhoeddiad yn sgil anogaeth i Gymry America gyfrannu eitemau am eglwysi newydd a sefydlwyd ganddynt.

Roedd y Cymry felly'n ymwybodol iawn o ddatblygiadau crefyddol eu cydgenedl wrth i'r wasg argraffu bontio'r pellter daearyddol rhwng y gwahanol gymunedau Cymreig. Gofynna Chidlaw am wybodaeth ar sefyllfa'r efengyl ymhlith Cymry America, gan 'ddyfod i'w cydnabyddiaeth drwy gyfrwng y Cyfaill'.[77] Amlyga'r anerchiadau hyn fod gweinidogion o gymunedau Cymreig eraill yn cyfarch y gydgenedl fel grŵp unedig yn y cyd-destun crefyddol.

A oedd y *Cyfaill* felly'n 'gyfrwng cyfeillgarwch' fel yr honnai gweinidogion, darllenwyr ac anerchiadau Gŵyl Dewi? A oedd yn caniatáu i'r Cymry uno i greu cymuned ryng-genedlaethol dan faner crefydd? Beth oedd safiad golygyddol William Rowlands fel gweindiog gyda'r Methodistiaid Calfinaidd, a pha fath o ddarllenwyr a oedd yn eu croesawu mewn gwirionedd?

'Teg gyfaill cyfryngol': egwyddorion golygyddol a moeseg newyddiadurol

Ar ddechrau 1838, mae William Rowlands yn cyfarch ei ddarllenwyr yn y rhifyn cyntaf drwy ddisgrifio'r cyhoeddiad newydd fel 'cyfrwng o wybodaeth fuddiol i'r genedl yn gyffredinol'. Un o brif gonglfeini polisi golygyddol y *Cyfaill* o'r dechrau fyddai gwasanaethu'r Cymry'n ddiwahân drwy gynnig llwyfan niwtral, tuedd a welid yn y wasg gyfnodol Gymraeg yn gyffredinol pan oedd yn ei babandod. Darbwyllai ei ddarllenwyr o'r egwyddor rhyng-enwadol er gwaethaf ei ymlyniad personol fel gweinidog gyda'r Methodistiaid Calfinaidd.

Fodd bynnag, profai hyn yn anos i'w gynnal fel yr âi amser rhagddo ac fel y tyfai'r wasg gyfnodol. Er iddo lynu at y côd moeseg hwn yn gadarn yn ei golofnau golygyddol, mae'n amlwg fod rhai o'i benderfyniadau fel golygydd wedi eu gyrru gan gymhellion personol. Wrth i egwyddorion sensro a rhyddid barn wrthdaro'n chwyrn ar adegau, codai cwestiynau am faterion ymarferol perchnogaeth a'i effaith ar agenda cyhoeddiad, fel sy'n

Cyfaill pwy o'r hen wlad?

digwydd yn yr oes fodern. Efallai'n wir bod gan ddulliau newyddiadura datblygedig ein hoes ni wersi i'w dysgu gan ein cyndadau. Wrth i gyfranwyr gymryd yr awenau gyda phynciau'r oes, yn debyg i syniad *citizen journalism* heddiw, mae'n bosibl hefyd nad oedd hanfod newyddiaduraeth y bedwaredd ganrif ar bymtheg mor wahanol â hynny wedi'r cwbl.

Yn wir, er bod papurau poblogaidd y wasg Saesneg yn America yn canolbwyntio mwy ar newyddion a diddanwch, mae'r egwyddor o ymgorffori'r gynulleidfa yn y fenter newyddiadurol yn taro tant gydag amcanion y wasg gyfnodol Gymraeg. Yn ystod arlywyddiaeth Jackson, gwelwyd ymdeimlad o hyder newydd ymysg trigolion y cyfandir ynghyd â choleddu egwyddorion egalitaraidd a oedd yn sail i'w democratiaeth.

Adlewyrchwyd y datblygiadau hyn yn y papurau newydd, yn enwedig y *penny press*, a olygai fod rhagor o bobl yn gallu prynu newyddion am bris isel. Hwylusodd y telegraff ddulliau lledaenu gwybodaeth ledled y wlad, ac yn 1846 dyfeisiodd Richard Hoe beiriant argraffu ager newydd. Golygai hyn bod modd cynhyrchu papurau newydd yn llawer cynt ac yn rhatach, ac o ganlyniad gwelwyd cylchrediad uchel i'r papurau 'poblogaidd' a ddarparai newyddion torfol. Yn ogystal, sefydlwyd papurau newydd yn benodol er budd newydd-ddyfodiaid, gyda'r bwriad o esmwytho'r newid byd a wynebai'r carfanau hyn.

Yn sgil datblygiadau technolegol a rhwydweithiau dosbarthu, apeliwyd at groestoriad eang o ddarllenwyr o wahanol haenau cymdeithasol. Roedd arddull niwtral y cyhoeddiadau hyn yn allweddol wrth ennyn diddordeb pobl yn nigwyddiadau'r wlad, a'r papurau newydd yn cynnig gwybodaeth a'r cyfle iddynt gyfranogi mewn trafodaethau ynghylch cymdeithas. Fel bwriad y *Cyfaill*, dibynnai llwyddiant y fenter ar apelio at y dyn cyffredin drwy ddefnyddio iaith gyfarwydd a chynhwysol ynghyd â bodloni disgwyliadau'r gynulleidfa. Byddai darparu deunydd am wleidyddiaeth, yr economi, cymdeithas, hysbysebion a newyddion yn creu perthynas gyda'r darllenwyr, gan sicrhau llais i unigolion. Roedd natur gynyddol ddiwydiannol America wedi newid hinsawdd economaidd a chymdeithasol y wlad, ac felly roedd y papurau newydd hyn yn cyfrannu at y datblygiadau hyn:

Newyddiaduraeth Gymraeg America

Part of the discourse of popular culture in the press was the involvement of the people in their own affairs. The penny press was able to incorporate into its approach an insistence that ordinary people had a right to know and to make up their own minds on what was exposed to them.[78]

Fodd bynnag, byddai'n decach gosod y wasg gyfnodol Gymraeg yng nghyd-destun papurau newydd a feddai arddull mwy difrifol fel y *New York Tribune*, a sefydlwyd yn 1841. Roedd safon yr ysgrifennu'n uchel, a'i amcan oedd addysgu'r darllenwyr ynghylch amrywiaeth o achosion diwygiadol a dyngarol. Yn wir, mae'r *Cyfaill* yn defnyddio'r cyhoeddiad fel ffynhonnell yn gyson ar gyfer trosglwyddo newyddion i'r gynulleidfa Gymraeg.

Yn rhagymadrodd y gyfrol gyntaf o'r *Cyfaill*, defnyddir trosiad estynedig o'r byd cyfreithiol er mwyn atgyfnerthu'r neges ei fod yn barod am feirniadaeth:

> Wele y gyfrol gyntaf o'r *Cyfaill o'r Hen Wlad*, ger eich bron yn awr, yn agored i'w brawf, ac yn barod i dderbyn ei ddedfryd o gymeradwyaeth, neu gollfarniad yn ôl fel y'ch tueddir. Ofer i ni gynhyg dyweyd dim mewn ffordd o ganmoliaeth iddo – gwrthodir ein tystiolaeth am ein bod yn berthynasau rhy agos, a gwyddom oni chanmola ef ei hun, mai diwerth fydd canmoliaeth pawb eraill.[79]

Amlyga'r rhagymadrodd fod rhagolygon llewyrchus i'r *Cyfaill*, a bod nifer y derbynwyr yn uwch na'r disgwyl hyd yn oed ar ddechrau'r fenter:

> Yr oeddem yn mhell oddiwrth fod yn galonog yn ei gychwyniad – dygwyd y Rhifyn cyntaf trwy y wasg, o'r braidd, gan lusgedd ac iselder ein dysgwyliadau; ond yr oeddem wedi penderfynu cyn erioed sôn am dano, aberthu yr hyn a feddem, ac a allem o blaid yr anturiaeth – gan hynny allan y daeth. Er ein siomedigaeth foddhaol, cyn pen y mis yr oedd ei dderbynwyr wedi cynnyddu cymmaint, fel nas gallem eu diwallu oll; ac y mae llawer yn awr a'i hymofynnent o'r dechreuad, yn amddifaid o'r rhifynau cyntaf.[80]

Awgrymir uchod bod William Rowlands wedi buddsoddi'n bersonol yn y prosiect cyhoeddi (sylwer ar y cyfeiriad at 'aberth'),

Cyfaill pwy o'r hen wlad?

a chadarnha ei gofiant fod y *Cyfaill* yn eiddo iddo drwy gydol ei olygyddiaeth.[81] Byddai ariannu'r *Cyfaill* ei hun yn hytrach na mynd ar ofyn ei enwad am gymorth yn sicrhau ei fod yn driw i'w bolisi niwtral – mewn cyd-destun economaidd o leiaf. Dyma rinwedd y mae'n ei brolio'n aml yn ei anerchiadau golygyddol gan fod cynifer o gylchgronau'r cyfnod yn gorfod dibynnu ar gymhorthdal gan fudiad enwadol neu wleidyddol.

Megis ag yng Nghymru, nid tasg syml o bell ffordd oedd sefydlu cyfnodolion yn yr oes honno gan fod cynifer yn methu. Yn wir, mae'n syndod iddi flodeuo fel y gwnaeth. Byddai'n rhaid i'r golygyddion oresgyn amryw o anawsterau i gynnal cyhoeddiad. Ni ddylid felly dibrisio mentergarwch unigolion fel William Rowlands wrth sefydlu cylchgrawn, o ystyried sefyllfa economaidd fregus y mentrau cyhoeddi Cymraeg yn gyffredinol. Yn ddiamau, bu cynllunio gofalus ymlaen llaw yn gyfrifol am lwyddiant cychwynnol y cylchgrawn.

Yn ôl Bhabha, mae technegau ieithyddol darnau golygyddol yn agor y drws i fynegiant amrywiol teithi cymdeithasol a llenyddol y genedl.[82] O'r herwydd, rhydd golofnau golygyddol William Rowlands ddarlun cynhwysfawr o'i fwriadau a'i obeithion ar gyfer y cyhoeddiad. Maent hefyd yn amlinellu ei gynlluniau i gynnig cymorth i'r Cymry yn y wlad ddieithr. Mae dadansoddi cynnwys y darnau hyn, felly, yn rhoi darlun clir o amcanion William Rowlands wrth sefydlu'r cyhoeddiad. Mae eu gosod yng nghyd-destun ei benderfyniadau wrth ddethol testunau yn dadlennu llawer am ddehongliad William Rowlands o hunaniaeth ddiwylliannol ei ddarllenwyr a sut i fodloni eu disgwyliadau.

Yn fwy na hynny, er mai nod y golygydd yw hyrwyddo menter newyddiadurol ymarferol, nid darnau mecanyddol ydyw'r rhagymadroddion o'i eiddo. Byrdwn y golofn olygyddol oedd dehongli gwahanol faterion a berthynai i'r wlad newydd a throsglwyddo'r wybodaeth honno i'r darllenwyr mewn modd dealladwy. Maent yn ddarnau coeth o lenyddiaeth sy'n gyforiog o ddelweddau a chyfoeth o addurniadau llenyddol. Roedd y mudiad Rhamantaidd a oedd yn lliwio naratifau cenedlatholgar yn Ewrop hefyd wedi cydio yn llenyddiaeth Cymru yn ystod y bedwaredd ganrif ar bymtheg. Fel y deallusion Ewropeaidd a geisiai apelio at gynulleidfa enfawr, defnyddiai William Rowlands amrywiaeth o dechnegau rhethregol i ymrestru'r Cymry yn y frwydr dros barhad eu cenedligrwydd yn America.

Fe'i disgrifir gan Iorthryn Gwynedd fel 'un o'r llenorion mwyaf chwaethus a ddaeth o Gymru i America'.[83] Nid yw'n syndod felly iddo gyfleu ei genadwri yn ei ddarnau golygyddol a'i bregethau gydag adnoddau creadigol, yr hyn a ddisgrifia awdur ei gofiant fel 'prydferthwch ei feddwlddrychau': 'Yr oedd mor naturiol yn ei gydmariaethau, a dedwydd yn ei engreifftiau, a'i ddefnyddiad o hanes, er arlunio ac effeithioli ei ddrychfeddwl.'[84] Roedd rhagymadroddion wedi eu sefydlu eisoes fel cyfrwng llenyddol pwysig yn eu hawl eu hunain. Cynrychiolent ddull i awduron wyntyllu eu meddyliau, ac nid fel arweiniad i'r testun llenyddol yn unig. Ers i'r iaith Gymraeg groesi trothwy'r byd argraffu gyda'r llyfr cyntaf 'Yny llyvyr hwnn' yn 1547, fe'u defnyddiwyd yn helaeth gan ddyneiddwyr yn yr unfed ganrif ar bymtheg fel cyflwyniad i rai o brif destunau'r oes. Yn wir, cynhwysir rhai o'r rhagymadroddion hyn yn y canon llenyddol Cymraeg arferol ymysg testunau pwysicaf y cyfnod modern cynnar.[85]

Gellid cymhwyso'r un meini prawf arddulliol wrth drafod darnau golygyddol William Rowlands yntau, a oedd yn pendilio rhwng celfyddyd a sylwebaeth gymdeithasol. Rhy bwyslais ar ieithwedd y darnau hyn er mwyn rhoi cnawd am esgyrn ei fyfyrdodau. Clywn felly awdurdod ei lais personol a llenyddol fel golygydd y *Cyfaill* ar ddechrau pob rhifyn.

Mae'r disgrifiad o'r *Cyfaill* yn y rhifyn cyntaf fel 'cyfrwng o wybodaeth fuddiol' yn cwmpasu ei ddeunydd addysgiadol, ei natur fel llawlyfr ymarferol a darparwr newyddion. Un o brif weledigaethau'r golygydd oedd darparu addysg i'r genedl, a ddeilliai o'i gymhellion crefyddol a gwladgarol. Yn wir, mae ehangder y deunydd yn aruchel ac yn ysgolheigaidd. Cyhoeddwyd testunau am bynciau amrywiol o seryddiaeth i gyngor meddygol. Fel ag yn achos cyfnodolion crefyddol Saesneg yn America megis y *Christian Examiner* a'r *Christian Register*, cynrychiolent lawer mwy na chyhoeddiadau at ddiben crefyddol yn unig.[86] Mae'r ffaith fod William Rowlands yn benthyca a chyfieithu deunydd o'r cyfnodolion hyn yn awgrymu, o bosibl, fod eu cynnwys eang yn

Cyfaill pwy o'r hen wlad?

dylanwadu ar fformat y *Cyfaill*. Fel y nododd Robert Owen Jones, daeth y wasg brint yng Nghymru 'yn gyfrwng ymestyn gorwelion ac yn llwybr ymddiwyllio i filoedd na dderbyniasant addysg ffurfiol o unrhyw werth'.[87] Diau fod y dyfyniad hwn yn berthnasol i hanes y *Cyfaill* a nifer o gylchgronau'r oes a deimlai reidrwydd i borthi'r awch am addysg.

Roedd gwedd grefyddol gref i amcan addysgiadol y *Cyfaill* yn sgil cred William Rowlands fod addysg yn llesol i eneidiau'r Cymry. Fel y dadleuodd Glanmor Williams, roedd y wasg yn estyniad o'r pwlpud a'r weinidogaeth, a dengys hyn y math o orgyffwrdd rhwng crefydd ac addysg a nodweddai ddiwylliant Anghydffurfiol Cymraeg y cyfnod.[88] Wedi'r cwbl, roedd cyflwyno addysg i'r werin yn rhan hanfodol o genhadaeth y Methodistiaid o'r dechrau drwy gyfrwng ysgolion cylchynol, seiadau ac ysgolion Sul. Darlunia R. Tudur Jones hefyd y plethiad rhwng gwybodaeth a chrefydd, gan honni bod gweithgaredd addysgol a gwyddonol gwŷr y bedwaredd ganrif ar bymtheg yn ceisio ymgyrraedd at 'ddealltwriaeth o berthynas dyn â'r cread a'r Ysgrythur'.[89] Plannwyd yr argyhoeddiad dwfn ymysg dilynwyr crefydd mai Duw oedd awdur gwybodaeth, ac felly mabwysiadodd golygyddion y wasg enwadol y gred fod addysg yn bont rhwng unigolion a'r efengyl. Mae'n briodol felly bod William Rowlands yn coleddu pwyslais ei enwad a'i ffydd ar fod yn ddysgedig.

Roedd addysg hefyd yn rhan annatod o dduwioldeb sylfaenydd y *Cyfaill* ers ei ieuenctid, wrth i'r ddwy elfen gyd-dyfu pan oedd yn ysgolfeistr cynorthwyol i William Morris, blaenor enwog gyda'r Trefnyddion Calfinaidd yng Nghefn-coed-Cymmer yn 1824. Dan arweiniad y llenor medrus a ddaeth yn ohebydd newyddion o Gymru i'r *Cyfaill* yn dwyn yr enw 'Cyfaill i'r Cyfaill' maes o law, derbyniodd Rowlands addysg mewn rhifyddiaeth, masnach ac ieithyddiaeth – dylanwad sy'n cael ei adlewyrchu yn ei olygyddiaeth. Ym Mhontypŵl yn 1825, bu William Rowlands ei hun yn ysgolfeistr, a oedd yn gymorth iddo hogi'r grefft o 'hunan-ddiwyllio' a throsglwyddo ei ddysg mewn pynciau megis byd natur a chelfyddyd. Byddai hefyd yn ymhél â 'phethau hynod yr amseroedd' ym myd gwleidyddiaeth a chrefydd, elfennau a welir yn y *Cyfaill* yn gyson.

Yn ôl ei gofiannydd, yn ddim ond 17 oed, cynorthwyai William Rowlands awduron crefyddol hŷn gyda chyfieithiadau o'r Lladin i'r Gymraeg. Yn wir, dyfynnir sawl un yn ei gofiant sy'n edmygu 'helaethrwydd' a 'nertholrwydd' ei wybodaeth, gan nodi bod ei feddwl goleuedig 'yn mhell o flaen ei oedran'.[90] Fel ysgolhaig ifanc a oedd yn awchu am ddysg, nododd un tro mewn dadl mai addysg a ddewisai dros gyfoeth, sy'n awgrym o aeddfedrwydd ei feddwl yn gynnar yn ei yrfa.

Ffactor sy'n codi ei phen yn barhaus wrth astudio'r *Cyfaill* yw cyfochredd y wasg gyfnodol yng Nghymru ac America o ran dilyn yr un tueddiadau – er iddynt ffynnu mewn amgylchiadau a thiriogaethau gwahanol. Yn hyn o beth, mae'n bosibl fod William Rowlands yn efelychu hoelion wyth yr hen wlad, megis y Bedyddiwr Gomer (Joseph Harris, 1773–1825), a gaiff ei gydnabod fel arloeswr y wasg gyfnodol yng Nghymru. Ei amcan oedd darparu gwybodaeth gyffredinol i'w gydgenedl yn enw crefydd. Adlewyrcha hyn yr anfodlonrwydd gydag amodau cymdeithasol ac economaidd yr hen wlad, a drodd yn alwad am addysg well fel cynhaliaeth i genedl wâr, a rhan golygyddion y gweisg yn camu i'r adwy yn wyneb diffyg addysg ffurfiol i'r bobl gyffredin. Credai Gomer yn gryf fod angen maeth o feysydd eang a ffynonellau ar wahân i'r Beibl, a lluniwyd arddull a fformat y mwyafrif o gylchgronau ar lun a delw *Seren Gomer*, a sefydlwyd ar ei newydd wedd yn 1818.

Gellir dadlau hefyd bod dyhead William Rowlands i addysgu'r genedl yn adlais o hinsawdd ddeallusol Ewrop yn y cyfnod, o ystyried bod addysg yn un o brif ddelfrydau'r mudiadau cenedlaetholgar a ymledai'n gyflym yno. Lledaenodd y cynnwrf hwn y syniad bod gwahaniaeth ieithyddol yn rhywbeth i'w feithrin fel cyfrwng i fynegi diwylliant, ac apeliai hyn at ddiwylliannau lleiafrifol a oedd yn ceisio ymryddhau o ormes gwladwriaethau mwy.[91] Daeth addysg yn fodd i ddiwyllio cenhedloedd a chyfleu eu hunaniaeth arbennig, ac yn sgil twf mewn llythrennedd a'r diwylliant print, derbyniwyd gwybodaeth yn yr ieithoedd brodorol. Yn ôl Gellner, agorodd llythrennedd y drws i undod diwylliannol ac addysgiadol drwy'r cyfrwng print.[92] Roedd addysg, felly, yn un o'r cyfryngau a ddefnyddid i ddwysáu ymwybyddiaeth

Cyfaill pwy o'r hen wlad?

genedlaethol gwahanol genhedloedd, ac roedd y wasg brint yn rhan annatod o'r ymgyrch honno.

Dadleuodd rhai ysgolheigion fod deallusion cenedl yn allweddol i drosglwyddo nodweddion cenedlaethol. Yn ôl y camau a ddisgrifir gan Richard Wyn Jones, gellid dadlau bod William Rowlands yn cynrychioli ail gam creu mudiad cenedlaethol wrth gyflwyno'r naratif i drwch y boblogaeth drwy gyfrwng y wasg.[93] Ar y naill law, ceisiai ehangu gorwelion unigolion, a hynny er lles eu heneidiau ar lefel bersonol. Ar y llaw arall, gwnâi ei ddyletswydd hefyd mewn cyd-destun cenedlaethol er mwyn eu gosod ysgwydd wrth ysgwydd â chenhedloedd eraill Ewrop a laniai ar gyfandir America. Fel y dadleuodd Margaret Beetham, roedd yr awydd ymhlith golygyddion Oes Victoria i addysgu – boed mewn cyd-destun crefyddol neu wleidyddol – cyn gryfed â'u dyhead i wneud elw.[94]

Yn amlwg, roedd gan William Rowlands y cyneddfau deallusol i addysgu'r genedl a dethol deunydd o fyrdd o wahanol ffynonellau Cymraeg a Saesneg ar gyfer ei ddarllenwyr. Gwnâi ddefnydd helaeth o'r hyn a ddarllenai, ac roedd cynnwys nifer o gyhoeddiadau a chyfnodolion yr oes ar flaenau ei fysedd. Yng ngeiriau ei gofiannydd, roedd gan y golygydd 'lygad craff i ganfod, calon i deimlo, barn i ddethol, a threfn at gyfleu'.[95] Defnydd o amrywiol ffynonellau oedd un o ragoriaethau pennaf y *Cyfaill*, a sicrhâi hyn ddarllenwyr y tu hwnt i gylchoedd crefyddol, gan gwmpasu'r sawl a oedd yn dymuno gwella ei fyd. Fodd bynnag, dylid cadw mewn cof nad ailgyhoeddi darnau yn unig a wnâi golygydd y *Cyfaill*, gan ei fod yn hynod gynhyrchiol fel awdur erthyglau gwreiddiol i'r cyhoeddiad a llenyddiaeth grefyddol yn gyffredinol.[96] Mae'r ysgrifau o'i eiddo ar ystod o bynciau yn arddangos cynfas eang ei addysg a'i ddarllen ynghyd â'r awydd i rannu ei wybodaeth â'r darllenwyr, a hynny mewn cytgord perffaith ag ethos amrywiol a chrefyddol y cylchgrawn. Yn y *Cyfaill*, haerai William Rowlands fod addysg yn hybu achos crefydd: 'Y mae hanesiaeth, athroniaeth, barddoniaeth, a Gair Duw, yn cael eu cyd-ddefnyddio er amlygu gogoniant, gwirionedd, crefydd a Duw.'[97] Yn ôl ei gofiannydd, roedd wedi ei anelu at 'yr ieuanc a'r hen, y tlawd a'r cyfoethog, y dysgedig a'r annysgedig, y crefyddol a'r digrefydd', a cheid ynddo 'laeth i fabanod a bwyd cryf i'r rhai cryfion'.[98]

Newyddiaduraeth Gymraeg America

Nodweddir yr amcan addysgiadol hwn yn fformat y misolyn gan yr amrywiaeth a geir o dan wahanol benawdau, a hynny mewn rhifynnau sydd fel arfer tua 32 tudalen o hyd. Er bod y pwyslais cryfaf ar grefydd, byddai traethodau a hanesion ar bynciau megis diwinyddiaeth, celfyddyd, 'anianyddiaeth' a gwyddoniaeth. Amrywiai'r cynnwys o wersi gramadegol a cherddorol i draethodau gwleidyddol a chymdeithasol. Er mai cyfrwng i ledaenu'r neges Gristnogol oedd misolyn o'r fath yn y bôn, roedd yr ystod eang o wybodaeth ynddo yn ychwanegu at fywiogrwydd a pharhad diwylliant y Cymry, gan fodloni rhychwant eang o ddisgwyliadau. Yn wir, mae cynnwys swmpus y *Cyfaill* yn ein hatgoffa o sylw R. Tudur Jones bod 'cylchgronau'r ganrif a'r prysurdeb ynglŷn â hwy'n dystiolaeth i'r argyhoeddiad fod Duw wedi ordeinio dyn i fod yn weithiwr diwylliannol'.[99]

Yn wir, aiff cyn belled â honni bod traethodau ffeithiol a gwybodaeth ymarferol yn rhan ganolog o 'lenyddiaeth' y bedwaredd ganrif ar bymtheg, gan fod yr angen i sicrhau cynnydd addysgol yn gyrru diwylliant llenyddol y cyfnod. Fel rhan o weithgaredd sylfaenydd y *Cyfaill* i'r perwyl hwn, cyflwynwyd traethodau ar amrywiol agweddau o hanes y genedl a'r iaith Gymraeg fel modd i atgoffa'r Cymry yn America o'u hetifeddiaeth ddiwylliannol. Byddent hefyd yn cynyddu eu hymwybyddiaeth o'r hunaniaeth a brofai'n anos ei chynnal mewn gwlad estron. Roedd William Rowlands felly'n dehongli ystyr cenedligrwydd Cymry America drwy bontio eu profiadau â'r hen wlad.

Byddai'r adran farddoniaeth ac emynyddol yn darparu elfen o hamdden, a cholofn y 'Gwybodaethau' yn cyfuno posau barddonol a mathemategol, sydd eto'n dangos pa mor greiddiol oedd addysg i ddiwylliant y cylchgrawn. Roedd yr amrywiaeth hynod o adrannau yn y cylchgrawn yn cadw cydbwysedd angenrheidiol rhwng nodweddion hunaniaeth newydd y Cymry ac elfennau amlochrog golygyddiaeth William Rowlands, fel y crynhoir ar y dudalen flaen:

> Y Cyfaill o'r Hen Wlad yn America; sef cylchgrawn o wybodaeth fuddiol i'r Cymry, yn cynnwys amrywiaeth o bethau o natur grefyddol, moesol a dyddorol, yn nghyda Hanesiaeth Brydeinaidd

Cyfaill pwy o'r hen wlad?

ac Americanaidd; hefyd, cyfansoddiadau mewn barddoniaeth a pheroriaeth.[100]

Mae'r ymadrodd 'Darllena, cofia, ystyria' fel is-bennawd ar y dudalen flaen hefyd yn cyfleu amcanion deallusol, ysbrydol a diwylliannol y cyhoeddiad. Mae'r adlais hwn o waith Ellis Wynne, 'a ddarllenno, ystyried; / A ystyrio, cofied' yn 1703 yn awgrym o ymrwymiad y golygydd i ddatblygiad ei ddarllenwyr yn y teithi hyn. Defnyddid y math hwn o droad ymadrodd yn llenyddiaeth foesegol y Cymry ers canrifoedd.

Cyflwyna'r golygydd y gyfrol gyntaf i Gymry America drwy gyfeirio atynt fel ei 'anwyl gydgenedl', cyfarchiad y byddai Bhabha yn ei ddiffinio fel *discursive address*, sy'n fodd i ddiffinio grŵp ethnig ieithyddol mewn dull uniongyrchol.[101] Ymdrecha i uno'r gymdeithas brint-ieithyddol gynhwysol na ffafriai unrhyw blaid nac enwad o dan faner y *Cyfaill*:

> Gwnaethom ein goreu i ochelyd gosod dim i mewn a ddoluriai deimladau neb, o ba farn grefyddol bynag y byddai, os byddai ganddo barch i'r Beibl, gan na fwriadwyd y Cyfaill yn offeryn plaid, ond yn gyfrwng o wybodaeth fuddiol i'r genedl yn gyffredinol.[102]

Roedd yr amod 'os byddai ganddo barch i'r Beibl' yn diffinio cylch penodol o ddarllenwyr yn y modd yr oedd yn targedu cynulleidfa grefyddol. Ond o fewn ffiniau'r gymdeithas hon ymdrechir i bontio rhwng enwadau er mwyn hybu crefydd ymhlith y Cymry. Pwysleisir yr egwyddorion hyn yn y rhifyn cyntaf ar ffurf ymddiddan ffuglennol am y *Cyfaill* a'i wasanaeth i'r gydgenedl:

> *Cym.* Yr ydych yn edrych fel dyn crefyddol. I ba blaid neu enwad o grefyddwyr yr ydych yn perthyn?
>
> *Cyf.* [. . .] Nid wyf yn perthyn i un blaid grefyddol, yn neillduol, eithr i genedl y Cymry yn gyffredinol.
>
> *Cym.* Ow! Does *bossibl* eich bod yn ddyn digrefydd wedi'r cwbl?
>
> *Cyf.* Na: nid wyf yn foddlon i chwi fy ngalw yn ddigrefydd 'chwaith, oblegid fy nyben yw pleidio crefydd, yn mhob modd hyd eithaf fy medr a'm gallu. Eithr ni ydwyf yn codi baniar

plaid nac enwad yn fy ymdrechion presenol. Efallai y
meddyliwch fy mod yn rhyw greadur hynod, erbyn y rhoddaf
i chwi ychydig o'm hanes. Mewn un ystyr yr wyf y mwyaf
anmhleidiol o bawb, oblegid yr wyf yn diarddel pob perthynas
bleidiol; ond mewn ystyr arall yr wyf y mwyaf pleidiol o
bawb, oblegid yr wyf yn foddlon cyfeillachu a phob plaid –
gwrando ar eu cwynion – rhedeg ar eu negesau – cyfranu fy
nhrysorau iddynt, a'u coleddu yn ddiwahaniaeth.[103]

Hanfod y cyhoeddiad, felly, fyddai cyfuno amcanion efengylaidd
a gwladgarol drwy fodloni pob enwad ymhlith y Cymry ymfudedig
gyda 'gwybodaeth fuddiol'. Ar un llaw, ceisiai'r *Cyfaill* achub
eneidiau unigolion drwy gyfrannu at eu datblygiad personol a
moesol. Ar y llaw arall, ymdrechai i feithrin dolen gyswllt rhwng
y treflannau Cymreig gwasgaredig er mwyn creu un gymuned
genedlaethol.

Yn wir, proffesai cylchgrawn misol *Y Cymro* a sefydlwyd ar
gyfer Cymry Llundain yn 1830 yr un amcan cyffredinol o gymryd
safiad golygyddol diragfarn. Er mai papur crefyddol ar gyfer yr
eglwys ydoedd, cynigiai amrywiaeth o bynciau er lles y genedl.
Fel y dywed clawr y gyfrol, sy'n adlais gref o'r *Cyfaill*: 'Trysorfa
Celfyddyd a gwybodaeth fuddiol a chyffredinol.'[104] Roedd y
cyfnodolion yn y gwahanol gymunedau alltud felly'n rhannu'r
un weledigaeth am y ffordd orau i wasanaethu eu cenedl. O
ystyried eu bod yn cyfnewid deunydd darllen yn gyson, mae'n
bur debygol eu bod yn dylanwadu ar ei gilydd o ran amcan a
fformat.

Roedd yn briodol mai crefydd fyddai'n llywio nod y wasg
gyfnodol Gymraeg yng Nghymru ac America yn y cyfnod, yn sgil
ei pherthnasedd i'w cenedligrwydd. Roedd yn pennu natur y
deunydd i raddau helaeth – boed yn newyddion, yn drafodaethau
neu'n ohebiaeth. Roedd ei sawr yn drwm ar gyfraniadau llenyddol
a thraethodol gan fod diwylliant y Cymry ynghlwm â'r capel i bob
pwrpas.

Yn unol â phatrwm byd cyhoeddi Cymraeg y cyfnod, gorchwyl
y *Cyfaill* yn anad dim oedd cynnig arweiniad ysbrydol er budd ei
ddarllenwyr gan mai prif ddelfrydau'r oes ymysg y Cymry oedd

Cyfaill pwy o'r hen wlad?

crefydd a moesoldeb. Fel y dywedir ar glawr y gyfrol gyntaf: 'Y Cyfaill o'r Hen Wlad yn America, sef cylchgrawn o wybodaeth fuddiol i'r Cymry, yn cynnwys amrywiaeth o bethau o natur grefyddol, moesol a dyddorol.'[105]

Er bod yn y cylchgrawn elfen gref o amrywiaeth yn ei wahanol adrannau, crefydd oedd yn llywio'r deunydd ar y cyfan. Fel y nododd y golygydd yn 1841, y bwriad oedd 'cynhyrchu gogoniant i Dduw, lleshad ysbrydol i anfarwolion, gwasgaru goleuni iachusawl yn mhlith cenedl allwladedig y Cymry'.[106]

Roedd crwsâd bersonol sylfaenydd y *Cyfaill* i ledaenu'r ffydd ymhlith cymunedau Cymreig drwy'r cyfrwng print yn rhan o ymgyrch ehangach arweinwyr enwadol y bedwaredd ganrif ar bymtheg. Y ceffylau blaen hyn a fyddai'n arwain y wasg gyfnodol yng Nghymru ac America maes o law, ac yn ei defnyddio fel arf rymus i drosglwyddo'r genhadaeth grefyddol. Dan arweiniad y gwŷr crefyddol hyn, lledaenai'r wasg brint ddelwedd barchus o'r genedl a oedd mor ganolog i'w diffinad o'u hunaniaeth Gymreig, yr hyn a elwir yn 'gymeriadu cadarnhaol y grŵp' gan Robert Tyler.[107] Roedd rhestru rhinweddau duwiol a moesol y genedl yn draddodiad cryf yn yr hen wlad a gariwyd dros yr Iwerydd. Yn wir, arferiad cyson yn yr ysgrifau hyn oedd dyrchafu'r Cymry uwchlaw cenhedloedd eraill oherwydd eu gwerthoedd ysbrydol: 'er cymmaint gwybodaeth y Sais, medrusrwydd y Ffrencyn, a chyfoeth yr Ellmyn, y mae crefydd y Cymro yn eu gorbwyso'.[108] Pwy felly oedd yn cael mynediad i'r 'grŵp cadarnhaol' hwn, a beth oedd y meini prawf i ddarllenwyr y *Cyfaill*?

Câi ymlyniad gwladgarol y *Cyfaill* at grefydd fynegiant yn ei ddatganiadau o amhleidgarwch. O'r herwydd, un o'r prif themâu a fyddai'n britho anerchiadau William Rowlands drwy gydol ei olygyddiaeth oedd gwahardd unrhyw ymryson ac ymosodiadau o natur bersonol. Serch hynny, roedd hefyd yn gredwr mawr mewn sicrhau cyfiawnder drwy wyntyllu dadleuon yn ymdrin â rhychwant eang o faterion. Yn union fel yn achos *Seren Gomer*, un o'r dulliau i sicrhau yr apêl eang a oedd yn rhan ganolog o'i gonsensws oedd cynnig fforwm drafod agored i Gymry America.[109] Wrth ddisgrifio ei amcan yn ei chrynswth, mae William Rowlands yn y rhifyn cyntaf yn pwysleisio mai proses amlochrog yw cynnal misolyn, gan gydnabod y cydweithrediad allweddol rhwng y gohebwyr a'r darllenwyr i ffyniant y *Cyfaill*.

Un o nodweddion unigryw'r wasg gyfnodol yn y cyfnod oedd y berthynas rhwng awduron a darllenwyr, a oedd yn rhan o strwythur cymdeithasol cymhleth. Tasg anodd yw canfod damcaniaeth lenyddol sy'n gwbl addas i ymgyrraedd at ddealltwriaeth gyflawn o'r prosesau a oedd ar waith. Fel y dengys Aled Jones, un o greadigaethau'r bedwaredd ganrif ar bymtheg yw'r cysyniad bod y papur newydd yn mowldio ideoleg.[110] Ond y cwestiwn tyngedfennol yw ai'r *Cyfaill* a'r golygydd oedd yn dylanwadu ar y diwylliant Cymreig-Americanaidd a'i ddarllenwyr, neu ai'r gynulleidfa oedd yn pennu cynnwys eu cyfrwng cyfathrebu?

Hynod ddefnyddiol yw'r datblygiadau ym maes *reception theory* yn y modd y maent yn ystyried rôl weithredol y darllenydd wrth ddehongli ystyron yn y testun. Mae syniadaeth Stanley Fish am 'gymunedau dehongliadol' yn addas i asesu'r berthynas rhwng y testun a'r gynulleidfa. Rhoddir pwyslais ar y darllenydd fel unigolyn yn dehongli naratif, ond hefyd fel aelod o gymuned sy'n llawn rhagdybiaethau. Yn ei dyb ef, y darllenydd sy'n 'creu' llenyddiaeth wrth iddo'i dehongli yng nghyd-destun y themâu cyfarwydd y mae'n eu rhannu eisoes â'r rhwydwaith gymdeithasol ar wahanol lefelau. Yr ymwybyddiaeth dorfol hon sydd wedyn yn llywio ei ymateb:

> Interpretive communities are made up of those who share interpretive strategies not for reading (in the conventional sense) but for writing texts, for constituting their properties and assigning their intentions. In other words, these strategies exist prior to the act of reading and therefore determine the shape of what is read rather than, as is usually assumed, the other way around.[111]

Fel y dengys y penodau canlynol, roedd y darllenwyr yn weithredol wrth gynhyrchu ystyron crefyddol, gwleidyddol, llenyddol ac ieithyddol drwy gyfrwng y wasg:

> For the reader, of course, the periodical is not only a product to be consumed. It also enters into the processes of signification or

Cyfaill pwy o'r hen wlad?

meaning-making. To put it another way, reading a periodical is itself a productive process and what is produced is meaning.[112]

Eto i gyd, mae cysyniad Fish yn cymryd yn ganiataol bod y gynulleidfa'n rhannu'r un 'strategaeth ddehongliadol' â'i gilydd. Fel y'n rhybuddiwyd gan Laurel Brake:

> The identity of the reader is not the unity it is often imagined, but rather the product of a complex set of negotiations and exchanges between historically informed discursive practices and the individuals and communities with whom they came into contact.[113]

Er bod Cymry America yn rhan o gynulleidfa ieithyddol unedig y ceisia'r *Cyfaill* ei gwasanaethu, roedd cywasgu cymaint o safbwyntiau gwahanol rhwng ei gloriau yn rhwym o ddarnio'r undod hwn. Esgorai hyn yn ei dro ar isgymunedau llai ymhlith ei gefnogwyr, gan nad oedd y ddelfryd o feithrin trafodaeth iach bob amser yn troedio llwybr esmwyth. Deuai'r sylwebaeth a geir yn y cyhoeddiad yn rhan o strwythur cymdeithasol cymhleth a oedd yn gynnyrch ideolegol cefndiroedd tra gwahanol i'w gilydd. Roedd ceisio pontio cymunedau crefyddol, gwleidyddol a diwylliannol o wahanol argyhoeddiadau dan faner un genedl yn achosi gwrthdrawiad anochel ar adegau. Câi fel arfer ei wyntyllu drwy'r cyfrwng print, ond roedd y cymunedau hyn hefyd yn ddigon hyblyg i'w trawsnewid eu hunain yn ôl gofynion y gynulleidfa.

Nid yw Fish ychwaith yn rhoi ystyriaeth i ddylanwadau allanol, ac yn achos y wasg gyfnodol mae'n rhaid cydnabod swyddogaeth y golygydd a'i reolaeth dros y cymunedau hyn. Er bod y darllenwyr yn rhan o bethynas symbiotig â'r testun, yn nwylo'r golygydd y mae'r penderfyniad terfynol ynghylch siapio'r cynnwys. Disgrifia King a Plunkett fodel cyfathrebu a ddatblygwyd gan Robert Darnton, sy'n darlunio'r berthynas rhwng y golygydd a'r darllenydd (*producer* a *consumer*) fel cylch, a'r naill yn dylanwadu ar y llall. O'r herwydd, mae'r testun yn dibynnu ar driongl cymdeithasol cymhleth rhwng y golygyddion, y gynulleidfa a'r gymdeithas, wrth iddynt ddylanwadu ar ei gilydd ac ymateb i'w gilydd mewn proses barhaus.[114]

Newyddiaduraeth Gymraeg America

Un o'r prif ddulliau i liniaru effaith y gwrthdaro rhwng gwahanol garfanau ar lwyddiant y cylchgrawn oedd darparu fforwm agored. Cynigiai ryddid i'r gynulleidfa gyfleu eu barn ar amrywiaeth o faterion yn ymwneud â'u hunaniaeth amlweddog. Roedd cyfnewid gohebiaeth a chynnal dadleuon am bynciau pwysig y cyfnod ar lwyfan y wasg, yr hyn a elwir gan Laurel Brake a Julie Codell yn *encounters*, yn fodd i ddal gafael ar gymuned Gymreig mewn gwlad mor eang. Roedd distyllu'r materion a ysgogai'r cyfranwyr i roi pin ar bapur hefyd yn fodd i Gymry America wneud synnwyr o'u hunaniaeth yn yr amgylchfyd newydd, a hynny drwy drin a thrafod pynciau cyffredin a oedd yn berthnasol iddynt. O'r herwydd, daeth y darllenwyr yn rhan weithredol o ddiwylliant yr oes wrth i'r wasg roi awdurdod i'w hagweddau cymdeithasol, gwleidyddol a diwylliannol. Rhoddai'r cyfraniadau hefyd gyd-destunau amrywiol i hunaniaeth unigol y cyfnodolyn:

> Encounters determined the contexts and structure of many journals. Most nineteenth-century periodicals, whether review, magazine, miscellany, or newspaper, consist of individuals' contributions patched together and fitted, very practically, to the space, readership, and politics of the structure of a single periodical issue.[115]

Yn hytrach nag ystyried y gynulleidfa fel cynnyrch unedig y genedl, dylid cydnabod y ddeialog gymhleth rhwng y golygydd, yr awduron a'r darllenwyr – yr hyn a elwir gan Brake a Codell yn 'multivocal discourse of periodical text'. Fel y nodir ymhellach ganddynt:

> The concept of encounters is important not only because it mediates periodicals' social functions, but also because it offsets another tendency: a journal title promises a false unity, appearing to present, despite its many articles, topics, and illustrations, a unified policy, or set of beliefs, as if the journal itself were a single author.[116]

Er bod aelodau'r genedl yn rhannu cefndir cyffelyb ar un ystyr, mae'n rhaid hefyd archwilio'r gwahaniaethau yn eu safbwyntiau sy'n cyfrannu at eu hunaniaeth. Yn aml, roedd cyfnodolion yn creu

Cyfaill pwy o'r hen wlad?

rhwygiadau yn ogystal ag uno cymunedau. Mae sylweddoli felly nad cynnyrch ideoleg un grŵp yw'r wasg gyfnodol yn mynd â ni gam yn nes at ddealltwriaeth o'i chyfraniad i hunaniaeth ar wahanol lefelau.

Dadleua Robert Owen Jones hefyd mai'r lleisiau lluosog hyn oedd priod nodwedd cyhoeddiadau fel y *Cyfaill*, gan mai'r werin gyffredin Gymraeg a'u cynhaliai.[117] Un o gerrig sylfaen apêl eang y wasg Gymraeg oedd y ffaith ei bod yn rhoi llwyfan i awduron profiadol, ac ar yr un pryd yn ysgogi cyfraniadau gan ddarllenwyr nad oeddent yn ymhél â llenyddiaeth fel arall. Felly y crëwyd 'diwylliant bywiog o ysgrifennu poblogaidd' nad oedd wedi ei gyfyngu i hufen y byd llenyddol.[118] Pe na bai ysgrif yn plesio William Rowlands, cyhoeddai sylw byr ar du mewn y clawr yn nodi ei resymau dros ei gwrthod. Ond yn gyffredinol, dibynnai'r *Cyfaill* a'r wasg gyfnodol Gymraeg yn America yn sylweddol ar gyfraniadau digymell am eu llwyddiant.

Mae llythyrau, yn enwedig, yn pennu gogwydd cyhoeddiad i ryw raddau.[119] Maent o'r herwydd yn ffynonellau hynod ddefnyddiol sy'n caniatáu i ni blymio i fyd y mewnfudwyr Cymraeg yn America'r bedwaredd ganrif ar bymtheg. Mae eu cyfoeth o arddulliau amrywiol a'u cyfeiriadaeth ddiwylliannol yn datgelu agweddau eu hawduron am ystod eang o bynciau a effeithiai gymdeithas y cyfnod. Yn y cyd-destun hwn, ymdrechai William Rowlands i ymwrthod â chymhlethdod ei swyddogaeth olygyddol, gan arddel pellter beirniadol oddi wrth ddylanwad y cylchgrawn ar y gynulleidfa. Canlyniad cynnig llwyfan rhydd i safbwyntiau amrywiol fyddai'r rheidrwydd i bwysleisio ei wrthrychedd a gosod amodau ar fynegiant y dadleuon hyn: 'Nid yw y Golygydd yn gyfrifol am wahanol farnau ei ohebwyr. Rhaid cyfyngu pob dadl o fewn terfynau rhesymol, ac ymgadw oddiwrth ddifrïaeth bersonol. – "Nid gwaeth cywir er ei chwilio." – "Glew yw y gwir am y goleu."'[120] Tarddai ei ymrwymiad i wrthrychedd o'i bolisi diduedd, ac oherwydd yr egwyddor hon, nid yw'n hoff o gamu i faes y ddadl. Er hynny, pan gaiff ei gyflyru i gymryd rhan mewn rhai materion crefyddol neu wleidyddol, adlewyrchir ei ddull 'gonest, miniog a didderbyn wyneb' o weinidogaethu yn ei ysgrifau.[121] Y dechneg a ddefnyddiai i fynegi ei farn bersonol oedd cyhoeddi ysgrifau dan ffugenw. Rhoddai hyn rwydd hynt iddo gyflwyno ei safiad yn anuniongyrchol, gan osgoi unrhyw gyhuddiadau ei fod yn defnyddio grym y swydd olygyddol i'w ddibenion ei hun. Roedd ganddo yn wir farn bendant y dymunai ei rhannu, ond roedd hanfod swyddogaeth y cylchgrawn yn ei atal rhag ei datgan yn agored.

A oedd y *Cyfaill* felly'n beiriant hunangynhaliol a oedd yn dibynnu ar gysylltiad uniongyrchol rhwng y testun a'r genedl? A oedd y golygydd yn sefyll y tu allan i'r cylch cymdeithasol mewn gwirionedd, neu a oedd ei ddylanwad yn troi'r olwynion yn y dirgel? I ba raddau yr oedd ei ddaliadau fel unigolyn yn effeithio ar y gymdeithas yr oedd yn ei gwasanaethu?

Er gwaethaf ymdrechion i'r gwrthwyneb, golygyddion y cyfnod yn y pen draw a oedd yn bennaf gyfrifol am gynhyrchu 'ystyron' eu cyhoeddiadau ar ran y genedl. Fel y nododd un sylwebydd ar ddiwedd y bedwaredd ganrif ar bymtheg: 'Cymeriad golygydd unrhyw gyhoeddiad, yn gyffredin, fydd yn penderfynu cymeriad ysgrifenwyr y cyhoeddiad hwnw, a chymeriad y naill a'r llall, i raddau pell, fydd yn penderfynu cymeriad ei ddarllenwyr.'[122] Anochel felly fyddai i elfennau o argyhoeddiad personol William Rowlands fel gweinidog a 'thad y Methodistiaid Calfinaidd yn America' ymdreiddio i'w olygyddiaeth, gan fod y ddwy alwedigaeth mor agos at ei gilydd.

Mae tystiolaeth helaeth yn nodi bod William Rowlands yn Fethodist pybyr a bregethai yng nghymanfaoedd gwahanol daleithiau, gan hybu cydweithio rhwng yr eglwysi er mwyn atgyfnerthu'r enwad. Profiad angerddol ac emosiynol oedd crefydd i'r Methodistiaid, yn hytrach na phwnc athrawiaethol i ddadlau yn ei gylch. O'r herwydd teimlai ei broffeswyr yr angen i rannu'r genadwri yn eang, heb unrhyw gyfyngiadau. Yn gryno, y brif amcan oedd 'troi'r dyn cyffredin yn ddyn duwiol' drwy achub eneidiau.[123] Mae elfennau o ddysgeidiaeth y Methodistiaid felly'n amlwg iawn yng ngolygyddiaeth William Rowlands o'r dechrau, er gwaethaf ei safiad niwtral proffesedig, ac yn mynd â ni gam ymhellach i ddeall ei gymhellion golygyddol. Wedi'r cwbl, roedd ysbryd cenhadol ei gyhoeddiad yn un o'r nodweddion a roddodd i Fethodistiaeth ei chymeriad unigryw o'r cychwyn.[124] Roedd natur deithiol

Cyfaill pwy o'r hen wlad?

ei weinidogaeth a'i genhadaeth drwy gyfrwng y wasg hefyd yn tarddu o'r un argyhoeddiad personol a ddeilliai o'i enwad. Mae ei sylwadau golygyddol ar brydiau felly'n rhai cibddall a dweud y lleiaf.

Roedd ei brif egwyddorion golygyddol o osgoi cecru enwadol ac ymosodiadau personol yn gwbl gydnaws â 'rheolau dysgyblaethol' y Methodistiaid yng Nghymru. Rhybuddient rhag 'dadleuwyr ymrysongar', a roddai sail i'r *Cyfaill* fel cyfrwng buddiol i holl Gymry America.[125] Roedd ei ddyhead i feithrin trafodaeth rydd hefyd yn unol ag ethos y Methodistiaid o roi rhyddid i bob un fynegi barn yn y cymdeithasfaoedd'.[126] Mae ei ddull o ymdrin â dadleuon yn debyg i'r modd y cawsai'r cyfundeb ei lywodraethu. Rhoddid pwyslais ar degwch a phrofi haeriadau drwy gyflwyno tystiolaeth yn y materion ger eu bron. Yn anad dim, pwysleisiai Rowlands y rheidrwydd i gyflwyno'r ddadl yn 'foneddigaidd', gan ddefnyddio rhesymeg ac ieithwedd a fyddai'n deilwng o'r efengyl.

Mae'r ffaith i William Rowlands ailgyhoeddi nifer o draethodau diwinyddol o'r *Drysorfa*, cyfnodolyn y Methodistiaid yng Nghymru, hefyd yn awgrymu bod dylanwad yr enwad yn drwm arno wrth ddethol deunydd. Ar un llaw, mae ei amharodrwydd i ddefnyddio ei rym golygyddol yn agored drwy osod ei enw priod wrth ysgrifau yn awgrymu ei fod yn awyddus i'w ddarllenwyr bwyso a mesur ei ddadleuon a ffurfio barn yn annibynnol. Eto i gyd, mae'r ffaith iddo gyhoeddi'r ysgrifau hyn o gwbl yn adlewyrchu dymuniad i dywys y darllenwyr at ei ffordd ef o feddwl mewn dull mwy cynnil. Caiff agenda'r cyhoeddiad ei lywio gan safbwyntiau gwleidyddol a diwylliannol y golygydd, a chaiff y darllenydd, yn ei isymwybod, ei wthio at yr agweddau a wyntyllir ynddo.[127]

Mae cryn amryfusedd am y diffiniad 'niwtral' felly ym mherthynas Rowlands â'r dadleuon yn y *Cyfaill*. Er ei fod byth a beunydd yn atgoffa ei ddarllenwyr o bolisi heddychlon y cyhoeddiad drwy ddilorni unrhyw ddadlau, ni ellir ei gyhuddo o fod yn llywaeth fel golygydd gyda rhai materion. I'r gwrthwyneb, nid yw'n petruso dangos ei ddannedd wrth amddiffyn rhai egwyddorion, gan geisio lledaenu'r 'gwirionedd' a goleddai ef. Nid yw cefndir ideolegol y *Cyfaill* yn anwahanadwy oddi wrth athrawiaeth enwad y golygydd, a'r seiliau hyn sy'n cynnal ei safiad diwyro yn rhyferthwy tymhestloedd y wasg Gymraeg-Americanaidd.

Mae Gellner yn tanlinellu ymwybyddiaeth arweinwyr diwylliannol o'u swyddogaeth o ran cylchredeg syniadau ymysg y genedl.[128] Yn yr un modd, mae'n anodd credu bod gweithredoedd golygyddol William Rowlands yn gwbl anfwriadol, gan ei fod mor effro i effeithiau arddull ac ieithwedd y gair print. Mae'r naratifau o'i eiddo yn awgrymu ei fod yn feistrolgar yn y modd y mae'n cynghori darllenwyr, er ei fod am iddynt benderfynu drostynt eu hunain.

Eto i gyd, dengys y duedd i ailgyhoeddi deunydd o gylchgronau eraill ehangder y *Cyfaill* yn ei wasanaeth i Gymry America. Cyhoeddir testunau o wahanol gyhoeddiadau o Gymru ynghyd â chyfieithiadau o bapurau Saesneg a gyhoeddwyd yn Lloegr ac America.[129] Mae hyn yn amlinellu nid yn unig gwmpas darllen y golygydd, ond ei fod hefyd yn rhan o'r gymuned ddehongliadol Saesneg fel darllenydd – yn cyfranogi ohoni ac yn trosglwyddo agweddau arni i'r Cymry. Mae'r duedd i ddefnyddio testunau o gylchgronau enwadau eraill yng Nghymru hefyd yn awgrymu bod William Rowlands yn ymdrechu i esgyn uwchlaw enwadaeth.[130] Trwy hyn oll, gellir dweud ei fod yn croesi nifer o ffiniau ieithyddol, daearyddol ac enwadol.

Mae rhai beirdd hefyd yn cadarnhau ei fod yn cyrchu nod gwladgarol a swyddogaeth ei deitl ar ddechrau ei yrfa, fel y mynega Gwilym ab Ioan:

> Cluda goron eu gwladgarwch;
> Ol llaw gywrain *Cyfeillgarwch*
> Ydyw addysg da a heddwch,
> Amlhad gwir ac a'mhleidgarwch.[131]

Mae bardd arall yn argyhoeddedig o fwriad y *Cyfaill* i beidio ag ymdrybaeddu yn arferiad y wasg o daflu baw:

> Y Cyfaill mwyn tirion, heb drais na dichellion,
> Un tyner o galon, tra hylon yw hwn.[132]

Cyfaill pwy o'r hen wlad?

Mae tystiolaeth gwahanol gerddi yn y rhifynnau cynharaf yn awgrymu y profai undeb y ffydd yn gryfach na'r rhaniadau enwadol, a meddai'r *Cyfaill* ar y gallu i'w pontio cyn dyfodiad cyhoeddiadau eraill i'w gwasanaethu'n unigol:

> I foddiaw pawb yn grefyddol – e gafwyd
>   Teg gyfaill cyfryngol;
> Daw'n glau enwau gwahanol
> I'r un ffydd, heb 'forwyn ffol.'[133]

Yn yr un gerdd, mae'r bardd yn gwbl argyhoeddedig nad yw'r cyhoeddiad yn 'rhagrithio' nac yn coleddu 'rhagfarn mewn credo', a'i fod yn gwrthwynebu unrhyw 'erlid a brad' ar faes y wasg. Yn wir, un o reolau'r Methodistiaid yng Nghymru y parhawyd i'w harddel yn America oedd na chaniateid 'aelodau fo'n byw mewn annghariad a rhagfarn parhaol tuag at neb o'u brodyr, neu mewn ymrafaelion a'u cymdogion'.[134]

Beth, felly, fyddai effaith athrawiaeth ei enwad ar olygyddiaeth William Rowlands, ac ar swyddogaeth y cylchgrawn? I ba raddau y llwyddodd i gadw'r cydbwysedd rhwng gweithredu'r egwyddorion amhleidiol, ac ymwrthod â hybu buddiannau ei enwad ei hun yn weladwy drwy gyfrwng y *Cyfaill*? A oedd yn bosibl cyhoeddi dadleuon er budd cyfiawnder, ac ar yr un pryd meithrin heddwch ar faes y *Cyfaill* er mwyn cynnal undod y genedl?

Pan oedd ganddo'r monopoli ar y wasg gyfnodol Gymraeg yn America, cawsai Rowlands rwydd hynt i impio ei egwyddorion ar aelodau'r genedl. Ond petai rhagor o gyhoeddiadau yn ymuno ag ef ar faes y wasg argraffu, a fyddai'r patrwm cymdeithasol yn cael ei gymhlethu ymhellach? Pa effaith a gawsent ar egwyddorion golygyddol y *Cyfaill*, ac yn ei dro ar y dynameg rhwng y cymunedau dehongliadol a sefydlwyd eisoes?

Ceisiodd William Rowlands ddiwallu anghenion y Cymry yn America gyda darpariaeth mewn sawl maes, ond amcan grefyddol oedd i'r *Cyfaill* yn bennaf. Gweledigaeth gychwynnol William Rowlands oedd gwasanaethu'r gymuned ieithyddol yn ei chyfanrwydd drwy ofyn am ddadlau mewn modd graslon. Creda Iorthryn Gwynedd ei fod wedi arddel ei fwriad:

Newyddiaduraeth Gymraeg America

Fel golygydd y *Cyfaill* am flynyddau . . . dangosodd a'i rym fel traethodydd a dadleuydd Cristionogol; ac ni oddefai efe i'w ddalenau gael eu llygru a difriaeth bersonol, dan yr esgusawd twyllodrus nad oedd efe yn gyfrifol am eu cyhoeddiad. Pe buasai pob golygydd wedi ymddwyn fel efe, buasai y wasg Gymreig yn America yn llawer purach, ac yn llawer mwy llesol i feddyliau y miloedd.[135]

A oedd yr atgofion hyn yn gwbl gywir? Er mai hanfod y *Cyfaill* oedd creu undod ar seiliau crefyddol, gwelid ffyrnigrwydd amheuthun mewn inc yn bur aml.

Gweithredodd y *Cyfaill* fel sbardun i dwf y wasg gyfnodol Gymraeg yn America. Dyma fisolyn a oedd yn porthi anghenion croestoriad o Gymry, a'r unig ddarpariaeth ar eu cyfer i'r perwyl hwn yn niwedd yr 1830au. Fodd bynnag, yr enwadau Anghydffurfiol oedd yn cynnal y byd cyhoeddi erbyn canol y ganrif yng Nghymru. Yn wir, gogwydd enwadol oedd i'r mwyafrif o'r cyfnodolion yn y cyfnod – boed y rheiny'n wythnosol, yn fisol neu'n chwarterol.[136]

Nid oedd pall ar dwf y cymunedau Cymreig yn America erbyn dechrau'r 1840au. Yn fuan ysbrydolwyd yr enwadau eraill i sefydlu cyfrwng cyfathrebu eu hunain i hybu'r achos dros barthau eang, a bodloni anghenion cylchoedd llai o ddarllenwyr. Daeth *Y Cenhadwr Americanaidd* yn gydymaith i'r *Cyfaill* fel cylchgrawn ar gyfer enwad yr Annibynwyr yn 1840. Fe'i sefydlwyd gan y gweinidog enwog, y Parch. Robert Everett o Steuben, Efrog Newydd, a pharhaodd hyd at drothwy'r ugeinfed ganrif yn 1901. Penderfynodd y Bedyddwyr sefydlu eu cyfnodolyn eu hunain, er gwaethaf methiant cyhoeddiad pythefnosol *Y Beread* ar ôl blwyddyn yn 1842. Yna ymunodd *Y Seren Orllewinol*, a gyhoeddwyd yn Utica o 1844 hyd 1867, â'i gymrodyr ar faes y wasg gyfnodol. Cyrhaeddodd y wasg Gymraeg yn America benllanw yn 1851 gydag ymddangosiad y *Drych*, papur newyddion cyffredinol a gyhoeddwyd yn Utica ar ôl 1860.[137]

Dywed Brynley Roberts fod y wasg enwadol yng Nghymru yn ffurfio rhwydwaith barod o ddarllenwyr: 'They were basically group journals, catering for a defined readership, providing mutually interesting items of news on one another's activities within the group, informing, educating, correcting, enlightening, confirming the identity of the group.'¹³⁸ Mae'n pwysleisio bod y cylch o ddarllenwyr wedi ei ffurfio ar sail ffyddlondeb i'r un dosbarth cymdeithasol, ieithyddol a chrefyddol (*group loyalty* a *group identification*), ac wedi ei bennu gan deyrngarwch enwadol. Er bod y capeli'n darparu rhwydwaith ddosbarthu a chylchrediad parod, dewisodd William Rowlands wasanaethu Cymry America drwy osod y wedd grefyddol yng nghyd-destun syniadaethol y gydgenedl. Yn hyn o beth, diffiniai ei holl ddarllenwyr fel cymdeithas estynedig. Wedi'r cwbl, roedd gwreiddiau cynhenid Gymreig i'r holl enwadau Anghydffurfiol, ac yr oeddynt oll yn ymgorfforiad o arwahanrwydd ieithyddol a diwylliannol y Cymry. Nid oedd gwrthdaro felly rhwng yr amcanion crefyddol a gwladgarol hyn yng nghyfnod cynnar y wasg gyfnodol: 'Cyflwynodd y wasg Gymry cyffredin i feysydd, pynciau a syniadau newydd ond gan roi stamp Anghydffurfiol a thrwyadl Gymreig arnynt ... Yn hyn o beth bu'n wrthglawdd pendant yn erbyn sialens diwylliant y Saesneg.'¹³⁹

Dengys y tebygrwydd rhwng y *Cenhadwr*, y *Cyfaill* a'r *Seren* hefyd fod gorgyffwrdd helaeth rhwng cyhoeddiadau Cymraeg y wasg gyfnodol yn America. Roeddent yn cynnwys elfennau a oedd yn sylfaenol debyg i'w gilydd ac yn trafod yr un pynciau. Yn wir, roedd yr elfen ryngdestunol hon yn siapio cymeriad y wasg Gymraeg i raddau helaeth:

> Furthermore, writers for one title were often all too aware of what was being written in others; the degree of intertextuality ranging from the knowing, ironic, even playful use of quotation from other titles, through venomous criticism to downright plagiarism, indicates that the writers not only read a wide range of titles, but defined their own journalism in relation to the journalism of others.¹⁴⁰

Dadleua Jones ymhellach fod y cyfranwyr yn cyfarch ei gilydd yn hytrach na'r gynulleidfa o ddarllenwyr ar brydiau, sy'n dangos y berthynas gymhleth a fyddai'n bodoli rhwng y cyfnodolion maes o law.¹⁴¹ Yn wir, mae un gohebydd yn amlinellu ei fwriad i anfon ysgrif ar un pwnc i'r *Cyfaill*, erthygl ar bwnc arall i'r *Cenhadwr* 'am mai yno y perthyna', a darn o natur wleidyddol i'r *Drych*. Awgryma

Newyddiaduraeth Gymraeg America

hyn fod y darllenwyr yn pwyso a mesur swyddogaeth y cyfnodolion cyn anfon deunydd i'w gyhoeddi. Yn fwy na hynny, golygai'r cysylltiad trawsatlantig bod anghydfod yn croesi'r Iwerydd ar brydiau. Mewn llythyr at Gymry America o Lerpwl yn 1862, gofynnir am berthynas ddedwydd rhwng y Cymry â'i gilydd, y 'Prydeiniaid a'u brodyr yn America':

> Yr ydwyf yn tristau ac yn digio wrth weled y cŵn newyddiadurol yn cyfarth ar eu gilydd dros y môr. Ac megys yn ymorchestu i yru anghydfod, os nad rhyfel rhwng y ddwy genedl agosaf o ran perthynas a thebycaf o ran eu cymeriad, eu crefydd a'u dylanwad. 'Tân ydyw tafod y wasg yn y *ddwy wlad*, wedi ei wneuthur yn fflam gan uffern.' Ond yr ydwyf yn hyderus obeithio am danoch chwi yna, fel yr ydwyf yn credu ac yn gwybod am danom ni yma, fod calon y genedl yn well na thafod y wasg; ac yn wyneb unrhyw anghydwelediad eill gyfodi rhyngom fel dwy deyrnas wahanol, y bydd i ddynoliaeth a Christionogaeth goreu gwyr y ddwy wlad orchfygu pob drwg deimlad, a rhwystro pob drwg ganlyniadau.[142]

Mae'r cyfeiriadau at 'wlad', 'cenedl' a 'theyrnas' yn taflu goleuni ar hunaniaeth y Cymry mewn diaspora ac yn eu mamwlad yn y cyfnod, gan amlinellu'r tensiynau sy'n codi oherwydd yr ymrwymiadau gwrthgyferbyniol hyn i'w genedigaeth-fraint a'r wlad y maent wedi ymgartrefu ynddi.

Beth fyddai effaith datblygiadau'r wasg gyfnodol ar swyddogaeth benodol y misolyn, a sut y byddai egwyddorion y *Cyfaill* yn ymaddasu i her y newidiadau? Nid oedd y bwriad o apelio'n eang yr un mor gyraeddadwy wrth i'r cyhoeddiadau eraill gymylu ffiniau ei ddarllenwyr, felly sut yr âi ati i dargedu ei selogion o hyn ymlaen? Beth fyddai oblygiadau creu 'cymunedau dehongliadol' newydd ym maes y wasg brint Americanaidd i'r *Cyfaill* ar ystyr economaidd, enwadol a gwleidyddol?

Yn amlwg, byddai ei lwyddiant i raddau helaeth yn dibynnu ar lafur cariad ei sylfaenydd ac ar fenter bersonol hynod uchelgeisiol nad oedd yn medi manteision economaidd. Cymeradwyir seiliau gwladgarol ac anhunanol cymelliadau addysgiadol William Rowlands, chwedl un sylwebydd yn y rhifyn cyntaf, 'Ein gwella heb elwa yw'i alwad.'[143]

Cyfaill pwy o'r hen wlad?

Serch hynny, gyda thwf y wasg gyfnodol, a oedd arloeswr y maes yn parhau i fod yn 'deg gyfaill cyfryngol' fel yr awgryma'r bardd yn ei gyfnod cynnar? A fyddai cyhoeddiadau eraill yn bygwth moeseg ei ddulliau o newyddiadura a golygu? Yn union fel yr 'undeb' rhwng yr enwadau Cymreig yn America, tra chyfnewidiol oedd y berthynas rhwng y wasg gyfnodol, y golygyddion a'r gynulleidfa.

2

'Heb Dduw heb ddim, Duw a digon': Enwadaeth a Chrefydd Cymry America

> Mewn pethau naturiol, a gwybodaeth bydd,
> A phyngciau ysbrydol, crefyddol cryf wyt,
> Deallus mewn dulliau, a gwahanol farnau
> Yn mhlith enwadau – iawn ydynt.[1]

Yn y gerdd hon sy'n cyfarch y *Cyfaill* yn 1843, deil y bardd i'w ganmol am wasanaethu'r amrywiaeth o enwadau Anghydffurfiol Cymreig, er bod cyhoeddiadau eraill wedi ymddangos erbyn hynny. Mae'n arwyddocaol iddo nodi bod y *Cyfaill* yn 'ddeallus mewn dulliau a gwahanol farnau', o ystyried ymffrost cyson William Rowlands ynghylch ei safbwynt golygyddol diduedd. Yn fwy na dim, cyfeirir at hanfod y *Cyfaill* fel cyhoeddiad crefyddol ar gyfer Cymry America. I ba raddau y llwyddodd y golygydd, felly, i uno'r gymuned gyfannol o gefnogwyr y cylchgrawn yn enw crefydd? Sut y gallai wireddu hyn o ystyried y rhaniadau enwadol a gludwyd gyda hwy o Gymru?

> *'O dan faniar yr un Bendigedig Iesu?'*
> Enwadaeth a pholisi golygyddol

Nid oedd gweledigaeth William Rowlands yn freuddwyd gwrach ar unrhyw gyfrif. Gorfodwyd y Cymry yn aml i addoli gyda'i gilydd mewn capeli undebol pan nad oedd modd na niferoedd digonol i gynnal achosion enwadol ar wahân yn America.[2] Y peth pwysicaf iddynt oedd y cyfle i addoli, ond yn fwy na hynny –

Cyfaill pwy o'r hen wlad?

gyda'u cydgenedl ac yn eu mamiaith. Dyrchafent y genedl uwchlaw'r egwyddorion a'u gwahaniaethai, a'r rheidrwydd i rannu'r efengyl yn goresgyn y ffiniau rhwng enwadau. Fel y sylwodd Bill Jones:

> In many ways, Welsh Nonconformity presented a united front and, consequently, religion was perhaps the most powerful of the forces which forged the community's societal cohesion and exclusive identity, especially as its impact was reinforced linguistically.[3]

Roedd yr ymgynulliadau hyn yn cynnig sefydlogrwydd fel man cyfarfod cymdeithasol i gymunedau crefyddol o bob enwad. Ceir nifer o enghreifftiau o gydaddoli yn hanes cynnar y treflannau Cymreig yn America, ac yn gyffredinol, synhwyrir goddefgarwch tuag at y syniad o addoli gydag 'aderyn o liw arall'. Mae nifer yn datgan eu bod yn agored i ddysgeidiaeth enwadau eraill er mwyn hybu achos crefydd yn gyffredinol, pan 'ymgyfarfyddom oll yn undeb ffydd a gwybodaeth Mab Duw'.[4] Yn wir, yn 1861 sonnir am gyfeillion o wahanol enwadau yn 'ymweled a ni fel arferol' gan Rowlands.

Enghraifft o'r cydweithio hwn er lles crefydd y genedl oedd agoriad capel y Methodistiaid Calfinaidd yn ninas Pottsville ym Mhennsylfania. Ymfalchïa'r gohebydd yn ei adroddiad i'r *Cyfaill* nad yw'r clwstwr o enwadau a oedd wedi ymgynnull yn y capel undebol wedi anghofio'r efengyl, er iddynt orfod dygymod â newidiadau yn y wlad estron. Yn yr achos hwn, mae'r frawdoliaeth yn gytûn yn yr amcan o 'dderchafu baniar yr un Bendigedig Iesu', a lledaenu'r Gair yn flaenoriaeth. Eto i gyd, awgrymir ar yr un pryd mai'r nod terfynol yw sefydlu cangen annibynnol i bob enwad: 'Eto, amlwg yw nas gallem fod mor gysurus ag yn ein ty ein hunain. Dwy wraig yn yr un ty, ni chytunant – ymrysonant am y plentyn byw . . .'[5] Mae nifer o ffynonellau eraill yn gwyro tuag at y safbwynt hwn, ac yn cefnogi'r dystiolaeth bod enwadaeth yn nodwedd gref ymysg Cymry America, fel ag yr oedd yng Nghymru yn y cyfnod. Er i drigolion yr hen wlad addoli gyda'i gilydd i ddechrau, buan yr amlygwyd yr angen am eglwysi annibynnol. Fe'u sefydlwyd

'Heb Dduw heb ddim, Duw a digon'

gan yr enwadau gwahanol ledled yr Unol Daleithiau wrth iddynt fagu nerth gyda rhagor o ymfudwyr o Gymru. Er iddynt gydweithio mewn nifer o'r treflannau Cymreig, gwelwyd hefyd ddylanwad yr 'ysbryd sectol' a'u dilynodd dros yr Iwerydd ac a ysgogai rai i weithio er 'lles a chynnydd' eu henwad eu hunain drwy 'ddirmygu, enllibio a drygu enwadau eraill'.[6]

Roedd enwadaeth yn ymgorffori gallu crefydd i uno neu rwygo cymunedau Cymreig America. Ar y naill law, a hwythau'n ganolbwynt cymdeithasol a diwylliannol ac yn gynheiliaid y cwlwm ieithyddol, roedd y capeli yn un o brif arwyddion undod y genedl a gysylltai'r cymunedau gwasgaredig. Ar y llaw arall, roedd enwadaeth yn gyfrifol am greu rhaniadau a oedd yn andwyo'r undeb hwn mewn modd hynod o anghristnogol ar adegau. Yn hynny o beth da cofio bod y carfanau crefyddol yng Nghymru yn fwy ymwybodol o'r gwahaniaethau rhyngddynt nag yr oeddent o unrhyw glymau cenedlaethol.[7]

Mae'r wasg gyfnodol yn crisialu'r tensiynau a oedd yn cyniwair o dan yr wyneb ym mywyd crefyddol Cymry America, fel ag yn yr hen wlad. Ceir enghreifftiau aneirif o ieithwedd aflednais wrth i'r enwadau lynu at eu nodweddion unigryw – yn enwedig yn hanner cyntaf y ganrif. Cwmpasai'r dadleuon hyn bynciau athronyddol, haniaethol, moesol a diwinyddol, ac mae'r grwgnach cyson gan ddarllenwyr am y fath anghydweld yn tystio'i bod yn elfen amlwg yn y diwylliant print.

Yn y rhifyn cyntaf o'r *Cyfaill* ceir 'cynghorion buddiol' gan Gymro o'r hen wlad sy'n eiriol dros osgoi cecru rhwng enwadau, a ddengys fod hynny yn un o flaenoriaethau'r cylchgrawn:

> Ond er dim fy nghydgenedl, na wnewch y llyfryn misol hwn yn drosglwydd enllib, difriaeth, ac ymladdfaes i'r gwahanol enwau crefyddol i guro eu gilydd. Mae yn Nghymru, ers ys blynyddoedd ysywaeth, ormod o lawer o'r cyfryw sothach misawl. Mawr yw y niweid a wnaethant i gariad brawdol, a gwell o lawer a fuasai i'n gwlad fod heb rai o honynt. Hyderaf y gofala fy anwyl frawd parchedig y cyhoeddwr, na chaffo y 'Cyfaill o'r Hen Wlad' drosglwyddo dim i'ch plith, ond a duedda at feithrin heddwch, cariad, ac adeiladaeth y genedl.[8]

Cyfaill pwy o'r hen wlad?

Roedd 'ymgecru ac ymbleidio ffyrnig' yn hysbys i nifer yng Nghymru, a'r dadleuon a oedd yn cynnwys cyfeiriadau personol yn lleng. Felly aethpwyd ati'n gynnar i rybuddio Cymry America i beidio â'u hefelychu yn hyn o beth.

Un o'r ffurfiau mwyaf poblogaidd a ddefnyddid i drafod ffactorau a effeithiai ar y wasg gyfnodol o boptu'r Iwerydd yw deialog rhwng y *Cymro* a'r *Cyfaill*, sef y cylchgrawn wedi ei bersonoli. Defnyddir delweddau milwrol dramatig i gyfleu'r pryder dybryd am yr elyniaeth rhwng enwadau a phleidiau, gan gyffelybu maes y wasg i frwydr lle mae '*bwlets* papyr yn chwyrnu heibio fy nghlustiau, a'u dudalenau yn gochion gan waed y gwahanol bleidiau'.[9]

Pwysleisir bod y *Cyfaill* yn agored i ddadl ac yn fforwm drafod gyffredinol i Gymry'r cyfnod, er bod yn rhaid i'r dadleuon fod 'o fewn terfynau rheolaidd a buddiol'. Nid yw'n caniatáu i unrhyw 'arfau' gael mynediad drwy'r 'porth bychan', sef y rhwyd golygyddol. Y cyngor yw defnyddio 'rhesymau' yn hytrach nag 'arfau' ac ymddwyn yn 'foneddigaidd, heb gnoi na thraflyncu'.[10] Cwta chwe mis ar ôl ei sefydlu, mae'r *Cyfaill* yn datgan bod cynnydd yn nifer y darllenwyr, ac felly ategir ei addewid i fod yn 'was y genedl Gymreig yn gyffredinol'. Mae felly'n 'dysgwyl nawdd a chymhorth y Cymry yn America', beth bynnag fo'u teyrngarwch enwadol.[11] Dyma gamp a rhemp y cyhoeddiad, ac ychydig a feddyliai y byddai'n rhaid delio gyda gohebwyr digon anhydrin ar adegau.

Serch hynny, nid oedd darparu cyngor na bwriadau da yn darian digon cadarn i warchod y *Cyfaill* rhag beirniadaeth. Aflonyddwyd ar yr heddwch ymhen ychydig fisoedd yn ei yrfa pan dderbyniodd y golygydd 'luaws o achwyniadau oddiwrth rhai o bleidwyr ffyddlonaf y Cyfaill'. Ymddangosodd ysgrifau yn cynnwys 'pethau tueddol i gyffroi tymherau a dolurio teimladau ein derbynwyr'. Bu Rowlands yn ddigon hirben i gymryd sylw difrifol o'r cyhuddiad, gan gyfaddef iddo gymryd cam gwag. Oherwydd natur fentrus sefydlu cyhoeddiad o'r fath ac awydd taer iddo lwyddo, mae'n lliniaru'r ddadl drwy gydsynio iddo 'ollwng gwyr drwy y porth bychan, heb eu chwilio yn ddigon manwl'.[12] Yn gam neu'n gymwys, golyga'r ymrwymiad i 'ymgeleddu a lluosogi gohebwyr y Cyfaill yn ei fabandod' fod William Rowlands wedi caniatáu mynediad i'r 'arfau' drwy'r 'porth bychan'.

Ffynhonnell amheuthun o wybodaeth am y gorgyffwrdd helaeth rhwng nodweddion y wasg Gymraeg yng Nghymru ac America yw 'ymddiddan' rhwng 'Gruffydd a Morgan' am gylchgronau. Fe'i cyhoeddwyd yn *Seren Gomer* yn 1811, blwyddyn ei sefydlu yn ei ffurf gynharaf. Mae'r ffaith i William Rowlands ei ailgyhoeddi yn awgrymu bod tebygrwydd yn y ffactorau a effeithiai ar gyfnodolion cynharaf y wasg brint Gymraeg yn y ddwy wlad, er mai Bedyddiwr oedd sylfaenydd *Seren Gomer*. Cynrychiolir dau begwn gan y cymeriadau: Morgan sy'n amheus o gymhellion yr unig gyhoeddiad ar faes y wasg Gymraeg, a Gruffydd sy'n amddiffyn atebolrwydd y golygydd drwy ei atgoffa bod angen ystyried amrywiaeth barn. Daw'n amlwg fod cynnal gwrthrychedd yn her ddyrys a wynebwyd gan *Seren Gomer* hefyd wrth i Gruffydd resynu y byddai gwrthod ysgrifau hefyd yn dangos tueddiad.[13]

Mae'r broblem baradocsaidd hon o geisio bodloni pawb drwy leisio gwahanol farn ar y naill law, a chynnal heddwch ar y llaw arall, yn rhan o gyd-destun ehangach y diwylliant cyhoeddi yn y cyfnod. Mae'r ddeialog rhwng Gruffydd a Morgan yn ddrych perffaith i sefyllfa William Rowlands fel sylfaenydd y *Cyfaill*, a'r croestynnu rhwng safbwyntiau a oedd yn ei blagio.

Testun nifer o'r ysgrifau dadleuol yn y *Cyfaill* yw dirwest, pwnc llosg a feddiannai feddylfryd sawl Cymro yn y cyfnod. Yn unol â sylfeini ei olygyddiaeth, teimla William Rowlands reidrwydd i wrthod amryw o'r ysgrifau sy'n cynnwys cynnen bersonol er mwyn gwrthsefyll unrhyw haeriadau o ffafriaeth. Cymaint yw ei daerineb i sicrhau bod y *Cyfaill* yn apelio'n eang at y Cymry nes iddo ddatgan 'nad oes dim sydd yn well na dysgyblaeth lem' wrth ddidoli ysgrifau. Er mwyn profi nad yw'n arddel unrhyw blaid penderfyna 'aberthu cefnogaeth *rhai*, i ymgadw at les y *llawer*'. Serch hynny, ymddengys fod rhai tyllau yn ei ddaliadau pendant, ac mae'n cyfaddef iddo gyhoeddi ysgrif yn sgil edmygedd tuag at ei hawdur. Sicrha'r darllenwyr y bydd yn fwy gofalus o hynny ymlaen, a'i fod eisoes wedi 'gwrthod llawer o ymosodiadau personol o amryw fanau'.[14]

Er gwaethaf ei addewid i beidio â chaniatáu ymosodiadau o natur bersonol, mae'n gwrth-ddweud ei hun drwy gyfiawnhau

Cyfaill pwy o'r hen wlad?

eithriad i'r rheol a chyhoeddi'r ysgrif neilltuol hon. Teimla ei fod wedi ei 'rwymo' gan ei sêl dros 'gyfiawnder' ynghyd â'i gysylltiadau â'r awdur. Mae'r gwrthdaro hwn rhwng gwrthod ysgrifau i feithrin agwedd niwtral y cyhoeddiad ar y naill law, a chyhoeddi dadleuon er mwyn cyfiawnder ar y llaw arall, yn achosi rhwyg yn ei uniondeb golygyddol. Gellir cydymdeimlo ag achwyniadau'r gohebwyr wrth iddynt, o bosibl, ddehongli ei eiriau fel rhagrith. Yn ddiymwad, byddai hepgor rheol euraid y cyhoeddiad yn ôl mympwy'r golygydd yn tanseilio ei hygrededd. Serch hynny, pwysleisia ei fod yn gwbl ddiwyro yn ei ymrwymiad at grefydd, moesgarwch a lles y genedl. Mae'n effro iawn i ymgais rhai i 'seboni' a pheri tramgwydd ar lefel bersonol gan ei fod wedi cael gwersi mewn 'trap' cyn cyrraedd America.[15]

Mae'n eironig iddo nodi ei fod yn 'gwrthod y cyhuddiad ac yn herio profion', er iddo gyfaddef yn y paragraff blaenorol i ganiatáu i rai ysgrifau lithro drwy'r rhwyd golygyddol yn sgil ei deimladau tuag at yr awdur. Dengys hyn fod ffin denau iawn rhwng teimladau personol ac amcan niwtral y swydd olygyddol gyda chyhoeddiad o'r fath, er gwaethaf cymelliadau cwbl glodwiw.

Ailadroddir egwyddorion y *Cyfaill* unwaith eto ar ddiwedd blwyddyn gyntaf ei gyhoeddi, wrth i'r golygydd fwrw golwg ar ei lwyddiant. Mae'n datgan yn hyderus ei fod wedi gwrthod nifer o ysgrifau a fyddai'n debygol o 'rwygo heddwch yr holl genedl', a noda'n bendifaddau fod y cyhoeddiad yn 'rhydd' yn ei wasanaeth i bob enwad crefyddol.[16] Heria unrhyw un sy'n anghytuno â'r gosodiad i'w hamlygu eu hunain er mwyn iddo gael y cyfle i lunio amddiffyniad yn gyhoeddus, yn unol ag ethos 'chwarae teg' y cylchgrawn.

Rhy bwyslais hefyd ar arddel rheolau llymach wrth ddethol ysgrifau yn y dyfodol. Mae'n cyfaddef iddo gyhoeddi 'ambell ysgrif heb nemawr o deilyngdod' yn sgil ei awydd i 'fagu gohebwyr ieuaingc, boddi pawb, a gochelyd pob lliw o bleidgarwch'. Awgrymir mai ei gymhelliad pennaf yw sicrhau undod y genedl, er iddo ildio i egwyddorion cyfiawnder wrth ddewis cyhoeddi rhai ysgrifau dadleuol. Mae'r gorgyffwrdd rhwng elfennau niwtral ac amddiffyn y 'gwirionedd' honedig yn cymylu ei amcanion golygyddol yn achlysurol. Serch hynny, ni ellir amau ei ymdrech

'Heb Dduw heb ddim, Duw a digon'

i sicrhau cyhoeddiad 'buddiol' er lles crefydd a Chymreictod, amcan a bwysleisir yn gyson. Ond a fyddai'r cymhelliad hwn yn sicrhau tryloywder y fenter yn ariannol? Rhoddir hygrededd y *Cyfaill* fel cylchgrawn 'rhydd' yn y glorian yn ystod ail flwyddyn ei gyhoeddi. Awgryma un o'r darllenwyr y dylid gostwng pris y *Cyfaill* er mwyn ehangu ei gylchrediad, cam a fyddai'n golygu ceisio cymorth ariannol gan enwad crefyddol a'i droi'n 'gyhoeddiad plaid'. Fodd bynnag, nid oedd gwawrio'r flwyddyn newydd wedi sigo dim ar amcan y golygydd o gyhoeddi'r *Cyfaill* dan yr un amodau, sef 'yspryd o anmhleidgarwch diledryw'. Mae'n gwbl argyhoeddedig mai meithrin gwrthrychedd sy'n gwasanaethu'r genedl orau, gan ei fod yn sefyll yn y bwlch fel yr unig gyfnodolyn Cymraeg yn America ar y pryd:

> Cyhoeddiad Rhydd ac agored i bob plaid ac enwad – crefyddol a digrefydd, a farnym fwyaf cymhwys i'r Cymry yn y wlad hon ar y cyntaf; ac yr ydym yn parhau o'r un farn, a diau genym, fod y rhan fwyaf o'n cydgenedl yn cydweled a ni.[17]

Mae'r ffaith i Rowlands wrthod yr awgrym o'i 'osod o dan aden grefyddol' yn dystiolaeth ymarferol ei fod yn gwbl ymroddedig i sefydlu 'CYHOEDDIAD RHYDD i Genedl y Cymry yn America'. Mae'r nod a bwysleisir ganddo yn weledol gan lythrennau breision yn amlinellu ei ddymuniad i barhau â'r *Cyfaill* fel 'anturiaeth bersonol'.[18] Nid yw am roi ei hygrededd ymysg y Cymry yn y fantol, gan ei fod yn dibynnu ar farn ei dderbynwyr. Nid yw ychwaith yn fodlon rhoi elw'r *Cyfaill* i achosion crefyddol, a olygai gysylltiad enwadol. Yn hytrach mae am ei fwydo yn ôl i'r cylchgrawn.

Yn sgil diffyg cyhoeddiad gan yr enwadau Cymreig eraill yn America yn niwedd yr 1830au, roedd yn naturiol iddynt arddel y *Cyfaill* fel cyfnodolyn crefyddol a chyffredinol i'r Cymry. Yn ôl tystiolaeth gan ohebwyr o wahanol enwadau, cafodd dderbyniad cynnes yn eu mysg nes iddynt gryfhau digon i sefydlu cyhoeddiadau annibynnol. Gweithredai'r *Cyfaill* swyddogaeth amlbwrpas yn ystod cyfnod llwm y wasg gyfnodol Gymraeg yn America, a chyhoeddai newyddion crefyddol yr enwadau eraill. O'r herwydd, mynegai'r enwadau hyn eu cymeradwyaeth i'r *Cyfaill* a'u dymuniad

Cyfaill pwy o'r hen wlad?

am ei lwyddiant, gan 'roddi anogaeth i dderbyn a chalonogi y "Cyfaill" fel cyfrwng gwybodaeth anmhleidgar yn mhlith Cymry America'.[19] Gwelwyd sylwadau tebyg i'r rhain ynghylch *Seren Gomer* hefyd, a oedd mewn sefyllfa gyffelyb yng Nghymru.[20]

Yn eu tro, lleisiodd cymanfaoedd y Bedyddwyr, yr Annibynwyr a'r Wesleyaid yn y gwahanol dreflannau Cymreig gyfarchion a chefnogaeth i'r *Cyfaill*. Nododd y Wesleyaid, er enghraifft, eu bod yn 'llawenychu wrth ei weled mor rhydd tuag at bob enwad crefyddol'.[21] Roedd y *Cyfaill*, felly, yn cyflawni dwy amcan greiddiol i ffyniant y Cymry yn America: hybu diwylliant crefyddol y genedl yn gyffredinol, a phontio'r enwadau er mwyn tynhau clymau cenedligrwydd.

Ar sail y dystiolaeth uchod, gellid casglu bod William Rowlands wedi llwyddo ar y cyfan yn ei amcan i ddod â'r genedl ynghyd gyda chylchgrawn cydenwadol yng nghyfnod cynnar y wasg. Gwerthfawrogai'r enwadau eraill gyfrwng i ddarparu newyddion a gwybodaeth am eu gweithrediadau. Os felly, golygai'r broses ddwyffordd hon fod y *Cyfaill* yn denu cefnogaeth y genedl, ond câi'r maeth hwn ei chwistrellu yn ôl i'r gymuned Gymraeg wrth iddo fodloni anghenion ei henwadau amrywiol. Byddai wedyn yn creu ymdeimlad cryf o Gymreictod drwy'r undod crefyddol hwn. Ond a fyddai'r undod hwn yn parhau wrth i'r diwylliant cyhoeddi ddatblygu?

Maes o law, amlygodd llwyddiant y *Cyfaill* yr angen am gyfryngau print i warchod buddiannau'r enwadau eraill.[22] Gwelodd arweinwyr crefyddol fanteision dull cyfathrebu i sicrhau eu ffyniant. Wedi hynny, tueddwyd i gydnabod y *Cyfaill* fel llais i'r Methodistiaid Calfinaidd, er gwaethaf protestiadau croch gan ei olygydd a barhâi i arddel ei wasanaeth i'r genedl gyfan. Eto i gyd, nid cyhoeddiadau a safai'n gyfan gwbl ar wahân i'w gilydd oedd y wasg gyfnodol. Ffurfiasant rwydwaith gyfathrebu a fyddai'n cyfnewid darnau amrywiol ymysg ei gilydd ac yn sylwebu ar ddeunydd y naill a'r llall. Dyma duedd na chroesawyd yn aml gan y golygyddion a geisiai gadw rhyw fath o reolaeth ar eu cynnwys ac ymateb y gymdeithas iddo.

Roedd priodoli cyhoeddiadau i enwadau yn fater a effeithiai ar y diwylliant print yn Nghymru ac America yn ystod rhan gyntaf

'Heb Dduw heb ddim, Duw a digon'

y bedwaredd ganrif ar bymtheg, a chynhyrchai safbwyntiau a oedd yn groes i'r graen. Ofnai lladmeryddion y wasg Gymraeg y ddwy ochr i'r Iwerydd y byddai sefydlu cyhoeddiadau 'pleidgar' yn arwydd o gulni ac yn 'faen tramgwydd i luddias eu *defnyddioldeb cyffredinol*'. Credent fod un 'cyhoeddiad anmhleidgar' yn ddigonol i ddiwallu anghenion y genedl. I'r gwrthwyneb, teimlid y byddai sefydlu cyhoeddiadau i wasanaethu pob enwad yn 'gyfle i ddangos ei ddaliadau i'r byd, ac i bwyso athrawiaethau rhai eraill yn nghlorian Gair Duw'.[23]

Mae anerchiad i fisolyn yr Annibynwyr yn ystod ei flwyddyn gyntaf yn gofyn am gefnogaeth i'r *Cyfaill* a'r *Cenhadwr* fel ei gilydd, ac yn dymuno iddynt 'gyd-deithio a chyd aneddu a'u gilydd'.[24] Mae'r ffaith iddo ofyn am gariad brawdol rhyngddynt 'fel na bo cynfigen a'i cholyn gwenwynllyd byth eu niweidio tra ar eu taith' yn dangos y pryderon ynghylch natur y wasg gyfnodol yn y cyfnod hwn. Pa effaith a gâi'r *Cenhadwr* ar fuddioldeb y *Cyfaill* i'r gydgenedl, sylfaen creadigaeth William Rowlands? A fyddent yn cyd-fyw o fewn sefydliad diwylliannol y wasg brint?

Er i'r Annibynwyr sefydlu cylchgrawn y *Cenhadwr Americanaidd* i wasanaethu'r enwad yn 1840, roedd golygydd y *Cyfaill* yn benderfynol na fyddai'n amharu ar 'ddefnyddioldeb cyffredinol' ei gylchgrawn ef. Ewyllysiodd i barhau i gyhoeddi 'yn yr un ysbryd o anmhleidgarwch ag o'r dechreuad', gan bwysleisio daliadau diduedd yn ei anerchiad ddiwedd y flwyddyn honno. Yn fwy na hynny, efallai ei bod yn arwyddocaol iddo neilltuo sylw ychwanegol i'r amcan hon wrth iddo gyfarch ei ddarllenwyr ar drothwy'r flwyddyn newydd:

> Cynnygir y 'Cyfaill' eto am y flwyddyn 1841, yn hollol ar yr un ammodau, ac yn yr un yspryd *anmhleidgar* ag y cyhoeddwyd ef er ei gychwyniad, y rhai erbyn hyn ydynt ddigon adnabyddus. Ac yr ydym, nid yn unig yn dysgwyl, ond yn *gorchymyn* cefnogaeth pob Cymro sydd yn caru CYHOEDDIAD RHYDD; a dylent gofio fod ei barhad yn gyhoeddiad *rhydd* yn dibynu ar eu cefnogaeth hwy. Nid ydym yn amheu na ellid gostwng ei *bris* pe cai ei droi yn *gyhoeddiad plaid*, oblegid yn yr amgylchiad hwnw dysgwyliem ei gynnaliaeth mewn rhan trwy gyfroddion ewyllysgar y blaid i ba un y perthynai, megys y cyhoeddir llawer o gyhoeddiadau pleidiawl eraill, ond tra

Cyfaill pwy o'r hen wlad?

y parhao yn gyhoeddiad *rhydd* ac *annibynawl*, y mae yn sefyll neu yn syrthio yn ol nifer ei dderbynwyr.[25]

Er mai ailadrodd yr un agenda o lynu at 'ammodau anmhleidgar' y mae, agenda sydd eisoes yn 'ddigon adnabyddus' yn dilyn ei gyfeiriadau mynych i'r perwyl hwn, mae naws y darn hwn yn wahanol. Meddiannir y geiriau gan bendantrwydd na welwyd ei debyg hyd yn hyn. Clywn ei dôn awdurdodol wrth iddo 'orchymyn' cefnogaeth y Cymry ac wrth apelio ar eu cydwybod drwy eu hatgoffa bod y 'cyhoeddiad *rhydd*' yn dibynnu arnynt hwy. Mae ailadrodd y gair 'rhydd' drwy gydol y darn hefyd yn awgrymu ei fod am i'r *Cyfaill* barhau i fod yn gyhoeddiad i'r Cymry yn gyffredinol, wrth iddo deimlo bygythiad o du'r *Cenhadwr* newydd-anedig. Ni all ychwaith ymwrthod â'r demtasiwn i ddwysbigo cydwybod y darllenydd nad yw'r *Cyfaill* yn dibynnu ar drugaredd ariannol enwad ei olygydd, yn wahanol i'r *Cenhadwr*, nodwedd a bwysleisir unwaith eto yn 1842.[26] Mae'r cyhoeddiad, felly, yn wironeddol 'rhydd ac annibynawl' ar lefel economaidd, ac yn nhermau ei ddarllenwyr yn yr ystyr nad yw'n dibynnu ar gylchoedd un enwad penodol. Dibynna llwyddiant y cylchgrawn o'r herwydd ar gynnal yr apêl eang y llafuriodd mor galed i'w sefydlu.

Er bod cyhoeddiad arall yn herio goruchafiaeth y *Cyfaill*, haera'r golygydd fod nifer y derbynwyr wedi codi erbyn diwedd 1842. Mae'n datgan ei ddiolch i'r Methodistiaid Calfinaidd ynghyd â'r enwadau eraill, gan briodoli ei lwyddiant i'r ffaith ei fod yn gyhoeddiad cyffredinol. Mae'n atgoffa'r genedl ei fod wedi 'ei godi a thori ffordd iddo ei hun, i blith holl Gymry America, trwy lawer o draul a llafur, pryd yr oedd pawb eraill yn ddigon dystaw am ddiwallu y genedl a gwybodaeth fuddiol'.[27]

Er iddo daeru ei fod yn croesawu'n llawen unrhyw gyhoeddiad arall sy'n lledaenu gwybodaeth ymysg Cymry America, ni ellir ond synhwyro ychydig o wenwyn tuag at ei gyd-gystadleuydd am ddarllenwyr. Mae ysgrif yn ymddangos yn rhifyn cyntaf y *Cenhadwr* sy'n dymuno'r gorau iddo. Ynddi anogir y Cymry i'w gefnogi, a chaiff ei rybuddio y dylai 'wisgo mewn llawn arfogaeth' ac ymosod rhag blaen ar y 'fyddin ac sydd fwyaf peryglus i ni o

'Heb Dduw heb ddim, Duw a digon'

fod yn niweidiol, sef *cenfigen a malais*'.[28] Er nad yw'n enwi William Rowlands yn uniongyrchol, mae'n bosibl mai ef sydd dan y lach gan yr awdur yn sgil ei gyfeiriadau at 'gymydog' ac 'ymyraeth ag achosion na pherthynant iddo'. Gallai hyn gyfeirio at y ffaith y byddai'r *Cyfaill* yn ymdrin â materion y gwahanol enwadau cyn i'r *Cenhadwr* gael ei sefydlu. Yn ei dro, gwelwn y *Cyfaill* yn pwysleisio drachefn nad yw'n ffafrio 'plaid', yr hyn a'i gwahaniaethai oddi wrth y *Cenhadwr*. Fodd bynnag, wrth i'r wasg Gymraeg yn America ehangu, ymffrostiai'r *Cyfaill* yng ngallu'r Cymry alltud i sefydlu cyhoeddiadau mewn gwlad estron tra bo Cymru'n cynnal nifer tebyg o gylchgronau.

Mae'r undeb hwn rhwng y cyhoeddiadau yn ymestyn i adran y newyddion crefyddol, wrth i'r darnau gael eu hailadrodd yn y ddau bapur. Nid ymddengys felly fod gelyniaeth rhwng y *Cyfaill* a'r *Cenhadwr* parthed cyhoeddi gweithrediadau enwadau eraill yn y cyfnod cynnar hwn. O hynny ymlaen, ceir datganiadau cyson gan gymdeithasau yn teimlo 'dyledswydd arnom hysbysu trwy gyfrwng y Cyhoeddiadau Cymreig yn y wlad hon',[29] ac i raddau llai yn y papurau crefyddol Saesneg.[30] Awgryma hyn fod nifer o'r cymdeithasau Cymreig yn ceisio cefnogi'r wasg yn ei chyfanrwydd yn hytrach na chyhoeddiadau unigol.

Gyda dyfodiad misolion eraill, mae'r golygydd yn datgan yn falch bod y *Cyfaill* yn parhau i gyhoeddi gweithrediadau cymanfaoedd a newyddion 'pob plaid yn ddiwahaniaeth ac ewyllysgar'.[31] Flynyddoedd yn ddiweddarach hyd yn oed, ceir cyfeiriadau ganddo at 'y gwahanol enwadau crefyddol yn mhlith ein cenedl yn America', a 'dylanwad daionus ac hyfrydlawn' y traethodau yn y *Cyfaill* arnynt.[32] Serch hynny, mae gweithrediadau'r Methodistiaid Calfinaidd hefyd yn defnyddio'r gwagle print yn gynyddol. Ar y cyfan, fodd bynnag, parha'r sylwadau ynghylch ei 'amhleidgarwch' a'i wasanaeth i Gymry America yng nghofnodion gwahanol gyfarfodydd yn hir ar ôl ymddangosiad cyfnodolion eraill.

Er i'r capeli undebol cynnar edwino ac eraill yn cael eu codi i wasanaethu'r enwadau ar wahân, parhâi rhyw lun o gydweithio rhwng arweinwyr y carfanau hyn. Er bod William Rowlands yn Fethodist Calfinaidd i'r carn, mae'r dystiolaeth yn ei gofiant yn awgrymu ei fod yn frawdol tuag at enwadau eraill. Yn wir,

Cyfaill pwy o'r hen wlad?

yr arwyddair ar ei *'envelopes'* am flynyddoedd oedd 'parhaed brawdgarwch'.[33] Roedd yn lladmerydd brwd dros gydweithio gydag enwadau eraill drwy gyfrwng cymanfaoedd, a phregethai mewn cyfarfodydd undebol ar hyd y gwahanol daleithiau. Ceisiai sicrhau bod crefydd yn magu nerth ymhlith y Cymry alltud fel endid, a mynega hyn yn ei ddyddiadur personol: 'Yr ydym yn teithio tua'r un wlad – yr un Beibl fel rheol – yr un Gwaredwr i obeithio ynddo. Paham, ynte, na charwn ein gilydd yn rhwymau Cristionogaeth?'[34] Fel y tystia cerdd goffa iddo, roedd yn esiampl o arweinydd i enwadau eraill ar wahân i'r Methodistiaid, ac yn 'genadwr heddwch' yn eu mysg:

> Mae llawer cylch crefyddol yn y wlad
> Yn edrych arno fel ei borth a'i dad . . .
> Chwi weinidogion Cymru ac Amerig
> Dilynwch ef.[35]

Tystia aelodau gwahanol eglwysi yn y mannau y bu'n pregethu ynddynt ynghyd â gweinidogion eraill i'w frawdgarwch tuag at wahanol enwadau, a pharai hyn ei fod yn 'wrthddrych eu parch a'u hedmygedd cyffredinol'.[36] Ar ei deithiau pregethu hyd ddiwedd ei oes, ymunai gwahanol enwadau yn yr addoliad, a byddai eglwysi eraill hyd yn oed yn gohirio eu cyfarfodydd i glywed ei bregeth.[37] Mae Iorthryn Gwynedd, gweinidog gyda'r Annibynwyr, yn ategu hyn oll yn ei atgofion am William Rowlands.[38] Noda ei fod yn selog dros ei enwad, a bod ganddo hefyd 'wir barch i eglwysi a gweinidogion ffyddlon enwadau crefyddol eraill'. Ar brydiau, byddai Rowlands yn pregethu yng nghapel yr Annibynwyr yn Rome, ac Iorthryn yn ei dro yn mynychu ei gapel yntau.[39] Mae hyn yn dangos ei fod yn ceisio gweithredu'r ysbryd cydenwadol yn ymarferol fel gweinidog.

Yn ystod yr 1840au, cyhoeddwyd ysgrifau yn achlysurol dan y teitl 'Crwydr-daith trwy eglwysi Caerefrog Newydd' gan 'Ysbiwr'. Yn ôl ei gofiant, William Rowlands oedd yr awdur hwn. Mae'r erthyglau yn dangos ei fod hefyd yn dymuno i'r Cymry ehangu eu gwybodaeth am ddiwylliant crefyddol America drwy ddarlunio amgylchiadau ymfudwyr eraill megis yr Almaenwyr.

'Heb Dduw heb ddim, Duw a digon'

A oedd y cydweithio hwn yn ymledu i'r wasg argraffu yn ogystal, neu ai'r byd cecrus a'i nodweddai yng Nghymru a deyrnasai yno?

'Ni chynwys ei amlen na chynhen na llid?'
Dadleuon enwadol a thactegau newyddiadurol

Mynegir ofnau cyffelyb yng Nghymru ac America am effaith sefydlu mwy nag un cyhoeddiad ar frawdgarwch enwadol. A throi'n ôl at 'Morgan a Gruffydd', awgryma Morgan y gellid ffeirio gwahanol gylchgronau rhwng cymdogion, gan groesawu cystadleuaeth iach rhwng cyhoeddiadau er mwyn gwella safonau. Ar y llaw arall, ofna Gruffydd y gall *'cyhoeddiadau pleidgar* beri mwy o ddyeithrwch, gelyniaeth ac ymryson rhwng enwadau'. Oherwydd y niwed a wna cenfigen a rhagfarn, mae'n ffafrio 'un cylchgrawn misol rhydd, a chyffredinol'.[40] I raddau, mae'r ddau safbwynt yn nodweddiadol o natur y wasg o boptu'r Iwerydd yn y cyfnod, ac yn adlewyrchu teimladau nifer o ddarllenwyr a chyfranwyr.

Bwriad ymarferol ceffylau blaen yr enwadau Anghydffurfiol Cymreig yn America oedd meithrin undeb er lles crefydd y genedl leiafrifol ar gyfandir enfawr. Mae rhifynnau cynharaf holl gyhoeddiadau'r wasg gyfnodol yn cynnwys anerchiadau gan ddarllenwyr yn gofyn iddynt beidio ag enllibio ei gilydd ac yn eu cymell i feithrin cariad brawdol. Dengys hyn bryder y gynulleidfa am y duedd ffraegar a oedd yn bla yng Nghymru yn y cyfnod hwn. Ymateb unfrydol y golygyddion yw eu sicrhau na fyddant yn ymostwng i'r fath bechod. Ond ar eu gwarthaf deuai ymryson i gorddi'r dyfroedd ar adegau, gan osod y dadleuon ar lwyfan cyhoeddus y wasg. Ai geiriau gweigion i fodloni disgwyliadau'r darllenwyr oedd wrth wraidd yr addewidion hyn, neu a oeddent yn barod i gydweithio er budd crefydd o ddifrif? Pa mor eiddgar oeddent i roi heibio eu gwahaniaethau, er y golygai hyn nad oedd eu henwadau eu hunain yn cael sylw penodol?

Cyfeirir llith o anerchiad wedi ei gyfieithu at olygyddion cyhoeddiadau crefyddol gan y Parch. Charles G. Finney yn y *Cenhadwr* yn ystod ei flwyddyn gyntaf. Mynega ofid dwfn am yr enllib a'r rhagfarn a ddeilliai o raniadau enwadol yn yr eglwysi, sy'n brawf

Cyfaill pwy o'r hen wlad?

pellach bod y pwnc o'r pwys mwyaf yn y cyfnod. Poena hefyd am y wasg argraffu fel cyfrwng dylanwadol yn cynnig arweiniad i'r gymdeithas: 'Yr wyf yn ystyried Golygwyr ein Cyhoeddiadau yn dal y berthynas fwyaf pwysig â'r byd o neb dynion sydd yn y byd, gan eu bod trwy eu Cyhoeddiadau megis yn bresenol yn mhob lle.'[41] Mae Robert Everett yn 'deisyfu yn ostyngedig' ar olygyddion y cyhoeddiadau Cymraeg yng Nghymru i'w ailgyhoeddi, ond ni chyfeiria at y *Cyfaill*. A dybiai fod cyfnodolyn Cymraeg cyntaf America uwchlaw y fath feirniadaeth? Neu a oedd dylanwad y *Cenhadwr* yn ddigonol i sicrhau bod y neges yn cyrraedd Cymry America, o ystyried cefnogaeth rhai i'r ddau fisolyn?

Mae'r duedd i gyhoeddi sylwadau ar ysgrif neu ar fater pwysig mewn cylchgrawn sy'n perthyn i enwad arall yn un gyffredin ymhlith gwasg gyfnodol Cymry America yn y bedwaredd ganrif ar bymtheg. Er gwaethaf ymdrechion y golygyddion yn rhinwedd eu dyletswydd fel arweinwyr cymunedol i frwydro'n ddygn dros gydweithio enwadol, dadleuon yn bennaf a ysgogai rai Cymry i roi pin ar bapur. Fel gweddill y cyfnodolion y ddwy ochr i'r Iwerydd, deilliai'r agendor rhwng y cyhoeddiadau o raniadau enwadol. Anogid rhai felly i gyfrannu i gylchgrawn enwad nad oeddent yn perthyn iddo. O'r herwydd, nid yw barn un bardd am y *Cyfaill* bob amser yn wir, 'Ni chynwys ei amlen, na chynhen, na llid . . .'[42]

Yn ystod y ddeunawfed ganrif, roedd y berthynas rhwng y Methodistiaid a'r enwadau Ymneilltuol eraill yn ddigon simsan yn y cyfnod cynnar. Ceid gwahaniaethau athrawiaethol dwys, yn enwedig cyn i'r cyfundeb Methodistaidd ymwahanu oddi wrth yr eglwys wladol.[43] Ceisiai'r Methodistiaid ymbellhau oddi wrth y cyrddau dadlau a oedd yn nodweddu'r eglwysi Ymneilltuol, gan adfer pwyslais ar grefydd. Fel Methodist brwd o ran ei anian a'i ddull o bregethu, mae'n bur debyg mai ymwybyddiaeth reddfol o'r dadlau hwn oedd un o'r ffactorau a bennodd lwybr golygyddol William Rowlands o ymwrthod ag ymryson.

Eto i gyd, roedd yn anochel y byddai peth anghytuno'n codi rhwng yr enwadau ar gyfrif eu dysgeidiaeth wahanol. Mynegiant o'r cecru enwadol hwn mewn print yw cynnen rhwng y Methodistiaid Calfinaidd a'r Annibynwyr ar dudalennau'r *Cyfaill* yn 1841.

'Heb Dduw heb ddim, Duw a digon'

Gwraidd y ddadl yw amharodrwydd golygydd y *Cenhadwr*, Robert Everett, i gyhoeddi ysgrif gan William Williams (Gwilym Fardd). Ynddi hawliai atebion gan y Parch. E. Blunt, yn dilyn geiriau honedig 'enllibus' gan y gweinidog yn y *Cenhadwr*. Mae'n enghraifft gampus o wedd ddeublyg y *Cyfaill*: cyhoeddi dadleuon i'w datrys er mwyn cyfiawnder a cheisio glynu at egwyddorion heddychlon ar yr un pryd.

Yn hyn o beth, mae'n ddadlennol fod William Williams wedi dewis y *Cyfaill* a'i 'anmhleidgarwch arferedig' i unioni'r cam honedig a wnaed gan olygydd y *Cenhadwr*.[44] Yn wir, defnyddiwyd y *Cyfaill* i geisio cymodi'r rhwyg rhwng y ddau enwad yn 1839 hefyd drwy gyfrwng llythyr gan weinidog yr Annibynwyr, 'brawd yn yr Efengyl'. Gofidiai fod y ddau gorff mwyaf grymus ymhlith Cymry America, a oedd wedi 'cydrodio fel y cyfryw tros flynydd-oedd mewn amryw o'r treflannau Cymreig yn y wlad hon' yn anghytuno. Gofynna am gymorth golygydd y *Cyfaill* i 'feithrin cariad brawdol' rhyngddynt.

Er nad oedd gan yr Annibynwyr eu cyhoeddiad eu hunain ar yr adeg hon, mae'n arwyddocaol i weinidog o argyhoeddiad enwadol gwahanol i William Rowlands ofyn am gymorth y *Cyfaill* i feithrin undeb crefyddol. Awgryma botensial y cyhoeddiad i goleddu credoau amrywiol a chyflwyno neges cymod. Cyfaddefa'r gweinidog fod y ddwy ochr wedi beio ei gilydd a 'dweyd geiriau caledion', ond dengys barch mawr yn ei lythyr at William Rowlands fel gweinidog gyda'r Methodistiaid Calfinaidd. Mae yntau o'r un farn â'r gweinidog a 'llaweroedd' am yr angen i 'anadlu awyr burach nag awyr rhagfarn ac ysbryd pleidiol' ac uno fel 'brodyr a chynorthwywyr' yn yr achos.[45] Mae'r cyfeiriad at yr arweinydd cynnar Whitefield hefyd yn awgrymu bod yr undeb hwn yn rhan o ethos y mudiad Methodistaidd. Credai mewn goddefgarwch tuag at wahaniaethau enwadol er mwyn cenhadu mewn parthau eang. Mae William Rowlands a'i gyhoeddiad, felly, yn ceisio bod yn driw i'r enwad drwy gyhoeddi ysgrifau a erfyniai am undeb.

Yn ei ohebiaeth sy'n dwyn y teitl 'Enllib Pwysig', rhy William Williams bwyslais ar y gair 'enllib' drwy gyfrwng llythrennau breision:

Cyfaill pwy o'r hen wlad?

Y mae y pechod atgas a ffiaidd, a enwyd uchod, yn ddiamheu, yn uchel iawn ei ben yn mhlith meibion Gomer, yn y byd gorllewinol hwn, ac yn peri llawer o ofid i'r ffyddloniaid ... gan obeithio y bydd i hyn ddyfod dan sylw rhai o'r cyfryw ag sydd yn gwneyd arferiad o'r gwaith aflan, gwaethus, ac ysgeler hwn; a chan obeithio y bydd iddynt weled gradd o'r mawr ddrwg sydd ynddo, ac y bydd o fendith iddynt er attal eu tafodau athrodgar, absengar, a'u gwefusau gweniaethgar ... Oh! Na fyddai i ni oll fel cenedl, ymdrechu i gael y ffolineb hwn o'n mysg.[46]

Teimla William Williams fod y pechod hwn wedi ei gyflawni yn erbyn y Methodistiaid Calfinaidd ar dudalennau'r *Cenhadwr* drwy awgrymu 'anwiredd noeth a phwysig' nad yw'r enwad yn 'derbyn pawb yn ddiwahân at Grist'.[47] O ganlyniad, llusgir golygyddion y *Cyfaill* a'r *Cenhadwr* i'r ymladdfa, gan arddangos tebygrwydd a gwahaniaethau trawiadol ym mholisi golygyddol y ddau.

Mae'r ysgrif 'Cymhell Pawb' gan Robert Everett a gyhoeddwyd drwy gyfrwng y *Cyfaill* yn egluro ei benderfyniad fel golygydd i beidio â chyhoeddi'r ysgrif yn y *Cenhadwr*. Dywed mai ei fwriad oedd amddiffyn y Methodistiaid Calfinaidd. Ymddengys ei fod yn arddel yr un egwyddorion â'i gyfoeswr William Rowlands drwy roi 'chwarae teg' i ddarllenwyr y *Cenhadwr* benderfynu ar eu safiad drostynt eu hunain. Awgryma y dylai William Williams drafod achos o'r fath mewn llythyr cyfrinachol yn hytrach na pheri cynnwrf yn y wasg brint na fyddai'n llesol i'r efengyl. Ychwanega nad oedd yn amlwg iddo ef fod 'enllib yn cael ei fwriadu', ac felly na welai 'un dyben daionus ... i gynyrfu yn yr achos'.[48] Roedd setlo dadl drwy 'ymresymiad personol' yn hytrach na'i gosod ar lwyfan cyhoeddus y wasg cyhyd â bod modd hefyd yn bwysig i olygyddion yr hen wlad wrth geisio cynnal heddwch ymhlith y cyhoeddiadau.[49]

Gwna Everett ddatganiad ar ddiwedd y flwyddyn mai ei amcan yw 'gwylio rhag ysbryd cynhenus – rhag ymgeisio at niweidio ereill wrth geisio llesau ein hunain'.[50] Mae ei sensitifrwydd wrth ymdrin â'r mater yn awgrymu'n gryf nad yw'n dymuno unrhyw ddrwg i ddod i ran enwad arall fel 'CYDWEITHWYR yn achos yr efengyl'.[51] Mae gohebydd arall yn ailadrodd pwynt a wnaed droeon

'Heb Dduw heb ddim, Duw a digon'

flwyddyn ynghynt ynghylch yr 'amhriodoldeb o ymddadleu'.[52] Dengys hyn fod disgwyliadau'r darllenwyr yn cyd-fynd ag amcanion golygyddion y cyfnodolion Cymraeg. Mae Everett hefyd yn pwysleisio cyfrifoldeb y cyhoeddiadau i hybu cariad brawdol rhwng enwadau, ac mae fel petai'n rhybuddio William Rowlands yn gynnil i anrhydeddu'r egwyddor hon.

Fodd bynnag, cyhoeddwyd ysgrif ymfflamychol William Williams yn y *Cyfaill*, er syndod i olygydd y *Cenhadwr*. Diddorol yw asesu ymateb William Rowlands i ysgrif Everett, ac yntau'n teimlo bod ei gyfoeswr golygyddol yn ei 'ledfeio' am gyhoeddi'r ysgrif ddadleuol. Noda'n glir nad 'awyddfryd i gyhoeddi unrhyw beth yn dynoethi "*dywediadau camsyniol dynion*"' oedd wrth wraidd ei benderfyniad fel golygydd, ac y gallai brofi ei fod wedi gwrthod 'amrywiaeth o ysgrifion achwyniadol' oddi wrth 'rai o'n cefnogwyr ffyddlonaf'. Ni fyddai goblygiadau'r ysgrifau hyn 'o bwys mawr y naill ffordd na'r llall', ond mae'n stori wahanol pan y gellid effeithio ar enwad yn ei gyfanrwydd yn ei dyb ef, yn enwedig os yw'n dylanwadu ar weinidogion yng Nghymru ac America.

Yr hyn sy'n arwyddocaol yw bod hygrededd y Methodistiaid Calfinaidd yn bwysig i William Rowlands, er ei fod yn rhan o glytwaith enwadol ehangach y Cymry crefyddol yn America. Nid yw Rowlands yn croesawu'r orfodaeth arno i gamu ar faes y frwydr – rhywbeth sy'n groes i'w frawdgarwch honedig – ond nid yw gwytnwch ei ymlyniad i'w enwad yn caniatáu iddo gilio i'r cysgodion. Ymddengys yn yr achos hwn ei fod wedi dewis ei ymdeimlad o ddyletswydd i ddatgelu'r 'gwirionedd' gerbron y cyhoedd yn hytrach na chadw heddwch y wasg.[53]

Amlinellir y cyferbyniad rhwng amcanion y ddau olygydd dylanwadol o fewn eu henwadau yma, yn ogystal â'r berthynas rhwng y cyrff. Ar un llaw, er bod Robert Everett yn adnabyddus am fod yn lladmerydd agored dros bynciau llosg y cyfnod, mae'n gyndyn o gyhoeddi'r ysgrif er mwyn atal unrhyw ddadleuon a oedd yn ddifaol i'r cyrff crefyddol. Ar y llaw arall, teimla Rowlands reidrwydd i fentro i ganol y ddadl yn y wasg pan fo enw da'r Methodistiaid Calfinaidd dan fygythiad. Creda'n gryf mai trwy ddefnyddio yr un cyfrwng i leisio barn yn agored y mae osgoi unrhyw ddadlau pellach. Mae'r ffaith fod Rowlands yn fwy tebygol

Cyfaill pwy o'r hen wlad?

o godi ei lais i amddiffyn ei enwad yn eironig o ystyried ei fod yn proffesu egwyddor 'amhleidiol' yn fwy pybyr na chyhoeddiadau eraill gwasg Gymraeg America.

Yn yr un modd, gellir dehongli penderfyniad golygydd y *Cenhadwr* fel ymgais i ddyrchafu'r Annibynwyr drwy beidio â rhoi cyfle i William Williams gwestiynu ensyniadau 'enllibus' y Parch. E. Blunt yn y cylchgrawn. Mae'n bosibl felly fod safbwyntiau Rowlands ac Everett yn debycach i'w gilydd nag y byddent yn fodlon ei gyfaddef. Er eu bod mewn egwyddor yn frwd dros gydweithio enwadol, roedd hybu eu henwadau personol hefyd yn effeithio ar eu penderfyniadau golygyddol wrth ddethol deunydd.

Yn fwy na dim, mae'r cyfeiriad at weinidogion a gweisg y ddwy wlad yn tystio i gryfder y rhwydwaith drawsatlantig wrth gyfnewid gwybodaeth a'r agosatrwydd rhyngddynt. Yn sgil ymwybyddiaeth y genedl alltud fod eu gweithredoedd yn atseinio yn yr hen wlad, defnyddia Rowlands y gair print fel arf i amddiffyn buddiannau'r enwad.

Yn anterth y ddadl, cyhoeddwyd cerdd gan un o ddarllenwyr y *Cyfaill* yn annog Cymry America i'w gefnogi. Awgryma hyn fod rhai selogion yn synhwyro bygythiad o du'r cyhoeddiad newydd:

> Er dyfod ymwelydd, un newydd ei naws,
> A misol ymosod i drafod ar draws,
> Ymlynwch yn ffyddlon wrth Gyfaill mwyneiddlon,
> A hen Egwyddorion enwogion yn wir;
> O sefwch eich tir tra caffoch ddwfr clir . . .[54]

Mae'n arwyddocaol bod y darllenydd yn teimlo i'r *Cenhadwr* gorddi'r dyfroedd â'i 'fisol ymosod'. Erfynia ar y genedl i gefnogi'r cylchgrawn cyntaf a'i 'ddwfr clir', sef cyfeiriad at ei bolisi niwtral o bosibl.

Er gwaethaf natur bigog ysgrif Rowlands mewn mannau, yn ei diweddglo gwelwn fod y ddau olygydd yn ymgyrraedd at yr un amcan o sicrhau cadoediad. Defnyddio dulliau gwahanol i'r diben hwn yw'r prif wahaniaeth rhyngddynt:

'Heb Dduw heb ddim, Duw a digon'

Hyderym nad oes dim yn y nodiadau uchod a ddoluria deimladau ein Parchedig frawd, Mr. Everett. Gofidus genym fyddai deall fod; oblegid gan nad pa mor wahanol yr ydym yn bresennol yn ein golygiadau ar bethau, yr ydym yn gobeithio cael cyfarfod rywbryd 'yn undeb ffydd;' a charem fwynhau cymaint o heddwch a chariad brawdol ag a ganiatao yr amgylchiadau nes cyrhaedd hyny; a diau genym y bydd iawn ddeall, ac iawn ddarlunio golygiadau y naill a'r llall, trwy y wasg a thrwy yr areithfa, y moddion goreu er gostegu amryson a meithrin heddwch rhwng y Trefnyddion Calfinaidd a'r Cynulleidfaolion.[55]

Rhybuddia William Rowlands rhag 'difrïaeth bersonol' a chreda mewn cadw'r ddadl yn 'rhesymol'. Dengys hyn mai ei flaenoriaeth yw cadw'r heddwch cenedlgarol er lles crefydd, yn debyg iawn i'w gyfoeswr Robert Everett.

Fodd bynnag, mae ysgrif arall gan Gwilym Fardd (sbardun y ddadl uchod) yn 1847 yn codi cwestiynau pellach am gymhelliad y ddau olygydd. Y tro hwn, ufuddha golygydd y *Cenhadwr* i'w gais i gyhoeddi ei ysgrif wedi i'r bardd gydnabod 'mai y Cyfaill a fyddai y lle mwyaf priodol iddo', ond fod 'pob peth o'r eiddof yn wrthodedig yn y Cyhoeddiad hwnw'.[56] Ynddi, mae'n collfarnu erthygl 'Hanes Crwydr-daith trwy eglwysi Caerefrog Newydd' gan awdur sy'n galw ei hun yn 'Ysbiwr' yn y *Cyfaill*. Mae cofiant William Rowlands yn nodi bod 'Ysbiwr' yn un o'r ffugenwau a ddefnyddiai fel awdur, ac felly daw'n glir pam y byddai mor anfodlon i gyhoeddi ysgrif yn dwyn anfri arno yn bersonol. Yr hyn sydd wedi codi gwrychyn Gwilym Fardd yn fwy na dim yw sylwadau yr awdur, 'Gresyn garw na allai'r Cymry aros gyda'i gilydd &c' yn hytrach nag addoli gyda Saeson. Daw'n amlwg fod tensiynau dan yr wyneb yn y cylchoedd crefyddol ynghylch gweithredoedd Rowlands i'r perwyl hwn.

Trwy awgrymu bod Cymry sy'n gadael eglwysi'r genedl er mwyn ymuno â'r Saeson yn 'gwerthu eu defnyddioldeb am eu hoes', mae wedi digio Gwilym Fardd. Teimla fod Cymry sy'n hyddysg yn yr iaith Saesneg yr un mor ddefnyddiol i achos crefydd, 'i adeiladu ac nid i dynu i lawr'. Aiff ati i herio goruchafiaeth Rowlands fel gweinidog uchel ei barch ymhlith Cymry America. Mae'n amlwg fod Gwilym Fardd yn teimlo'n chwerw tuag at

Cyfaill pwy o'r hen wlad?

olygydd y *Cyfaill* am wrthod ei ysgrifau yn unol â pholisi'r cylchgrawn o beidio ag ymosod ar unigolion. Heb yn wybod iddo, roedd hefyd yn fodd i Rowlands osgoi cyhoeddi beirniadaeth am un o'i ysgrifau. Roedd y rhod wedi troi er pan oedd Gwilym yn ymddiried yn y *Cyfaill* i ddweud ei gŵyn am gylchgrawn yr Annibynwyr yn 1841. Dengys hyn natur gyfnewidiol y 'cymunedau dehongliadol' o ddarllenwyr a chyfranwyr.

Ymddengys fod y wasg Gymraeg yn faes dadlau ffyrnig wedi'r cwbl. Roedd modd i deyrngarwch y gynulleidfa newid o ganlyniad i ddewisiadau golygyddol a'u gyrrai i chwilio am loches gan gyhoeddiad arall. Y cwestiwn mawr na ellir ei ddirnad yw a fyddai Robert Everett yn ymwybodol mai ymosod ar ei gyfoeswr yr oedd Gwilym Fardd? A fyddai hyn yn egluro ei barodrwydd i gyhoeddi'r ysgrif er gwaethaf egwyddor ei gylchgrawn o beidio ag ymosod ar unigolion?

Mae dadl arall rhwng yr un golygyddion yn 1844 yn amlygu'r duedd i warchod buddiannau enwadol. Yn wahanol i'r anghydfod yn 1841 pan wrthododd Everett gyhoeddi ysgrif ddadleuol, yn yr achos hwn bernir ei fod wedi cyhoeddi ysgrif gyhuddgar a sylwadau golygyddol yn erbyn enwad y Methodistiaid Calfinaidd. Fel gêm fwrdd, teflir y dis yn ôl ac ymlaen rhwng cyfranwyr a golygyddion y ddau gyhoeddiad. Serch hynny, cyhoedda Rowlands yn ei anerchiad ar ddechrau'r flwyddyn ei fod yn 'gochelyd pob peth a feithrinai anfoesoldeb, cenfigen, ac amryson anfuddiol'.[57]

Yn y cyfamser, parhawyd â'r arfer o gyfeirio at faterion un enwad mewn cyhoeddiad yn perthyn i enwad arall. Yn 1843, gwelwn Robert Everett yn honni bod William Rowlands wedi 'camfeddwl' drwy ei gyhuddo o 'ysbryd erledigaethus' ar glawr y *Cyfaill*.[58] Mae'n darbwyllo golygydd y *Cyfaill* na fydd yn derbyn 'cyhuddiadau nac achwyniadau *disail* yn erbyn neb', er iddo danlinellu nad yw'n gyfrifol am farn unrhyw un o'i ohebwyr beth bynnag. Ychwanega ei fod yn fodlon cyhoeddi eu hamddiffyniad 'o'r hyn a ystyriont yn wirionedd o bwys' wrth drafod gweithiau a gyhoeddwyd yn y *Cyfaill* neu'r rheiny o eiddo ei olygydd. Mae'n amlwg felly nad yw William Rowlands yn croesawu trafodaeth ar ddeunydd o'r *Cyfaill* mewn cyhoeddiad arall, yn enwedig pan fo ynghylch manylion athrawiaethol neilltuol yr enwad y mae'n ei warchod mor daer.

'Heb Dduw heb ddim, Duw a digon'

Fodd bynnag, mae'n ymddangos bod Everett â'i olwg ar y darlun ehangach drwy arddel rhagor o gydweithio mewn materion cymdeithasol. Mae'n well ganddo drafod dirwest, caethwasanaeth a diwygiadau crefyddol yn hytrach na dadlau â chyd-Gristnogion am bynciau 'nad ydym wedi y cyfan yn mhell iawn o fod o'r un feddwl yn mherthynas iddynt'. Maentumia mai ei 'ddymuniad difrifol' yw meithrin tangnefedd rhyngddynt er mwyn 'cydlafurio yn ngwinllan yr Arglwydd' ac 'ymosod ar y gelyn cyffredinol' yn hytrach nag ymgecru a 'niweidio ysbryd y darllenwyr'.

Sefydlwyd misolyn y *Seren Orllewinol* at wasanaeth y Bedyddwyr yn ystod 1844. Mae dwy ddeialog, neu 'ymddiddan' fel y'i gelwid, yn ymddangos ynddo sy'n pryderu am natur gythryblus y tirlun print y mae ar fin dod yn rhan ohono: 'y byd crefyddol wedi myned yn *lopscows* y dyddiau hwn – adar o bob lliw yn ymgynnill i'r un llwyn, lle y lleisiant am y goreu rhyw donau dyeithriol i ferched Salem, nes y creir y *discord* mwyaf yn athrawiaeth cynganeddol y groes'.[59] Cefndir y sylw hwn yw gohebiaeth gan awdur o'r enw 'Mehefin' yng ngholofn 'Dadleuaeth' y *Cyfaill*. Mewn arddull grafog, aiff ati i gyfleu ei siom o weld ysgrif gyhuddgar yn y *Cenhadwr* (gan ohebydd o'r enw 'Ionawr') ynghylch camweddau moesol honedig aelodau benywaidd o enwad y Methodistiaid Calfinaidd ym mhentref Remsen.[60] Nid yw'n annisgwyl y bu hyn yn fan cychwyn i ffrae benboeth ynghylch priodoldeb cyhoeddi deunydd dilornus am un enwad mewn cyhoeddiad a berchnogir gan enwad arall.

Fodd bynnag, nid yw'r ysgrif wreiddiol gan 'Ionawr' yn y *Cenhadwr* yn nodi'n benodol i ba enwad y mae'r garfan anfoesol yn Remsen yn perthyn. Atega Everett ar ddiwedd y darn nad yw'n gwybod pwy sy'n euog. Serch hynny, mae'n 'cywilyddio dros ein cenedl' ac yn teimlo dyletswydd i 'rybuddio pob dyn ac addysgu pob dyn', ac felly mae'n cyhoeddi'r ysgrif er mwyn 'dwyn dylanwad ar ein cenedl'.[61] Ychwanega'r awdur 'Ionawr' ar waelod yr ysgrif nad oedd wedi enwi'r Methodistiaid Calfinaidd yn uniongyrchol. Mae Rowlands dan y lach ganddo am wrthod cyhoeddi'r ysgrif a gwneud sylw arni ar glawr y *Cyfaill* cyn ei hymddangosiad yn y wasg.[62]

Mae'n eironig nad yw'n enwi unrhyw enwad crefyddol mewn cysylltiad â'r gweithredoedd anfoesol yn ei ysgrif wreiddiol. Yn

Cyfaill pwy o'r hen wlad?

sgil sylwadau Rowlands ar yr ysgrif ymlaen llaw, caiff ei gythruddo i'r graddau iddo gyfaddef ei fod yn gwybod am aelodau o'r Methodistiaid Calfinaidd sy'n ymhél ag arferion annuwiol, ac nad ydynt yn fwy 'sanctaidd' nag unrhyw enwad arall.

Syndod yw iddo nodi ei fod yn gorfod anfon yr ysgrif o'r *Cenhadwr* at olygydd y *Cyfaill* drwy law cydymaith, wrth i Rowlands honni mai yn 'anfynych' y mae'n darllen cyhoeddiad yr Annibynwyr. O ystyried y rhychwant eang o ffynonellau a ddefnyddid i gywain deunydd ar gyfer y *Cyfaill*, teg yw holi pam nad yw'n cadw golwg ar weddill y wasg Gymraeg yn America? O gofio'r tebygrwydd rhwng yr holl gyhoeddiadau a'r gorgyffwrdd rhyngddynt o ran testunau, mae'n bur bosibl nad yw'n gwbl onest yn hyn o beth. Maes o law, mynega Rowlands ei farn ar yr ysgrif, gan ddatgan gydag ergyd gynnil ei fod wedi teimlo dyletswydd i ymchwilio i'r mater yn uniongyrchol. Yn wahanol i olygydd y *Cenhadwr*, dywed iddo wneud hyn 'cyn cyhoeddi y fath anair gwaradwyddus ar gymeriad neb o'n cydgenedl'.[63]

Sylwir bod ymateb llugoer Rowlands hefyd yn defnyddio 'iaith a dullwedd' gyfreithiol yn ei amddiffyniad, fel petai'n cyflwyno achos gerbron llys barn. Mae hyn yn gydnaws â'i egwyddor o ymdrin â chyhuddiad gyda 'rhesymau' yn hytrach nag 'arfau'. Cyflwyna ei ddadl mewn modd uniongyrchol ac ymarferol er mwyn ymgyrraedd at gyfiawnder, gan herio'r awdur i gyflwyno tystiolaeth. Dengys hyn fod ei ymdrechion wedi eu sianelu tuag at warchod yr enwad. Gwelwn brawf o'i ymrwymiad at degwch wrth iddo ddewis dau flaenor o eglwys ei enwad ac un o eglwys Everett i roi honiadau 'Ionawr' ar brawf, ynghyd ag apêl i ateb y cwestiynau drwy gyfrwng y *Cenhadwr*.

Mae'r ffaith i'r gohebydd 'Ionawr' gyflwyno'r camweddau hyn i lygaid y byd gael eu gweld drwy gyfrwng cyhoeddiad enwad arall – a hynny heb i arweinwyr y corff fod yn ymwybodol o'r mater – yn gamwri o'r mwyaf iddo. Teimla fod darllenwyr y *Cenhadwr* yn gwatwar y Methodistiaid Calfinaidd o'r herwydd. Yn wir, roedd cyhoeddi ysgrif mor ddamniol o ddychanol o dan ffugenw yn groes i egwyddorion cychwynnol y *Cenhadwr*. Y meini prawf hynny oedd sicrhau tegwch drwy nodi enw priodol wrth ysgrif, a chyflwyno'r ddadl 'mewn ysbryd ac iaith dirion a

'Heb Dduw heb ddim, Duw a digon'

boneddaidd'.[64] O'r herwydd, mae Rowlands yn cwestiynu cymhelliad golygyddol Everett yn eofn wrth ei chyhoeddi. Ymddengys fod hyn yn fwy o ddraenen yn ei ystlys na'r cyhuddiadau eu hunain wrth iddo holi ai ei fwriad oedd 'rhoi sen i Olygydd y Cyfaill' a darostwng y Methodistiaid.[65]

Mae'r ymosodiad honedig hwn gan un golygydd ar olygydd cyhoeddiad enwadol arall yn codi nifer o gwestiynau am natur y berthynas rhyngddynt ar lefel bersonol, crefyddol ac yng nghyddestun y wasg gyfnodol. Wrth i'r ddau bwysleisio droeon ar dudalennau eu cyfnodolion eu bod yn frwd dros gydweithio enwadol er budd y Cymry yn gyffredinol, mae dulliau'r ddau o sicrhau hyn yn dra gwahanol wrth ymdrin â'r ddadl hon.

Yn ei osodiad cyntaf wrth ymateb i Everett, mynega Rowlands ei anfodlonrwydd fod y gweinidog yn 'offeryn yn llaw' yr awdur 'Ionawr' wrth iddo ganiatáu cyhoeddi ei ysgrif yn 'dynoethi gwaeleddau crefyddwyr'. Roedd y ffaith i Everett roi sylwadau arni yn mynd yn gwbl groes i ethos niwtral Rowlands a'i bwyslais cyson ei fod yn ymddihatru ei hun oddi wrth ensyniadau ei ohebwyr. O'r herwydd, adlewyrcha hyn wahaniaethau dadlennol rhwng y ddau olygydd. Ar y llaw arall, amddiffyna Everett ei benderfyniad i gyhoeddi'r ysgrif ar y sail ei fod yn rhybuddio'r genedl rhag drygioni, er ei fod yn mentro codi gwrychyn rhai. Serch hynny, credai Rowlands fod dinoethi'r pechodau yn y modd hwn yn 'iselu crefydd yn ngolwg y byd', ac mai trwy ddangos enghreifftiau o ddaioni y gellir troi'r rhod at grefydd.[66]

Er i Everett honni bod ieuenctid y gymdogaeth yn ddiolchgar iddo am gyhoeddi'r ysgrif, mae'n glir bod Rowlands yn gweld ei benderfyniad yn sarhad arno ef fel unigolyn.[67] Mae hyn yn eironig gan ei fod ef yn ei dro yn ymosod ar drywydd golygyddol y *Cenhadwr* drwy gyfrwng y *Cyfaill*. Gostega'r cecru gyda diweddglo brathog yn cynnwys cyngor gan Rowlands i olygydd y *Cenhadwr* adael llonydd iddo a'r Methodistiaid. Ceir awgrym bod golygydd y *Cyfaill* wedi syrffedu ar y sôn am 'heddwch' nad yw wedi ei weithredu yn yr achos hwn.[68]

Nid dyna ddiwedd y mater, a gwelwn y colyn yn dyfnhau fis yn ddiweddarach pan nad yw Rowlands yn derbyn ymateb i'r materion a godwyd ganddo. Unwaith eto, ymddengys y gwrthdaro

Cyfaill pwy o'r hen wlad?

hwn yn un o natur bersonol. Mae golygydd y *Cyfaill* yn beirniadu Everett yn hallt am ei lwfrdra yn osgoi ateb y cwestiynau mewn modd rhesymegol a 'thaflu llysnafedd ar Flaenoriaid corff o grefyddwyr'.[69] Mae'n cymharu gweithred golygydd y *Cenhadwr* gyda merthyrdod y Protestaniaid ac yn ei rybuddio o ganlyniadau Dydd y Farn, sy'n awgrymu pa mor ddifrifol yng ngolwg Rowlands oedd amddiffyn enw da ei giwed grefyddol. Serch hynny, parhâi i bwysleisio apêl y *Cyfaill* i'r genedl yn gyffredinol yn y cyfnod.

Mae'n cau pen y mwdwl gyda thôn lem wrth ymateb i eiriau gohebydd ar glawr y *Cenhadwr* y dylai'r Methodistiaid Calfinaidd 'ymostwng yn yr amgylchiad hwn'. Trwy ddatgan na fydd yn cilio o'r ddadl nes y bydd y cyhuddiad wedi ei brofi, dengys ei ymrwymiad i warchod ei enwad i'r pen. Mae'n ymddangos nad yw Rowlands yn ceisio pardduo golygydd cyhoeddiad arall yn fwriadol, ond teimla 'ddyledswydd' i roi cyhoeddusrwydd i unrhyw gam a wnaed â'r enwad yn enw cyfiawnder. Mae'n fodlon felly defnyddio unrhyw strategaeth i'r diben hwn, gan gynnwys cystwyo golygydd yn bersonol am ei benderfyniadau.

Yn ystod yr un mis, mae golygydd y *Cenhadwr* yn gresynu ei fod wedi 'digio yn aruthr ein brawd Olygydd' trwy gyhoeddi ysgrif 'Ionawr'. Mae'n ymwrthod â chyhuddiadau Rowlands drwy ddatgan na fyddai 'o fawr les i neb i ni ymryson a'r Cyfaill o barthed *ein dybenion yn ein gweithrediadau cyhoeddus*'.[70] Unwaith eto, defnyddia swyddogaeth y cyhoeddiadau i atgoffa Rowlands o bwysigrwydd peidio â dadlau, er ei fod wedi cyhoeddi ysgrif a fyddai'n debygol o bechu'n erbyn y Methodistiaid. Honna fod yr ysgrif wreiddiol wedi ei hanfon at y ddau gyhoeddiad, ac o weld eglurhad Rowlands am wrthod ei chyhoeddi, teimlai y byddai'n ddoeth cyflwyno'r darlun llawn gerbron y darllenwyr.

Ar sail y dystiolaeth, mae'n ymddangos bod Rowlands wedi gorymateb i'r ysgrif yn amlinellu diffygion moesol rhai crefyddwyr, gan dybio ei bod yn cyfeirio'n benodol at ei enwad ei hun. Mae hyn yn awgrymu ei fod yn ymwybodol pwy oedd y sawl a drafodid yn yr ysgrif, a'i fod yn defnyddio ei rym fel golygydd i amddiffyn eu henw da. Eto i gyd, Everett sy'n cael y gair olaf ar y mater ym mis Hydref 1844 wrth ddatgan bod y dystiolaeth y gofynnwyd amdani gan Rowlands i'w chael ar glawr rhifyn Awst y *Cenhadwr*.[71]

'Heb Dduw heb ddim, Duw a digon'

Mae'n argymell peidio â dweud rhagor ar y mater, gan annog y pechaduriaid i broffesu 'y ffoledd a wnaethum nis gwnaf ef mwy'. Yn rhyfedd ddigon, mae Rowlands wedi ymdawelu erbyn hyn, ac mae'r diffyg ymateb o bosibl yn awgrymu ei fod wedi derbyn y dystiolaeth am gamweddau honedig aelodau o'i enwad. Wrth i'r wasg gyfnodol gyhoeddi safbwyntiau gwahanol mewn fforwm agored, mae ar y naill law yn anrhydeddu egwyddor cyfiawnder, ond ar y llaw arall yn parhau â'r duedd a ddirmygir yn gyffredinol o aflonyddu ar yr undeb rhyng-enwadol. Honna'r ddeialog rhwng y *Cymro* a'r *Cyfaill* fod y cyhoeddiad yn 'lanach' na gweddill y wasg Gymraeg o ran 'dangos beiau ar gyhoedd', ac nad yw'n 'ymosod yn gyntaf ar bersonau na chyfundebau'. Fodd bynnag, yn sgil 'ymosodiad cyhoeddus o'r wasg a'r pulpud', teimla ddyletswydd i 'amddiffyn y gwir ac argyhoeddi y cam-gyhuddwr' parthed materion pwysig 'personol, crefyddol neu wladol'. Mae hyn yn crisialu union egwyddorion Rowlands a'r croestynnu parhaus rhwng ei reddf amddiffynnol a'i oddefgarwch.

Tasg amhosibl yw bodloni'r holl ddarllenwyr, ac felly amcan y *Cyfaill* yw cyhoeddi dadleuon o bwysigrwydd neilltuol, ac nid ymostwng i gecru personol. Mynegir yn anerchiad golygyddol diwedd y flwyddyn gythryblus:

> Hefyd nid y lleiaf o'i rhagorion yw ein gochelgarwch i beidio gwarthruddo nag enllibio cyfundebau na phersonau; nis geill ein cyhuddo o *ymosodiadau* bwriadol, ac hwyfrydig iawn ydym mewn amddiffyniad. Yr ydym yn goddef yn hytrach bob amser oddyeithr ar achosion pwysig, a phryd y gelli esponio ein goddefgarwch er niweid i'r gwirionedd. Lles ein cydgenedl oedd ein hamcan dechreuol, a'r un peth yw ein bwriad parhaol, ac yn hytrach na bod yn foddion i hau cynnen, amryson ac anghydfod yn eu plith, byddai yn well genym ymgais at eu lles mewn rhyw lwybr arall.[72]

Yn achos Everett, trafodaethau cyffredinol am faterion cymdeithasol neu foesol oedd yn mynd â'i fryd golygyddol, ond rhai yn ymwneud â'i enwad ei hun oedd yn ennyn ymateb Rowlands.

Mae'r dadleuon cyhoeddus hyn yn taflu amheuaeth ar yr awgrym mai'r *Cyfaill* yw'r 'glanaf' o'r cyhoeddiadau Cymraeg yn hyn o beth. Serch hynny, defnyddir ffurf y ddeialog i gostrelu cred barhaus

Cyfaill pwy o'r hen wlad?

Rowlands yn swyddogaeth y *Cyfaill* fel cyfrwng cytbwys i gyflwyno pob ongl i'r ddadl. A oedd un ongl a gâi fwy o sylw ganddo na'r gweddill?

Yng nghanol y gwrthdaro ar dudalennau'r wasg yn ystod 1844, ceir dadl arall rhwng y ddau enwad sy'n pastynu golygydd y *Cyfaill*. Mae hefyd yn codi'r grachen am y mater dyrys o gyhoeddi ysgrifau dan ffug-enw yn gyffredinol. Cyhoedda Jenkin Jenkins ysgrif yn rhifyn Gorffennaf o'r *Cenhadwr* yn ei amddiffyn ei hun a gweinidogion eraill gyda'r Annibynwyr. Noda fod golygydd y *Cyfaill* wedi 'agor llif-ddôr yr argraffwasg' i ysgrif sy'n llawn o 'haeriadau llidiog a chelwyddog'. Cyhoeddodd Rowlands ysgrif gan ohebydd a alwai ei hun yn 'Eyddwen', Methodist o Pittsburgh. Teimlai fod y 'rhyfelwr' Jenkin Jenkins wedi 'erlid enwad crefyddol' drwy farnu bod Cyffes Ffydd y Methodistiaid 'fel hen Almanac wedi mynd allan o ddate'.[73] Byddai hyn yn sarhad o'r mwyaf i'r corff gan ei fod yn sylfaen athrawiaethol i'w ffydd, a theimla fod yr Annibynwyr yn eu difrïo – yn wahanol i'r Bedyddwyr a'r Wesleyaid.

Mae ymateb Jenkin Jenkins yn syndod o ystyried ei fod wedi anfon dwy ysgrif i'r *Cenhadwr* yn 1840 yn tanio'n erbyn 'ysbryd cul a rhagfarnllyd yr oes ymysg crefyddwyr o bob enwad'. Sylwadau eithafol o amrwd a geir gan yr aderyn drycin yn 1844, a throeon ymadrodd eirias yn tasgu oddi ar y tudalennau. Mae wedi ei gythruddo yn bennaf am fod y gohebydd dan sylw yn cuddio y tu ôl i ffugenw mewn 'ysfa i dduo cymeriadau gweinidogion yr efengyl'. Daw'n amlwg bod yr arferiad hwn sy'n nodweddu'r wasg gyfnodol yn atgas ganddo. Mae'n apelio ar i'r cyfrannwr roi ei enw priodol wrth ysgrif pan mae'n ymdrin â 'chymeriadau ei gydgreaduriaid', neu fe ymddengys fel 'dichellddyn awyddus i niweidio ei well'.[74] Yna, mae Rowlands yn rhoi olew ar olwynion y ddadl drwy gyhoeddi'r canlynol mewn 'ôl-ysgrif', cyfrwng byr sy'n llefaru cyfrolau am safbwyntiau unrhyw olygydd: 'Blin genym gyhoeddi llythyrau o'r fath hwn, ond y maent yn dyfod atom mor aml ac o gynnifer o fanau, fel yr ydym dan anghenrheidrwydd i gyhoeddi un yn awr ag eilwaith er amddiffyniad.'[75]

Awgryma Jenkins mai cynllwyn ar y cyd rhwng y gohebydd a chyhoeddwr y *Cyfaill* yw'r ysgrif, a'i bod yn ymdrech i 'daflu

'Heb Dduw heb ddim, Duw a digon'

picellau gwenwynig' yn ei erbyn ef yn bersonol. Ymhellach, nid yw'n cymeradwyo arfer y cyfrannwr hwn o 'lechu mewn ymguddfa' yn hytrach na 'gwisgo ei arfogaeth yn deg ac ymddangos ar y maes yn gyhoeddus'. Mae hefyd yn targedu'r *Cyfaill* ynghyd â'i natur fel cyhoeddiad oherwydd awydd ei ohebwyr i 'ddrwgliwio ereill'. Yn ei dyb ef, nid yw'n 'gyfaill i ddyngarwyr mwy', ond yn hytrach yn un o'u 'prif elynion'.[76] Mae hefyd yn bwrw ei lid tuag at olygydd y *Cyfaill* yn uniongyrchol, gan awgrymu bod Rowlands yn gwybod pwy yw'r gohebydd 'Eyddwen'. Os na ŵyr, dylid amau ei grebwyll fel golygydd yn caniatáu ysgrifau di-enw yn ei dyb ef: 'Pe byddai i holl Arolygwyr ein Cyhoeddiadau Cymreig a Seisnig ymddwyn fel hyn, buan y chwythid tân cenfigen ac anghydfod i fflamio yn ddychrynllyd trwy ein holl eglwysydd.' Ar y llaw arall, os ydyw'n gwybod pwy yw awdur yr ysgrif, mae lle i'w gondemnio'n llymach fyth am ei gymhellion golygyddol:

> Ond, gydwladwyr hawddgar, yr wyf yn cwbl gredu fod Cyhoeddwr y Cyfaill yn rhy gyfrwys a gochelgar i wneuthur hyn. Nid allasai diffyg synwyr na rhagfarn ychwaith, byth ei arwain i wneuthur tro mor wallgofus a chyhoeddi y fath lythyr cableddus heb adnabod ei ysgrifenydd. Na-na-gwyr y gwr yn burion pwy yw ei ohebydd celwyddog – ac y mae hyny yn gwneuthur ei ymddygiad yn waeth fyth. Hawddach maddeu i ddyn byrbwyll a disynwyr nag i ddyn rhagfarnllyd a dichellgar. Ie, hawddach maddeu i bawb nag i ddichellddyn yn ngwisgoedd y cysegr.[77]

Gyda'i arddull ddigyfaddawd, mae Jenkins yn herio golygydd y *Cyfaill* i ddatgelu enw'r 'gohebydd dichellgar-brad-fwrddwr fy nghymeriad!-mewn noddfa celwydd, dan gysgod mantell ei falais anghyfiawn'. Beth bynnag fo cam nesaf Rowlands, mae'n nodi'n glir na fydd modd gwneud iawn am y 'fath gyngrair uffernol' rhwng y gohebydd di-enw a'r golygydd. Mae'n diolch bod rhyddid y wasg 'ddim wedi ei hymddiried yn eu dwylaw hwy yn unig'.

Mae'n terfynu ar nodyn ffyrnicach fyth drwy nodi y byddai 'golwg annedwydd heddyw' ar y byd crefyddol petai pawb yn 'arferyd y fath gyfrwystra dichellgar i ddrwg liwio eu gilydd'. Creda yr â cenhedlaeth heibio cyn y gellir anghofio 'dichellion eu calonau rhagfarnllyd yn y mater hwn'. Aiff mor bell â chyhoeddi na fydd eu hymddygiad yn 'perarogli nemawr ar eu coffadwriaethau, pan y bydd eu tafodau wedi dystewi a'u dwylaw wedi llonyddu yn llwch y bedd'.

Nid yw Rowlands yn ymateb i'r ysgrif yn uniongyrchol, ac mae'n datgan yn 'nosran y golygydd' y mis canlynol nad yw'n cymryd sylw o erthyglau o natur ymosodol. Yn hytrach na chynnig amddiffyniad, y 'moddion' gorau ganddo yw peidio ag ymateb o gwbl, sy'n dacteg graff i ensynio breuder y ddadl. Os oes rhywun yn teimlo eu bod wedi derbyn cam, dylent ddefnyddio'r 'cyfryw iaith ac ymadroddion ag a weddai fod rhwng Cristionogion a'i gilydd, a chaiff ateb dioed, yn gyhoeddus neu yn gyfrinachol, yn ol fel y barnom bod yr amgylchiadau yn gofyn'.[78] Ymddengys ei fod yn cael ei ddal mewn magl yn rheolaidd rhwng gwyntyllu dadl ar lwyfan cyhoeddus y gair print neu ddatrys y broblem y tu ôl i'r llenni. Gwelwn fod y dewis fel arfer yn dibynnu ar blesio carfannau gwahanol o ddarllenwyr yn ôl natur y ddadl.

Mae'r enghraifft hon yn awgrymu bod y *Cyfaill* a'r *Cenhadwr* erbyn hyn yn gyhoeddiadau enwadol, gan fod gwahanol weinidogion yn eu defnyddio i gyhoeddi amddiffyniad yn unol â'u hargyhoeddiad personol. Serch hynny, mae Iorthryn Gwynedd, a oedd hefyd yn perthyn i'r Annibynwyr, yn haeru nad oedd dull Rowlands o weithredu dros ei enwad yn cynnwys dirmyg at gyfundebau eraill. Er hynny, awgryma nad oedd gweinidogion y corff i gyd yn arddel yr un teimladau tuag ato:

> Ni ddeallai ei fod ef erioed, trwy gulni a rhagfarn enwadol, wedi gwneyd dim i geisio codi ei hunan a'i blaid, er ceisio darostwng a dirmygu eraill. Yr oedd efe yn rhy fawr, ac yn rhy bur i wneyd iselwaith felly. Ymddyrchafodd Rowlands i'w boblogrwydd a'i anrhydedd trwy ei lafur, ei gymeriad, ei ddoniau a'i ddefnyddioldeb priodol ei hunan, a than eneiniad a nawdd y Nef; ar hyny methodd cydnerth ei holl elynion maleisddrwg ei ddarostwng na lladd ei ddefnyddioldeb, er iddynt arferu pob dichellion a difriaeth er ceisio gwneyd hyny.[79]

Er bod nifer o ysgrifau'n awgrymu bod William Rowlands yn amddiffyn y Methodistiaid Calfinaidd yn agored yn wyneb ymosodiadau, mae'n arddel ffugenw mewn rhai dadleuon crefyddol.

'Heb Dduw heb ddim, Duw a digon'

Sbarduna'r awdur 'Chwarae Teg i Bob Ochr', sef Rowlands yn ôl tystiolaeth ei gofiant, gorwynt o drafodaeth hirhoedlog rhyngddo ef â'r Annibynwr Iorwerth yn 1844. Mae'r daeargryn syniadaethol sy'n dwyn y pennawd 'Iawn Cyffredinol a Chadwedigaeth Neillduol' yn rhygnu ymlaen drwy gydol 1845. Gofynna am gysoni dwy ddogma sy'n wahanol i eiddo'r Methodistiaid, gan gyfeirio'r cais yn bennaf at Iorwerth.[80]

O ystyried bod Rowlands mor llafar ei argyhoeddiad dros y ddysgeidiaeth Fethodistaidd, a ellir dirnad pam ei fod yn cyhoeddi'r darn hwn dan ffugenw? Ar un wedd, roedd yn arddel ysbryd cenhadol yr enwad fel gweinidog a golygydd yn yr ystyr ei fod yn ymrwymedig i ledaenu'r genhadaeth grefyddol yn eang. Fodd bynnag, coleddai hefyd y wedd Galfinaidd a broffesai fod nifer dethol wedi eu rhagordeinio gan Dduw.[81] Golygai hyn fod Duw wedi dewis rhai unigolion ar gyfer bywyd tragwyddol ac i gynrychioli'r 'gwirionedd' hwn y mae Rowlands yn cyfeirio ato mor aml. Mae'n bosibl nad oedd yn dymuno i Gymry crefyddol America ddod i wybod am ddyfnder ei ymrwymiad i'r athrawiaeth Galfinaidd, a oedd yn gynyddol amhoblogaidd ar y pryd. I'r gwrthwyneb, roedd yr egwyddor 'cymhell pawb at Grist' a goleddai Annibynwyr y 'System Newydd' yn magu nerth.[82] Yn wir, noda ei gofiant fod Rowlands wedi dioddef 'gwg ac erledigaeth' o'i herwydd.[83] Dyma hefyd wraidd dadl flaenorol William Williams yn 1841 wrth i rai gymryd yn ganiataol bod yr enwad yn gwasanaethu'r etholedig rai yn unig.

Haera Aled Jones fod celu hunaniaeth awdur gyda ffugenw yn gwarchod cysondeb y testun a phreifatrwydd, ac felly byddai'n dacteg ddelfrydol i warchod polisi honedig niwtral y *Cyfaill*.[84] Mae'n rhaid cadw mewn cof hefyd bod cuddio enw priodol yn arferiad poblogaidd yn y wasg gyfnodol fisol a chwarterol yng Nghymru tan yr 1890au, ac felly'n rhan o'r diwylliant print trawsatlantig. Ychwanega Jones fod y ffugenw'n awgrymu arwyddocâd arbennig fel arfer. Yn sicr roedd enwau megis 'Chwarae Teg i Bob Ochr' yn cyfleu gwrthrychedd, a'r 'Hebog Du' o bosibl yn awgrymu ei fod yn wyliadwrus o faterion cyfoes a effeithiai Gymry America yn y cyfnod.

Er bod ei wrthrychedd yn sigo ar brydiau dan bwysau'r rheidrwydd a deimlai i amddiffyn y 'gwirionedd', roedd defnyddio

Cyfaill pwy o'r hen wlad?

ffugenw yn ei alluogi i fynegi ei safbwynt fel unigolyn, a hynny heb wrthdaro gyda'i gonsensws fel golygydd. Trwy fabwysiadu'r strategaeth hon, câi'r gorau o ddau fyd drwy fod yn rhan o'r un 'gymuned ddehongliadol' â'i gyfranwyr (a ganiatâi rwydd hynt i'w ddaliadau personol), ond ar yr un pryd ymddangosai ei fod yn ymatal rhag ymuno â'r cylch cyfrin fel golygydd gwrthrychol.

Mae 'Chwarae Teg i Bob Ochr' yn cyfleu ei siom ynghylch ymateb Iorwerth. Awgryma ei fod yn 'cilio oddiwrth byngciau y mae ef a'i frodyr o'r gyfundraeth newydd yn son cymaint am danynt, am na fedrai lunio rhyw fath o amddiffyniad iddynt'.[85] Ymfalchïa Iorwerth ei fod yn aelod o'r garfan sy'n coleddu 'athrawiaeth iachus Iawn Cyffredinol' nad yw'n cyfyngu crefydd i garfan benodedig fel y Calfiniaid.[86] Ar ddiwedd ei ysgrif, gofynna i'r awdur anhysbys roi ei enw priodol wrth ei gyfraniad nesaf, sy'n brawf bod Rowlands yn celu ei agweddau yn llwyddiannus. Yn ôl ei ymateb i'r cais, mae'n bur debyg felly ei fod eisiau ysgogi dadl ar seiliau gwrthrychol, ynghyd â pheidio digio Iorwerth fel cyfrannwr cyson i'r cylchgrawn.[87] Dyma eglurhad yn rhannol am ei safbwynt niwtral. Ceisia hybu'r athrawiaeth yn gyffredinol, gan ddisodli unrhyw gysylltiadau personol a allai ddylanwadu ar ddarllenwyr. Cyfaddefa nad ei fwriad yw 'dadleu er mwyn dadleu i geisio gwastraffu eich tudalenau'. Yn hytrach mae am 'ymresymu dros y gwirionedd', sef ei olwg ef, wrth gwrs, ar y ddysgeidiaeth Gristnogol.

Erbyn canol 1845 fodd bynnag, mae'r ddadl yn poethi a'r sylwadau dadlennol yn cynyddu. Disgrifia Iorwerth 'blentynrwydd' ysgrifau 'Chwarae Teg', gan awgrymu nad yw'n synnu ei fod yn cuddio y tu ôl i ffugenw oherwydd ei ysgrifau afresymol sy'n cynnwys 'cymaint o *wenwyn* cyfeiliornadau yn eu colyddion'.[88] Cynghora ddarllenwyr y *Cyfaill* i beidio â chredu 'golygiad annuwiol Chwareu Teg', gan wneud datganiad sy'n datgelu ei fod yn synhwyro pwy yw'r gohebydd yn sgil ei ddaliadau: 'Dichon fod ei hawdwr hi yn nes i'r argraffwasg nag y mae rhai yn feddwl...' Mae'n amlwg fod Iorwerth wedi taro man gwan golygydd y *Cyfaill*, ond nid yw'n fodlon bod yn daeog i'w ensyniadau ysywaeth. Mae'n taranu yn erbyn 'lled-grybwylliadau' Iorwerth 'mai y Golygydd, o dan ffug-enw, yw ei wrth-ddadleuydd', er na ddywedodd hynny'n uniongyrchol:

'Heb Dduw heb ddim, Duw a digon'

Pe felly – pa wahaniaeth? Os bydd y Golygydd yn dewis ysgrifenu i'r ddosran ddadleuawl – onid oes ganddo gystal hawl a rhywun arall; a thra na byddo yn defnyddio ond enwau ffugiol, a thrwy hyny ymwadu a'i fanteision golygyddawl, ac yn gosod ei hun ar yr un tir a'i gyd-ddadleuydd – onid ydyw yn gymaint tegwch iddo ef gyhoeddi ei olygiadau a rhywun arall? Pe gellai Iorwerth, neu ryw ddadleuydd arall, ddangos ein bod wedi gwneyd y cam lleiaf a'i hysgrifion, o ddechreu y Cyfaill hyd yn awr, byddai ganddynt sail i'w hachwyniadau; ond tra yr ydym yn cyhoeddi ysgrifion ein gohebwyr yn ddigyfnewidiad, oddyeithr diwygio ambell wall amlwg mewn ieithaduraeth, ac yn gynnil iawn tori tipyn bach ar flaen ambell ewin hir . . .[89]

Mae'r sylwadau hyn yn hollbwysig i'n dealltwriaeth o gymhelliad William Rowlands dros ddefnyddio ffugenwau. Creda fod ganddo yr hawl i fynegi barn heb fforffedu ei wrthrychedd golygyddol ymddangosiadol.

Fel Calfin pybyr, gwelwn felly mai ceisio cyflwyno ei ddaliadau crefyddol i'r Cymry y mae Rowlands mewn gwirionedd. Ond fel y dengys dadleuon rhyngddo a'r *Seren Orllewinol* yn 1845 am fater crefyddol, roedd yn dra pharod hefyd i roi gofod yn ei gylchgrawn i rai a fynnai feirniadu'r gwahaniaethau rhwng ei ddysgeidiaeth ef ac eraill. Gorfododd un a fu unwaith yn defnyddio'r *Cyfaill* fel tir niwtral i wyntyllu dadleuon i droi at gyhoeddiad ei enwad ei hun i'w amddiffyn.[90]

Mewn anerchiad o Gymru a gyhoeddwyd yn y *Seren* yn 1846, mynegir gofid bod gormod o 'enllibio crefyddwyr' yn America. Sylwa ar duedd y cyfnodolion i *'backbito*, cnoi a thraflyngcu eu gilydd', gan nodi bod ymosod ar unigolion yn cael effaith negyddol ar grefydd y gydgenedl: 'Wyled *eglwys* Dduw wrth feddwl fod meusydd Cyhoeddiadau misol yn cael eu defnyddio i ddrwgliwio cymmeriadau da.'[91]

Cyhoeddir ysgrifau yn y *Cyfaill* hefyd ynghylch priodoldeb golygyddion a gohebwyr yn ymyrryd mewn materion enwad arall. Creda'r gohebydd na ddylai golygydd y *Seren* fod wedi cyhoeddi deunydd ynghylch addoldy Slatington a oedd yn perthyn i'r Methodistiaid – ymddygiad nad oedd 'yn dangos graddau o ddoethineb na thegwch a fuasai'n ddymunol i wr o'i sefyllfa ef eu dangos'.

Cyfaill pwy o'r hen wlad?

O ystyried dwyster y dadlau yn ystod yr 1840au, nid yw'n syndod i *Haul Gomer* a olygwyd gan Evan E. Roberts o Utica ddatgan amodau heddychlon yn 1847. Yn hyn o beth, roeddent yn ymdebygu'n fawr i'r hyn y proffesai'r *Cyfaill*:

> Dyben y cyhoeddiad yw lledaenu gwybodaeth fuddiol, o bob natur. Amddiffyn Crefydd, Rhinwedd, Moesoldeb a Chyfiawnder yn mhob man ac mhlith pawb y cyfarfyddom â hwynt – ar dir Rhydd ac Anmhleidiol. Bwriadwn i ymgadw oddiwrth roddi lle ynddo i ddifrïaeth, nac iselhau cymeriad personol, na chymdeithasol, neb rhyw ddynion, Bydd ar y tir hwn yn agored i unrhyw ysgrifau oddiwrth bawb, a dueddia i lesau ein cydgenedl.[92]

Ychwanega'r golygydd fod y rhagolygon ar gyfer y cyhoeddiad newydd a adleisia *Seren Gomer* yng Nghymru yn llewyrchus. Ei amcan yw cynnig cyhoeddiad 'buddiol a chymeradwy' sy'n cynnwys ysgrifau gan bob enwad yn 'ddiwahaniaeth'. Mae hyn o bosibl yn arwydd bod Cymry darllengar America yn deisyfu llai o daflu baw ar dudalennau'r wasg gyfnodol wrth iddo bwysleisio eu 'moto': 'LIVE AND LET LIVE'. Ychwanega egwyddorion tra thebyg i'r *Cyfaill*, gan nad oedd 'na *Chymdeithas, Plaid, Enwad, Personau na Pherson*, un hawl, na chyfran yn *mherchnogaeth, Golygiaeth na chyhoeddiad* HAUL GOMER, ond y Tanysgrifiwr'. Aiff ymlaen i awgrymu'n gynnil nad eu bwriad yw 'darbwyllo neb i feddwl na chredu yn wahanol', yr hyn na lwyddai Rowlands i'w gyflawni hyd yn hyn.[93] Mae hyn yn awgrymu o bosibl ei fod wedi ei sefydlu i gystadlu'n uniongyrchol â'r *Cyfaill*, a'r safbwyntiau hyn yn dra pherthnasol i Rowlands a'i ymdrechion i ddylanwadu ar ei ddarllenwyr. Serch hynny, mae'n bosibl fod Everett hefyd dan y lach, gan gymryd nad oedd defnydd golygydd y *Cyfaill* o ffugenwau yn wybyddus. Yn wir, atgyfnertha'r egwyddorion hyn drwy wrthod ysgrif gan Gwilym R er mwyn osgoi 'achos o felldith, rheg a rhemp' gan ei fod yn gwawdio enwad.[94]

Mae anerchiad gan Myllin hefyd yn ategu nad yw'r *Cyfaill*, ac o bosibl y wasg gyfnodol, yn bodloni chwaeth y darllenwyr ar yr union adeg hwnnw. Mae'n dyheu i'r newydd-ddyfodiad 'roddi ei oleuni a'i wres yn ddiwahaniaeth i bawb'. Teimla fod bai ar y

'Heb Dduw heb ddim, Duw a digon'

Cymry am farnu cyn 'clywed neu weled y ddwy ochr yn deg', ac felly gofynna iddo 'chwilio bob congl er mwyn cael gafael ar y gwir' a 'sefyll drosto yn ddi gryn'. Mae'n dra diddorol bod yr ieithwedd yn adleisio'r *Cyfaill* i'r fath raddau. Gellid yn hawdd ystyried yr ysgrif yn un o eiddo William Rowlands dan ffugenw, neu gan awdur sydd wedi ei ddadrithio gan ddaliadau honedig y wasg:

> Hefyd yr wyf yn deisyf arnoch sefyll yn gadarn at eich addewid, sef bod yn eithaf rhydd, (nid wyf yn meddwl penrhyddid) bydd llygaid craff y werin yn dra buan yn canfod pa un a fyddwch felly mewn gwirionedd ai na fyddwch. Y mae llawer o sen, a gwaeddi rhyddid, pan ar yr un pryd, nad oes ond ychydig o weithredu yn gyfatebol.[95]

Yn wir, mae hyd yn oed yn darlunio problem wleidyddol ddyrys America fel trosiad am y diwylliant cyhoeddi Cymreig:

> Nid yn y Deau yn unig y mae caethiwed, ond y mae hefyd i raddau yn mhlith ein Cenedl, yn enwedig o barthed yr *argraff-wasg*. Tybiwyf mai dynion o'ch bath chwi a ddylent roi allan y Cyhoeddiadau misol; y mae yn resyn cymeryd Gweinidog yr Efengyl oddiwrth y gwaith a bregetha Crist at hyn . . .[96]

Er hynny, mae'n cyhoeddi cerdd gan Ab Gwilym sy'n canmol y wasg gyfnodol yn ei chyfanrwydd:

> Pan gawsom Gyfaill. Roedd yn dda –
> Ar ôl hyn daeth Cenhadwr;
> Ac idd eu canlyn – Seren wiw,
> I ddangos lliw – dysgawdwr.
>
> Yn awr, daeth HAUL hen GOMER gu,
> A llewyrch rydd i'r lluoedd –
> Am *Ddoler yn y Flwyddyn* – syn!
> I'w dderbyn deled miloedd.[97]

Cyfaill pwy o'r hen wlad?

'Ein gwyfr hysbysydd': perchnogaeth, cylchrediad a swyddogaeth cyfnodolion

Mae anerchiad William Rowlands ar ddiwedd 1844 yn parhau i bwysleisio mai cynnal consensws yw ei nod fel golygydd. Honna y cawsai'r *Cyfaill* ei dderbyn yn wresog 'yn mhlith pob plaid ac enwad yn lled gyffredinol', er gwaethaf dadl sobreiddiol gyda'r Annibynwyr yn ystod y flwyddyn honno a phresenoldeb dau gylchgrawn Cymraeg arall yn America erbyn hynny.[98] Fodd bynnag, gwelir bod newid yn yr arfaeth yn anerchiad golygyddol 1845 gyda'r cyfeiriad uniongyrchol cyntaf at ei enwad ei hun ar ddiwedd y flwyddyn. Mae'n bosibl fod y gynnen hirhoedlog gyda'r Annibynwyr ynghyd â thwf y wasg enwadol erbyn canol yr 1840au yn golygu bod rheidrwydd arno i apelio at ddarllenwyr ymysg aelodau ei enwad yn erbyn ei ewyllys. Noda fod cannoedd o Gymry yn perthyn i'r Methodistiaid Calfinaidd wedi ymfudo yn ystod y flwyddyn, a disgwylia iddynt lafurio dros 'ein misolyn diymffrost': 'ac er nad yw y cyfundeb hwnw yn rhwym drosot, y mae genym, feddyliem, beth hawl i ddysgwyl yn hyderus am eu cynnorthwy'.[99]

Cyn hyn, ei arferiad oedd osgoi crybwyll ei enwad ei hun ar bob cyfrif er mwyn cynnal didwylledd ei olygyddiaeth. Ond ac yntau'n un o arweinwyr pennaf y Methodistiaid Calfinaidd yn America, prin y gallai'r *Cyfaill* ffynnu y tu hwnt i ddylanwad ei argyhoeddiadau personol. Yn fwy na hynny, dyma'r enwad mwyaf llewyrchus yn nhreflannau Cymreig America yn y cyfnod. Roedd yn anochel felly bod y cynnydd hwn yn cynnig rhwydwaith barod o ddarllenwyr a chefnogaeth barhaus i'r *Cyfaill*. Roedd y cyd-destun economaidd hefyd yn ei orfodi i ail-ddiffinio cylchrediad ei ddarllenwyr ac i apelio am gefnogaeth y Methodistiaid Calfinaidd pan oedd y cylchgrawn ar drai. Serch hynny, yn ei anerchiad ar ddiwedd y flwyddyn ganlynol, mae'n crefu am ffyddlondeb y 'cyfundeb Methodistaidd' ynghyd â'r enwadau eraill 'ag sydd wedi dwyn mawr sel dros ein hanturiaeth o'i ddechreuad'.[100] Dengys hyn nad yw'n dymuno anghofio ei selogion cynharaf.

Yn wir, mae hyd yn oed yn nodi ei amcan i wasanaethu 'rhai heb fod yn perthyn i un enwad crefyddol', sy'n wrthgyferbyniad amlwg i'w genadwri pan sefydlodd y *Cyfaill*. Yn 1838, y meini prawf ar

'Heb Dduw heb ddim, Duw a digon'

gyfer prynwyr y cyhoeddiad oedd bod yn Gymry crefyddol. Yn 1846, er iddo barhau i bwysleisio bod y *Cyfaill* yn gyhoeddiad crefyddol yn ei grynswth, mae'r ffaith iddo hyrwyddo ei apêl y tu hwnt i'r cylch crefyddol yn awgrymu ei fod yn pryderu am ddyfodol ei fenter. Mae mynd ar ofyn ei enwad ei hun am gymorth hefyd yn arwydd ei fod yn targedu cynulleidfa mwy penodol i hybu gwerthiant.

Yn ystod yr un flwyddyn, nid yw'n gyd-ddigwyddiad bod y pryderon hyn yn cael eu mynegi ar ffurf deialog ffuglennol. Roedd yn fodd i wyntyllu materion amserol yn ymwneud â'r wasg Gymraeg drwy roi dwy ochr i'r ddadl yn y glorian, a oedd yn nodweddiadol o bolisi 'chwarae teg' y golygydd. Hola'r 'Cymro' a yw'r 'Cyfaill' erbyn hyn wedi ei 'rwymo at wasanaeth' y Methodistiaid Calfinaidd yn unig yn sgil y cynnydd yn newyddion y corff rhwng ei gloriau. Yr ymateb yw ei fod yn parhau i gael ei gyhoeddi mewn ysbryd 'agored bob amser at wasanaeth pob cyfundeb'. Pwysleisia nad yw'r corff wedi 'gosod rhwymau arno' gan ei fod yn 'fwy haelfrydig nag a feddyliech'. Eto i gyd, roedd yn rhaid i'r cyhoeddiad ddibynnu ar gefnogaeth y Methodistiaid wrth i'r enwadau eraill sefydlu eu cyhoeddiadau annibynnol, er yr honiad yma bod cylchrediad y *Cyfaill* yn uwch na'r gweddill. Er gwaethaf y datganiad diduedd, mae'n amlwg fod Rowlands yn gwyro'n gryf tuag at ei enwad ei hun erbyn hyn. Ychwanega 'bod eu gwasanaethu hwy yn dra hoffus gan fy archwaeth hefyd; a gobeithiwyf gael treulio fy oes yn eu gwasanaeth'.[101]

O ystyried y newidiadau arwyddocaol yn y wasg gyfnodol rhwng dechrau a diwedd yr 1840au, beth fyddai ei natur erbyn yr 1850au?

Pan gyhoeddwyd y *Drych* gyntaf yn 1851, cyflwyna bolisi golygyddol trawiadol o debyg i'r *Cyfaill* pan y'i sefydlwyd yn 1838. Fe'i hysbysebwyd fel 'cyhoeddiad *rhydd*' a 'newyddiadur i lesoli ein cenedl' nad oedd yn 'perthyn i un enwad crefyddol na phlaid wladol'. Mabwysiadodd yr arwyddair 'Rhydd i bawb ei feddwl, ac i bob meddwl ei lafar' i gyfleu ei natur fel fforwm agored.[102] Ceir yma adlais cryf o egwyddorion cychwynnol y *Cyfaill* o osgoi 'difrïo personau, pleidiau neu enwau' yn ogystal â rhagfarn ac enllib. Er y byddai cyhoeddiad newydd eto ym maes y wasg

Cyfaill pwy o'r hen wlad?

gyfnodol Gymraeg yn America yn rhwym o ansefydlogi'r ffiniau rhyngddynt a'u 'cymunedau dehongliadol', cyhoedda'r *Drych* ei fwriad i gydweithio yn ei wasanaeth i Gymry America. Ymhyfryda yn nhwf y wasg a dymuna lwyddiant i'r cyhoeddiadau eraill yn sgil 'anwyldeb gan *Gymry America at gynnydd llenyddiaeth Gymreig*'. O'r herwydd, ni ddymuna i'r 'cyfryngau clodwiw' a'i rhagflaenodd golli darllenwyr.[103]

Er y croestynnu achlysurol rhyngddynt, roedd cynnig sylwebaeth ar gyhoeddiadau eraill – a honno yn ffafriol gan fwyaf – yn un o nodweddion mwyaf praff y wasg Gymraeg yn America. Awgryma hynny fod rhyw fath o undod rhyngddynt ynghyd ag ymdrech gydweithredol i annog y genedl i gefnogi'r wasg fel sefydliad diwylliannol yn hytrach na mentrau unigol. Mae'r safbwynt hwn yn cynrychioli agwedd sawl gohebydd sy'n croesawu cyfryngau newydd fel modd i ehangu'r ddarpariaeth a chynnig danteithion gwahanol, yn sgil yr angen i 'fyw mewn cyflawnder'. Awgrymir felly bod meddylfryd o'r fath yn bodloni disgwyliadau'r darllenwyr hynny a ddymunai gydweithrediad y wasg brint yn ei gwasanaeth i gymuned Gymraeg America:

> Da genyf weled bod cyhoeddiadau ein mam iaith ar gynydd yn ngwlad ein mabwysiad. Dymunwyf am i'r Cyfaill fod yn GYFEILL-GAR, tramwyed y CENHADWR ei deithiau, adlewyrched y SEREN o nen ei ffurfafen, bydded y Detholydd, ymddifyru ar wrid y Seren, cyfeillachu a'r Cyfaill a derbyn cenadwri y Cenhadwr.[104]

Yn wir, honnai'r *Drych* ei fod yn ceisio gweithredu fel cyfrwng i ehangu cylchrediad y cylchgronau yn gyffredinol:

> Nid ydym ni nac un o'n goruchwylwyr ffyddlon a chenedlgarol wedi ceisio darbwyllo un tanysgrifwr i roddi fynu y MISOLION, i'r gwrthwyneb, yr ydym wedi eu hanog ar air, ac yn ein colofnau i barhau yn ffyddlon i gynal y CYLCHGRONAU ENWADOL yn gystal a thanysgrifio at y Drych, a hyn yw ein dymuniad gwastadol.[105]

Fodd bynnag, roedd hefyd yn ei osod ei hun ar wahân i'r gweddill drwy eu trafod fel un endid, 'y cyhoeddiadau enwadol'. Mae'r

'Heb Dduw heb ddim, Duw a digon'

llythrennau breision yn y dyfyniad hefyd yn awgrym o'i gynlluniau i amlinellu ffiniau penodedig rhyngddo a hwy. I'r perwyl hwn, mae sylfaenydd y *Drych* yn tanlinellu ei swyddogaeth wahanol fel papur newydd yng ngŵydd y golygyddion eraill ac yn eu darbwyllo o'r angen am gyhoeddiad o'r fath.

Atgoffir ei ddarllenwyr yn barhaus mai 'newyddiadur' ar gyfer Cymry America yw'r *Drych*, a'i fod yn gyfrwng i uno'r treflannau Cymreig, ac nid yn fagwrfa i 'amrafaelion personol a lleol o barthed materion gwladol neu grefyddol'.[106] Awgryma hyn fod y wasg gyfnodol Gymraeg yn frith o 'amrafaelion' sy'n hybu agenda enwadau penodol, ac felly bod angen hawlio'r tir canol unwaith eto i gynrychioli gwahaniaethau barn y gymuned. Yn wir, mae'n apelio ar 'ein cyfeillion fel gwladgarwyr a chefnogwyr rhyddid y wasg a lledaeniad gwybodaeth fuddiol' i'w gefnogi, yn hytrach nag enwadau crefyddol a phleidiau gwleidyddol.[107]

Byddai datganiadau o'r fath yn gorfodi'r golygyddion eraill i ail-asesu swyddogaeth eu cyfnodolion, tasg na fyddent o reidrwydd yn ei chroesawu. Yn wir, mae'r *Drych* yn datgan o fewn y mis cyntaf nad yw 'rhai o'r Golygwyr Cymreig wedi ymddwyn yn gwbl frawdol' tuag at y newydd-ddyfodiad.[108] Roedd pwyslais y *Drych* ar ei ogwydd niwtral yn enwedig yn ysgogiad pellach i'r berthynas gythryblus a ddatblygodd rhyngddo a'r *Cyfaill* yn ystod y blynyddoedd dilynol.

Mae'r dull yr â golygydd y *Drych* ati i apelio at Gymry America ar lefel wladgarol gyffredinol, yn hytrach nag ar haen grefyddol neu wleidyddol, yn ymdrech ymwybodol i greu 'cymuned ddehongliadol' newydd ar raddfa ehangach. Byddai hyn yn fygythiad i'r cyhoeddiadau eraill a hefyd yn boendod i Rowlands yn arbennig, a'i bwyslais o hyd i raddau ar apêl eang y *Cyfaill*. Gellir deall sut y byddai anerchiadau'r *Drych*, a oedd yn hybu'r cyhoeddiad fel cyfrwng unigryw yn sgil ei apêl eang, yn ennyn teimladau surion ymhlith golygyddion eraill. Roeddent eisoes yn pledio eu gwasanaeth i Gymry America yn gyffredinol yn eu hymgais i ddenu darllenwyr yn anterth y wasg brint.

Yn fwy na hynny, mae'r *Drych* yn apelio ar ei ohebwyr i 'gyfyngu gofyniadau duwinyddol i'r cyhoeddiadau enwadol', gan nad ydynt yn briodol i 'newyddiadur teuluaidd wythnosol'.[109] Gwelir y *Drych*

Cyfaill pwy o'r hen wlad?

yma yn ceisio cyfleu bod agenda neilltuol gan y cyhoeddiadau hyn a'u bod yn gwasanaethu isgymunedau penodol. Byddai yntau wedyn yn gwasanaethu darllenwyr y wasg gyfnodol yn ei chyfanrwydd, fel ag y gwnaethai'r *Cyfaill* yn ei gyfnod cynnar. Byddai hyn oll yn bilsen chwerw i'w llyncu i olygydd y *Cyfaill* a oedd bob amser wedi brolio ei arwahanrwydd golygyddol ac annibyniaeth economaidd ei gyfnodolyn.

Nodir yn y *Drych* yn 1851 mai mewn rhifyn yn niwedd y flwyddyn honno oedd y 'tro cyntaf feddyliem i'r Golygydd gydnabod yn onest mai cyhoeddiad enwadol yw y Cenhadwr'.[110] Awgryma hyn fod ymddangosiad y *Drych* wedi gwthio'r cyhoeddiadau eraill i ddiffinio eu darllenwyr o'r newydd, a hynny yn gynyddol ar linellau enwadol er mwyn sicrhau eu ffyniant. Gellir casglu felly bod y cyfnodolion crefyddol yn pryderu am eu dyfodol yn sgil dyfodiad y 'newyddiadur annibynol', a hynny ar ôl iddynt geisio bodloni disgwyliadau'r darllenwyr gyda darpariaeth eang ers dros ddegawd. Honna Aled Jones fod y cylchgronau enwadol yn croesawu'r *Drych* fel cyfrwng di-enwad nad oedd yn gwbl seciwlar, ond a roddai noddfa iddynt rhag y cecru mewnol fel adnodd ddiwylliannol ehangach i'r genedl.[111] Fodd bynnag, ceir tystiolaeth i'r gwrthwyneb o ddefnyddio'r *Cyfaill* fel ffynhonnell. Awgrymir yno nad dyma bwrpas y *Drych*, ond cyfrwng a oedd yn cyfrannu at y dadlau ym marn y *Cyfaill*.

Cyhuddir y *Drych* fwy nag unwaith drwy gyfrwng y *Cyfaill* o ymosodiadau yn erbyn cyfundeb y Methodistiaid, a gwelwyd mwy nag un gohebydd yn pwyso a mesur amcanion y ddau gyhoeddiad. Teimla un cyfrannwr i'r *Cyfaill* yn 1853 fod y *Drych* wedi bwrw sen ar enwad y Methodistiaid Calfinaidd yn fwriadol drwy addasu ysgrif o'i eiddo a'i chyhoeddi 'yn ol archwaeth lygredig ac erlidgar y golygydd'.[112] Er nad oedd y *Drych* yn gysylltiedig ag unrhyw enwad penodol, honna fod y cyhoeddiad yn eiddigeddus o lwyddiant y corff, a theimla reidrwydd i'w amddiffyn yn yr ysgrif 'Gwir o flaen y byd'. Awgryma mai'r farn gyffredinol yw bod y *Cyfaill* a'r *Cenhadwr* yn 'glymedig wrth bleidiau crefyddol', a'r *Drych* yn 'bloeddio yn nghlustiau'r werin' ei fod yn 'bapyr rhydd'. Mae'r awdur yn anghydweld oherwydd ymyrraeth honedig golygydd y *Drych* â'i ysgrif, ac yn 'hysbysu i fy nghydgenedl yn mhob man' y dylid dileu y frawddeg 'yn annibynol a rhydd oddiar wyneb ei Ddrych'.[113] Yn wir, awgrymir ganddo mai'r *Cyfaill* yw'r unig gyfrwng niwtral i leisio cwynion mewn awyrgylch deg, 'bob amser yn dŵr cadarn ac yn amddiffynfa glud i'r gwan a'r digymhorth rhag llid creulawn eu gelynion, ac ymddygiadau anghyfiawn eu gormeswyr'.[114]

Yn nechrau 1856, canmolodd William Rowlands y *Drych* mewn adolygiad yn y *Cyfaill*, gan ddymuno ei lwyddiant fel 'cyfrwng newyddion derbyniol a buddiol'.[115] Atega fod 'ychwanegiad cyfryngau newyddion yn hytrach yn foddhaol na dim arall'. Mae hyn yn ei alluogi ef i 'gyfyngu y Cyfaill yn fwy at grefydd a'i hamgylchiadau, yn gartrefol a phellennig', sef un o'i flaenoriaethau ers ei ddechreuad. Mae'n parchu 'archwaeth y genedl yn y wlad' am newyddion gwleidyddol yn amlach nag unwaith y mis, sy'n awgrymu ei fod wedi derbyn swyddogaeth newydd y *Cyfaill* yn ôl diffiniadau golygydd y *Drych*. Mae hefyd yn cysuro ei ffyddloniaid nad yw '*cyfnewidiadau* nac *ychwanegiadau* cyfryngau gwybodaeth yn effeithio dim ar yr hen *Bioneer*, y mae yn dal ei ffordd ac yn ychwanegu cryfder eleni eto'.[116]

Fodd bynnag, rai misoedd yn ddiweddarach teimla Rowlands reidrwydd i ymuno â'r frwydr yn sgil sylw anffafriol am bris llyfr emynau'r Methodistiaid Calfinaidd yn y *Drych*. Mae hyn yn ymestyniad o'r ddadl flaenorol ynghylch ymgyrch honedig perchnogion y *Drych* i sarhau'r cyfundeb yn ôl gohebwyr y *Cyfaill*. Beia olygyddion y cyhoeddiad am eu diffyg 'boneddigeiddrwydd digonol' yn caniatáu ysgrifau oedd yn difrïo'r Methodistiaid Calfinaidd, ac mae'n eu disgrifio fel 'enllibwyr maleisus'.[117] Yn y man anfonir llythyr i'r papur newydd wythnosol gan y sawl a anfonodd y darn am y llyfr emynau.[118] Mae'n tawelu meddyliau drwy nodi mai eu 'hegwyddor amhleidiol' a barodd fod y *Drych* yn ei gyhoeddi yn hytrach na drwgdeimlad. Yn fwy na hynny, sbarduna'r cwynion ymchwil i'r mater gan lywydd a pherchnogion cwmni'r *Drych*. Dônt i'r casgliad bod ymddygiad y golygyddion yn 'ddiniwed a theg', a bod beirniadaeth Rowlands 'y tu draw i ddirnadaeth rhesymol'.[119] Honnwyd bod gofod wedi ei ddarparu ar gyfer deunydd yn ymwneud ag enwad y Methodistiaid Calfinaidd rhagor nag unrhyw enwad arall, nes eu bod wedi eu cyhuddo fwy nag unwaith o 'drin y Drych yn newyddiadur y MC'. Nodir bod y golygyddion wedi derbyn cyfarwyddiadau pendant i fod yn ddiduedd. Yn wir, er ei fod yn cynnwys newyddion yr enwadau, nid yw'r *Drych* yn 'dewis ymyrraeth dim â chwerylon enwadol o un natur' gan mai'r misolion enwadol yw'r man priodol ar eu cyfer.[120]

Rhan o rwystredigaeth Rowlands oedd y ffaith fod y *Cyfaill* bellach, o ran ei swyddogaeth, yn syrthio rhwng dwy stôl. Ar un wedd, mae'n bosibl ei fod yn chwerw wrth i'r *Drych* ailadrodd ei bolisïau golygyddol cychwynnol gan ei fod yn parhau i bwysleisio ymrwymiad ei gyhoeddiad i wrthrychedd. I'r gwrthwyneb, os oedd y *Cyfaill* – yn answyddogol o leiaf – yn cael ei gydnabod erbyn hyn fel cyhoeddiad y Methodistiaid Calfinaidd, byddai cyhoeddi newyddion y cyfundeb yn y *Drych* yn bygwth ei swyddogaeth newydd. A bwrw bod Rowlands yn arddel ffiniau newydd y *Cyfaill* fel cyhoeddiad crefyddol – ac enwadol i raddau helaeth – ni chroesawai'r *Drych* yn cymylu'r rheiny drwy ymdrin â materion y Methodistiaid Calfinaidd.

Roedd ei ofnau y gallai'r *Drych* efelychu swyddogaeth y *Cyfaill* yn peri iddo ddiffinio'r sawl a oedd yn gysylltiedig â'i gystadleuydd fel uned ar wahân. Cadarnha hyn fod isgymunedau ymhlith y genedl yn eu ffyddlondeb i'r wasg Gymraeg gyfnodol. Mae'r defnydd o'r rhagenwau 'ein' a 'ni' yn strategaeth effeithiol i amlinellu'r cylchoedd ar wahân ymysg 'cymunedau dehongliadol' y wasg brint. Cynrychiola geiriau Rowlands yma wrthgyferbyniad i'w anerchiadau yn nyddiau cynnar y *Cyfaill* pan oedd yn cyfarch y gydgenedl yn y dull cwmpasog hwn. Erbyn hyn, mae'n sicrhau teyrngarwch darllenwyr y *Cyfaill*, a oedd, i bob pwrpas, yn Fethodistiaid Calfinaidd. Cymer safiad hefyd yn erbyn cefnogwyr y *Drych* drwy wahaniaethu rhwng y cymunedau y mae'n eu gwasanaethu, a hynny yn gynyddol ar drywydd enwadol.

Yn wir, erbyn yr 1850au, teg yw gofyn a oedd y *Cyfaill* yn llais i'r Methodistiaid Calfinaidd yn swyddogol?

Mae gohebydd yn adrodd ar un o gyfarfodydd y Methodistiaid Calfinaidd mor hwyrfrydig ag 1854 yn canmol y *Cyfaill* fel trysorfa werthfawr o draethodau buddiol i'r genedl yn gyffredinol.[121] Serch hynny, ceid cyfeiriadau cynyddol at wasanaeth penodol y *Cyfaill*

'Heb Dduw heb ddim, Duw a digon'

i'r cyfundeb, yn ychwanegol at Gymry America, yng nghofnodion eu gweithredoedd ers diwedd yr 1840au. Fe'i disgrifir fel 'ein gwyfr hysbysydd o'r naill gwrr i'r llall o'r wlad'.[122] Erbyn diwedd y degawd, gwelir manteision trosglwyddo'r *Cyfaill* i feddiant cyfundeb neilltuol, a thrafodir hyn yn helaeth ar dudalennau'r cyhoeddiad ac mewn cymanfaoedd. Gwneir cynnig gan gymanfa Efrog Newydd yn 1857 i brynu'r *Cyfaill* fel cyhoeddiad swyddogol y Methodistiaid Calfinaidd, gan dybio y byddai'n denu rhagor o gefnogaeth iddo.

Fodd bynnag, yn ystod yr un flwyddyn cymeradwyodd cymanfa Utica gylchgrawn newydd i ymddangos y flwyddyn ganlynol yn dwyn y teitl *Yr Arweinydd*. Byddai hwn yn 'gyhoeddiad *anmhleidiol*' ar gyfer ieuenctid a'r ysgol Sul. Achosodd dyfodiad y cylchgrawn gryn boendod i ffyddloniaid y *Cyfaill*, ac fe'i cyhuddwyd o geisio disodli ei ragflaenydd drwy gynnig darpariaeth debyg. Mae'r anghydfod hwn yn olrhain y newid ym mhatrwm y wasg Gymraeg Americanaidd yn ystod golygyddiaeth William Rowlands, a swyddogaeth benodol y cyhoeddiadau unigol erbyn trothwy'r 1860au.

Roedd ymddangosiad *Yr Arweinydd* a'i gystadleuaeth uniongyrchol â'r *Cyfaill* ar dir enwadol y Methodistiaid Calfinaidd yn arwydd o newid mawr yn ffocws y cylchgrawn. Erbyn diwedd yr 1850au, roedd yn gwasanaethu anghenion penodol enwad ei sylfaenydd fel un cyhoeddiad ymhlith nifer yn hanes Cymry America. Gwahanol iawn oedd hyn i nod y cylchgrawn arloesol a sefydlwyd yn 1838 at wasanaeth y genedl gyfan. Yn fwy na hynny, byddai apêl *Yr Arweinydd* am gefnogaeth y genedl yn adlais gref o ymgais wreiddiol Rowlands i dargedu'r un 'gymuned ddehongliadol'.[123] Gorfodai hyn garedigion y *Cyfaill* i gydnabod eu bod yn awr yn gwasanaethu'r isgymuned Fethodistaidd yn unig i raddau helaeth. Cyfeirir at yr enwad yn gynyddol fel ffynhonnell cefnogaeth i'r cyhoeddiad erbyn diwedd yr 1850au, sy'n gwrthgyferbynnu â'r ymfalchïo cynnar yn natur annibynnol a rhydd y *Cyfaill* fel 'anturiaeth bersonol'.

Mae'r ddadl ynghylch priodoldeb aros o fewn terfynau penodedig cyhoeddiad yn taflu ei chysgod dros sawl rhifyn o'r *Cyfaill* yn ystod 1860 ac ymhell i'r flwyddyn ganlynol. Aiff y golygydd

Cyfaill pwy o'r hen wlad?

dros dro Thomas Jenkins ati i feirniadu *Yr Arweinydd* am dresmasu ar ffiniau'r *Cyfaill* drwy ailgyhoeddi'r un deunydd. Yn gwbl groes i'r 1840au pan oedd llawer o orgyffwrdd rhwng y cyhoeddiadau, erbyn yr adeg hon mae pob cylchgrawn wedi cerfio ei briod le yn y wasg. Ni oddefir felly amharu ar amcanion neilltuol pob cyhoeddiad. Serch hynny, ceir tystiolaeth bod rhai o hyd yn credu yn swyddogaeth wreiddiol y *Cyfaill*, fel y dengys llythyr o ganmoliaeth gan ddarllenydd yn 1860. Mae'n darlunio'r *Cyfaill* fel cyhoeddiad rhydd sy'n apelio at amrywiaeth enwadol Cymry America yn ogystal â'r Methodistiaid Calfinaidd yn benodol. Mae'n annog yr holl eglwysi i'w gefnogi fel y cyhoeddiad hynaf sydd wedi cynnig gwasanaeth ffyddlon o'r dechrau.[124]

Cynigiwyd y cyhoeddiad eisoes i'r cyfundeb yn 1860, ond mynegodd y cymanfaoedd 'nad oeddynt yn barod ar hyn o bryd i'w dderbyn'.[125] Yn hytrach, mae cymanfa Moriah yn Jackson, Ohio[126] yn dangos cefnogaeth iddo drwy annog y gynulleidfa i'w dderbyn. O ystyried mai Rowlands i ddechrau oedd yn gyndyn o ildio'r awenau i unrhyw enwad, mae'n eironig mai'r cyfundeb yn awr sy'n betrusgar am ei berchnogi.

Mae hyn yn gorfodi Rowlands i atgoffa ei gynulleidfa o rinweddau'r cylchgrawn a'u sicrhau y caiff ei gyhoeddi 'gyda mwy o ofal, a dyddordeb, a theilyngdod ag arferol'. Atega fod y 'beirniaid mwyaf craffus a diduedd' yn honni nad yw wedi gwaethygu o ran ei gynnwys, ac felly bod profiad wedi dysgu gwersi newydd.[127]

Fodd bynnag, oherwydd gwaeledd y golygydd, trosglwyddir perchnogaeth y cyfnodolyn i'r cyfundeb Methodistaidd yn 1861. Hysbysir yn yr un flwyddyn bod cymdeithasfa ddiweddar yng Nghymru wedi 'penodi y Cyfaill mewn cysylltiad â'r Drysorfa fel cyfrwng gohebiaeth swyddogol a pharhaol rhwng y cyfundeb yn y ddwy wlad'.[128] Eto i gyd, o graffu ar y ddau gyhoeddiad, gellir gweld bod cysylltiad hirhoedlog eisoes rhwng y *Cyfaill* ac offeryn y Methodistiaid Calfinaidd yng Nghymru o ran strwythur a chynnwys.

Telerau'r *Cyfaill* am 1862 yw doler y flwyddyn i bregethwyr o unrhyw enwad. Yn ystod yr un flwyddyn, holir a ellir cyfuno Undeb y Trefnyddion Calfinaidd a Wesleyaid y Cynulleidfaolion Cymreig, gan mai dyna weledigaeth Duw ar eu cyfer yn eu tyb hwy.

'Heb Dduw heb ddim, Duw a digon'

Mae tystiolaeth helaeth o gydweithio ac anghydfod rhwng yr enwadau yn britho'r wasg gyfnodol Gymraeg yn America, felly ni ellir cynnig casgliad cryno am natur y berthynas rhyngddynt. Yn wir, parhâi rhai Cymry i bryderu am daflu baw ar dudalennau eu cymrodyr yn America mor hwyrfrydig ag 1862 hyd yn oed:

> Anwyl frodyr, teimlaf yn awyddus iawn am feithriniad y teimladau goreu rhwng y Prydeiniaid a'u brodyr yn America, ac yn neillduol am fod i'r Cymry deimlo yn ddedwydd tu ag at eu gilydd. Yr ydwyf yn tristau ac yn digio wrth weled y cŵn newyddiadurol yn cyfarth ar eu gilydd dros y môr, ac megys yn ymorchestu i yru anghydfod, os nad rhyfel rhwng y ddwy genedl agosaf o ran perthynas a thebycaf o ran eu cymeriad, eu crefydd a'u dylanwad. 'Tân ydyw tafod' y wasg yn y *ddwy wlad*, 'wedi ei wneuthur yn fflam gan uffern.' Ond yr ydwyf yn hyderus obeithio am danoch chwi yna, fel yr ydwyf yn credu ac yn gwybod am danom ni yma, fod calon y genedl yn well na thafod y wasg; ac yn wyneb unrhyw annghydweledig eill gyfodi rhyngom fel dwy deyrnas wahanol, y bydd i ddynoliaeth a Christionogaeth goreu-gwyr y ddwy wlad orchfygu pob drwg deimlad, a rhwystro pob drwg ganlyniadau.[129]

Atega Thomas Jenkins yr ymrwymiad sydd ei angen ar gyfer cynnal cyhoeddiad: 'Mae bod yn ddyn annibynol, ac yn ddyn y bobl, yn ddyn i grefydd, ac yn ddyn i'r werin – yn ddyn i foddio teimladau pawb, ac heb gael ei reoli gan deimladau neb, yn ddyn heb ei eni.'[130]

Fodd bynnag, darlunia'r dadleuon hyn effaith ddeublyg crefydd ar hunaniaeth Cymry America yn Oes Victoria. Ar un llaw, bu'n fodd i gryfhau Cymreictod drwy feithrin undod ieithyddol, a'r wasg gyfnodol yn fynegiant o'u genedigaeth-fraint a gludwyd o Gymru. Er hynny, trwy dargedu carfanau penodol ymhlith cynulleidfa brint y genedl, câi rhai aelodau o'r gymuned genedlaethol eu heithrio ar sail enwadol. Âi hyn yn groes i holl ethos sylfaenol y *Cyfaill*. Yn ogystal, golygai ymddangosiad cyhoeddiadau enwadol eraill bod yn rhaid iddo yntau hefyd anelu at gynulleidfa benodol fwyfwy.

Mae'r amrywiol ddisgyrsiau hefyd yn amlinellu tuedd y golygydd i hybu agenda ei enwad ei hun fel Methodist pybyr. Er nad oes lle i amau diffuantrwydd ei gymhellion dros gydweithio enwadol, ni lwyddodd i gadw at addewid ei anerchiadau

Cyfaill pwy o'r hen wlad?

i weithredu consensws diduedd. Yn aml, mae ei amddiffyniad o'i enwad yn helaeth ac yn amlwg. Roedd hyd yn oed ei egwyddorion golygyddol o ganiatáu rhyddid barn yn deillio o athrawiaeth ei enwad, a oedd yn ddylanwad anochel ar ethos y cylchgrawn. Er i'r cylchgrawn ddod i feddiant y Methodistiaid Calfinaidd yn 1861, parha i ddatgan ei ymlyniad at gyfiawnder drwy gyflwyno gwahanol ochrau unrhyw ddadl, hyd yn oed pe bai hynny yn niweidio'r cylchrediad: 'y moddion goreu i gael allan y gwirionedd, sef gweled y ddau du. *Y gwir yn erbyn y byd* fydd ein harwyddair; a 'phe'n lleddir am y gwir, pa waeth?'[131] Cyfeiria William Rowlands at y 'gwirionedd' yn gyson wrth iddo ddefnyddio'r gair i bwysleisio ei ymrwymiad at degwch cyffredinol yng nghyd-destun y cylchgrawn. Defnyddir y gair ganddo hefyd wrth sôn am athrawiaeth grefyddol y Methodistiaid Calfinaidd. Amwys felly yw'r defnydd rheolaidd o'r gair. Er ei fod yn daer dros heddwch, yn y wasg fel ag yn ei grefydd, ni wna ar unrhyw gyfrif aberthu'r 'gwirionedd' ar allor y polisi niwtral. Er mwyn amddiffyn y 'gwirionedd' yn gyffredinol ac yn athrawiaethol, roedd yn barod i gamu i faes y frwydr – a hynny yn groes i'w egwyddorion golygyddol.

Eto i gyd, nid yw'n anghofio nod grefyddol y cylchgrawn, a dychwela fwyfwy at ei sylfeini gwreiddiol erbyn yr 1860au: 'wedi cael ein cwch bach mewn ychydig o dymhestl – troisom ei ben tua'r *Pacific Ocean*'.[132] Yn wir, ceir sylwebaeth helaeth ar grefydd adeg y Rhyfel Cartref, fel sydd yn y *Cenhadwr*. Mae lles ysbrydol y milwyr o'r pwys mwyaf iddynt, a'r nodwedd hon a oedd yn rhan o'u gwladgarwch yng Nghymru yn cael ei chymhwyso yn awr i ddigwyddiadau America wrth i'r Cymry ymfalchïo bod cymdeithasau megis y rhai Beiblaidd a Thraethodol yn darparu ar gyfer anghenion ysbrydol y milwyr. Mae'r sêl grefyddol hon eto'n ymestyn ar draws yr Iwerydd ac yn eu cysylltu â Phrydain yn ystod yr argyfwng hwn:

> Da genym ddeall fod Prydain yn dechreu cadw cyfarfodydd gweddio ar ein rhan, ni all neb feio y gyfryngaeth hyn. Diolch i'r Arglwydd gan ys pa un ai dwy wlad y trefnir yr hen DU i fod o hyn allan, mae grym Caethwasiaeth wedi ei dori, mae boreu braf yn gwawrio ar drueiniaid Affrica ac achos Rhyddid dros y byd.[133]

3

'Cyhoeddiad rhydd ac anmhleidgar'? Gwleidyddiaeth Cymry America a Dylanwad y Wasg

> Tra haul, tra lloer, tra Chymro hawddgar,
> Byw fo'r Cyfaill cu, amhleidgar,
> A'i Olygydd, Rowlands enwog,
> Boed, er pob rhwystrau, yn galonog.[1]

Erys un dirgelwch yn hanes Cymry America sy'n disgwyl o hyd i gael ei ddatrys yn llawn. Mae rhychwant eang o ddisgyrsiau yn y *Cyfaill* yn adlewyrchu parodrwydd William Rowlands i fod yn lladmerydd agored dros ei enwad fel Methodist brwd. Fodd bynnag, mae hyn yn gwrthgyferbynnu'n llwyr â'i ymhél ym myd gwleidyddiaeth fel golygydd un o gyhoeddiadau'r wasg gyfnodol. Ar brydiau byddai'n ildio ei gonsenswyr golygyddol 'amhleidiol' pan oedd bygythiad i enw da ei enwad. Eto i gyd, roedd yn hynod o gyndyn i ddangos ffafriaeth amlwg tuag at unrhyw blaid wleidyddol drwy gydol rhan helaeth o'i olygyddiaeth, fel yr awgryma'r gerdd uchod gan un o gefnogwyr y *Cyfaill*.

Yn wir, ychydig a wyddom am ei deyrngarwch pleidiol o astudio'r *Cyfaill* fel ffynhonnell. Ar wahân i'r ychydig dystiolaeth yn ei gofiant, tasg rwystredig yw dyfalu natur ei deyrngarwch gwleidyddol – yn enwedig yng nghyfnod cynnar y cyhoeddiad. Er mwyn canfod ei dueddiadau gwleidyddol, mae'n rhaid darllen rhwng y llinellau gyda chryn graffter yn ogystal â sylwi ar y modd y mae'n pennu agenda'r wasg drwy hepgor a chynnwys ysgrifau. Golyga hefyd sylwi ar bytiau byrion ymddangosiadol ddi-nod y tu mewn i'r cloriau neu wedi eu claddu ymysg myrdd o hysbysebion ar y dudalen gefn. Mae'n orchwyl lafurus, ond yn un sy'n datgelu llawer

Cyfaill pwy o'r hen wlad?

o atebion annisgwyl ac yn rhoi golwg newydd i ni ar y dryswch a gonsuriodd golygydd y *Cyfaill* ynghylch ei wleidyddiaeth. Yn wir, mae'r manion hyn y gellid yn hawdd eu hanwybyddu yn gwrthddweud rhai rhagdybiau a chanfyddiadau blaenorol yn y maes. O'i gymharu â chrefydd, a fyddai Rowlands mor barod i gamu i'r ymladdfa ym maes gwleidyddiaeth? Pa mor amlwg yw ei ddaliadau gwleidyddol o'u cymharu â'i argyhoeddiad enwadol agored? I ba raddau y mae'r naratifau gwleidyddol yn crisialu islais athrawiaeth ei enwad?

Ymddiddorai Rowlands yn helaeth mewn gwleidyddiaeth, a rhoddai bwys mawr ar addysgu Cymry America am hinsawdd wleidyddol eu gwlad fabwysiedig drwy gyfrwng y *Cyfaill*. Roedd yn gymwys i ymgymryd â'r orchwyl hon oherwydd haerir ei fod yn hyddysg yng nghyfansoddiad a deddfau America cystal ag unrhyw gyfreithiwr. Byddai sawl Cymro yn dod ar ei ofyn am gyfarwyddyd cyfreithiol, er na ddaeth yn ddinesydd cyflawn tan 1851.[2] Nodir yn ei gofiant ei fod yn 'sylwedydd manylgraff ar arwyddion yr amserau' a'i fod yn darllen pob 'newyddlen' o fewn ei gyrraedd. O'r herwydd byddai'n hoff o drafod materion gwleidyddol a digwyddiadau a effeithiai ar y gymdeithas.[3]

Gan nad oedd cyfran o'r ymfudwyr Cymraeg i America yn deall Saesneg, gweithredai'r *Cyfaill* fel cyfrwng allweddol i borthi'r newyn am wybodaeth. Trwyddo deuent i ddeall cyfundrefn wleidyddol y wlad yn eu mamiaith, a oedd hefyd yn eu cynorthwyo i ddod yn ddinasyddion Americanaidd. Yn wir, cymaint oedd yr angen am eglurhad o'r tirwedd gwleidyddol newydd nes y penderfynodd Rowlands gynnwys gwersi ar ffurf cwestiynau ac atebion am amrywiaeth o faterion yn ymwneud â gwleidyddiaeth yn ystod 1839, flwyddyn yn unig ar ôl sefydlu'r cylchgrawn. Adlewyrchir hyn ymhellach gan y toreth o newyddion gwleidyddol Americanaidd a gynhwysid yn y *Cyfaill*, ynghyd â braslun o weithrediadau'r senedd Brydeinig a oedd yn cysylltu'r ymfudwyr â Chymru. Roedd hefyd yn cyhoeddi deunydd am y Cymry hynny a oedd eisoes wedi gwasanaethu eu gwlad fabwysiedig a darlunio eu 'breintiau a'u dyledswyddau fel dinaswyr'. Awgryma hyn fod Rowlands yn ymfalchïo yng nghyfraniad ei gyndadau i batrwm gwleidyddol y wlad, ac yn ceisio meithrin gwladgarwch ddeuol.[4]

'Cyhoeddiad rhydd ac anmhleidgar'

Roedd diddordeb eang y golygydd yn y byd gwleidyddol felly'n hydreiddio tudalennau'r cyhoeddiad o'r dechrau. Mae'n amlwg ei fod yn gwbl ymwybodol o'i gyfrifoldeb i ddatblygu dealltwriaeth wleidyddol cymdeithas Gymraeg America, yn enwedig o gofio nad oedd cyfrwng arall i ddiwallu'r angen hwn pan sefydlwyd y *Cyfaill*. Roedd daliadau democrataidd Jackson hefyd wedi esgor ar ddiwylliant o geisio ymestyn gwybodaeth a chynneddf feirniadol y dinesydd cyffredin. Canolbwyntiai mwy o bapurau newydd ar faterion gwleidyddol yn sgil y gred gynyddol bod barn pob dinesydd yn bwysig ac y dylai gymryd rhan weithredol yn natblygiadau'r llywodraeth.

Wrth gwrs, nid oedd llawer o ymfudwyr wedi cymryd rhan yng ngwleidyddiaeth yr hen wlad gan eu bod yn gyffredinol yn hanu o'r dosbarth gweithiol, ac felly roedd angen cryn addysg arnynt i ymgyfarwyddo â democratiaeth y wlad newydd. Roedd yr hinsawdd wleidyddol hefyd yn newid yn gyflym yn y cyfnod, ac wrth i'r ymfudwyr ddod yn ddinasyddion, cynyddodd eu grym gwleidyddol a'u cyfrifoldeb. Yn aml, byddai cymhelliad i weithredu yn deillio o'r caledi a ddioddefwyd yn eu gwlad enedigol, a daeth y cyswllt hwnnw yn ffordd o ledaenu gweledigaeth Americanaidd ledled y byd maes o law.[5]

Yn 1848, gofynnodd unigolyn o Wisconsin beth yw'r gwahaniaeth rhwng 'Whig' a 'Democrat' drwy gyfrwng *Haul Gomer*. Er bod cannoedd o Gymry erbyn hynny yn ddinasyddion swyddogol yn meddu ar hawl i bleidleisio, roedd nifer yn Gymry uniaith na fedrent ddeall cyfreithiau'r diriogaeth estron. Mae'r ffaith i'r golygydd bwysleisio y disgwylir 'atebiad goleu, diduedd ac amhleidiol fel goleu yr haul' yn awgrymu o bosib nad yw'n ystyried y cyhoeddiadau eraill yn gwbl niwtral erbyn y cyfnod hwn.

Yr hyn sy'n peri penbleth yw i Rowlands ddewis cyhoeddi ysgrifau o natur wleidyddol bron yn ddieithriad o dan ffugenwau tan ddiwedd yr 1840au. Pam felly na welir rhagor o'i stamp personol ar ddeunydd gwleidyddol y cyhoeddiad, o'i gymharu â'r doreth o erthyglau a gyfrannodd ym maes crefydd yn sgil ei ddylanwad amlwg fel un o arweinwyr ysbrydol y gymdeithas? Yn rhinwedd ei swydd fel golygydd cyfnodolyn arloesol gwasg Gymraeg America a oedd yn goleuo'r darllenwyr mewn cymaint

Cyfaill pwy o'r hen wlad?

o bynciau, pam na fyddai'n cofleidio grym ei safle o fewn y cyfrwng print i siapio'r farn gyhoeddus?

Ceir sawl honiad nad oedd y Cymry mor flaenllaw â nifer o genhedloedd ymfudedig eraill ym myd gwleidyddol America, yn bennaf yn sgil y rhwystr ieithyddol a diffyg addysg. Cofnododd sawl hanesydd ddifaterwch honedig trigolion Cymru yn y maes, gan nodi bod crefydd a diwylliant yn bileri amlycach ym mywydau'r cylchoedd Anghydffurfiol Cymreig ar ddechrau'r bedwaredd ganrif ar bymtheg. Serch hynny, erbyn 1841 roedd rhagor o Gymry'n croesawu'r cyfle i ddod yn ddinasyddion Americanaidd yn dilyn areithiau gan gymdeithasau Cymreig yn pwysleisio eu dyletswydd yn hyn o beth. Atega Gwyn A. Williams fod y Cymry'n fwy eiddgar nag unrhyw genedl arall i ddod yn ddinasyddion Americanaidd, gan eu bod yn 'ddigon balch o'u tarddiad cyndadol ond o ran teyrngarwch yn Americaniaid i'r carn'.[6]

Dadleuodd Maldwyn Jones fod trigolion o Brydain yn gyffredinol yn fwy ymarhous nag eraill wrth wneud cais am ddinasyddiaeth. Serch hynny, honnai Bob Owen mai canlyniad naturiol sêl y Cymry dros yr ysgol Sul oedd bod yn 'bleidiol i ryddid ac addysg', a arweiniai at y dyhead i ddod yn Americaniaid yn swyddogol.[7] Roedd crefydd y Cymry felly – un o brif nodweddion eu hunaniaeth – yn pennu eu trywydd gwleidyddol yn eu gwlad fabwysiedig. Yn wir, mae ysgrifau ynghylch caethwasanaeth yn edliw dyletswydd y Cymry i ddod yn ddinasyddion, sy'n adlewyrchu'r cysylltiad clos rhwng y mater hwn a thirlun gwleidyddol y wlad newydd.

'Yng ngwydd haul a llygad goleuni': caethwasanaeth a'r wasg yn yr 1840au

Aeth arloeswr gwasg gyfnodol Gymraeg America ati'n ddisymwth i wyntyllu dadleuon yn erbyn caethwasanaeth, pwnc a ddaeth yn rhan gynyddol o blethwaith ideolegol cymdeithas y cyfnod. Gwelai llawer o Gymry America ymroddiad i fudiadau diwygiadol fel dyletswydd i'w gwlad fabwysiedig, gan frwydro'n erbyn yr un math o anghyfiawnder llywodraethol yr oeddent wedi ffoi rhagddo

'Cyhoeddiad rhydd ac anmhleidgar'

yn yr hen wlad. Yno, roedd grym y grefydd Anghydffurfiol wedi cyfrannu at greu rhyw fath o gydwybod cymdeithasol a wrthwynebai ffaeleddau moesol yr oes. Cawsai'r delfrydau hyn, yn ddeallusol a chrefyddol, eu ffrwythloni yn America yn ystod y bedwaredd ganrif ar bymtheg.

Braenarwyd y tir ar gyfer yr ymgyrch wrthgaethiwol yn ystod y ddeunawfed ganrif. Erbyn y ganrif ganlynol, roedd ffrwd ymfudol newydd o Gymry'n rhan o glytwaith cymdeithasol y wlad. Cofleidiai gwasg brint Cymry America y safiad yn erbyn caethwasanaeth yn unfrydol, a hynny drwy resymegu moesol yn bennaf. Yn wahanol i rai o bapurau Saesneg America a gynrychiolai'r ddwy ochr i'r ddadl, ni welir yr un ysgrif o blaid y fasnach ar ei thudalennau.

Tueddid i grwpio ymfudwyr o Loegr, Cymru a'r Alban gyda'i gilydd fel ymfudwyr o Brydain, ond tra gwahanol oedd eu safbwyntiau ynghylch caethwasanaeth. Er na ellir cyffredinoli'n llwyr, gellir dweud bod cyfran o Wyddelod ac Albanwyr yn cefnogi'r drefn. Er nad oedd y Gwyddelod wedi gadael yr hen wlad yn sgil rhesymau gwleidyddol, ymdaflodd nifer ohonynt i fyd gwleidyddol America, a chyfran helaeth ohonynt yn pleidleisio i'r Democratiaid – hyd yn oed pan gysylltid y blaid honno â pharhad caethwasanaeth.

Mae Rowlands yn cofnodi yn ei ddyddiadur o'i deithiau mai ychydig o Gymry a Saeson Lloegr a gyfarfyddodd erioed o blaid caethwasanaeth, a'r rheiny wedi bod yn byw yn y taleithiau deheuol ac wedi 'ymgaledu trwy gynefindra a'r erchyllwaith'. Yn y cyddestun hwn, mae'n ddiddorol ei fod yn coleddu hunaniaeth Brydeinig, er gwaetha'r ormes a yrrodd cymaint i groesi'r Iwerydd:

> Prydain Fawr i mi am ryddid gwironeddol wedi y cwbl. Carwn wlad fy ngenedigaeth a'i Llywodraeth pe na b'ai dim yn fawr ynddi, ond bod pob caeth o bob man yn rhydd, pan y sango ar ei Thiriogaeth eang. Daw America fel hyny, mae'n ddiau gennyf. Ond pa bryd?[8]

Eto i gyd, cafodd ddadl gyda Chymro yn Cincinnati ble mae'n cyfaddef i rai teimladau am y caethwas:

Cyfaill pwy o'r hen wlad?

Rhyfedd mor hawdd dilyn y lluaws i wneuthur drwg. Rhaid i mi gyfaddef fy hun, fel yr oeddwn yn nesu i'r De, fy mod yn llithro yn ddiarwybod i mi fy hun, i feddwl yn fwy amharchus o'r Affrican druan, tlawd; a dyma Gymro wedi ei fagu yn ngwlad oleu Cymru, yn dadleu yn hyf dros drin ei gyd-greadur yn waeth na'r anifail.[9]

Fel yr unig gyfnodolyn Cymraeg yn America rhwng 1838 ac 1840, roedd gan y *Cyfaill* swyddogaeth bwysig yn siapio barn y gynulleidfa ar bwnc llosg mwyaf dyrys y cyfnod. Yr hyn a rwystrai unoliaeth Cymry America wrth wrthwynebu'r drefn oedd gwahaniaeth barn ynghylch sut yn union i roi terfyn arni. Taflwyd y cylchgrawn i gyfnod cythryblus o ddadlau yn 1839 o ganlyniad i ymholiad gan awdur a alwai ei hun yn 'Hebog Du' ynghylch y dull mwyaf addas o sicrhau diddymiaeth. Dywed yr awdur ei fod wedi ei ysgogi i roi pin ar bapur yn sgil 'ysgrifau tra rhagorol yn gosod allan erchylldra y Gaethwasanaeth', a oedd eisoes wedi ymddangos yn y *Cyfaill*. Mae'r ysgrifau 'eglur a chadarn' hyn wedi'i ddeffro i'r alwad am ryddid rhag blaen, ond mynegai benbleth ynglŷn â pha gymdeithas i'w chefnogi i'r diben hwn. Ymgyrchai'r Gymdeithas Drefedigaethol dros anfon yr Affricaniaid-Americanaidd i Liberia yng ngorllewin Affrica, tra credai'r Gymdeithas Wrthgaethiwol mewn rhyddhau caethion yn ddisymwth ac yn ddi-amod. Esgorodd y pwnc llosg ar ddadlau penboeth rhwng y ddwy garfan yn gyhoeddus ac mewn print ledled y wlad. Mae'n amlwg fod y *Cyfaill* felly'n gyfrwng a alluogai Gymry America i drafod yr ymrafael cenedlaethol cyfoes hwn yn eu mamiaith: 'It was a topic that people of all social ranks and conditions turned to during informal conversation and during organized rhetorical sparring matches. At public forums in churches and schoolhouses, citizens debated with one another.'[10]

Atebwyd yr 'Hebog Du' gan awdur a ddefnyddiai'r enw 'Chwarae Teg i Bob Ochr'. Roedd am bwysleisio bod y ddwy gymdeithas yn gwrthwynebu'r drefn, ond ffafriai ef y Gymdeithas Drefedigaethol:

> Ar y pen hyn yr wyf yn mawrygu fy mraint o ryddid i farnu droswyf fy hun, a rhyddid i ysgrifenu fy marn yn fy iaith fy hun, ar faes

'Cyhoeddiad rhydd ac anmhleidgar'

anmhleidgar y Cyfaill, sef yw hyny, mae y Gymdeithas Drefedigaethawl ydyw y fwyaf priodol mewn amgylchiadau presennol, ac efelly dylai gael cefnogaeth pawb.[11]

Fel y nodwyd eisoes, ac fel y dengys ei gofiant, roedd y ffugenwau 'Chwarae Teg i Bob Ochr' a'r 'Hebog Du' ymhlith y rhai a ddefnyddid gan William Rowlands. Cwyd hyn nifer o gwestiynau felly ynghylch ei gymhelliad a'i ddaliadau personol. Ai ei fwriad o'r dechrau oedd lleisio ei gefnogaeth i'r Gymdeithas Drefedigaethol, gan ddefnyddio'r ymholiad i godi'r mater? A oedd yn rhoi 'chwarae teg' i'r ddadl o 'bob ochr'?

O ystyried pendantrwydd ei argyhoeddiad yn ochri â'r Gymdeithas Drefedigaethol yn ei ysgrif, mae'n bur debyg ei fod eisoes wedi dewis ei drywydd ei hun. Mae'n bosibl felly ei fod yn ceisio troi'r rhod o blaid y gymdeithas yn hytrach na phrocio'r Cymry i ystyried eu dewisiadau wrth i'r Gymdeithas Wrthgaethiwol ddenu rhagor o Gymry America i'w rhengoedd. Yn wir, fe'i siomir nad oes 'rhyw Wrthgaethiwedydd gwyllt' wedi ateb 'cais pryderus' yr Hebog Du. Awgryma hyn ei fod wedi ei orfodi i ddatgan ei gefnogaeth i'r trefedigaethwyr yn agored gan nad oedd neb wedi llyncu'r abwyd i fynd ati i gymharu daliadau'r ddau fudiad:

> Mae llu o honynt yn fy ardal Gymry a Saeson, yn ddigon parod i areithio ar y pwngc, oblegid na oddefir i neb eu hateb rhag aflonyddu yr addoliad; ond paham na ddygant eu rhesymau allan mewn ysgrifen, fel y gellid eu chwilio gan y Cymro uniaith 'yn ngwydd haul a llygad goleuni,' a'u profi.[12]

Mae'r dyfyniad hwn yn crisialu themâu a fyddai'n ganolog i'w safbwynt gwleidyddol a'i olygyddiaeth tan y diwedd. Yn ei dyb ef, nid adeg addoliad mae cynnal fforwm drafod. Proses unffordd yw pan fo gweinidog yn trosglwyddo'i genadwri i'r gynulleidfa yn y modd hwn, tra bo dadleuon mewn ysgrifen yn hybu cyfathrach mwy ystyrlon rhwng cyfranwyr a darllenwyr. O'r herwydd, mae'n cystwyo'r Cymry hynny yn y rhengoedd gwrthgaethiwol sydd mor 'hoff o bethau newydd, ac yn barod iawn i gymeryd gair eu blaenoriaid am bob peth heb eu chwilio'. Yn unol â'i bwyslais

Cyfaill pwy o'r hen wlad?

golygyddol ar gyflwyno rhesymau a phrofi haeriadau, mae'n amlwg ei fod yn ymddiried yn y wasg argraffu fel cyfrwng mwy addas i archwilio'r dadleuon hyn. Teimla nad yw 'nerth ysgyfeinniawl' yn paratoi'r gynulleidfa yn ddigonol i wneud dewis doeth mewn etholiad.

Ymglywir yn gryf â llais William Rowlands yn yr ysgrifau hyn wrth iddo nodi nad oes gan nifer resymau dilys dros eu daliadau. Byddai ganddo awdurdod dros farn y Cymry mewn amrediad eang o feysydd yn sgil ei fynediad i rwydwaith o gymunedau fel gweinidog a golygydd. Mae'n amlwg felly ei fod yn ceisio arwain y gynulleidfa darged i gyd-fynd â'i ideoleg bersonol, gan greu ystyron ar eu rhan yn unol â'i ddaliadau – tuedd gref yng ngwasg gyfnodol y bedwaredd ganrif ar bymtheg. Rhygnodd y drafodaeth yn ei blaen, fel y dengys ysgrif William H. Thomas yn rhifyn Ionawr 1840. Noda'r gŵr hwn nad oedd 'Chwarae Teg' yn anrhydeddu arwyddocâd ei enw oherwydd ymddengys ei fod eisoes wedi tyngu llw o ffyddlondeb i'r Gymdeithas Drefedigaethol. Eto i gyd, mae Thomas hefyd yn canmol y cyhoeddiad am adael i 'farn lluosog y darllenwyr benderfynu pa gymdeithas sydd fwyaf teilwng o gefnogaeth', heb yn wybod iddo mai yr un yw'r golygydd a'r gohebydd o dan ffugenw.[13]

Awgryma'r ysgrif hon a chyfraniadau eraill mai methiant fu ymdrech Rowlands i ddenu cefnogaeth i'r trefedigaethwyr o dan gochl rhesymeg gytbwys. Mae'n deg cofio hefyd am ei ymrwymiad i gyflwyno newyddion â sawl gogwydd iddo. Fe'i gwelir yn cyhoeddi manylion 'cylchwyliau' amryfal gymdeithasau – a'r Gymdeithas Wrthgaethiwol yn eu plith – ynghyd â newyddion o'r *Emancipator*, cylchgrawn y Gymdeithas Drefedigaethol. Cyhoeddai weithrediadau seneddol am gaethwasanaeth yn gwbl wrthrychol, gan adael i'r darllenwyr gynnig eu sylwadau eu hunain ar eu penderfyniadau. Fodd bynnag, ni allai ochel rhag ychwanegu gair o ganmoliaeth i'r trefedigaethwyr yn y pytiau newyddion.

O gofio mai prin oedd yr awduron Cymraeg a leisiai eu cefnogaeth iddi, mae sêl Rowlands dros y Gymdeithas Drefedigaethol yn codi cwestiwn pam ei fod yn dilyn trywydd gwahanol i fwy afrif ei gydgenedl. Er bod ei gofiant yn nodi bod modd ei oleuo gan

'Cyhoeddiad rhydd ac anmhleidgar'

reswm, ychwanega ei fod o gymeriad mor 'ystyfnig' a 'phenderfynol' nes bod ei olygon yn 'ddidroi yn ol'. Daw hyn â ni gam yn nes o bosibl at egluro ei gyndynrwydd i newid ei farn er gwaethaf gwrthwynebiad.

Roedd caethwasanaeth hefyd yn cael ei ystyried fel problem ehangach ynghylch hil a chydraddoldeb yn yr Unol Daleithiau. Mae un o wŷr amlwg y Gymdeithas Wrthgaethiwol yn swydd Oneida, y Parch. Thomas H. Williams, yn cyhuddo 'Chwarae Teg' o atal dynion duon a gwynion rhag cyd-fyw. Byddai'r math hwn o farn yn gyfystyr â hiliaeth heddiw, ac roedd yn fater y condemnir y trefedigaethwyr droeon yn ei gylch ar dudalennau'r *Cenhadwr* yn y cyfnod hwn. Fodd bynnag, mae'n ymddangos mai cymelliadau dyngarol i atal rhagor o ddioddef oedd gan William Rowlands dros gefnogi'r safiad. Credai nad mater cyfreithiol syml oedd eu rhyddhau, ond, yn hytrach, proses ddyrys a olygai newid agweddau'r cyhoedd gwyn cyn y gellid eu derbyn i'w plith.

Honna Maldwyn Jones fod nifer o'i gyfoedion yn y cyfnod – gan gynnwys Abraham Lincoln – yn credu na allai'r bobl dduon ffynnu yn yr Unol Daleithiau, ac mai trefedigaeth yn Affrica oedd fwyaf buddiol iddynt. Yn wir, ychwanega fod Chidlaw yn cefnogi'r mesur hwn.[14] O ystyried ei fod yn gyfrannwr cyson i'r *Cyfaill* ac yn ffigwr blaenllaw yn y cylchoedd Cymreig Americanaidd – nid yw'n gwbl amhosibl ei fod wedi dylanwadu ar Rowlands. A theg cofio, fel y nodwyd gan Henry Louis Gates, Jr, bod ymgodymu â rhyddid (proses a elwir yn *reconstruction*) wedi bod yn un araf. Golygai fod y cyn-gaethweision yn dioddef yn fwy na chynt hyd yn oed, gan fod ceisio ymdoddi i'r gymdeithas ar ôl dymchwel y gyfundrefn yn her sylweddol. Yn ôl 'Chwareu Teg', pe bai'r 'Gwrthgaethiwedyddion' yn llwyddo i ddiddymu'r fasnach yn ddisymwth, byddai 'teimladau a thybiau' trigolion y cyfandir yn parhau i'w caethiwo gan mai'r 'farn gyffredin yw y gadwyn anhawsaf ei thori ar y dynion'.[15]

Caiff 'Chwareu Teg' ei gystwyo gan William H. Thomas am wadu crefydd, ond ar yr un gwynt mae'n gofyn i'r golygydd 'anfon gwybodaeth iachusol ar bob rhan o ddyledswyddau Cristnogol'.[16] Dengys hyn fod William H. Thomas yn credu eu bod yn rhannu'r un safbwynt. Mae hefyd yn datgan cefnogaeth i'r cyhoeddiad am ei ran yn 'bloeddio i'r gad gan waeddi Rhyddid i'r Caethion' yn dilyn llofruddiaeth y gwrthgaethiwedydd Lovejoy.[17]

Os oedd Rowlands yn fodlon cyhoeddi newyddion ac ysgrifau'r gwrthgaethiwedyddion, pam felly nad oedd yn rhannu argyhoeddiad William H. Thomas a gweinidogion eraill? Sut y gallai ddioddef ensyniadau am ddilysrwydd ei grefydd hyd yn oed? Wedi'r cwbl, mae'n amlwg fod polisi crefyddol y Gymdeithas Drefedigaethol o ddarparu addysg i'r caethweision a ryddhawyd a'u hanfon i Affrica fel cenhadon Cristnogol wedi apelio ato. Gwelwn hyn yn ei gyfeiriad at 'freintiau yr efengyl' yn Liberia. Serch hynny, roedd nifer o weinidogion ledled y cyfandir a oedd yn perthyn i'r naill gymdeithas yn arddel yr un egwyddor genhadol. A oedd rhywbeth pellach yn gwahaniaethu eu golygon crefyddol am wleidyddiaeth cyn gryfed nes atal Rowlands rhag ymuno â hwy?

Bu'r *Cyfaill* yn faes cyfnewid cyson i'r ddadl am ddiddymiaeth tan 1841. Mae canmoliaeth William H. Thomas i'r 'Cyfaill amhleidgar' yn dangos bod ei olygydd wedi llwyddo yn y pen draw i'w ddatgysylltu ei hun oddi wrth y trefedigaethwyr ac wedi cyflwyno dadleuon y ddwy ochr. Nid yw Rowlands yn ymateb o gwbl pan atgyfodir y mater unwaith eto yn 1844 gyda chais am eglurhad 'gyda brys'. Erbyn hynny, dioddefai'r Gymdeithas Drefedigaethol amhoblogrwydd cynyddol. Fodd bynnag, mae'r pytiau o newyddion yn y *Cyfaill* yn canmol eu gweithredoedd yn awgrymu nad oedd Rowlands wedi gadael ei rhengoedd o gwbl. Beth felly oedd union natur ei gynnen gyda'r gwrthgaethiwedyddion a'i hataliai rhag eu cefnogi?

Golygai argyhoeddiad crefyddol dwfn y Cymry eu bod yn awyddus i leisio barn ar faterion cymdeithasol a oedd o'r cychwyn yn wrthun i'w gwerthoedd moesol, materion megis caethwasanaeth yn bennaf.[18] Er bod William Rowlands yn maentumio ei fod yn coleddu safiad niwtral yn ei olygyddiaeth, golygai ei ymrwymiad i sicrhau cyfiawnder bod rheidrwydd arno gyhoeddi dadleuon a oedd o bwys i ddyfodol Cymry America. Yn union fel ag yn yr hen wlad, er mai erthyglau diwinyddol a llenyddol oedd swm a sylwedd y cyfnodolion, cawsant hefyd gyfle i drafod 'pynciau'r dydd'.[19] Mae tomen o ysgrifau yn y wasg yn dangos na ddylid tanbrisio ymwybyddiaeth y Cymry o'u tirwedd cyfansoddiadol

'Cyhoeddiad rhydd ac anmhleidgar'

newydd a'u syched am drafodaeth wleidyddol. O'r cychwyn cyntaf roedd nifer yn ymwybodol o rym ysol y cyfrwng print fel offeryn yn yr ymgyrch yn erbyn caethwasanaeth.

'Dosparth neillduol o dybiau pleidiawl': crefydd a gwleidyddiaeth

Ceir newid yng ngoslef anerchiad golygyddol William Rowlands yn 1840, sy'n dynodi ei fod yn ymwybodol o newid yn yr arfaeth. Mae'n llywio ei eiriau i diriogaeth newydd wrth iddo addasu ei bolisi niwtral i ddatgan nad yw'n 'cyfyngu buddioldeb' y *Cyfaill* at 'daeniad dosparth neillduol o dybiau pleidiawl – crefyddol na gwladwriaethol'. Yn hytrach mae'n ceisio sicrhau lles ei dderbynwyr drwy ehangu eu gwybodaeth.[20] Cyn hyn, sonnid am natur 'amhleidiol' y cyhoeddiad mewn cyd-destun cyffredinol yn unig. Ond yn sgil sefydlu'r Blaid Rhyddid a ffurfiwyd yn arbennig i ddileu caethwasanaeth, roedd y broblem Americanaidd yn cynyddol ddod yn agwedd ar ddiwylliant y Cymry ar y cyfandir.

Ymfalchïa Rowlands ar ddechrau'r flwyddyn fod y *Cyfaill* yn llewyrchus oherwydd ei 'egwyddorion uchelryw' sy'n apelio at y genedl yn gyffredinol. Teimla hyn 'hyd yn oed lle dysgwyliem i deimladau pleidiawl, ond camsyniol effeithio yn erbyn ein Cyhoeddiad Rhydd'. Mae'r cynnydd yn ei gylchrediad yn profi'n 'ddiamheuawl' iddo nad yw'n 'ymddibynu ar gefnogaeth rhyw nifer neillduedig o'n cydgenedl', sylw sy'n cyfeirio at deyrngarwch y gwrthgaethiwedyddion ac aelodau'r blaid newydd i'r *Cenhadwr*.[21] Ymddengys, felly, nad oedd golygydd y *Cyfaill* wedi ei ysgubo ymaith gan y llifeiriant hwn. Mae ei gyfeiriad at 'deimladau pleidiawl camsyniol' yn ddatganiad anuniongyrchol nad oedd yn cytuno â safiad ei gymhreiriad golygyddol Robert Everett.

Ar drothwy'r 1840au, roedd rhan uchaf talaith Efrog Newydd a chadarnle'r wasg Gymraeg yn ganolfan allweddol i'r frwydr dros ddiddymu caethwasanaeth. Parhâi gwreichion y diwygiadau crefyddol grymus a sbardunwyd gan y pregethwr Finney yn yr 1830au i fudlosgi yn y *Burned-over District*.[22] Cyfrannodd hyn

Cyfaill pwy o'r hen wlad?

wedd grefyddol i'r broblem wleidyddol. Penllanw'r deffroad hwn oedd symbylu dymuniad cyffredinol i wrthwynebu'r fasnach yn enw'r efengyl drwy sefydlu mudiadau cymdeithasol a ddeilliai o'r capel. Haera Alexis de Tocqueville fod cysylltiad cynhenid rhwng crefydd a gwleidyddiaeth yn sgil ei effaith ar gyflwr moesol a deallusol y bobl:

> By the side of every religion is to be found a political opinion, connected with it by affinity... Religion in America takes no direct part in the government of society, but it must be regarded as the first of their political institutions; for if it does not impart a taste for freedom, it facilitates the use of it.[23]

Ymhlith ymfudwyr eraill o wahanol genhedloedd Ewrop hefyd, gwyntyllid dadleuon rhwng arweinwyr crefyddol ceidwadol a radicalwyr drwy gyfrwng y wasg.[24] Dengys hyn fod caethwasanaeth wedi dod yn rhan ganolog o'u hunaniaeth ac yn bwnc a effeithiai ar eu crefydd, eu gwleidyddiaeth a swm a sylwedd eu deunydd print. Ychydig o gefnogaeth a gafwyd o du'r Gwyddelod dros wrthgaethiwaeth oherwydd pryder am swyddi, ac ofnai'r Pabyddion berygl radicaliaeth. Yn wir, lleisiodd papurau fel yr *Irish American* yn Efrog Newydd eu hanghymeradwyaeth o wrthgaethiwyr fel gelynion crefydd. O ystyried cysylltiad Rowlands â'r ddinas, mae'n bosibl fod y gwrthwynebiad i radicaliaeth gwrthgaethiwol wedi dylanwadu arno o sawl tarddle.

I ba raddau yr oedd y cysylltiad rhwng crefydd a gwleidyddiaeth yn cael ei groesawu gan Gymry America – yn y capeli a chan William Rowlands ei hun ar dudalennau'r *Cyfaill*? Beth oedd y berthynas, ac yn anad dim, y ffiniau rhwng crefydd a gwleidyddiaeth?

Sbardunwyd trafodaeth am gaethwasanaeth ar seiliau crefyddol yn y *Cyfaill* yn 1839 gan awdur yn galw ei hun yn Jonathan, a oedd yn gofidio bod rhai'n cyfiawnhau'r drefn drwy ddefnyddio'r Hen Destament. Ymbilia am gymorth i wrthbrofi'r gosodiadau hyn, 'a rydd foddlonrwydd nid bychan i mi ac eraill o dderbynwyr y Cyfaill'. Roedd gan y Cymry ymfudedig ddewisiadau i'w gwneud ar fyrder am eu rhan fel Cristnogion yn y frwydr yn erbyn

'Cyhoeddiad rhydd ac anmhleidgar'

caethwasanaeth.[25] Mae'r dymuniadau da iddo fel fforwm niwtral i fynegi barn yn dadlennu llawer am swyddogaeth y *Cyfaill* fel ffynhonnell wybodaeth i Gymry America yn y cyfnod hwn. Trwy gyfrwng y wasg, teimlid bod y Cymry'n rhan o'r ymgyrch ehangach i newid annhegwch cymdeithasol fel 'ychydig surdoes yn y blawd', sy'n amlinellu pwysigrwydd y cyhoeddiad fel rhwydwaith i'w cysylltu yn America.[26]

Dyfnhaodd nifer o weinidogion y cysylltiad rhwng crefydd a gwleidyddiaeth drwy leisio barn wleidyddol ar seiliau moesol, gan goleddu rhesymau beiblaidd dros ddiddymu caethwasanaeth. O'r dechrau, gweithredai'r Beibl fel arf dehongliadol yn yr ymgyrch o blaid ac yn erbyn caethwasanaeth ledled y cyfandir: 'an anchor of religious authority in a churning sea of demographic, social and political turmoil'.[27] Codwyd nifer o gwestiynau athrawiaethol a fyddai'n effeithio ar farn wleidyddol nifer o drigolion America, a'r Cymry yn awr yn eu plith.[28]

Gresyna'r gweinidog William H. Thomas yn ei lythyr i'r *Cyfaill* fod 'gwlad rydd! Gristionogol!!' fel yr Unol Daleithiau yn caniatáu'r fasnach anfoesol, a galwa am weithredu yn erbyn trefn sy'n groes i hanfod crefydd. Ceisia ddwyn perswâd ar Gymry America i ymuno â rhengoedd y gwrthwynebwyr 'fel dyledswydd tuag at Dduw a dyn', gan apelio ar eu hunaniaeth Gymreig:

> A chymerwch eich tadau yn Nghymru yn esiampl, mewn ymdrech barhaus, nes cael buddygoliaeth ar gaethiwed ... gweddiwch am ryddid i'r caethion, trwy ymarfer â phob moddion addas, er dwyn y gwaith gogoneddus i ben, ac na adewch lonydd i'r Llywodraeth nes cael y caeth yn rhydd.[29]

Mae atgoffa'r Cymry o'u genedigaeth-fraint fel tacteg i ddenu eu cefnogaeth i newid trefn wleidyddol Americanaidd yn awgrymu bod ganddynt hunaniaeth newydd ddeublyg. Roedd gwedd drawsatlantig ar y mudiad gwrthgaethiwol eisoes, a chyfnewidid gohebiaethau, cyfnodolion, diwygwyr a syniadau yn gyson. Trwy lynu at ideoleg grefyddol a moesol yr hen wlad i frwydro'n erbyn amgylchiadau dieithr, maent yn dal gafael ar werthoedd Cymreig a hefyd yn ceisio diffino eu presenoldeb yn America.

Cyfaill pwy o'r hen wlad?

Fodd bynnag, nid oedd rhai o Gymry America yn cytuno'n llwyr â galwad William H. Thomas i weithredu drwy ddefnyddio 'pob moddion addas' i ddiddymu caethwasanaeth. Dyma alwad a oedd yn rhagflaenu'r math o bropaganda radicalaidd a ddefnyddid yn helaeth gan Robert Everett yn y *Cenhadwr* maes o law. Mae ei sylwadau yn crisialu'r prif agendor rhwng penderfyniadau Rowlands ac Everett ar lefel olygyddol a phersonol, yn ogystal â'r anghytuno rhwng carfanau crefyddol ymhlith Cymry America.

Mae'r penderfyniad golygyddol i gyhoeddi'r ysgrifau hyn yn dangos bod William Rowlands yn gwbl ymroddedig i'r frwydr yn erbyn caethwasanaeth. Fodd bynnag, yr hyn a oedd yn peri anghydweld cyson yn y cyfnodolion a'r cylchoedd crefyddol oedd y dulliau o weithredu. Ar y naill law, teimlai rhai fod cyfuno crefydd â gweithredoedd ymarferol i ddiddymu caethwasanaeth ar fyrder yn ddyletswydd Gristnogol. Ar y llaw arall, roedd y Methodistiaid yn enwedig yn darogan gwae o ymhél â materion gwleidyddol am ei fod yn groes i ddysgeidiaeth yr efengyl yng ngolwg llawer. Cyfeiria Iorthryn Gwynedd at 'ragfarn mewn llawer o Gymry crefyddol America yn erbyn i neb o'u pregethwyr ac aelodau eu heglwysi ymyrryd dim mewn gwleidyddiaeth'.[30] Fel y mynegodd 'Chwarae Teg i Bob Ochr', ni all gymeradwyo ei 'fesurau mewn undeb a'r Gwrthgaethiwedyddion', a pharhâi'r pwnc hwn yn faen tramgwydd am ran helaeth o'i olygyddiaeth.[31]

Mae sawl agwedd ar y diwylliant Methodistaidd a Chalfinaidd sy'n cynnig esboniad i ni am y modd y rhagbaratowyd Rowlands i ymateb i syniadau gwleidyddol Americanaidd, a sut y gosodwyd cynseiliau ei lwybr golygyddol.

Mae craffu ar y mudiadau diwinyddol a oedd yn cyniwair yng Nghymru yn ystod yr 1820au yn rhoi golwg ehangach i ni ar y dylanwadau a fyddai'n ffurfio gogwydd wleidyddol y sawl a ymgartrefai yn America. Mae'r dystiolaeth yn awgrymu bod Rowlands yn Fethodist pybyr a goleddai'r hen syniadaeth ddiwinyddol a elwid yn Uchel-Galfiniaeth, a'i fod yn 'selog dros yr athrawiaeth fel y dysgwyd hi gan y tadau':

> Pob gradd, pob oedran, a phob gweinidogaeth
> Offrymant i'w enwogrwydd barch gwarogaeth,

'Cyhoeddiad rhydd ac anmhleidgar'

> Er bod yn gadarn *Fethodist* mewn barn,
> Ac yn anhyblyg *Galfin* hyd y carn.³²

Roedd Calfiniaeth yn fwy na dysgeidiaeth ddiwinyddol yn unig, a gellir honni gyda chryn sicrwydd bod Rowlands yn dilyn prif feddylfryd y mudiad. Prif flaenoriaeth y Methodistiaid oedd efengylu, gan ymwrthod ag unrhyw eithafion radicalaidd. Credent y dylid canolbwyntio ar gyflwr ysbrydol unigolion yn hytrach nag ymyrryd â'r 'drefn gymdeithasol'.³³ Credai dilynwyr Calfin felly y dylid ufuddhau i'r wladwriaeth a benodwyd yn ôl ewyllys Duw – hyd yn oed pe baent yn ormesol – gan wrthwynebu newid chwyldroadol neu derfysg:

> Ac o'r holl gyrff crefyddol yng Nghymru, y Methodistiaid oedd y rhai a gymerai leiaf o ddiddordeb mewn gwleidyddiaeth. Yr oedd y Cyfundeb yn dra cheidwadol ei olygiadau. Edrychid yn wgus ar weinidogion a wnâi unrhyw ymdrech ymhlaid diwygiadau gwleidyddol.³⁴

O ystyried tystiolaeth ei gofiant bod Rowlands yn edrych tuag at gyfundeb Cymru am arweiniad yn aml, a bod Methodistiaeth Gymreig America wedi ei sefydlu ar lun a delw'r hen wlad, mae'n rhaid casglu bod yr un elfennau yn nodweddiadol o'r enwad yn y ddwy wlad. Yn wir, yng nghymanfa'r Methodistiaid yn 1844, parheir i ddatgan eu bod yn gweithredu 'Rheolau Dysgyblaethol' a gludwyd o Gymru: 'nad ydym am newid rheolau y ty, na symud yr hen deyrn yr hwn a osododd y tadau'.³⁵

Roedd hoelion wyth eraill y Methodistiaid megis y Parchedig James Hughes, Llundain – gohebydd cyson i'r *Cyfaill* – hefyd yn arddel 'ceidwadaeth oddefol' a olygai ei fod yn gwrthwynebu diwygiadau radicalaidd a dybiai'n niweidiol i achos crefydd.³⁶ Ceir cymariaethau trawiadol yn ogystal rhwng cynnwys y *Cyfaill* a'r *Drysorfa*, cyfnodolyn y Methodistiaid yng Nghymru yn ystod y cyfnod 1830–40. Roedd y ddau fisolyn yn ceisio cadw'r ddysgl yn wastad drwy gynnwys newyddion gwleidyddol, gan osgoi cynnwrf diangen.

Cyfaill pwy o'r hen wlad?

Mae'r dystiolaeth uchod i gyd yn ein harwain i gredu mai Calfiniaeth Rowlands oedd sail ethos niwtral a heddychlon ei gylchgrawn. Ond roedd hefyd yn effeithio ar ei ddaliadau gwleidyddol a'i ymdriniaeth â chaethwasanaeth yn y wasg gyfnodol ac yn y pwlpud. Yn ychwanegol, roedd y ddogma Galfinaidd yn nodweddu diwylliant crefyddol rhan uchaf talaith Efrog Newydd yn y cyfnod. Gwelid aelodau gwahanol eglwysi a oedd yn ei dilyn yn ddylanwadol ym mywyd gwleidyddol a diwylliannol yr ardal.[37]

Ar y llaw arall, croesawodd Robert Everett fudiad diwinyddol y 'System Newydd' a oedd ar gynnydd yn y cyfnod hwn. Byddai'n arddel 'Calfiniaeth Gymedrol' a roddai bwyslais ar weithredoedd ymarferol y Cristion er mwyn dileu unrhyw anghyfiawnder yn y byd.[38] Sonnir yng nghofiant Rowlands am ei bryder bod yr athrawiaeth a goleddai yn colli tir, gan 'boeri hyfdra mewn brodyr o ddawn i ddysgu pethau dyeithr ac amheus'. Roedd hyn yn peri 'annghydwelediad' a 'blinderau a cholledion' i'r Methodistiaid Calfinaidd.[39] Yn wir, gwelid yr un gwrthwynebiad i'r ddiwinyddiaeth draddodiadol gan eraill yn America hefyd, wrth i lu o awduron feirniadu natur lem ac anhyblyg Calfiniaeth.[40]

Gwelwyd eisoes sut yr oedd Rowlands yn amddiffyn cyfansoddiad y Tadau Methodistaidd i'r carn. Mae'n rhaid casglu felly ei fod yn gwrthwynebu credoau newydd gyda'r un arddeliad, a hynny ar ystyr wleidyddol hefyd. A oedd Rowlands, felly, yr un mor frwd â'i gyfoeswr dros ddiddymu caethwasanaeth wrth fod yn driw i egwyddorion ei enwad?

Un o wreiddiau'r anghydfod ynghylch sut i ymrestru Cymry America yn yr ymgyrch yn erbyn caethwasanaeth oedd y dulliau a ddefnyddid i drosglwyddo'r genadwri. Ymledai cyffro gwleidyddol rhan gyntaf yr 1840au i'r tudalennau print a'r pwlpud, a chynyddai'r tyndra ymhlith cynulleidfaoedd Cymry America am yr egwyddor o ddefnyddio cyfryngau crefyddol i ddibenion gwleidyddol. Cwynai rhai nad ymdriniai Cymdeithasfa'r Methodistiaid â phynciau cymdeithasol, er mai sylfaen y gredo Galfinaidd oedd sefydlu deddf foesol fel cyfraith gwlad. Y pwyslais hwn ar ysbryd cenhadol a olygai mai crefydd oedd y flaenoriaeth yn ddiwahân:

'Cyhoeddiad rhydd ac anmhleidgar'

Yr awydd i ddwyn dynion at Grist oedd yr hyn roddodd fod i'r Methodistiaid. Fe'u codwyd nid i bwysleisio unrhyw athrawiaeth arbennig, unrhyw sacrament, unrhyw ffurf newydd ar lywodraeth eglwysig, ond i efengyleiddio'r wlad i ennill Cymru i Grist.[41]

Mae cyfres o ddigwyddiadau cythryblus yn niwedd y ddeunawfed ganrif rhwng y Methodistiaid a'r Hen Ymneilltuwyr, pan oedd y Methodistiaid yn dal i fod yn gysylltiedig â'r eglwys wladol, yn mynd gam o'r ffordd i egluro'r rhwyg ideolegol rhyngddynt. Tra oedd yr Ymneilltuwyr, a gysylltid yn draddodiadol â'r Chwigiaid, yn dechrau dadlau, pregethu a sefydlu cymdeithasau i wella cyflwr cymdeithas, nid oedd yr un awydd i ddiwygio'r drefn yn taro tant gyda'r Methodist ceidwadol. Iddo yntau, ystyr duwioldeb oedd tawelwch a gweddïo, ac felly y dylid osgoi gornest eiriol.

Er bod y Methodistiaid wedi eu huno dan faner yr enwadau Anghydffurfiol ar ddechrau'r bedwaredd ganrif ar bymtheg, parhâi'r gwahaniaethau athrawiaethol rhyngddynt. Golygai hyn fod eu hagweddau at wleidyddiaeth yn dra gwahanol i'w gilydd. Er bod sefydliad megis caethwasanaeth yn gwbl anfoesol yn llygaid y Methodistiaid, dewisent ddulliau tawelach a mwy unigolyddol i fynegi eu barn, sy'n egluro ffafriaeth Rowlands tuag at yr ysgrifbin.

Eto i gyd, mae tystiolaeth sy'n awgrymu bod Rowlands yn arddel ei swyddogaeth gyhoeddus fel gweinidog. Roedd yn ddirwestwr brwd ac yn 'areithiwr godidog dros yr achos'. Mae'n codi'r cwestiwn felly pam na fyddai wedi defnyddio'r un dulliau i gyfeirio at gaethwasanaeth, gan gofio bod ffocws cylchgrawn y *Dyngarwr* a gyhoeddwyd gan Everett yn 1843 yn gyfartal ar y ddwy ymgyrch.

Mae tystiolaeth gan wahanol weinidogion a blaenoriaid yng nghofiant Rowlands yn tystio i 'effeithiau uniongyrchol' ei bregethu nerthol.[42] Gallai 'gyffroi eglwysi i weithgarwch' crefyddol drwy ei bregethau cystal â'i gynnyrch print. Pam felly na fyddai wedi defnyddio rhagor o'i rym fel pregethwr i ysgogi'r gynulleidfa i weithredu yn erbyn caethwasanaeth? Er hynny, haerir bod Rowlands yn 'gyfaill cynes i'r caeth a'r gorthrymedig', a'i fod wedi ysgrifennu a siarad llawer yn 'wresog a grymus' dros eu hachos.[43] Honnir ei fod 'gyda'r blaenaf' yng nghynadleddau'r Methodistiaid 'i'n dwyn at ein dyletswyddau'.[44] Wedi'r cwbl, roedd y Gyffes Ffydd, arweiniad ideolegol y Methodistiaid, wedi ei seilio ar weithredoedd daionus, cydwybod dawel a deddf foesol.

Mae ysgrif gan John Howes yng nghylchgrawn y *Dyngarwr* hefyd yn disgrifio pregeth gan olygydd y *Cyfaill* yng nghymanfa'r Methodistiaid Calfinaidd yn Remsen yn niwedd 1842. Ynddi adroddodd 'chwedl effeithiol' i'r gynulleidfa am gaethwas crefyddol a gâi ei gosbi am weddïo: 'yr hon sydd yn ddigon i waedu cydwybodau gelynion "Gwrthgaethiaeth," i lethu teimladau pob dyngarwr, ie, i wneud pob cristion, tebygwyf, yn wrthgaethiwydd ar unwaith, fel ag yr oedd y *Proffwyd a'r Apostolion*'.[45] Fodd bynnag, yr hen athrawiaeth hon a sefydlwyd gan y 'Proffwyd a'r Apostolion' a roddai reswm moesol dros wrthwynebu caethwasanaeth oedd hefyd yn ei atal rhag defnyddio capeli i wrthweithio'r drefn. Yn hytrach, defnyddiai hanesion o'r fath yn y pwlpud ac yn y *Cyfaill* i ennyn tosturi, gan newid barn unigolion yn hytrach na phregethu uniongyrchol – ei gri yn yr ysgrifau cefnogol i'r Gymdeithas Drefedigaethol.

Mae'r ffaith i aelodau cynhadledd wrthgaethiwol fawr yn 1844 benderfynu cyhoeddi'r hanes yn y *Cenhadwr* a'r *Cyfaill* yn dangos bod epil Rowlands yn gyfrwng niwtral yn eu tyb hwy. Byddai'n gamarweiniol tybio ei fod yn cydsynio â'r cynnwys, gan fod y penderfyniadau yn nodi y dylai arweinwyr crefyddol 'ryfela yn ddi-ildio a'r gyfundrefn gaethiwol'. Mynegai y dylent ddefnyddio eu dylanwad 'yn y gymydogaeth, yn yr eglwys, wrth y *Ballot box*' gan fod 'Cristionogrwydd a rhyddid gwladol yn cydweini i'w gilydd'.[46] Dyma egwyddorion a oedd yn gwbl groes i flaenoriaeth diamwys crefydd i'r Methodistiaid, ond roedd polisi golygyddol Rowlands o degwch yn ei orfodi i gyhoeddi'r deunydd hwn. Gwnaethai'r un gymwynas ag ysgrifau William H. Thomas, ysgrifennydd y gymdeithas, er bod ei ddaliadau personol ac enwadol yn dra gwahanol.

Yn wir, erbyn 1844 ymddengys fod rhai wedi dirnad beth oedd daliadau gwleidyddol Rowlands, yn wahanol i anwybodaeth lwyr William H. Thomas yn 1840. Mae gohebydd i'r *Cenhadwr* yn honni ei fod wedi teithio'n helaeth o amgylch cymunedau Cymreig yn Ohio, a bod amryw yn derbyn y cyhoeddiad 'ar gyfrif neillduol eich bod yn amddiffyn rhyddid cyffredinol'. Ychwanega eu bod

'Cyhoeddiad rhydd ac anmhleidgar'

wedi 'rhoddi heibio gyhoeddiad arall, sef y 'C___ll' yn sgil ei 'ddiflasdod' yn y cyd-destun hwn.⁴⁷ Mae'r gohebydd yn cyfaddef iddo yntau fod yn 'bleidiwr i'r Cyhoeddiad hwnnw, ond nis gallaf mwy tra ar y tir y mae yn sefyll arno yn awr', oherwydd ei fod yn 'ddiameu' yn cefnogi'r Gymdeithas Drefedigaethol. Rhestra cofiant Rowlands y gwahanol gymdeithasau crefyddol, gwladgarol a dyngarol yr oedd golygydd y *Cyfaill* yn 'bleidiwr gwresog' iddynt ar 'air a gweithred'.⁴⁸ Ond mae'r ffaith nad yw ei gofiant yn enwi unrhyw gymdeithas wrthgaethiwol yn dweud cyfrolau.

Er ei fod yn cyhoeddi gweithrediadau'r Gymdeithas Drefedigaethol a Gwrthgaethiwol mewn ymgais i broffesu golygyddiaeth niwtral, mae ei ganmoliaeth agored i'r trefedigaethwyr yn cadarnhau nad yw'n gwbl wrthrychol. Mae'n cael ei feirniadu hefyd am beidio â mynegi ei farn yn glir yn erbyn caethwasanaeth, er bod ei egwyddorion yn bur adnabyddus. Mae hyn yn dangos bod carfan o Gymry America yn ffafrio blaengaredd Everett yn y pwlpud ac mewn print. Yn wir, fel y dengys y sylwadau uchod, mae'n bosibl fod nifer ohonynt yn profi gwrthdaro wrth asesu eu ffyddlondeb i'r ddau gyhoeddiad.

Mae'n debygol fod sylwadau o'r fath wedi ysgogi'r Methodistiaid fel corff, yn ddiweddarach yn ystod y flwyddyn, i ddatgan eu hanghymeradwyaeth o ddefnyddio crefydd i ddylanwadu'n wleidyddol. Roedd Rowlands eisoes wedi annog darllenwyr y *Cyfaill* i ymwrthod â 'Gwrthgaethiwaeth Boliticaidd', gan gyfeirio'n uniongyrchol at Gerrit Smith yn 1843. Roedd ei safiad personol ar y mater hefyd yn cyd-fynd ag ethos ei enwad. Aeth cymanfa'r Methodistiaid Calfinaidd yn Remsen ati i ddatgan yn unfrydol nad oeddent 'fel Corff yn caniatau i'r Gwrthgaethiwyr Politicaidd gael benthyg ein capeli i gynal eu cyfarfodydd ynddynt'. Cynhwysai hyn holl gapeli'r enwad i'r gogledd-ddwyrain o fynyddoedd yr Alleghenies, a gwmpasai diriogaeth gymharol eang:

> Dangoswyd ein bod mor wrthwynebol a neb i'r Gaethwasanaeth, ac y carem lwyr ryddhad y caethion gyda y buandra mwyaf, ond nas gallwn ganiatau y capeli a adeiladwyd i'r dyben o addoli Duw, i unrhyw blaid wladol a pholiticaidd, ac nas gallwn olygu yr ABOLISIONIAID presennol yn ddim amgen na phlaid boliticaidd.⁴⁹

Cyfaill pwy o'r hen wlad?

Er bod y Cymry'n gyffredinol yn gwrthwynebu caethwasanaeth, teimlai aelodau mwyaf ceidwadol y gwahanol enwadau fod y capel yn fan cysegredig ar gyfer addoliad, ac y byddai cynhyrfu'r aelodau yn niweidio'r efengyl. Mynegir hyn yn groyw iawn mewn erthygl yn y papur *Seren Oneida* (a gyhoeddwyd cyn etholiad 1844 i hybu achos y Chwigiaid), sy'n darlunio amharodrwydd y Cymry i gysylltu'r capel â gwleidyddiaeth mewn unrhyw fodd.⁵⁰

Yn ogystal, ystyriai Rowlands y Gymdeithas Wrthgaethiwol fel 'plaid boliticaidd' yn ei hanfod, a oedd hefyd yn gysylltiedig â'r Blaid Rhyddid. Ni chaniatâi'r athrawiaeth Fethodistaidd ymyrryd â materion gwleidyddol o ran heddwch, sydd hefyd yn adlais o bolisi golygyddol y *Cyfaill*. Yn y cyfnod hwn, cyhuddwyd rhai gweinidogion o 'bregethu *politics* o'r pwlpud' er mwyn dylanwadu ar y gynulleidfa i ymuno â'r gymdeithas a phleidleisio i'r Blaid Rhyddid mewn etholiad.

Roedd Everett yn enwedig wedi dioddef erledigaeth yn y capel a therfysg yn ystod addoliad pan oedd ef yn gweinidogaethu. Mae'n amlwg felly bod y Methodistiaid yn teimlo rheidrwydd i godi llais yn eu cymanfaoedd yn sgil pryder bod dylanwadu'n wleidyddol ymarferol yn tarfu ar ledaeniad yr efengyl. Fel cymedrolwr, llywydd neu bregethwr gwadd yn y cymanfaoedd mewn gwahanol dreflannau Cymreig, mae'n dra thebygol fod gan Rowlands ran allweddol yn ffurfiad penderfyniadau o'r fath. Byddai ei weithgarwch gyda chymdeithasau ledled y wlad hefyd yn caniatáu iddo ddarbwyllo rhwydweithiau crefyddol o'i bryderon mewn cylchoedd eang. Roedd y penderfyniadau hyn yn adleisio egwyddor bwysig gan y cyfundeb a ddygwyd o Gymru wrth ymdrin â phroblemau cymdeithasol a dinesig. Yng ngeiriau Cymdeithasfa'r Bala yn 1831: 'Nid ydym fel Corff o Grefyddwyr yn dewis ymyrraeth mewn un modd â phethau gwladol, ond annog pob distawrwydd a llwyddiant.'⁵¹

Ond nid oedd Rowlands ar unrhyw gyfrif am anwybyddu sefyllfa'r caethweision. Yn hytrach, dewisodd ddull mwy anuniongyrchol o weithredu. Cyhoeddodd gyfres o ysgrifau ffeithiol ar 'Gaethiwed Americanaidd' gan W. E. Ellis yn ystod 1844 ac 1845, tacteg a sicrhâi fod y pwnc yn cael sylw cyson yn y cyhoeddiad. Noda'r awdur fod lliaws o'i gyd-Gymry yn America yn cytuno

'Cyhoeddiad rhydd ac anmhleidgar'

bod caethwasanaeth yn drosedd yn erbyn hawliau dynol, ond bod y 'modd o unioni'r cam' yn parhau i fod yn ddyrys iddynt. Er i'r *Cyfaill* golli cefnogaeth rhai am nad oedd yn 'llefaru yn eglur' yn erbyn caethwasanaeth, argyhoedda Rowlands ei ddarllenwyr nad yw'n fodlon i'r cyhoeddiad 'dewi a son' ar y mater. Teimla fod ei gydgenedl yn haeddu 'gwybodaeth o'r gwir ar y pwngc', a chreda fod y *Cyfaill* yn 'gyfrwng teilwng o'r wybodaeth honno'. Golyga hyn ei fod yn ymdrechu i ddarlunio realiti'r amgylchiadau fel y cyfryw yn hytrach nag ailgylchu propaganda a oedd eisoes yn wybyddus i nifer.

Eto i gyd, mae'r ffaith i Rowlands deimlo dyletswydd i ddiwallu syched y genedl am wybodaeth ar y pwnc yn awgrymu nad oedd y *Cyfaill* yn trafod y mater yn ddigonol, yn wahanol i'r *Cenhadwr* nad oedd prin rifyn ohono yn anwybyddu caethwasanaeth. Mae W. E. Ellis yn ei ysgrifau hefyd yn awgrymu y dylai Rowlands arddel rhagor o'i ddylanwad fel golygydd:

> Gwn y dadleu rhai, nad ydyw yn amser cyfaddas i son am *Abolisionism*, pan y mae y byd ac eglwys yn berwi gan gynhwrf yn ei gylch. Atebaf mai, 'Tra mae yr haiarn yn boeth mae *taro*,' neu, os oes ymryson rhwng gwir a gau, deued pleidwyr y gwirionedd i'r maes. Pan fyddo y tân, yr agerdd, a'r peiriant ar waith, mae llywydd doeth yr agerlong, yn achub yr adeg gyda'r llyw, er cyfeirio y llestr yn iawn, i ochelyd y perygl a chyrhaedd y porthladd dymunol. Tithau Gyfaill doeth, nac aros i'r tân ddiffodd, i'r agerdd beidio, ac i'r peiriant lonyddu, rhag i 'Anwiredd agor ei safn,' ac i 'Wirionedd syrthio ar yr heol;' o herwydd atat ti yr edrych llawer o honom ni, am gyfarwyddyd.[52]

Mae'r awdur yn pryderu bod ymlyniad y *Cyfaill* at yr athrawiaeth Galfinaidd, y cyfeirir ati fel y 'gwirionedd', yn effeithio ar allu'r cyhoeddiad i brotestio'n amserol yn erbyn caethwasanaeth oherwydd dymuniad y golygydd i beidio ag adweithio yn erbyn cenhadaeth yr eglwysi. Mae'r defnydd o ddelweddau morwrol yn awgrymu dylanwad golygyddion y wasg gyfnodol yn lliwio barn gyhoeddus ar adeg mor dyngedfennol yn eu hanes. Eto i gyd, mae geiriau'r awdur ei fod yn 'gobeithio fod pob *Cymro* yn chwilio i'r mater' yn awgrymu bod Rowlands yn ceisio hybu ei ddarllenwyr i sylweddoli anghyfiawnder y drefn drostynt eu hunain. Mae ei

Cyfaill pwy o'r hen wlad?

benderfyniad i gyhoeddi'r ysgrifau yn ymgais i bortreadu gwir erchylltra'r fasnach yn hytrach na phregethu'n uniongyrchol, a hynny fel bod pob Cymro yn perchnogi'r broblem Americanaidd fel rhan o ddiwylliant y Cymry.

Mae'n amlwg fod cri W. E. Ellis wedi ei chlywed, wrth i William J. Jones gyfansoddi penillion yn diolch am glywed hanes y caethweision 'o'r Cyfaill gwiw'. Gofynna i'w gefnogwyr ddefnyddio eu doniau llenyddol i ddiwygio'r drefn:

> Gohebwyr 'CYFAILL' cu,
> O cynnorthwywch ni,
> O! Gyda brys . . .[53]

Byddai anogaeth i ddefnyddio'r ysgrifbin wrth fodd Rowlands, a gyhoeddodd ysgrif gan 'Carwr Rhyddid i Bob Lliw' yn dwyn y teitl eironig 'Y Gwrth-gaethiwedyddion yn pleidio caethiwed mewn cyfarfod cyhoeddus'. Gofynna'r awdur, sy'n arddel y math o ffugenw y byddai Rowlands yn ei ddewis, am ran o'r 'misolyn gwerthfawr' gan fod 'achos gwirionedd a gonestrwydd' yn galw am amddiffyniad. Dywed mai pwrpas yr ysgrif yw dangos y dylai 'pleidwyr *rhagrithiol* rhyddid gael eu dangos ar gyhoedd . . . fel na chylch-arweinier y Cymry gyda phob awel dysgeidiaeth'. Ynddi mae'n collfarnu'r Blaid Rhyddid neu'r 'Abolisioniaid' am 'wirioni yn nghylch Politicaidd bethau . . . yn gymaint eu trwst a neb'. Gwêl fai arnynt am 'waeddi a bloeddio . . . yn lle rhesymu' mewn cyfarfod gwrthgaethiwol yng Nghapel Annibynwyr Utica lle roedd nifer o weinidogion Cymreig yn bresennol.

Byrdwn yr ysgrif yn y bôn yw bod y cyfarfod wedi difenwi'r Methodistiaid Calfinaidd. Awgrymwyd bod y cyfundeb yng Nghymru ac America 'yn ddifater am ryddhad y caethion', gan fod cymanfa'r corff ar un adeg wedi gwrthod arwyddo deiseb i'r senedd i'r diben hwn. Sicrha'r awdur y darllenwyr nad oes unrhyw Fethodist ledled y byd yn cefnogi'r drefn, ond y dylid ei diddymu yn ôl eu hathrawiaeth hwy yn hytrach na drwy ddull *'heb iawn'* y gwrthgaethiwedyddion. Defnyddir y gair 'rhyddid' droeon wrth drafod cydwybod unigolyn ynghyd â sefyllfa'r caethwas:

'Cyhoeddiad rhydd ac anmhleidgar'

A ydyw rhyddid dynion duon yn *fwy* gwerthfawr na'r eiddo dynion gwynion? . . . A ydyw rhyddid corfforol yn fwy i'w ddymuno na rhyddid meddwl a chydwybod? Bloeddir yn groch am ryddid y caethion, ac ar yr un anadl am dân o'r nefoedd i losgi y rhai na allant o gydwybod gyd-weithredu a hwynt! Och! Ai dyna fel y mae'r Gwrth-gaethiwyr yn deall natur rhyddid? . . . Nid bloeddio rhyddid, a gwneyd sŵn wban a chrio dros y caethion, a brawf gariad at ryddid, ond 'wrth eu ffrwythau yr adnabyddwch hwynt;' buan y canfyddir dannedd y blaidd dan groen oen.[54]

Gan fod safiad gwleidyddol golygyddion y wasg yn deillio i raddau helaeth o athrawiaeth eu henwad, mae unrhyw farn groes yn ymddangos fel ymosodiad personol ar y corff. Mae hyn yn egluro'r anghydfod parhaus rhwng y cyhoeddiadau enwadol – hyd yn oed ar faterion gwleidyddol. Cynghorir yr 'Abolisioniaid' i adael llonydd i'r sawl sy'n ddigon 'goddefol i gael rhyddid cydwybod i weithredu fel y barnont oreu'. Ymhyfryda'r awdur yn ei gyffelybiaeth rhwng anghymeradwyaeth y gwrthgaethiwedyddion o benderfyniadau cymanfa'r Methodistiaid i'r *Gag Law* a basiwyd gan y senedd i rwystro rhyddid barn.[55] Mae ailadrodd y gair 'rhyddid' yn cyffwrdd â sawl cyd-destun. Gall ddisgrifio'r ymgyrch dros ryddid neu hawl yr unigolyn i fynegi barn yn rhydd – adlais o un o'r themâu a nodweddai ymgyrch Rowlands o'r dechrau. Roedd y pwyslais ar ryddid hefyd yn diffinio'r ymgyrch Saesneg yn America i raddau helaeth. Canai beirdd megis Whittier am yr ormes ar ryddid barn a chydwybod yn gyson, er ei fod yntau'n credu mewn diddymu caethwasanaeth yn unionsyth.[56]

Roedd y syniadaeth hon yn deillio o bwyslais y Diwygiad Methodistaidd ar hunanddisgyblaeth. Gweithredid arferiad o hunan-holi ar lefel breifat, yn 'unigolygyddol yn hytrach nag yn gymdeithasol'. Trwy apelio at y dyn cyffredin, fe'i hanogwyd i ffurfio ei benderfyniadau mewn cymundeb â Duw ac mewn tawelwch drwy ymson a'i gydwybod. Dylai pob un felly gael ei argyhoeddi'n fewnol o'i ran i newid anghyfiawnderau.[57] Credid felly bod newid y gymdeithas yn broses raddol a ddeilliai'n naturiol o ledaenu'r Gair, yn hytrach na'i chwyldroi mewn byr amser.[58] Dyma un o'r prif wahaniaethau barn a rwygai undod carfanau crefyddol ymfudwyr o wahanol genhedloedd yn y cyfnod yn

Cyfaill pwy o'r hen wlad?

America.[59] Cafodd Rowlands ei dywys yn reddfol felly at y cyfrwng llenyddol fel modd o dargedu meddyliau unigolion dan yr wyneb yn hytrach na 'bloeddio' yn gyhoeddus. Hynny, drwy addysgu a meithrin trafodaeth, a roddai'r 'Gwir Ryddid' i benderfynu ar y dull doethaf o weithredu.

Mae'n amlwg felly mai dulliau gweithredu oedd y prif fygythiad i heddwch y cylchoedd crefyddol, a bod seiliau athrawiaethol ac enwadol i'r cyfan. Y sefyllfa gymdeithasol oedd yn ysgogi credo Everett a'i ddilynwyr a'u dyhead angerddol i ddileu caethwasanaeth. O'r herwydd, dyletswydd y Cristion oedd defnyddio cyfuniad o 'foddion' crefyddol ac ymarferol i'r perwyl hwnnw. Ar y llaw arall, Cyffes Ffydd y Methodistiaid oedd maniffesto Rowlands, a dilynai ei arweiniad wrth ymdrin â phob mater. Gan mai'r byd ysbrydol oedd ei brif gonsérn, bod yn ddefnyddiol i achub eneidiau oedd byrdwn Rowlands yn ei 'ddyddlyfr' a'i bregethau. Os Rowlands yw awdur yr ysgrif hon, dengys unwaith eto ei fod yn camu i'r adwy pan fo ymosodiad uniongyrchol ar ei enwad.

Ceir ysgrif arall o dan ffugenw ddeufis yn ddiweddarach sy'n adleisio arddull Rowlands. Mae 'Carwr Uniondeb' yn dyfynnu gwrthwynebiad y gwleidydd J. Q. Adams i 'fesurau Gwrthgaethiwawl (*Abolition*) y dydd'. Tanlinella'r awdur ei gred ddiysgog mewn diddymu caethwasanaeth, ond dywed na fu'n aelod o unrhyw gymdeithas wrthgaethiwol na'r Blaid Rhyddid gan ei fod yn credu na ddylid newid cyfreithiau heb 'gydsyniad y bobl'. Ystyria'r awdur fod diwygio'r drefn ar gais un garfan yn groes i ddymuniad y cyhoedd ac yn 'drais ar egwyddorion Cyffrediniaeth', sydd, o bosibl, yn adleisio cred sylfaenydd y *Cyfaill*.

'*Pa le mae fy nghyfaill?*' Cerrig milltir yr 1840au

Parhâi'r gynnau enwadol i danio eu sen o bryd i'w gilydd, a gwnaed Rowlands yn gocyn hitio oherwydd ei dawedogrwydd ymddangosiadol ynglŷn â materion gwleidyddol yn y *Cyfaill*. O'i gymharu â rhaeadr fyrlymus Everett yn y pwlpud ac yn y wasg, fe'i beirniadwyd gan gyfrannwr i'r *Cenhadwr* am fod ei agwedd yn gyfystyr

'Cyhoeddiad rhydd ac anmhleidgar'

bron â llwfrdra yn yr ymgyrch. Chwaraeir gyda'r gair 'cyfaill' er mwyn dwysáu'r ergyd drosiadol: 'Pa le mae fy nghyfaill Rowlands sydd yn cyhoeddi 'Cyfaill o'r Hen Wlad?' A ydyw y Cyfaill ddim i fod yn Gyfaill i iawnderau dynion, a Chyfaill i Blaid Rhyddid?'[60] Mae'r *Seren* hefyd dan lach yr awdur: 'A pha le y mae y Seren Orllewinol i oleuo y Bedyddwyr mewn perthynas iddeu dyledswydd fel dinasyddion i roddi eu pleidlais o du rhyddid?'

Yn wir, achosodd ei ddaliadau golygyddol gythrwfl tanllyd rhwng y cyhoeddiadau enwadol, a hynny oherwydd un ysgrif neilltuol. Anfonodd Gwilym Hiraethog 'Anerchiad at y Cymry yn America' – erthygl yn pledio rhyddid – at y tri misolyn crefyddol Cymraeg yn America. Y *Cenhadwr* a'r *Seren* yn unig a'i cyhoeddodd, a chododd hynny amheuon ynghylch cymhelliadau Rowlands fel golygydd. Ymddengys ei fod felly'n dewis peidio â chydymffurfio â thrywydd y ddau gyhoeddiad arall, ac nad oedd yn ofni torri ei gwys ei hun wrth ddethol deunydd i'r *Cyfaill*.

Ac yntau'n un o lenorion mwyaf cydnabyddedig Cymru, byddai gwrthod cyhoeddi ysgrif wrthgaethiwol Gwilym Hiraethog yn weithred herfeiddiol ar ran Rowlands. Roedd hefyd yn ffigwr dylanwadol yn yr hen wlad fel golygydd cyhoeddiad wythnosol *Yr Amserau* ar y pryd. Mae hyn yn dwysáu beiddgarwch golygydd y *Cyfaill* ymhellach o ystyried goblygiadau'r cysylltiad trawsatlantig cryf rhwng y gweisg print. Wedi'r cwbl, roedd eisoes wedi cyhoeddi gweithrediadau cyfarfodydd gwrthgaethiwol a oedd yn groes i'w safiad personol, ac felly'n brawf o'i allu i anrhydeddu ei bolisi niwtral. Y tro hwn ysywaeth, ni ellid cuddio y tu ôl i ffug-enwau. Bu'n rhaid i'r golygydd amddiffyn ei benderfyniad i beidio â dilyn patrwm ei gymhreiriaid, er gwaethaf taerineb Everett dros argraffu'r ysgrif deilwng 'mewn llythyrenau o aur dilin'.

Derbyniad digon cymysg a gafodd anerchiad Gwilym Hiraethog gan nifer o ddarllenwyr y *Seren*. Teimlodd un darllenydd 'arswyd anghyffredinol' bod gwleidyddiaeth yn 'distrywio heddwch yn eglwys Dduw'.[61] Mae'n amlwg fod y mater gwleidyddol hwn yn creu rhaniadau yn yr eglwysi. Cyfeiria'r gohebydd at 'y dosparth hyny a arferent fygythiadau cyhoedd ar bawb nad ydynt yn mabwysiadu eu golygiadau cyhoedd hwy o barth dilead caethiwed'. Dyma union gri William Rowlands ers blynyddoedd. Serch hynny,

Cyfaill pwy o'r hen wlad?

cyhoeddodd golygydd y *Cenhadwr* ysgrif atodol yn atgyfnerthu ei phle. Amddiffynnodd golygydd y *Seren* ei benderfyniad i'w chyhoeddi yn sgil teilyngdod yr ysgrif a'r awydd i roi cyfle i'r darllenwyr 'farnu drostynt eu hunain'. Mae'n rhyfedd fod Rowlands wedi peidio â chynnwys yr ysgrif o ystyried y llu o awgrymiadau blaenorol ei fod yn arddel yr un egwyddor â golygydd y *Seren*. Rhoddai bwyslais cyson o hyd ar gynnal fforwm agored i amrywiaeth barn. Fel arfer, byddai'n cyhoeddi erthyglau o argyhoeddiad gwahanol i'w eiddo ef ei hun er mwyn tegwch, gan ddefnyddio'i gyfraniadau fel awdur i lastwreiddio eu dylanwad. Fodd bynnag, cadwai ei hawl i wrthod ysgrifau o natur ddifrïol. A oedd felly'n ei hatal am y rhesymau cywir? Mewn amddiffyniad golygyddol, mae'n torri crib yr achwynwr drwy nodi bod yr ysgrif yn 'arogli mor drwm o *ysbryd caethiwed* fel mai rhaid oedd ei chyfrif yn mhlith y gwrthodedigion'. A oedd yr ysgrif hon mor drawiadol o eithafol nes na feiddiai ei chyhoeddi, neu a oedd rheswm arall dros ei gyndynrwydd?

Nid oes amheuaeth nad oedd Rowlands yn daer dros ddiddymu caethwasanaeth. Dywed mai ei fwriad gwreiddiol oedd cyhoeddi 'darluniadau bywiog y gwr hyawdl o orwychedd RHYDDID a ffieidd-dra CAETHIWED mewn llythyrenau o aur'. Fodd bynnag, camwedd cyntaf Gwilym Hiraethog yn ei dyb ef oedd mynd ati i 'gollfarnu cyn profi', un o'i gas egwyddorion. Dim ond '*ymresymwr*' a gaiff groeso ganddo yng ngholofn y dadleuon. Mae'n datgan yn agored mai'r hyn a'i hataliodd rhag cyhoeddi'r ysgrif yw bod Gwilym Hiraethog yn cicio'n erbyn y tresi, sef 'egwyddorion prydferthaf yr efengyl' Fethodistaidd sydd mor annwyl iddo.

Mae'n ymddangos unwaith eto felly mai gwarchod enw da'r cyfundeb sy'n effeithio fwyaf ar grebwyll golygyddol Rowlands. Dengys hynny drachefn ei fod yn dyrchafu crefydd yn uwch nag unrhyw bwnc llosg gwleidyddol. Yr hyn sydd wedi ei gorddi'n fwy na dim yw bod Gwilym Hiraethog yn galw'r garfan Galfinaidd hon yn rhagrithwyr 'am eu bod yn ystyried pregethu yr Efengyl yn gymhwysach i'r Sabboth, na thaeru yn nghylch egwyddorion y *Whigs*, *Locofocos*, ac *Abolisionists*'. Mae yntau o'r farn bod dyletswydd gymdeithasol ar ysgwyddau'r Cristion. Ateba golygydd y *Cyfaill* fod y cyhoeddiad yn pledio rhyddid cyffredinol, 'nid naill-

'Cyhoeddiad rhydd ac anmhleidgar'

ochrog ... mewn llythyren ac ysbryd drwy y byd', ond ni all gymeradwyo hynny ar draul dysgeidiaeth grefyddol. Pwysleisia ei fod yn gweddïo dros ryddhau pob caethwas ledled y byd. Mae'n 'barod bob amser i wneyd yr hyn a allom', ond 'mewn llwybr cydunawl ag egwyddorion yr Efengyl' yn unig y gweithreda:

> Pell oddiwrthym fyddo gwaeddi Rhyddid! RHYDDID! RHYDDID!!! i'r dyn du, ac â'r un anadl am dân o'r nefoedd i ddifa pawb na dderbyniont ein dysgeidiaeth ni. Mae y Cyfaill, fel y gwyr ei ddarllenwyr, wedi bod ac yn parhau i fod, yn rhydd i ymresymiaeth Efengylaidd am y llwybr goreu i amcanu at ryddid caethion y Talaethau Deheuawl, yr hyn yw y ddadl yn unig yn mhlith y Cymry; ni fu, ac ni fydd, pa un a yw caethiwed yn ddrwg neu beidio erioed yn ddadl, ond pa foddion ydynt y goreu i gael gwared o'r drwg yw y ddadl.[62]

Mae'r datganiad yn cadarnhau ei gredoau yn erbyn caethwasanaeth, ond hefyd ei wrthwynebiad i ddulliau'r gwrthgaethiwedyddion ar seiliau crefyddol.

Mae'n bosibl hefyd fod cyd-destun pellach i'r ddadl. Cyhoeddodd Everett lythyr gan Gwilym Hiraethog at y *Dysgedydd*, cyfnodolyn yr Annibynwyr yng Nghymru, fis yn ddiweddarach a oedd yn collfarnu Rowlands.[63] Mae golygydd y *Cenhadwr* wedi ei 'ddolurio' gan ysgrif yn y *Cyfaill* a oedd wedi ei hail-argraffu o'r *Drysorfa*, cylchgrawn y Methodistiaid yng Nghymru. Ynddi honnir bod cofiant y pregethwr adnabyddus, Williams o'r Wern, yn datgan ei fod wedi 'cyffesu drygedd y System Newydd' ar ei wely angau. Cyflwyna Gwilym Hiraethog, awdur y cofiant, dystiolaeth i'r gwrthwyneb mewn ysgrif yn condemnio gweithredoedd golygyddol Rowlands. Ychwanega fod syniadau Uchel-Galfinaidd golygydd y *Cyfaill* yn ofid ganddo.

Mae'n arwyddocaol fod Rowlands wedi cyhoeddi'r ysgrif yn y *Cyfaill* gyda nodyn golygyddol yn tynnu sylw'r darllenwyr ati. Awgryma hyn fod ystyriaethau athrawiaethol yn gefnlen i'r frwydr wleidyddol ar dudalennau'r cyhoeddiadau. Yn fwy na hynny, defnyddir cyfnodolion yr hen wlad fel carreg ateb wrth i Gwilym Hiraethog ofyn i olygydd y *Cenhadwr* gyhoeddi ei ysgrif, fel ag y gwnaethai'r *Cyfaill* gyda'i chwaer yng Nghymru. Gwelir felly bod

Cyfaill pwy o'r hen wlad?

y diwylliant print trawsatlantig yn cefnogi ei gilydd ar linellau enwadol.

Taflwyd ysgrif arall i bair yr ymrafael gan Morris Roberts, un o gyfeillion Robert Everett. Er ei fod yn gyn-Fethodist, roedd Rowlands wedi codi ei wrychyn, fel y gwelir mewn llythyr i'r *Cenhadwr*. Cyflwyna feirniadaeth finiog yn erbyn golygydd y *Cyfaill* am ei ysgrifau amddiffynnol a oedd yn 'cynwys cymaint o gamsyniadau, neu gamgymeriadau bwriadol neu anfwriadol'.[64] Gresyna fod Rowlands wedi ymddwyn yn 'ochrog' ac 'annheg' drwy gymryd ymaith hawl ei ddarllenwyr i asesu safon yr anerchiad. Dywed ei fod felly'n 'camsynied am dano ei hun ac egwyddor ei gyhoeddiad' gan fachu ar y cyfle i ganmol ei hun a'r *Cyfaill*.

Ymddengys iddo ef fod Rowlands yn dweud na ddylid 'dylanwadu dim er cael diwygiad a gwellhad mewn llywodraeth gwladol'. I Everett a'u tebyg, roedd cysylltiad cryf rhwng Cristnogaeth a'r ymgyrch wrthgaethiwol yn wyneb barnedigaeth Duw, 'rhag i dân o'r nef ddifa ein gwlad euog'. I'r gwrthwyneb, teimla Rowlands fod y Methodistiaid Calfinaidd yn cael eu herlid ar sail eu gwahaniaeth athrawiaethol. Datblygodd cynnen rhwng y ddau gorff wrth i aelodau amddiffyn un o'u pennaf arweinwyr ysbrydol. Diolcha Rowlands am gydymdeimlad ei gyfeillion, gan grisialu ei olygon am y gwrthgaethiwedyddion:

> Am bwngc yr Abolisioniaid, ein bwriad yw ysgrifenu ein meddwl arno yn onest bryd bynag y delo dan ein sylw – dyoddef yr erledigaeth, a pheidio amrafaelio hyd ag a allom. Yr ydym yn meddwl yr amrysonent hwythau lai pe bai mwy o'u serch ar y 'pethau sydd uchod,' a llai arnynt eu hunain. Yr ydym, meddyliem, o galon yn teimlo dros y caeth, ond nid ydym yn gallu gweled hyd yn hyn, fod eu mesurau hwy wedi bod, nac yn debyg o fod, yn un lleshad iddo, ac y mae yn sicr nad yw eu hysbryd wrth bleidio eu mesurau, yn tueddu i wellhau dim arnynt, nag o ennill dynion difrifol i'w cynnorthwyo.[65]

Mae'n amlwg felly bod ei weithredoedd gwleidyddol, crefyddol a golygyddol yn gorgyffwrdd mewn plethwaith ideolegol cymhleth. Fe'u gwreiddiwyd yng nghred sylfaenol y Methodistiaid y dylid osgoi unrhyw aflonyddwch er mwyn canolbwyntio ar grefydd.

'Cyhoeddiad rhydd ac anmhleidgar'

Mae'n atgoffa ei ddarllenwyr yn gynnil ar ddiwedd y flwyddyn nad oes gan y *Cyfaill* 'unrhyw gymdeithas boliticaidd na chrefyddol i'n digolledu' fel 'anturiaeth bersonol'. Byddai hon yn ergyd i Everett a oedd yn denu cefnogaeth y gwrthgaethiwedyddion.[66] Er iddo gyfaddef bod gan y cyhoeddiad 'amryw o wrthwynebwyr ar y maes a llawer o elynion', mae'n hyderus fod ei egwyddorion adnabyddus yn dderbyniol gan 'luaws mawr o'r Cymry yn y wlad yma'.

Er gwaethaf y feirniadaeth a ddioddefodd Rowlands am beidio â chyhoeddi ysgrif Gwilym Hiraethog, mae'n gwneud yr un math o benderfyniad golygyddol eto yn 1847. Mae'n ddadlennol ei fod yn gwrthod ysgrif sy'n gwrthryfela'n erbyn sylwadau gwleidyddol a wnaed ganddo yn rhifyn mis Chwefror o'r *Cyfaill*, gan gyfeirio at 'weithrediadau cynhyrfus, cableddus a theyrnfradwrus yr Abolisioniaid Politicaidd'.[67] Fe'i cyhuddir o enllibio'r gwrthgaethiwedyddion, gan orfodi'r awdur gwrthodedig i droi at y *Cenhadwr* a'r *Seren*. Mae hyn yn peri iddo gwestiynu integriti golygyddol y *Cyfaill* wrth iddo fflangellu Rowlands yn gyhoeddus mewn print: 'Diolch Syr, mai nid wrth wregys Cyhoeddwr y Cyfaill yr hongia agoriadau y Wasg.' Fel ag y gwnaethai yn achos ysgrif Gwilym Hiraethog, ymddengys ei fod wedi cefnu ar ei ymrwymiad i gynnal fforwm agored unwaith eto yn wyneb bygythiad i enw da'r cyfundeb.

Cymharol dawel fu'r dadlau o natur wleidyddol yn y *Cyfaill* ar ôl 1845 hyd nes yr atgyfodwyd taten boeth caethwasanaeth yn 1848 gan W. E. Ellis, awdur yr ysgrifau ar gaethiwed yn ystod 1844–5. Anfona'r ysgrif mewn ymgais i 'leihau neu ddiddymu' rhagfarn y Cymry yn erbyn y gwrthgaethiwedyddion ac i herio'r cysyniad eu bod yn 'ddinystr ar wlad ac eglwys'. Mae ei gyfraniad yn ymateb i gyhuddiad mewn rhifyn blaenorol o'r *Cyfaill* bod y '*Gwrthgaethwyr* yn *Wrth-Sabbothwyr*' ac yn erbyn y Beibl.[68]

Ni all Rowlands gadw ei bellter o'r ddadl hon oherwydd ei ymlyniad at yr ymgyrch yn erbyn caethwasanaeth. Dywed ei fod wedi caniatáu i'r ysgrif ymddangos i osgoi'r cyhuddiad o wrthwynebu amcanion y gwrthgaethiwedyddion. Yn wir, mae'n eu cymeradwyo cyn belled â'u bod yn gweithredu dros ryddid, ond ni all gefnogi'r modd y maent yn amharu ar wasanaethau crefyddol.[69]

Cyfaill pwy o'r hen wlad?

Tra oedd y gwrthgaethiwedyddion yn teimlo bod angen addysgu'r werin am faterion gwleidyddol ar y Sul, credai Rowlands a'i ddilynwyr fod y diwrnod wedi ei gysegru ar gyfer gwasanaethu Duw yn unig. Er ei fod yn gwrthwynebu caethwasanaeth ar sail foesol, byddai defnyddio'r pwlpud at ddibenion gwleidyddol yn amharu ar drosglwyddo'r ddysgeidiaeth yr oedd mor daer dros ei gwarchod. Mae unrhyw fygythiad i burdeb yr efengyl yn peri iddo fentro o'r cysgodion golygyddol ar unwaith, fel y gwelwyd yn y cyd-destun enwadol. Credai Rowlands o hyd yng ngrym yr efengyl i wrthweithio effeithiau'r gyfundrefn annynol, ac yn ôl ei harweiniad hi yn unig roedd e'n fodlon gweithredu.[70]

Mae'r ffaith iddo gyhoeddi gweithrediadau'r Gymdeithas Drefedigaethol yn yr adran newyddion ddwywaith yn ystod y flwyddyn honno hefyd yn awgrymu ei fod yn parhau i'w harddel ar yr un seiliau ag y proffesodd yn 1839: 'Ac er yr edrych arni yn gilwgus gan wrthgaethwyr politicaidd, daw pob dyngarwr didwyll i'w mynwesu yn anwyl yn y man.'[71]

Fodd bynnag, er iddo barhau i broffesu egwyddorion yn gysylltiedig â'r gwrthgaethiwedyddion a oedd erbyn hyn yn dra amlwg, mae 1848 yn garreg filltir bwysig yng ngolygyddiaeth Rowlands. Roedd ei safbwynt gwleidyddol yng nghyd-destun crefydd yn wybyddus, ond dyma'r tro cyntaf yn hanes y *Cyfaill* iddo fentro dangos cefnogaeth agored i blaid wleidyddol. Cyn hyn, glynai'n daer at ei bolisi diduedd o beidio â ffafrio plaid wleidyddol. Ofer fyddai dyfalu natur ei deyrngarwch pleidiol – os meddai ar un o gwbl – oherwydd prinder tystiolaeth, hyd yn oed yn ystod y blynyddoedd etholiadol 1840 ac 1844.

Yn yr adran newyddion yn 1848 – a oedd fel arfer yn cyflwyno gweithredoedd llywodraethol yn wrthrychol – y gwelir y newid hwn yn ddiamwys. Mae golwg Rowlands ar gaethwasanaeth yn peri iddo ddatgan ei bod yn 'llawn bryd rhanu' dinasyddion yr Unol Daleithiau yn ddwy blaid ar y mater. Ychwanega fod 'plaid boliticaidd newydd' wedi ei ffurfio, sef 'Pleidwyr Tiriogaeth Rydd' a oedd yn gwrthwynebu ehangu tiriogaeth caethwasanaeth ac y disgwylir iddi fod yn 'aderyn cryf yn fuan'. Mewn gwrthgyferbyniad llwyr i'w ymlyniad diwyro at safiad niwtral yn nechreuad y *Cyfaill*, mae'n datgan ei gefnogaeth yn agored i'r blaid yn 1848:

'Cyhoeddiad rhydd ac anmhleidgar'

... ein dymuniad a'n dysgwyliad yw, gweled y blaid yma mewn goruchafiaeth, wedi llyngcu pob plaid arall iddi ei hun. Mae yn llawn bryd cyfyngu y gaethwasanaeth i'r Taleithiau lle y mae ... ac yr ydym yn dra sicr y cytuna pob Cymro o blaid hyn ... Bydd yn hawdd deall y gwahaniaeth rhwng y pleidiau politicaidd o hyn allan – y naill dros gyfyngu y gaethwasanaeth, a'r lleill dros ei helaethiad neu o leiaf ei adael yn amheus.[72]

Mae'r ffaith fod Rowlands yn cyhoeddi egwyddorion y 'Blaid Rydd' fis yn ddiweddarach hefyd yn atgyfnerthu'r dystiolaeth ei fod erbyn hyn yn barod i 'ddangos ei ochr'. Cynrychiola hyn drobwynt yn ei wleidyddiaeth a'i olygyddiaeth wrth iddo ddymuno llwyddiant iddynt. Erfynia ar y Cymry i anghofio eu 'teimladau politicaidd blaenorol' gan fod o'r diwedd 'esgynfwrdd (platfform)' i wrthwynebwyr caethwasanaeth gyd-sefyll.[73]

Parha felly i geisio gwireddu ei weledigaeth gychwynnol o uno cymunedau o wahanol farnau ymhlith Cymry America, a hynny ym mhob cyd-destun. Awgrymodd Everett y byddai'r 'Blaid Unol' yn enw addas ar gyfer y *'Free Soil Party'*, sef teitl arall a roddwyd i'r blaid newydd. Mae'r ffaith fod Rowlands yn ymuno â gwrthgaethiwedyddion yn ei rhengoedd yn cyfiawnhau'r enw hwnnw.

Eto i gyd, mae Rowlands yn parhau i broffesu tegwch i'r pleidiau gwleidyddol yn ddi-wahân o fewn cloriau'r *Cyfaill*. Mae'n amddiffyn ei benderfyniad i gynnwys darlun o'r 'pendefig urddasol' a llywydd Plaid y Tir Rhydd, Martin Van Buren, 'nid am ei fod yn pleidio unrhyw ddosbarth neillduol o ddaliadau politicaidd'. Dywed ei fod wedi cynnwys darlun o ymgeisydd y Chwigiaid yn ystod y flwyddyn flaenorol, ac y byddai'n gwneud yr un gymwynas i lywydd y Democratiaid 'pe caem gyfleustra i hyny'. Er hynny, mae'n arwyddocaol ei fod wedyn yn cyfleu cefnogaeth y *Cyfaill* yn gwbl ddiflewyn-ar-dafod i un blaid neilltuol. Wedi pryder a phetruso ynghylch y sefyllfa ers blynyddoedd, cyhoedda y gall pob 'dyngarwr' yn awr 'ymrestru a gwneud ei ran': 'Eto, da yw cydnabod y gwirionedd, mae rhywbeth yn egwyddorion y Blaid Rydd ag sydd yn hynod o hoff gan y Cyfaill, a chan belled ag y pleidiant ryddid yn ddidwyll a gwironeddol, y mae yn rhwym o'u cefnogi ...'[74]

Cyfaill pwy o'r hen wlad?

Mae ei gyfeiriad at 'dorri amod' dysgeidiaeth yn awgrymu mai ei anghymeradwyaeth o ddulliau gweithredu'r gwrthgaethiwedyddion a'i hataliodd rhag cefnogi'r Blaid Rhyddid yn rhan gyntaf yr 1840au, er bod y blaid newydd wedi ei chreu ar yr un sylfeini. Mae ei gyfaddefiad iddo wynebu'r un pryder â nifer o'i gyd-Gymry am y ffordd orau i ddileu caethwasanaeth yn awgrymu nad oedd yn teimlo y gallai gefnogi unrhyw blaid cyn 1848. Yn awr mae'n ymddangos ei fod yn argyhoeddedig o rinweddau'r blaid newydd. Fodd bynnag, sylwer nad yw'n manylu yn uniongyrchol yn ei anerchiadau golygyddol y dylai ei ddarllenwyr roi eu pleidlais i'r blaid hon. Mae'n gwneud hynny yn hytrach mewn atodiadau i erthyglau a newyddion gwleidyddol mewn dull awgrymus na fyddai'n denu gormod o sylw.

Ategir cenadwri Rowlands mewn ysgrif yn y *Cyfaill* gan gyfrannwr o'r enw James Owen, sydd hefyd yn amlinellu'r athrawiaeth Fethodistaidd ynghylch y dull o ddiddymu. Mae'n dangos bod rhai o aelodau'r enwad o leiaf yn dilyn arweiniad golygydd y *Cyfaill*. Mae hefyd yn adleisio pryder Rowlands am ddadlau'r gwrthgaethiwedyddion a'i effaith ar grefydd, ac yn ymfalchïo bod 'rhyw drwst rhyfedd megys yn mrig y morwydd y flwyddyn hon'.[75] A fyddai'r undod rhwng y carfanau a oedd gynt yng ngyddfau ei gilydd yn parhau yn negawd yr 1850au?

Degawd o gyfnewidiadau: cynnwrf gwleidyddol yr 1850au

Byrhoedlog fu hanes Plaid y Tir Rhydd, ac felly parhâi'r ymgyrch i greu plaid newydd a fyddai'n cyfuno safiad gwrthgaethiwol ag apêl at y bobl gyffredin. Edrychai'r ddelfryd hon fel un a oedd ymhell i ffwrdd pan wawriodd degawd cythryblus yr 1850au o dan gwmwl y *Fugitive Slave Law*.[76] Er hynny, ni phallodd ymrwymiad Rowlands i'r Gymdeithas Drefedigaethol, wrth iddo lawenhau yn 1852 ei bod wedi galluogi cannoedd o gaethweision i ymfudo. Prydera 'ein bod yn diystyru dydd y pethau bychain wrth fod mor ddisylw o'r gymdeithas haelionus hon'.[77]

Roedd ei ran yn yr ymgyrch wrthgaethiwol mewn print hefyd yn gryfach nag erioed. Er ei fod o'r dechrau'n deg wedi troedio'r

'Cyhoeddiad rhydd ac anmhleidgar'

tir canol o'i gymharu â'i gyfoeswr Everett, mae'r ddau olygydd yn cyhoeddi fersiwn Gymraeg o'r nofel *Uncle Tom's Cabin* ar ffurf cyfres yn eu cylchgronau yn 1853. Teimlai golygydd y *Cyfaill* reidrwydd i gyhoeddi 'pennod o lyfr mawr yr oes, ar bechod mawr yr oes yn America',[78] er ei fod yn ymfflamychol yn ei ddylanwad ar feddyliau pobl. Trwy gyhoeddi *Caban F'Ewyrth Twm*, roedd yn dinoethi creulondeb caethwasanaeth ar adeg dyngedfennol codi tymheredd y ddadl yn ei herbyn, er ei fod wedi cael ei 'feio' a'i 'ganmol' am ei chyhoeddi. Roedd y nofel hefyd wedi ymddangos fel cyfres yn y cyfnodolyn Saesneg *National Era*, sy'n dangos bod y golygyddion Cymraeg ar flaen y gad yn defnyddio'r cyfrwng print i ddibenion gwrthgaethiwol yr oes.

Defnyddid amrywiaeth o ffurfiau llenyddol a barddonol yn yr ymgyrch yn gyffredinol. Roedd hyn yn ymestyn ffiniau'r *Cyfaill* i drafod pynciau dadleuol, nid yn ffeithiol yn unig ond hefyd mewn arddull greadigol a oedd yn ffordd fwy dyfeisgar o gael effaith ar feddyliau'r darllenwyr. Cyhoeddai holl gylchgronau Cymraeg America gyfuniad o ysgrifau, cerddi a darnau o newyddion yn darlunio erchylltra'r prynu a'r gwerthu. Gan nad oedd Rowlands yn hoff o ddefnyddio'r wasg brint fel arf bregethwrol i ddylanwadu'n uniongyrchol yn wleidyddol, roedd y deunydd hwn yn fodd mwy cynnil i gyfleu gwir sefyllfa'r caethweision. Roedd y *Cyfaill*, i raddau llai na'r *Cenhadwr*, wedi defnyddio'r traddodiad barddol a llenyddol i hybu'r achos ers y dechrau, gan ddefnyddio amrywiaeth o ffurfiau i daro'r maen i'r wal. Ond cyrhaeddodd yr ymgyrch yn erbyn caethwasanaeth ei hanterth erbyn canol yr 1850au. Roedd cyfran helaeth o lenyddiaeth wleidyddol y cyfnod hefyd yn gyfieithiadau o Saesneg, er enghraifft 'Hanes Bywyd a Ffoedigaeth Moses Roper o gaethiwed Americanaidd'. Mae hyn yn awgrym o ddymuniad y Cymry i ddehongli agweddau o'u hunaniaeth newydd drwy gyfrwng eu mamiaith, ac i roi gwedd Gymreig i'r pynciau Americanaidd dyrys. Yn yr un modd, trosglwyddwyd cyfraniad llenorion Saesneg America megis Whittier i'r achos gwrthgaethiwol drwy'r cyfrwng print. Golygai strwythur y papur newydd y gellid darllen cerdd yng nghyd-destun erthyglau eraill a oedd yn gwrthwynebu caethwasanaeth. Fel y cyfnodolion Cymraeg yn America, byddai cyhoeddiadau gwrthgaethiwol

Cyfaill pwy o'r hen wlad?

Saesneg megis y *Liberator* yn pentyrru tystiolaeth gyda gwahanol destunau er mwyn dwysáu'r ergyd i weithredu:

> In Jacksonian culture, in which readers usually encountered poems outside of books, the political work of Whittier's anti-slavery poems can best be understood in relation to their mobility and the uses they made of formats like the newspaper and the broadside.[79]

Yn 1854, cymhellwyd yr arweinwyr gwrthgaethiwol i weithredu mewn modd mwy gwleidyddol fyth oherwydd Deddf Kansas-Nebraska. Caniatâi'r ddeddf i fater caethwasanaeth gael ei benderfynu gan bleidleiswyr y ddwy dalaith, gan olygu, yn ddamcaniaethol, y gallai ledaenu i'r tiriogaethau newydd hyn. O'r cnewyllyn hwn o wrthwynebwyr i'r Ddeddf, ffurfiwyd y Blaid Weriniaethol a oedd yn gyfuniad o Chwigiaid 'cydwybodol', aelodau o Blaid y Tir Rhydd a'r Democratiaid. Ni welwyd plaid debyg iddi hyd yn hyn o ran ei gallu i uno trawstoriad eang o bobl mewn ymgyrch wrthgaethiwol ac mewn modd a osodai'r mater ar flaen yr agenda wleidyddol.

Er i Rowlands brotestio'n ddi-dor yn erbyn cymysgu crefydd a gwleidyddiaeth, gwnaeth dro pedol drwy gyhoeddi dwy bregeth yn y *Cyfaill* yn 1854 gan J. P. Thompson a Thomas Foulkes a oedd yn ymateb i Ddeddf Kansas-Nebraska.[80] Er bod y pregethau'n ddilornus o grefyddwyr fel yntau a oedd yn gwrthwynebu'r arferiad o gyfuno elfennau crefyddol a gwleidyddol, mae parodrwydd golygydd y *Cyfaill* i'w cyhoeddi yn awgrymu ei fod yn fwy agored i ddaliadau eraill erbyn hyn. Mae'n bosibl ei fod yn fwy eangfrydig bellach wedi iddo ennyn beirniadaeth hallt am wrthod rhai ysgrifau yn y gorffennol.[81]

Yn sgil hyn, atgyfodir dadl hirhoedlog yn ystod 1855 o natur debyg i'r ymryson cyntaf yn 1839 sy'n holi a yw'r Beibl yn cyfiawnhau neu'n condemnio caethwasanaeth. Mae awdur sy'n galw ei hun yn 'Ymdeithydd' yn pryderu bod y Cymry mor ansicr eu barn ar y pwnc o hyd nes y teimla reidrwydd i ofyn am gymorth y *Cyfaill*.[82] Esgorir ar ddadl rhwng 'Tudur' a'r bardd Eos Glan Twrch ynghylch tystiolaeth y Beibl am gaethwasanaeth. Gwelir Tudur yn ymateb gyda syndod i bryder 'Ymdeithydd', gan fod 'teimlad

'Cyhoeddiad rhydd ac anmhleidgar'

cryf yn mynwes ein cydgenedl yn erbyn caethwasanaeth' erbyn y cyfnod hwn.[83] Dengys y ddadl hon fod y *Cyfaill* yn parhau i fod yn fforwm agored i drafod materion gwleidyddol, er bod nifer o gyhoeddiadau eraill wedi eu sefydlu er y dadleuon cynharaf ar yr un thema. Ond a oedd Rowlands wedi anghofio ei egwyddorion cychwynnol erbyn hyn?

Prin y cafwyd blwyddyn fwy cyffrous yn wleidyddol nag 1856. Adlewyrchwyd hyn yn y wasg gan fwrlwm o lythyrau, ysgrifau a cherddi yn trafod yr etholiad. Yn ôl y dystiolaeth, gellir dweud yn bur bendant bod Cymry America bron yn unfrydol eu cefnogaeth i'r Blaid Weriniaethol erbyn y flwyddyn hon oherwydd ei safiad yn erbyn caethwasanaeth:

> It was an ideology which combined moral opposition to slavery with an appeal to personal and sectional self-interest and, as such attracted support from numerous Americans who could never have been brought to support abolitionism of the Garrisonian variety.[84]

Brithwyd yr holl gyfnodolion Cymraeg yn America gan lythyrau a cherddi o amrywiol dreflannau Cymreig yn ffafrio'r Gweriniaethwyr. Defnyddiwyd eu cenedligrwydd i atgoffa'r Cymry o'u dyletswydd i roi pleidlais dros ryddid yn eu gwlad fabwysiedig, a byddai'r darnau hyn yn fodd i oleuo'r genedl yn eu cyfyng-gyngor gwleidyddol. Roedd nifer o'r cyfraniadau hyn hefyd yn datgan eu cefnogaeth i'r golygyddion Cymraeg yn gyffredinol am eu rhan yn yr ymgyrch:

> Ein bod yn cydnabod Golygyddion y gwahanol gyhoeddiadau Cymreig, am eu hymdrech diflino (ar yr adeg gynhyrfus bresenol yn ein gwlad,) i bleidio rhyddid ac iawnderau dynol, ac am ein hanrhegu a'r gwirionedd yn ddi-duedd yn eu cyhoeddiadau, y rhai, fel y gostyngedig farnym, sydd yn teilyngu cymorth pob Cymro yn America...[85]

Roedd y Cymry hyn yn falch bod y wasg ac aelodau'r genedl yn codi llais o'r diwedd, ac roeddent yn annog eu cydgenedl i gynnal

Cyfaill pwy o'r hen wlad?

eu pileri diwylliannol. Roedd polisi niwtral y *Cyfaill* o beidio â dangos ffafriaeth i blaid wleidyddol (polisi yr ailgydiwyd ynddo ers 1848) yn awr yn diflannu yn y cynnwrf a dreiddiai drwy gymunedau Cymreig yr Unol Daleithiau. Er bod cofiant Rowlands yn nodi iddo fod yn 'Republican selog a gweithgar' o ddechrau'r Rhyfel Cartref ymlaen, mae'n ddigon posib ei fod wedi profi'r dröedigaeth wleidyddol yn ystod yr 1850au, o ystyried natur y deunydd a gyhoeddwyd yn y *Cyfaill*.[86]

Ymhyfrydai'r cyhoeddiadau Cymraeg yn unfrydol felly'n eu teyrngarwch i'r blaid, ac eto gwelwyd mwy o daflu baw ar eu tudalennau yn 1856 nag a welwyd er eu dechreuad. Cyhuddwyd golygydd y *Cyfaill* nid yn unig o beidio â gweithredu'n ddigonol yn yr ymgyrch yn erbyn caethwasanaeth, ond hefyd o ochri gyda'r Democratiaid. Ystyrid bod y blaid hon erbyn hyn o blaid caethwasanaeth wrth i'r prif wrthwynebwyr ymgasglu yng nghorlan y Gweriniaethwyr. A oedd unrhyw wirionedd yn yr haeriadau hyn?

Mae craffu ar yr ymladdfa brint ffyrnig rhwng y *Cyfaill* a'r *Drych* yn ystod y flwyddyn hon yn dadlennu llawer am natur y wasg gyfnodol a'i thueddiadau gwleidyddol. Nid oedd pob darllenydd yn cefnogi'r holl gyhoeddiadau yn ddiwahân, fel y dengys llythyr yn y *Drych* gan y Parch. Rees Evans. Gellir ei ddehongli fel beirniadaeth uniongyrchol ar y *Cyfaill* a'i egwyddorion wrth iddo nodi nad yw gwrthrychedd newyddiadurol wrth ymdrin â phwnc fel caethwasanaeth yn rhinwedd. Yn hytrach, mae angen 'gonestrwydd a gwrolder digonol' i weithredu:

> Mae rhai yn ymffrostio mewn bod yn amhleidiol, a pheidio ymyrryd â pethau gwladol ... Mae gan y rhai a 'garant y Gwirionedd' waith mawr i'w wneyd *eleni* yn y Taleithiau Unedig, a'r neb nad yw gyda Rhyddid, mae yn ei erbyn. Mae amser anmhleidgarwch ar ben. Mae dystawrwydd y rhai sydd mewn cysylltiad a'r wasg Gymreig, yn gyru cenedl gyfan i amheu cywirdeb eu hegwyddorion.[87]

Dywed anerchiad arall eu bod yn llawenhau gweld y cyhoeddiadau Cymreig 'o'r bron yn dyfod allan fel un gwr dros yr achos – y Drych, y Seren a'r Cenhadwr, a'r Cyfaill braidd yn gwella rhyw ychydig'.[88]

'Cyhoeddiad rhydd ac anmhleidgar'

Cafwyd ymosodiadau chwyrn ar y *Cyfaill* yn gyson ar dudalennau'r *Drych* gan wahanol Weriniaethwyr Cymreig o Racine, Wisconsin. Credent ei fod yn haeddu y 'condemniad cryfaf' fel cyhoeddiad crefyddol gan mai dyletswydd golygyddion yw '*gwneyd* rhywbeth o blaid rhyddid'.[89] Mae adolygiad o'r misolion gan olygydd y *Drych* hefyd yn codi amheuon ynghylch cymelliadau golygyddol Rowlands, wrth iddo synnu at brinder sylwadau yn y *Cyfaill* ar helyntion Kansas: 'Ni raid i ni gynghori y darllenydd pa fath gasgliad i'w dynu oddiwrth hyn!'[90]

Mae cyfrannwr i'r *Drych* o'r enw William G. Roberts hyd yn oed yn cyhuddo Rowlands a chymanfa'r Methodistiaid Calfinaidd yn Dodgeville o gefnogi'r 'blaid gaethiwol', y Democratiaid.[91] Ond mae'r ysgrif hon sy'n datgan bod 'hen dybiau yn fy meddwl er ys llawer dydd bellach' yn ysgogi nifer o ohebwyr i amddiffyn Rowlands a'r cyfundeb.

Ymysg toreth o ddarnau a oedd yn gwrthwynebu caethwasanaeth, roedd golygydd y *Cyfaill* yn cyhoeddi cerddi yn portreadu erchylltra'r fasnach. Yn eu mysg roedd 'Ymson y caethwas', pryddest fuddugol y bardd Llew Llwyfo yn Eisteddfod Cendl.[92] Byddai cynnwys deunydd o'r fath yn dangos ei fod yn defnyddio egni o wahanol agweddau o'r diwylliant Cymreig – llenyddol, eisteddfodol a chrefyddol – i argyhoeddi Cymry America'n wleidyddol. Mae hyn felly'n brawf amlwg o'i safiad. Mae'r ffaith na chymerodd y cyhoeddiadau Cymraeg eraill sylw o ysgrif William G. Roberts, ac i olygydd y *Drych* wrthod cyhoeddi ail ysgrif ganddo ar gyfrif cyfeiriadau personol ynddi hefyd yn awgrymu mai cynnen bersonol oedd ganddo yn erbyn Rowlands.

Serch hynny, parhau wnâi'r ensyniadau bod Rowlands o blaid caethwasanaeth yn sgil ei ddiffyg ymdriniaeth o helyntion Kansas a'i rybuddion rhag defnyddio arfau. Aeth ati i esbonio mai anghymeradwyaeth o ddulliau treisgar y gwrthgaethiwedyddion yn Kansas oedd yr achos am ei dawelwch ymddangosiadol yn yr ymgyrch. Yn ei olwg ef, roeddent yn groes i egwyddorion Cristnogol:

> Nid yw bod dyn yn methu cydredeg a'r Abolisioniaid mewn rhoddi blaenoriaeth i *Sharp's Rifles* ar y Beibl Sanctaidd, yn ei wneyd yn bleidiwr caethwasiaeth. 'Cleddyf yr Ysbryd' yw unig arf ymosodawl y Cristion, a 'na ladd' yw deddf ei Dduw.[93]

Cyfaill pwy o'r hen wlad?

Wrth i'r ysgrifau beirniadol amlhau yn y *Drych*, mae'n atgoffa ei ddarllenwyr o feini cadarnaf y mudiad Methodistaidd a gludwyd o Gymru. Mae'r genadwri 'fod gennym wasanaeth uwch, a neges bwysicach a'n cydgenedl . . . nag ymyrraeth â'u *politics*' yn un a ategwyd gan Gymdeithasfa Wisconsin.[94] Mae'n sicrhau Cymry America bod yr enwad yn rhan o'r ymgyrch yn erbyn caethwasanaeth 'fraich ac ysgwydd', ond ar yr amod y defnyddir 'bob moddion goddefol dan ddeddfau Cristionogaeth i'r dyben hwnnw'.[95] Mae'n debyg felly ei fod yn gefnogol i'r Gweriniaethwyr ar yr adeg hon, ond bod ei safbwynt crefyddol yn ei atal rhag cefnogi'r digwyddiadau treisgar yn Kansas. Mae hyn yn dwyn i gof ei feirniadaeth o ddulliau gweithredu'r gwrthgaethiwedyddion flynyddoedd ynghynt. Mae'r ffaith iddynt drafod arf Americanaidd yn y Gymraeg hefyd yn awgrymu eu hunaniaeth ddeublyg.

Mae'r ffaith i'r gymdeithasfa ddymuno i'r *Cyfaill* 'oleuo ychydig ar y wlad pa fodd i'w gwrthsefyll' yn awgrymu bod Methodistiaid Calfinaidd Cymraeg America yn disgwyl i'r cylchgrawn arwain yr enwad parthed caethwasanaeth. Erbyn hyn, ystyrid y cyhoeddiad yn offeryn enwadol ganddynt. Yn wyneb yr ymgais i 'wanhau y *Cyfaill*', apelia Rowlands ar Gymry America i ddefnyddio 'moddion moesol . . . i gael pob castell annuwiol i'r llawr'. Dymuna hyn drwy ddilyn yr athrawiaeth a oedd yn groes i ddulliau gweithredu Everett a'i ffyddloniaid, gan apelio ar Gymry America i werthfawrogi 'un cyhoeddiad cylchynol o leiaf' sy'n defnyddio tactegau moesol.[96] Yn unol â'r flaenoriaeth a roddai i grefydd, mae'n eu cynghori i 'ofalu am gyflyrau ysbrydol eu praidd' yn hytrach nag 'uchel-floeddio i'r gad' ar faes y cyhoeddiadau. Roedd y cyfeiriadau mynych at yr arfau a ddefnyddid yng nghyflafan Kansas yn ogystal ag yn y frwydr dros ddiddymiaeth hefyd yn ymestyn i ddisgrifio arfau rhethregol y cyfrwng print i'r dim.

Mae'r cwestiwn treuliedig ynghylch priodoldeb defnyddio ffugenw a chyhoeddi ymateb mewn un cylchgrawn i ysgrif mewn cyhoeddiad arall yn parhau i nodweddu'r wasg yn ystod yr 1850au. Gwelir awdur sy'n defnyddio'r enw 'Beth waeth pwy?', yn rhybuddio'n erbyn 'gwyllt-grefyddiaeth' a *'phenrhyddid direol'* yn y *Cyfaill* wrth ymateb i sylwadau Thomas Foulkes a ymddangosodd yn y *Drych*. Roedd yntau'n weinidog Methodistaidd

'Cyhoeddiad rhydd ac anmhleidgar'

a gyhoeddodd bregeth wrthgaethiwol yn y *Cyfaill* a hefyd yn ysgrifennydd Gweriniaethwyr Cymreig Racine, ac yn ei erthygl tanlinellodd ddyletswydd eglwysi yn yr ymgyrch wrthgaethiwol.[97] Fodd bynnag, nid oedd Rowlands bellach yn cuddio ei safiad gwleidyddol y tu ôl i ffugenwau, fel y dengys ei ragymadrodd golygyddol yn Awst 1856. Teimla ddyletswydd i ddatgan yn gwbl glir mai'r Gweriniaethwyr sy'n haeddu eu pleidlais os ydynt yn gwrthwynebu caethwasanaeth, ac yn fwy na hynny, mai dyma ei fwriad personol.[98]

Unwaith eto, nid yw'n rhoi pwysau ar ei ddarllenwyr yn uniongyrchol, ond pwysleisia ei fod yn 'fater cydwybod' i'r Cymry bleidleisio i'r Gweriniaethwyr. Ychwanega mai oherwydd y berw gwleidyddol ynghylch caethwasanaeth 'y gelwir arnom ddangos ein hochr yn benaf ar yr adeg bresenol'. Serch hynny, mae ysgrif hynod ddadlennol ganddo y mis canlynol sy'n dangos na all ildio egwyddorion cychwynnol y cyfnodolyn yn gyfan gwbl:

> Nid yw y 'Cyfaill' ychwaith yn 'annog neb i bleidio i unrhyw blaid wladyddol fel y cyfryw;' ganwyd ef yn wr rhydd – mewn golygiadau crefyddol a gwleidiadol – ac nid yw eto wedi gwerthu ei ryddid unrhyw blaid . . . y mae yn meddwl byw, a marw, pan ddelo yr amser, yn wr rhydd. Ar yr ammodau hyny y cynnygiwyd ei wasanaeth i Gymry America, er ys mron ugain mlynedd yn ol, a phe dangosai amgylchiadau erbyn hyn ei fod wedi 'tyngu i'w niweid ei hun,' nid yw y rheol fawr Ysgrythyrol yn caniatau iddo 'newidio' heb o leiaf rybudd prydlon o'i fwriad.[99]

Eto i gyd, mae natur ei berswâd yn gwbl amlwg wrth iddo gymryd camau breision i eithrio unrhyw un sy'n anghytuno â'r 'gymuned ddehongliadol' a wasanaethai. Dywed mai 'gyda'r Republicaniaid a Fremont y dylsent roddi eu pleidlais', fel mwyafrif y genedl a darllenwyr y *Cyfaill*.[100] Mae rhannu ei fwriad personol wrth bleidleisio hefyd yn strategaeth na ddefnyddiwyd cyn hyn yn sgil pwyslais rheolaidd ar osgoi dangos tuedd. Gwelwn felly'r newid tyngedfennol yn ei batrwm golygyddol. Yn ystod yr un mis, cyhoeddodd ysgrif gan 'Gwerinwr' ac erthygl gan 'Myrddin' yn tanlinellu'r angen i weddïo a bwrw pleidlais yn ofalus, sy'n awgrymu ei fod yn ymdaflu i ddylanwadu ar y genedl cyn yr etholiad. Croesawodd y Blaid Weriniaethol yn agored ynghyd â cheisio llywio pleidlais y genedl – tueddiadau yr oedd wedi eu gwastrodi mor gadarn ers cychwyn ei yrfa newyddiadurol. Mae ei sylwadau ar gyfieithiad Cymraeg o araith 'gynyrfiol a gwerthfawr' Charles Sumner, un o areithwyr mwyaf blaenllaw'r Gweriniaethwyr, hefyd yn adlewyrchu bod Rowlands wedi ei hudo gan y blaid.[101] Mae'r araith gan y 'gwr athrylithgar' sydd wedi gwneud llawer dros ryddhad Kansas yn cynrychioli ei gyfynggyngor ynglŷn â 'datrys dadleuon poenus ein gwlad' ar fyrder, ond hefyd mewn modd heddychlon. Mae ei ddymuniad taer dros 'ledaeniad helaeth' copïau o'r araith drwy'r holl dreflannau Cymreig, ynghyd â'i feirniadaeth am ddiffyg 'iawnder henafol rhyddid ymadrodd' y llywodraeth, yn dangos ei fod yn parhau i roi gwerth ar y cyfrwng print fel arf rymus, ond di-drais.

Yn wir, er iddo gefnu ar rai o'i egwyddorion golygyddol, nid yw'n diystyru conglfeini crefyddol ei enwad gan ei fod yn bwrw pleidlais mewn modd sydd yn anrhydeddu'r efengyl yn ogystal â'r amgylchiadau ar y pryd hwnnw. Ar sail dysgeidiaeth y Methodistiaid, mae'n cynghori'r Cymry i 'ddwys ystyried yr achos rhyngom â Duw, a rhoddi ein pleidlais i mewn yn dawel a digynhwrf gyda'r blaid ddewisiedig, yn foreu ar ddydd yr Etholiad'. Ac yntau wedi disgwyl blynyddoedd am blaid o'r fath, mae'n ymfalchïo y gall ymuno â'i gyd-Gymry 'yn gydwybodol o dir rhyddid' o dan faner y Gweriniaethwyr, er nad yw o hyd yn cefnogi dulliau'r gwrthgaethiwedyddion o fewn y blaid.[102]

Eto i gyd, parhau a wnâi'r honiadau bod Rowlands yn cefnogi'r Democratiaid fel yr oedd yr etholiad yn nesáu.[103] Cyhoedda'r *Drych* eu bod wedi derbyn tri llythyr o Racine yn eu hysbysu eu bod yn 'rhoddi y ____ i fyny oherwydd ei bleidgarwch o gaethwasiaeth y dehau'. Yn ogystal, pasiwyd penderfyniad gan gyfarfod Cymry sir Portage, Ohio eu bod yn ystyried golygyddion nad ydynt 'wedi dyfod allan i amddiffyn Rhyddid . . . yn annheilwng o unrhyw gefnogaeth'.[104] Er y gallwn gasglu gyda sicrwydd bod Rowlands yn pleidleisio i'r Gweriniaethwyr erbyn 1856, mae cryn amwysedd o hyd ynghylch ei safiad gwleidyddol yn ystod y blynyddoedd ar ôl 1848. Yn wir, ceir awgrym ei fod yn aelod o'r Blaid Ddemocrataidd ar un adeg.

'Cyhoeddiad rhydd ac anmhleidgar'

Awgrymodd Jerry Hunter fod Rowlands yn Chwig cydwybodol, a hynny'n rhannol ar sail yr hyn a wyddom am ymlyniad gwleidyddol y mwyafrif o Gymry America'r cyfnod. I'r gwrthwyneb, nodir yn ei gofiant gan un ffynhonnell ei fod yn Ddemocrat hyd nes iddo ddod yn aelod 'selog a gweithgar' o'r Gweriniaethwyr ar ddechrau'r Rhyfel Cartref yn 1861.[105] Mae'r Parch. J. J. Jones, a oedd yn cyd-weinidogaethu ag ef, yn honni ei fod yn 'wladgarwr cynes gyda y blaid Ddemocrataidd er pan wnaeth ei hun yn ddinasydd'.[106] Gan na ddaeth yn ddinesydd Americanaidd tan 1851, ac o ystyried ei ddatganiadau cefnogol dros Blaid y Tir Rhydd yn 1848, mae lle i gredu ei fod wedi gwyro at y Blaid Ddemocrataidd yn ystod y cyfnod hwn yn unig. Yn wir, mae'n ateb gohebydd ar glawr un o rifynnau'r *Cyfaill* yn 1856 drwy fynnu nad yw'r *Cyfaill* erioed wedi 'pleidio unrhyw blaid boliticaidd'. Ond cadarnha hefyd fod ei olygyddion 'bob amser hyd yma wedi rhoddi eu pleidlais dros *ryddid y caethion*, ac yn *Free Soilers*'.[107] Yn y cyfnod cyn y Rhyfel Cartref, roedd nifer o ymfudwyr hefyd yn pleidleisio i'r Blaid Ddemocrataidd oherwydd apêl Jackson i'r dyn cyffredin a'i sêl dros gydraddoldeb.

Yn ei anerchiad yn 1856, awgryma ei fod hyd yn ddiweddar yn cefnogi asgell o'r blaid, yn wir tan un o'u cynadleddau yn Cincinnati pan gytunwyd ar Buchanan fel llywydd y Blaid Ddemocrataidd. Ystyriai fod carfan o'r blaid a elwid yn *'Free Soilers, Softs,* &c' yn ceisio cyfyngu caethwasanaeth a'i atal rhag lledaenu i diriogaeth newydd.[108] Wedi hynny, mae'n datgan bod y ddwy blaid – *'Hards'* a *'Softs'* – wedi uno, a 'dyfod allan braidd yn fwy ffafrifol i ymledaeniad caethwasiaeth na dim arall'. O'r herwydd, mae'r Gweriniaethwyr presennol yn eu hareithiau yn honni mai hwy yw 'yr hen Ddemocratiaid mewn gwirionedd, a bod y rhai a elwir felly'n bresennol wedi gwyro oddiar drac eu hynafiaid, megys Jefferson &c.' Atega Llewelyn D. Howell fod nifer o Gymry Utica a'r cylch wedi bod yn 'gyndyn i newid eu golygon gwleidyddol am amser hir . . . ac aros gyda phleidwyr caethiwed', ac eraill 'y mysg y Meroziaid, heb ddyfod i'r maes i bledio iawnderau'.[109] Mae'n bur debyg felly bod Rowlands yn aelod o'r adain a wrthwynebai gaethwasanaeth o fewn y Blaid Ddemocrataidd cyn 1856, a'i fod wedi troi at y Gweriniaethwyr fel cynifer o Gymry'r ardal erbyn etholiad y flwyddyn honno.

Cyfaill pwy o'r hen wlad?

Mae'n rhaid cydnabod mai braslun eithaf petrus yw hwn o hanes ei wleidyddiaeth, gan nad yw ei bapurau personol wedi goroesi, yn wahanol i rai Everett. Fodd bynnag, o ddefnyddio'r *Cyfaill* a'r cofiant fel ffynonellau, gellir casglu nad oedd yn pleidleisio i un blaid benodol yn y cyfnod 1838–48 oherwydd ei wrthwynebiad i gymysgu crefydd a gwleidyddiaeth. Mae'n ymddangos ei fod yn rhoi ei bleidlais am y tro cyntaf i Blaid y Tir Rhydd yn 1848, yn troi at y Democratiaid erbyn etholiad 1852, ac yna'n uno â nifer o'i gyd-Gymry wrth gefnogi'r Gweriniaethwyr o etholiad 1856 ymlaen. Mae cyfeiriadau cyson at y Gymdeithas Drefedigaethol yn y pytiau newyddion ynghyd â'r sôn am lwyddiant y weriniaeth newydd yn Liberia ystod yr 1840au a'r 1850au hefyd yn awgrymu ei fod yn aelod ohoni drwy gydol y cyfnod hwn.

Ym mis Hydref 1856, ymddangosodd y *Gwron Democrataidd*, pamffled propagandyddol Cymraeg y blaid a drengodd ar ôl dau rifyn. Aeth y *Gwron* ati i honni bod golygyddion y *Cyfaill* a'r *Drych* yn cefnogi ymgeiswyr y Democratiaid. Mae Rowlands yn crybwyll iddo dderbyn sawl copi o'r *Gwron*, ond y byddai'n 'fwy cymeradwy ... pe buasai yn ymdrin mwy ag egwyddorion, a llai â phersonau'.[110] Mae'n cyfaddef ei fod yn 'hoffi egwyddorion Democrataidd, can belled ag y cynnwysant fod y gornifer i reoli', ond i gythrwfl Kansas olygu ei fod yn 'rhwym o'u gadael yn yr ymdrechfa Lywyddol bresenol'. Mae ei ddatganiad yn yr un rhifyn ei fod yn disgwyl i'r Cymry yn gyffredinol 'wneyd eu dyletswydd ... o ochr rhyddid, attal caethwasiaeth a derchafiad Fremont i'r gadair Lywyddol', yn dystiolaeth gadarn ei fod bellach wedi gadael y Democratiaid i ymuno â'r Gweriniaethwyr.

Nid yw'r wasg yn cymryd sylw o ddifrif o ensyniadau'r *Gwron*, ac mae'n amlwg hefyd bod cyfnodolion Cymru'n cadw llygad ar gyhoeddiadau Cymraeg America. Mae'r *Amserau* yn canmol y *Drych*, y *Cenhadwr* a'r *Seren* am ymfyddino mor unfrydol yn erbyn Buchanan a'r 'blaid gaethol', gan ychwanegu:

> ... ac er y carasem weled y Cyfaill yn dyfod allan dipyn yn fwy eglur a phenderfynol ar adeg a phwnc o'r fath bwys, y mae genym le cryf i gredu mai ofer a siomedig ydyw ymffrost y Democratiaid fod y Pch. W. Rowlands yn bleidiwr iddynt.[111]

'Cyhoeddiad rhydd ac anmhleidgar'

Gellir synhwyro cyd-destun sylwadau'r *Gwron* yn sgil ymlyniad Rowlands i'r Blaid Ddemocrataidd ar un adeg, ynghyd â'r safiad niwtral a oedd yn ei atal rhag cyhoeddi cefnogaeth agored i blaid wleidyddol yn y *Cyfaill*. Serch hynny, mae ei ddatganiadau agored yn ystod y flwyddyn hon a'r farn gyffredinol yn ôl sawl gohebydd yn awgrymu mai gwag yw'r cyhuddiadau ei fod yn parhau i gofleidio'r Democratiaid erbyn etholiad 1856. Er hynny, mae'n hawdd gweld paham ei bod yn ymddangos i rai ei fod o blaid caethiwed. Roedd ei dawedogrwydd o ran materion gwleidyddol ynghyd â'r ffaith fod nifer o gaethfeistri yn aelodau o'r Gymdeithas Drefedigaethol yn pesgi'r camsyniad. Ond pam mai'r *Drych* a oedd fwyaf parod i gyhoeddi'r ensyniadau hyn, yn wahanol i weddill gwasg gyfnodol Gymraeg America?

Ar wahân i'r gwahaniaethau athrawiaethol, mae'r dystiolaeth yn awgrymu bod yr anghydfod rhwng y *Cyfaill* a'r *Drych* yn deillio o haen isdestunol ar y berthynas ehangach rhwng cyhoeddiadau Cymraeg America. Mae'n bosibl fod Rowlands wedi tanio drwgdeimlad y *Drych* tuag ato drwy ddatgan cefnogaeth i'r *Cymro Americiaidd* yn ystod 1856. Papur newydd oedd hwn a sefydlwyd i gystadlu'n uniongyrchol â'r *Drych*, a bu'n destun dirgryniadau a gâi fynegiant drwy ddadleuon gwleidyddol a chrefyddol rhwng y ddwy ochr. Er bod Rowlands wedi mynegi ei edmygedd o'r *Drych* ar ddechrau'r flwyddyn, byddai ei ffyddlondeb cyson o hynny allan i fenter J. M. Jones yn sicr o ennyn ymateb ffyrnig.[112]

Roedd y ffigwr y tu cefn i'r cyhoeddiad newydd hefyd yn gynolygydd y *Drych* a oedd yng nghanol trafferthion ariannol dwys gyda'r golygyddion cyfredol.[113] Nid oedd perthynas y papur â golygydd y *Cymro* – Dr J. Henry Puleston – fawr gwell wedi iddo gael ei feio am gamddarlunio safiad gwleidyddol y *Drych*.

Erbyn diwedd y flwyddyn, mae Rowlands yn cyfeirio at y *Drych* fel 'gelyn' ac yn beio'r golygyddion am 'ddinystrio ei lafur a'i ddefnyddioldeb'. Mae'n bosibl ei fod yn chwerw wrth i'r *Drych* ei orfodi i gefnu ar ei safiad niwtral arferol er mwyn atal unrhyw si ei fod yn gefnogol i'r Blaid Ddemocrataidd. Er gwaethaf tystiolaeth i'r gwrthwyneb, mae'n parhau i ddatgan ei fod yn 'tewi yn ddystaw dan lawer oer-frath lem' pan gyhoeddir beirniadaeth yn erbyn y

Cyfaill pwy o'r hen wlad?

Cyfaill. Er hynny, teimla reidrwydd i ymateb i gyhuddiadau'r *Drych* er mwyn 'gwanhau ysbryd enllibgar'.[114]

Yn ei anerchiad golygyddol ar ddiwedd blwyddyn fawr Rowlands yn 1856, mae'n ymfalchïo ei fod wedi cael yr anrhydedd 'o wasanaethu ein cenhedlaeth' gyda chydwybod dawel ac yn ôl ewyllys Duw. Gwnaeth hynny er gwaethaf 'pob gofid a helbul', gan sicrhau ei ddarllenwyr na wnaeth ei dueddiadau gwleidyddol a chrefyddol wneud cam â'r gwirionedd yn ei dyb ef:

> Afraid dweyd na bu erioed y fath farnu, cam-farnu a chollfarnu ar egwyddorion gwleidiadol y Cyfaill a'i olygwyr yn nghyffroad yr Etholiad Llywyddawl diweddar. Fel cyhoeddiad crefyddol, ni ddarfu i ni erioed feddwl fod ei egwyddorion gwladwriaethol o gymaint pwys yn ngolwg ein cydgenedl. Ein dull adnabyddus ni o'r dechreuad yw cyhoeddi pob peth hyd y goddefo ein gofod, ag a farnom o bwys a dyddordeb i'n darllenwyr, o bob ochr, am bob plaid, yn ddiofal hollol o'r dylanwad pleidiol. Nid ydym yn amddifad o olygiadau gwladwriaethol, nag yn ei ystyried yn bechod pleidio y golygiadau hyny, tra yn ymddwyn yn addas i Efengyl Crist . . .[115]

Etholiad 1860

Wrth i'r 1860au wawrio, daeth pwnc gwleidyddol newydd i draarglwyddiaethu ar agenda gwasg gyfnodol Cymry America. Rhoddwyd gwedd ffres ar y pwnc treuliedig caethwasanaeth a ymdriniwyd ag ef eisoes i raddau helaeth o ganlyniad i etholiad 1860 a'r cwestiwn o undeb rhwng taleithiau'r gogledd a'r de. Yng ngeiriau Thomas Jenkins, cyd-olygydd y *Cyfaill* ar y pryd, 'mae sefydliad yr Undeb mor bwysig gyda golwg ar ein Gwleidiadaeth . . . Rhyddid a Chaethiwed wedi dyfod i wrthdrawiad egnïol a phenderfynol, ac yn brif bwnc y dydd'.[116]

Gwelwyd eisoes sut yr oedd polisi gwrthrychol y *Cyfaill* yn graddol edwino fel yr âi'r 1850au rhagddo, ac yn wir, cawn sawl enghraifft o gefnogaeth diymwad i'r Gweriniaethwyr yn ystod y degawd. Mae'n bosibl fod Thomas Jenkins wedi dylanwadu ar Rowlands fel ei gyd-olygydd, ond yn ôl tystiolaeth diwedd yr 1850au, mae lle i gredu hefyd bod sylfaenydd y *Cyfaill* ei hun wedi

'Cyhoeddiad rhydd ac anmhleidgar'

llacio ei afael ar y polisi niwtral y proffesodd mor ddi-droi'n-ôl unwaith.

O'i gymharu â mynegi cefnogaeth i'r Gweriniaethwyr yn ystod yr 1850au, ymosodir yn uniongyrchol ar yr wrthblaid, y Democratiaid, yn aml yn ystod yr 1860au. Edmygir y Blaid Weriniaethol am ei safiad drwy ei chymharu â 'chwareu plant' a ffolineb y Democratiaid sydd wedi peri iddi fod yn 'ffiaidd ac atgas yng ngolwg pawb'.[117]

Mae'r disgrifio'r Blaid Weriniaethol fel 'llonydd' a 'thawel' yn adlais o faniffesto'r Methodistiaid yn wleidyddol, a gellid deall felly pam y byddai golygydd y *Cyfaill* mor barod i ddatgan cefnogaeth iddi ar ei dudalennau. Mae'r *Seren* hefyd ar brydiau yn dangos ei ochr yn glir, gan ychwanegu sylwebaeth bersonol at weithrediadau'r cynadleddau gwleidyddol.

Er nad yw'r *Seren* a'r *Cyfaill* mor llafar eu barn o'u cymharu â'r *Cenhadwr* sydd wedi ei lwytho ag ysgrifau gwrthgaethiwol, mae'r dull hwn o ategu pytiau newyddion gyda sylwadau yn dangos tuedd yn strategaeth newyddiadurol sy'n nodweddiadol o'u hethos o'r dechrau. Yn wahanol i'r *Cenhadwr* sy'n rhoi priod le i ysgrifau gwleidyddol yng nghorff y cylchgrawn, mae'r *Cyfaill* yn cyflwyno safbwyntiau gwleidyddol mewn darnau am yr etholiad yng ngholofn y newyddion Americanaidd. Wrth annog y Cymry i bleidleisio dros y Gweriniaethwyr, dengys wrthwynebiad clir i'r Democratiaid wrth nodi eu bod yn mynd i gael eu crogi fel John Brown, 'a dyweded yr holl bobl Amen'. I'r gwrthwyneb, cefnogir Seward, ymgeisydd y Gweriniaethwyr, sef 'gwerinwr anghydmarol' a 'gwrthwynebwr egwyddorol i helaethiad Caethiwed'.[118]

Er gwaethaf codi cwestiynau yn achlysurol am safiad y *Cyfaill* yn erbyn caethwasanaeth, nid oes amheuaeth nad yw'r cylchgrawn yn ymdaflu i'r ymgyrch yn blwmp ac yn blaen erbyn yr 1860au. Ceir nifer o ddarnau yn lledaenu gwybodaeth am y gyfundrefn, er enghraifft 'Dechreuad Caethiwed' sy'n olrhain hanes y gyfundrefn.[119] Mae'r tirwedd gwleidyddol sy'n gyfrifol am ddod â'r pwnc i amlygrwydd cenedlaethol hefyd yn esgor ar ddarnau ffeithiol yn ei gylch.

Wrth gyflwyno newyddion am grogi John Brown, mae'r cylchgrawn yn ymosod yn agored ar y Democratiaid, a ystyrid o blaid

Cyfaill pwy o'r hen wlad?

caethiwed erbyn hyn.[120] Mae arlliw crefyddol hefyd i'w farn wleidyddol wrth drafod crogi pedwar arall, er ei fod yn amddiffynnol o batrwm cyfansoddiadol ei wlad fabwysiedig.[121] Aiff ymlaen i gymharu sefyllfa'r Americanwyr hyn â'r Siartiaid yn 1840 na chafodd eu dienyddio, gan ychwanegu: 'Pe gwnaeth ein llywodraeth ninau yn gyffelyb, buasai yn fwy o rym ac anrhydedd iddi.' Mae'r ffaith ei fod yn cymharu cyd-destun hanesyddol America a Phrydain o hyd yn 1860 yn awgrymu ei fod ynghlwm â'r hen wlad i ryw raddau, a bod yr ymwybyddiaeth o'i gefndir yn hydreiddio ei safbwynt wrth ymdrin â materion gwleidyddol America. Cyhoeddir yn ogystal gyfieithiad o lythyr Victor Hugo, bardd enwog o Ffrainc, o'r *London Times*, sy'n amlinellu'r cysylltiad gyda gwasg Prydain. Ynddi mae'n taranu yn erbyn caethwasanaeth, ac yn brawf bod y *Cyfaill* yn taflu'r rhwyd yn eang wrth ddethol deunydd i'r perwyl hwn.

Mae ysgrif 'Gwnaed pawb ei ddyledswydd' gan Evan Williams yn grediniol y dylai 'golygwyr y cylchgronau a'r newyddiaduron sydd â dylanwad anghyffredin ar y byd yn gyffredinol y dyddiau hyn' arfer eu dylanwad cyn yr etholiad llywyddol. Yn wir, mae'n diolch iddynt am ddal eu tir, sy'n awgrymu eu bod yn eithaf cytûn o ran eu hamcanion gwrthgaethiwol erbyn y cyfnod hwn:

> Y mae gennyf ddyolch o waelod fy nghalon i Olygwyr y cyhoeddiadau Cymreig yn America, am fod mor ffafriol a phleidiol i Ryddid – i'r *Cenhadwr*, y *Cyfaill*, y *Cymro*, y *Drych*, ac ereill. Meddyliais ar ôl y trychineb yn Harper's Ferry, eich bod yn meddwl tewi am byth; ond daethoch allan fel un gŵr i ddangos eich plaid.[122]

Creda hefyd fod gan weinidogion yr efengyl ddylanwad mawr yng nghyd-destun 'Rhyddid neu Gaethiwed', ond 'o bob dosparth sydd yn esgeuluso eu dyledswydd yn hyn, dyna'r dosparth mwyaf esgeulus'. Yn eironig iawn, dyma'r math o feirniadaeth a deflid at William Rowlands cyn hyn, ac mae ei barodrwydd i'w gyhoeddi yn dangos nad yw efallai mor wrthwynebus i gymysgu crefydd a gwleidyddiaeth erbyn hyn. Yn wir, mae darn am y 'Llywyddiaeth' yn y golofn newyddion Americanaidd ym mis Hydref yn atgyfnerthu'r cwlwm rhwng crefydd a gwleidyddiaeth, er nad yw Rowlands o hyd yn gwbl gysurus yn ei hyrwyddo:

'Cyhoeddiad rhydd ac anmhleidgar'

A ydyw pawb o'n darllenwyr ag sydd a hawl ganddynt, wedi cael eu papyrau i ddangos eu hawl fel dinasyddion i bleidleisio? Ac os nad ydych, gwnewch frys i'w cael; a gofalwch am dori dros bob rhwystrau i fyned at y *ballot box* ar ddydd yr etholiad . . . Ni buasem yn ymyrraeth gymaint â gwleidiadaeth o ran dim gwahaniaeth arall sydd rhwng y pleidiau, oni b'ai fod Caethiwed, er amser y terfysg yn Kansas, wedi dyfod yn brif elfen y gwahaniaeth; gan hynny, ystyriwn ei bod yn ddyledswydd foesol arnom i wneud a allom i symud y gwarth hwn oddiar Gristionogaeth ein gwlad . . .[123]

Mae'n bosibl hefyd fod Rowlands yn fwy sensitif yn sgil yr ensyniadau nad oedd yn ddigon llafar yn erbyn caethwasanaeth, ac felly mae'n eiddgar i drafod gwleidyddiaeth o hyd yng nghyddestun crefydd. Mae'r cyfeiriad at 'ein gwlad' hefyd yn arwyddocaol gan mai fel 'ein cenedl' y mae'n annerch ei gynulleidfa fel arfer.

Er y canmolwyd Seward fel ymgeisydd ar gyfer llywyddiaeth i ddechrau, mae'r *Cyfaill* yn gwbl gefnogol i Lincoln fel gwrthbwynt i'r Blaid Ddemocrataidd y mae'n ei dirmygu'n chwyrn, 'cofied y Gwerinwyr Cymreig bleidleisio i'r "*Honest old Abe*"'.[124]

I'r gwrthwyneb, fflangellir y Democratiaid yn gyhoeddus mewn print fel 'amddiffynwyr helaethiad Caethiwed' a phlaid 'mewn croen dafad', gan fwrw sen ar yr ymgeisydd Douglas yn enwedig.[125] Yn y golofn newyddion, defnyddir techneg lenyddol arddull ysmala i gyfleu difrifoldeb ei weithredoedd, yn bennaf ei ymgyrch dros ddeddf y *Missouri Compromise* yn 1850 a sicrhaodd ffin rhwng y taleithiau gorllewinol caeth a rhydd:

> Dywedai y llinell hono wrth Gaethiwed, 'hyd yma y deui, a dim yn mhellach-saf di rhyngof i a'r De.' 'A gaf i ddim myned dipyn bach drosodd i Kansas?' 'Na chei.' 'Beth a wnaf? Y 'cawr' Douglas, a wyt ti ddim yn ddigon cryf i dori y rhaff yma sydd yn fy atal i ymledu tua'r Gogledd?' 'Ydwyf', medd Douglas, 'ac mi wnaf i'r holl Undeb, yn nghyda'r byd yn gyffredinol weled fy *mawr nerth* wrth ei thori.'[126]

Mae'r *Cyfaill* yn dwyn Douglas i gyfrif am holl ddinistr Kansas a'r ddeddf a fu 'yr achos gwreiddiol o'r holl derfysgoedd a'r

Cyfaill pwy o'r hen wlad?

anghydfod sydd rhwng y pleidiau yn Washington oddi ar hynny hyd yn bresennol'. Gyda'r geiriau cryfion hyn, nid oes amheuaeth o ysgogiad y *Cyfaill* i'r Cymry. Yn aml mynegir cefnogaeth i Abraham Lincoln, llywydd y Gweriniaethwyr, ar dudalennau'r wasg gyfnodol. Yn ystod yr 1850au, cymhellwyd y Cymry i fwrw eu pleidlais dros y Gweriniaethwyr, ond eu hannog i bleidleisio dros Lincoln a wneir yn aml yn y degawd dilynol. Unwaith eto, cyplysir crefydd â gwleidyddiaeth drwy amlinellu dyletswydd y Cristion, ac ymhellach gyda chenedlgarwch wrth apelio at 'bob Cymro'. Mae'r *Cenhadwr* hefyd yn datgan 'Dyledswydd Cristionogion yn y cyfwng presennol', sy'n awgrymu bod mwy o debygrwydd rhyngddynt gyda threigl amser – yn enwedig ar y pwnc hwn a achosodd gymaint o hollt yn y cyfnod cynnar.[127]

Yn rhifyn Tachwedd y *Seren* yn 1860, gwelir bywgraffiad o Lincoln ynghyd â llun ohono. O ystyried prinder darluniau yn y cyfnodolion yn sgil diffyg cyllid y mentrau cyhoeddi, mae hyn yn weithred arwyddocaol sy'n tanlinellu'r modd yr oedd y wasg yn ei fawrygu. Erbyn diwedd y flwyddyn, mynega'r cylchgronau i gyd eu llawenydd fod Lincoln wedi ei ethol yn llywydd, sy'n gyfystyr â rhyddid. Yn fwy na hynny, ymfalchïa'r *Cyfaill* fod y Cymry wedi cyfranogi yn yr ymgyrch, gan gadarnhau bod y mwyafrif yn Weriniaethwyr erbyn hyn:

> Anrhydedd i'n gwlad yw fod egwyddorion rhyddid wedi gorchfygu, ac i ninau fel cenedl (oddieithr ychydig eithriadau) ein bod wedi gwneyd ein rhan yn wrol yn yr ymdrechfa; ac ni bu y Cyfaill yn ol o wneyd ei ran yntau yn ffyddlawn.[128]

Mae'r cyfnodolion i gyd yn ymhyfrydu yn y ffaith fod Lincoln wedi ei ethol yn llywydd ym mis Tachwedd 1860, a'r *Cyfaill* yn cyflwyno gwybodaeth am y pleidleisiau yn ogystal â chanmoliaeth bersonol.[129] Eto i gyd, mae'r cyfeiriad at 'wlad' a 'chenedl' yn y dyfyniad uchod yn awgrymu ei fod yn parhau i ddiffinio ei hunaniaeth wrth ymateb i ddatblygiadau gwleidyddol.

'Cyhoeddiad rhydd ac anmhleidgar'

Y Rhyfel Cartref 1861–5

Yn ei ragymadrodd i'r *Cyfaill* yn 1861, mae Rowlands yn crynhoi sut yr aiff y *Cyfaill* ati i groniclo'r Rhyfel Cartref a ddechreuodd yn ystod y flwyddyn, a hynny drwy ganu clodydd misolion yn hytrach na phapurau dyddiol neu wythnosol:

> Cynnwysa y gyfrol hon, fel y gallesid dysgwyl, gofnodau helaeth o'r rhyfel gartrefol waedlyd a dinystriol sydd wedi goddiweddyd ein gwlad fabwysiedig; yr ydym wedi ymdrechu i wneyd cofnodiad byr o bob peth pwysig iawn a ddygwyddodd, yn nghyda'r sylwadau a ymddangosent yn briodol i ni ar yr achlysur, hyd ag y goddefai ein terfynau; mae hyny yn gymaint, efallai, ag a ddysgwyliai ein darllenwyr, yn enwedig gan ein bod, trwy ein symudiad misol, yn cael y fantais o ro'i gwell gogryniad, gydag addfetach gymhwysiad i'n nodiadau na'r papyrau dyddiol ac wythnosol.[130]

Roedd digwyddiad fel rhyfel, yn naturiol, yn newid disgwyliadau'r darllenwyr ac yn peri iddynt fod eisiau newyddion cyfamserol yn aml, ac o'r herwydd mae rheidrwydd ar olygydd y *Cyfaill* i amddiffyn buddioldeb y misolyn. Yn wir, mae'n rhaid i'r *Cymro Americiaidd* roi'r gorau i'r awenau 'hyd nes yr adferir heddwch yn y wlad' oherwydd effaith y rhyfel ar ei gylchrediad ynghyd ag anghenion y darllenwyr.[131]

Eglura Rowlands yn 1863 fod y cylchrediad wedi gostwng yn sgil tueddiad y darllenwyr i brynu papurau newydd dyddiol neu wythnosol er mwyn derbyn hanes diweddar y rhyfel. Bu'n rhaid iddo ddychwelyd at hen strwythur y *Cyfaill* o 32 tudalen yn hytrach na 40, er gwaethaf ei ymdrechion i ymestyn ei hyd er mwyn rhoi sylw dyledus i'r rhyfel. Effeithiodd yn ymarferol ar y fenter o ran gofod argraffu a phrint mannach, lle y gwelir cywasgu'r cynnwys i'r tudalennau yn sgil codiad pris papur a tholl y llywodraeth. Yn hytrach nag ildio, gwelwn Rowlands yn addasu i'r her a osodai'r rhyfel o ran newyddion drwy gyhoeddi'r *Cyfaill* bob pythefnos yn ystod 1864. Mae camp y misolion yn gwrthsefyll y trai felly'n dra hynod wrth iddynt geisio darparu newyddion mewn dull amserol.

Brithwyd gwasg gyfnodol Gymraeg America â deunydd yn ymwneud â'r Rhyfel Cartref rhwng 1861 ac 1865. Er nad oedd yn

Cyfaill pwy o'r hen wlad?

ymwneud yn uniongyrchol â diddymu caethwasanaeth, daeth y pwnc i frig agenda cymdeithasol y wlad, ac felly gwasg Gymraeg America hefyd. Rhoddwyd gofod helaeth i newyddion am y cyfnod hwn yn eu hanes, gan gofnodi brwydrau, byddinoedd a digwyddiadau allweddol yn fanwl mewn mannau. Darparwyd hefyd grynodeb o weithrediadau cymdeithasau a oedd yn cynorthwyo milwyr, yn aml yn cael eu harwain gan ferched. Cyhoeddodd y *Cyfaill* 'grynodeb misol o helyntion y byd', tra defnyddiai'r *Cenhadwr* y teitl 'Yr olwg bresenol ar bethau yn ein gwlad'. Nid oedd y *Seren* yn cyhoeddi newyddion mor ddeddfol reolaidd â'i gyfoeswyr enwadol yn y wasg. Byddai'r *Drych*, fel y cyhoeddiad a ymdebygai fwyaf i bapur newydd â monopoli dros y gweddill wrth iddo allu cynnig newyddion yn wythnosol.

Yn achlysurol, ychwanegwyd colofn o'r newyddion diweddaraf ar glawr y *Cyfaill* er mwyn diwallu'r angen am fanylion rhag blaen. Mae'n amlwg ei fod hefyd wedi cyffwrdd nifer o'r Cymry, a sbardunodd gyfranwyr newydd i ysgrifennu llythyrau a cherddi am y pwnc. Perai hefyd ddryswch mawr i rai Cymry nad oeddent yn hyddysg yng ngwleidyddiaeth eu gwlad fabwysiedig, ac felly cyflwynwyd gwybodaeth am y llywodraeth ac eglurhad o ddeddfau penodol, a holwyd sawl cwestiwn gan y darllenwyr yn ei gylch. Tueddai'r *Cyfaill* i gyfyngu'r ymdriniaeth â'r rhyfel i'r colofnau newyddion fel ymgais i gynnal rhyw fath o normalrwydd yng nghynnwys prif gorff y cylchgrawn, gan ganolbwyntio'n bennaf ar erthyglau crefyddol ac addysgiadol yn ôl yr arfer.

I'r gwrthwyneb, byddai'r *Cenhadwr* yn ymroi'n ddiflino yn yr ymgyrch wrthgaethiwol drwy gyhoeddi erthyglau megis 'Y rhyfel – yr achos o hono a'r feddyginiaeth' ac 'Ansawdd a dyben y rhyfel presennol', nifer ohonynt yn gyfieithiadau o gyhoeddiadau fel yr *American Missionary* a'r *Philadephia Press*. Ni ellir gorbwysleisio rhychwant eang deunydd darllen y golygyddion Cymraeg. Cyfieithwyd hefyd ddogfennau gwleidyddol megis llythyr Lincoln at Fremont, sy'n dangos bod y Cymry'n deisyfu gwybodaeth wleidyddol America yn eu mamiaith o hyd – er bod rhai wedi ymfudo ers dechrau'r ganrif. Yn wir, parhâi'r cysylltiad gyda Chymru yn sgil ailgyhoeddi deunydd megis 'Darlith ar y rhyfel yn America' o *Faner Cymru*. Mynegwyd cydymdeimlad â'r sawl a oedd wedi

'Cyhoeddiad rhydd ac anmhleidgar'

ymfudo i America gan gyfarfod Cymreig Llundain, sy'n dangos bod rhwydwaith diaspora'r genedl yn parhau.

Yn ogystal, gwelwyd llythyrau a dyddiaduron o faes y gad ac o wahanol fyddinoedd neu gatrodau a oedd yn darlunio golygfeydd o'r rhyfel mewn modd amserol a byw iawn. Neilltuwyd cyfran deg o'r cyfnodolion hefyd i gofiannau, rhestr marwolaethau a marwnadau i filwyr Cymreig a laddwyd yn y rhyfel. Yn aml, cynhwysid darnau gan rieni a oedd wedi colli meibion yn y gyflafan, a gwelwyd ymholiadau gan 'Tad Pryderus' er enghraifft yn gofyn 'A'i gwir yw fod un o bob deg o'r milwyr a aethant tua Washington eisoes wedi marw?'[132] Gwelwyd toreth o lythyrau yn mynegi barn ar y rhyfel a 'sefyllfa ein gwlad' yn ogystal â llu o gerddi yn dwyn teitlau megis 'Y byd a'i gyflwr, golwg ar ryfel America' ac 'Adfyfyrion ar ansawdd ein gwlad yn yr amser gorffennol a presennol'. Erys y rhain oll yn dyst o sylwebaeth doreithiog ynghylch yr amgylchiadau.

Cynorthwywyd y milwyr yn ymarferol drwy ofyn am gymorth gyda 'Chennad Iechyddawl' dan y teitl 'Galwad ar ddinasyddion Cymreig America'. Mae eu parodrwydd i helpu milwyr a oedd yn amddiffyn eu gwlad a'r apêl at Gymry gwladgarol a dyngarol hefyd yn adlewyrchu deuoliaeth eu hunaniaeth. Ymbiliwyd hefyd am gyfraniadau drwy'r wasg i'r Gymdeithas Genhadol er mwyn cynorthwyo caethweision ffoedig, sy'n dangos bod y wasg gyfnodol yn arfer ei dyletswyddau moesol ac yn cefnogi gwahanol garfanau. Ailgyhoeddwyd deunydd hefyd o gyhoeddiadau Saesneg megis y *Boston Recorder*, sy'n cadarnhau bod y Cymry yn ymdrin â'r rhyfel Americanaidd gyda'u gwedd Gymreig unigryw hwy.

Dyma ddechrau traddodiad llenyddol newydd a oedd yn perthyn yn unigryw i'r garfan hon, cyfnod a ymdriniwyd ag o yn helaeth gan Jerry Hunter yn ei gyfrol *Llwch y Cenhedloedd*.[133] Roedd gan farddoniaeth swyddogaeth hollbwysig yn y drafodaeth ynghylch hunaniaeth genedlaethol yn y Gymraeg a Saesneg. Cyhoeddwyd darnau o lenyddiaeth a gyfansoddwyd gan y milwyr eu hunain megis 'Hiraethlon gwyn milwr ar ôl ei fam' gan Ab Gefell, sy'n arwydd bod y milwyr yn gynhyrchiol ac yn cyfrannu at y diwylliant print. Darllenwyd cerddi mewn digwyddiadau recriwtio, gwersylloedd

Cyfaill pwy o'r hen wlad?

milwrol, ysbytai a chofebau i filwyr ac wrth fynd i frwydr. Yn wir, gallai eu grym ystumio'r hyn a ddigwyddai ar faes y gad. Fe'u cyhoeddwyd yn helaeth yn y wasg gyfnodol, 'not only as filler but also as a powerful intervention into conversations both literary and political'.[134] Cyhoeddwyd toreth o gerddi gan ddynion a merched wrth iddynt wynebu newidiadau i'r syniad o deulu, cartref a chenedl yn ystod y rhyfel. Cyfansoddwyd cerddi gan awduron profiadol megis Whitman, Dickinson a Melville, ond enynnodd yr argyfwng cenedlaethol ymateb yn ogystal gan lenorion poblogaidd ac amaturaidd. Golygai'r telegraff a'r rheilffordd fod modd cylchredeg barddoniaeth yn gyflym er mwyn dod i wybod am y datblygiadau rhag blaen, ac felly daeth yn genre delfrydol i hybu gwerthiant y wasg argraffu:

> Central to poetry's remarkably broad range in this era were developments in printing and transportation technologies: poetry could now be printed and circulated quickly and cheaply. In the Northern states, magazines that printed poetry saw explosive growth during the war years; Southern publications also saw growth in their subscriptions, although shortages of paper and printing equipment ultimately proved limiting.[135]

Y themâu pennaf a nodweddai'r cerddi Cymraeg neu Saesneg oedd ymgais i recriwtio, darlunio maes y gad a choffáu milwyr, a sentimentaliaeth yn lliwio cerddi'r ddwy iaith i raddau helaeth:

> As the proliferation of voices and stances in Civil War-era poetry makes plain, poetry worked both to build and to divide constituencies among different audience communities. The poetry of the American Civil War shaped the rise and fall of the Confederacy, the successful fight for abolition, and the constitution of the Union as a political and military force.[136]

Nid oedd perthnasedd y rhyfel i Gymry America ychwaith yn golygu nad oedd eu cymrodyr yn yr hen wlad yn cyfranogi yn y canon hwn. Cyhoeddwyd llu o anerchiadau, cerddi a llythyrau o Gymru yn ymdrin â'r cysgod hwn ar wlad fabwysiedig eu cydgenedl. Ceid yn ogystal ddarlithoedd yng Nghymru yn traddodi ar y rhyfel, a'r copïau hyn o *Faner ac Amserau Cymru* yn cael eu

'Cyhoeddiad rhydd ac anmhleidgar'

cyhoeddi yn y *Cyfaill*. Creda'r golygydd ei bod yn bwysig i'r Cymry dderbyn eglurhad ar faterion rhyfel. Yn y *Cenhadwr*, ailgyhoeddwyd sylwadau golygydd *Baner ac Amserau Cymru* ar 'sefyllfa ein gwlad yn y cyfwng mawr presennol'.[137] Ysgrif arall a ymddangosodd yn y *Cenhadwr* oedd 'America – pwy sydd ar y bai' o'r *Faner*, ac Everett yn croesawu sylwadau yng ngwasg yr hen wlad:

> Mae yn dda genym ganfod Newyddiadur mor boblogaidd a'r *Faner* yn meddu golygiadau mor oleuedig a theg ar achos y cythrwfl presenol yn America, ag a gynwysir yn yr ysgrif ganlynol. Hoffem weled golygyddion Cyhoeddiadau Cymru yn gyffredinol yn astudio egwyddorion yr ysgrif hon o eiddo ein hoff gyfaill William Rees.[138]

Anfonwyd gohebiaeth o America i Gymru yn adrodd ar eu hamgylchiadau yn ogystal. Ar brydiau, roedd cyfnodolion America hefyd yn ystyried beth oedd safbwynt Prydain a Chymru ar fater caethwasanaeth, gan ddangos bod y clymau'n dal i fod rhyngddynt.

Yn yr adran newyddion yn 1862, cofnodir mai 'yr unig faniar o eiddo unrhyw genedl ag sydd wedi cynyg rhedeg y warchae Americanaidd yw yr eiddo Prydain'. Er bod y colofnau newyddion yn gyffredinol yn arddel gwrthrychedd newyddiadurol, yn achlysurol ni all Rowlands wrthod y demtasiwn i ychwanegu sylwebaeth bersonol, er enghraifft, 'Rhag ei chywilydd!' Mae hefyd yn arwyddocaol fod y newyddion hwn yn diffinio 'rhyngom' a Lloegr, sy'n awgrymu bod y Cymry erbyn hyn yn ddinasyddion Americanaidd ar y cyfan. Serch hynny, parheir i goleddu'r cysylltiad gyda Phrydain yn sgil adolygiad o'u papurau newydd, gan gynnwys y *London Times*. Yn 1865, ymdrinnir â rhan Prydain yn y rhyfel mewn arddull negyddol.[139] Ystyrir achosion Americanaidd o fewn fframwaith Ewropeaidd yn ogystal, a'r *Cyfaill* yn amlwg yn eang ei gwmpas wrth ddethol darnau, er enghraifft darn gan ohebydd o'r *London Post* mewn ysgrif o Baris.[140] Ei flaenoriaeth yw cadw'r heddwch yn anad unrhyw deyrngarwch i'w wlad wrth iddo resynu at y tywallt gwaed. Yn aml, mae Rowlands yn cynnwys y rhagenw 'ni' i ddisgrifio rhan yr Americanwyr a'r Cymry yn y frwydr, sy'n awgrymu bod y ddwy elfen i'w hunaniaeth yn prysur uno wrth wynebu'r fath amgylchiadau. Mae'r cyfeiriad at ffeithiau

Cyfaill pwy o'r hen wlad?

o 'newyddiaduron' hefyd yn awgrymu bod ystod o gyhoeddiadau Americanaidd yn bwydo'r wybodaeth y mae'n ei throsglwyddo i ddarllenwyr y *Cyfaill*.

Mae Rowlands hefyd yn sylwebydd craff ar y cyfansoddiad, gan ddatgan ei fod yn 'anghyson a deddfau'r bydysawd, ond hefyd yn anghyson a hi ei hun'. Nid yw'r Datganiad o Annibyniaeth lle bo pawb yn gyfartal, 'ac eithrio'r caethyn', yn gydnaws ag ethos ddyngarol a chrefyddol-gynhwysol sylfaenydd y *Cyfaill*.[141] Ychwanega dro arall fod y cyfansoddiad yn un a adawodd 'sefyllfa yr Affrican ... mewn tywyllwch yn wirfoddol', ac felly teimla 'y gallesid dysgwyl yn naturiol a esgorai ar deimladau cynhyrfus ac amrafaelion ryw bryd'.[142]

Yn yr un modd, mae pregethau yn y cyfnodolion yn trafod gwleidyddiaeth, er enghraifft 'Cyflwr adfydus ein gwlad' yn y *Cenhadwr*. Mae'r *Cyfaill* hyd yn oed yn cyhoeddi un gan E. J. Hughes sy'n perchnogi 'caethiwed, trais a gorthwm' fel 'pechod uchel ac amlwg iawn yn ein tir'. Mae sylwadau Rowlands ac yntau a'r defnydd o ferfau fel 'dysgom' yn awgrymu bod y Cymry wedi dod yn rhan o glytwaith gwleidyddol America. O'r herwydd, teimlant yn hyderus wrth ei beirniadu, ond maent hefyd yn cywilyddio drosti am eu bod yn ddinasyddion:

> Nis gellir galw yr America yn wlad rydd eto ... Nid y Deau yn unig sydd ar y bai oblegid caethiwed y negroaid druain, ond y Gogledd hefyd a ymgyplysodd â hwynt, ac a fu am flynyddau yn fraich gref i'r rhai a fynent fathru rhyddid dynoliaeth dan eu traed, am hyny mae y wlad yn gyffredinol yn rhwym o ddyoddef cerydd i ryw raddau fel y dysgom yn well ...[143]

Nid oes amheuaeth erbyn y cyfnod hwn nad yw'n llwyr ymwrthod â chaethwasanaeth ar seiliau crefyddol, ac ni all ochel rhag cyflwyno ei safbwyntiau personol o blaid y Gweriniaethwyr yn y colofnau newyddion.

Yn fwy na hynny, mae ei fydolwg rhyngwladol yn dwysáu ei ddadleuon gwrthgaethiwol. Yn yr ysgrifau hyn, cyfeiria'n aml at 'y meddwl cyffredin', gan ddarlunio'r farn gyffredinol am wahanol faterion. Cri Rowlands yw y dylid sefydlu dwy lywodraeth ar

'Cyhoeddiad rhydd ac anmhleidgar'

fyrder er mwyn osgoi tywallt gwaed. Dengys ei ffafriaeth at y gogledd gydag ieithwedd gynhwysol a gwladgarol, ond hefyd honna ei fod yn deilwng o gefnogaeth dynion da a Christnogion. Cyfiawnha hyn drwy ddyfynnu adnodau'n helaeth o'r Beibl, sy'n amlinellu'r modd y gellir ystumio crefydd i wahanol ddibenion gwleidyddol. Yn wir, fel heddychwr pybyr, mae hyd yn oed yn awgrymu y dylid cyfyngu caethwasanaeth i'r de gan fod uno'r taleithiau yn annhebygol ar hyn o bryd.

Fel gwrthbwynt llwyr i'r dadleuon cynnar rhwng Everett a Rowlands, mae'r *Cyfaill* yn cyhoeddi canmoliaeth o araith golygydd y *Cenhadwr*, 'Sefyllfa y Wlad'.[144] Yn ei drafodaeth ar gaethwasanaeth a'r gwrthryfel ar y pryd, dengys y weithred hon fod y golygyddion yn ymegnïo yn yr ymgyrch wrthgaethiwol o'r diwedd. Mae'r diffyg dadleuon rhyngddynt yn ystod yr 1860au yn brawf eu bod wedi hen roi heibio dadleuon athrawiaethol er mwyn ymfyddino dros yr achos. Ymhellach, mae'r ddau yn unfrydol yn eu barn mai caethwasanaeth sydd wedi achosi'r rhyfel, ac felly cyhoeddir darnau am y gyfundrefn a'r rhyfel law yn llaw.

Serch hynny, codir gwrychyn y *Cyfaill* gan Samuel Roberts, gweinidog blaenllaw gyda'r Annibynwyr yn ystod 1861. Atgyfodir hen ddadl ynghylch diddymu caethwasanaeth gan ei erthygl yn y *Drych* sy'n honni bod Rowlands yn camddarlunio'r gogleddwyr fel '*Abolitionists*' ac yn ochri â'r Deheuwyr. Mae Rowlands yn cadarnhau ei anghymeradwyaeth o'r gwrthgaethiwedyddion, yr hyn a achosai ymgiprys tanllyd ar dudalennau'r cyfnodolion yn niwedd y 1830au ac ymlaen i'r 1840au:

> Yr ydym ni yn bersonol, fel y gŵyr y genedl, wedi dyoddef llawer o'n gwawdio flynyddoedd yn ôl, a'n gosod yn *Bro-Slavery*, sef yn bleidiwr i Gaethwasiaeth, yn y papyrau Cymraeg a Saesonaeg, am nas gallem gyduno â mesurau yr *Abolisioniaid*. Yr ydym yn caru eu gwrthddrych erioed, rhyddhad y caethion; ond yr ydym yn beiddie y byd i ddangos ein bod mewn unrhyw fodd wedi cefnogi eu mesurau o 'Ryddhad diammodol;' yr ydym ni i'r gwrthwyneb wedi eu hanghymeradwyo lawer gwaith, gan ddangos y dylai y moddion yn gystal a'r dyben fod yn gymeradwy.[145]

Cyfaill pwy o'r hen wlad?

Yn fwy na hynny, mae'n datgan ei gefnogaeth i'r Gymdeithas Drefedigaethol, sy'n atgyfnerthu'r amheuon mai Rowlands oedd yr 'Hebog Du' a leisiodd gefnogaeth iddynt yn 1839: 'Beth feddylia Mr.R o'r 'Trefedigaethwyr?' – egwyddorion y rhai hynny yr oedden ni yn eu pleidio, can belled ag yr oeddent yn myned.'

Yn nechrau 1862, mae'n datgan hefyd bod Lincoln o blaid Trefedigaethiad. Mae'n bosibl fod hyn yn arwydd o ddyfnder cefnogaeth y *Cyfaill* i'r llywydd newydd, ond hefyd yn ernes o argyhoeddiad cychwynnol Rowlands am y trefedigaethwyr wrth sefydlu'r cyhoeddiad. Erbyn y flwyddyn hon, ymdrinia â'r sefyllfa genedlaethol drwy resynu am y rhyfel a'i effaith ar gyflwr moesol y wlad nes deddf rhandir Columbia.

Ar ddiwedd 1862, gresyna Rowlands nad yw rhagor o'r Americanwyr yn proffesu crefydd er mwyn goroesi'r rhyfel gan ddatgan y byddai'n dda ganddo weld eglwys Crist yn America yn gwneud rhagor yn ystod yr argyfwng hwn. Iddo yntau, dynion a brodyr yn ddiwahaniaeth yw pobl y De a'r Gogledd. Yn yr un flwyddyn, cyhoeddir traethawd 'Ni ddysgant ryfel mwyach', sy'n brawf bod y brwydro'n groes i egwyddorion heddychlon y Methodistiaid. Serch hynny, parha'r cyfnodolion yn ffyddlon i Lincoln yn ystod y rhyfel. Yn aml fe'i disgrifir fel 'gonest', sy'n adlais o'i lysenw 'honest old Abe' ledled y wlad. Erbyn y flwyddyn hon, cyhoeddir manylion cyrchoedd milwrol a buddugoliaethau yn y cyfnodolion, ac anrhydeddir milwyr Cymreig yn enwedig.

Mynegir cefnogaeth i'r Datganiad Rhyddid a gyhoeddodd Lincoln yn 1863, yn wahanol i'r Gwyddelod, sy'n cadarnhau bod cryn wahaniaeth rhwng safbwyntiau ymfudwyr o'r gwledydd Celtaidd yn America. Serch hynny, gwelwyd agweddau gwladgarol ganddynt i alwad Lincoln am wirfoddolwyr yn 1861, ac roeddent yn gefnogol i'r undeb. Yn ôl dyn lleyg o'r enw Thomas D'Arcy: 'Not even the natives of New England have a greater interest in the preservation of the Union than the Celts of America.'[146] Wedi'r cwbl, cawsant fwy o degwch yn America nag ym Mhrydain. Erbyn y rhyfel, roedd nifer o ymfudwyr (o wahanol genhedloedd) yn dangos eu ffyddlondeb i'r undeb fel Americanwyr:

'Cyhoeddiad rhydd ac anmhleidgar'

In the highly charged American nationalism of wartime, nostalgia for the old Country diminished. Pride in their contribution to victory uplifted immigrants, often depressed by their alien status. The fires of war forged not only a union of states but a new link between the immigrant and his host.[147]

Parha'r *Cenhadwr* i roi'r priod le i'r rhyfel, gan gyhoeddi sawl cyfieithiad o ddogfennau gwleidyddol. Mae enghreifftiau yn cynnwys dyfyniad o araith Sumner, llythyr Lincoln at Greeley, cyhoeddiad swyddogol gan y llywydd a 'Tynged y Gaethwasiaeth' gan Greeley. Rhoddwyd gofod helaeth hefyd i draethodau gwreiddiol gan y Cymry, megis 'Gwersi Rhyfel' gan Dewi Emlyn. Cyhoedda'r *Cyfaill* wedyn gyfieithiad o lythyr Mrs Beecher Stowe ar y rhyfel a llythyr yr Arglwydd Shaftesbury yn ystod 1861. Yn wir, mae prysurdeb y cyfryngau newyddion a goblygiadau'r rhyfel – yn economaidd ac o ran niferoedd y marwolaethau – yn effeithio ar ffyniant y *Cyfaill*, ac erfynia ar ei wir gyfeillion i'w gefnogi. Adleisir yr un gri yn 1863, sy'n dangos sut y mae'r awch am newyddion yn effeithio ar gylchrediad y cyfnodolion, ac yn amlygu'r gystadleuaeth rhyngddynt. Mae hyn yn peri i Rowlands amlinellu ei rinweddau:

> Drwg genym orfod dyweyd fod syched awyddus y wlad am newyddion cynnarawl wedi effeithio peth ar gylchrediad y Cyfaill y flwyddyn ddiweddaf; carem i bleidwyr Cyhoeddiad i gyfundeb y Methodistiaid Calfinaidd gymeryd hyny at eu hystyriaeth, a bod yn ffyddlon i ychwanegu nifer ei dderbynwyr at y flwyddyn nesaf, hyd ag y medront: mae yn wir nas gallwn fod mor gynnarawl yn ein newyddion a phapyrau dyddiol neu wythnosol, ond yr ydym yn amcanu at grynodeb misol da, o ffeithiau pur; tra yn darparu gwledd o ddarlleniad crefyddol o'r tueddiad goreu i'n cydgenedl.[148]

Gwelir y pwyslais crefyddol hwn hefyd yn y safbwyntiau am y rhyfel, wrth i Rowlands resynu am ei effeithiau yn rheolaidd. Yn gwbl groes i olygon cynnar Rowlands yn erbyn 'pregethu politics o'r pwlpud', cynhwysir darn am y pwnc yn 1862 sy'n fwy radical na'r arfer. Mae hyn o bosibl yn awgrymu bod y rhyfel yn gofyn am ymegnïo o'r newydd:

Cyfaill pwy o'r hen wlad?

Mae gan weinidog yr efengyl hawl i bregethu ar unrhyw bwnc ag sydd yn perthyn i deyrnas Iesu, ac i gynghori a cheryddu hyd yn nod y dynion penaf. Clywais rai yn dweyd pan fyddem yn barnu ymddygiadau ymheradwwr, *'Politics* yw y pethau yna.' Ond y mae Iesu yn Frenin ar *bolitics* yn gystal ag ar Dduwinyddiaeth . . . O na roddai yr eglwys ei choron ar ei phen, ac na chymerai ei safle briodol! Nid caethion ydym. Nid corfforiaeth dawel wedi ei gorfodi i eistedd am byth ar y domen yw eglwys Dduw.[149]

Yr un deisyfiad am weld diwedd i'r rhyfel sy'n nodweddu rhagymadrodd golygyddol Rowlands yn 1864, a'r cyfeiriad mynych at 'ein gwlad' yn arwydd pendant bod y Cymry'n ystyried eu hunain yn ddinasyddion Americanaidd. Mae'r gobaith am ddiddymu caethwasanaeth yn y pen draw yn gyfiawnhad moesol dros y tywallt gwaed. Eto i gyd, arfer tawelwch mewn materion gwleidyddol yn ôl ei athrawiaeth Fethodistaidd sy'n bodloni Rowlands o hyd. Fel y mae'n sylwebu ar yr etholiad:

Y mae yn nodweddiadol o'r Americaniaid fod yn gyffrous yn eu hetholiadau, ag eto yn dawel yn eu hymostyngiad i reolaeth gornifer. Eto yr oedd y cyffro yn flaenorol i'r etholiad diweddaf bron a pheri i ni feddwl mai oruchaf lywodraeth un dyn, neu freniniaeth, oedd oreu, ond y mae dull y dygwyd yr etholiad diweddaf yn mlaen yn gystal a'r tawelwch a'i dyfynai yn ein gwneyd yn fwy pleidiol i Gyffredin Lywodraeth na erioed. Chwareu teg i bawb, amlygai y blaid orchfygedig, hefyd synhwyr moesol da yn eu hymostyngiad parodol i farn y fwyafrif.[150]

Ceir sylwebaeth aeddfed a deallus am y rhyfel yn aml, ynghyd â'r hyn a deimlir gan eu cyd-ddinasyddion. Yn ôl ei arfer, mae hefyd yn darparu gwybodaeth ymarferol am ymgeiswyr etholiadol er mwyn cynorthwyo'r Cymry i ddewis yn ddoeth: 'Yr ydym o'r farn y dylai hyn fod yn ddealladwy, fel y caffo dinasyddion Cymreig fel eraill fantais i bleidleisio yn gydwybodol.'[151] Er hynny, nid yw sylfeini heddychlon y *Cyfaill* yn sigo dan olygyddiaeth Rowlands hyd y diwedd wrth iddo lawenhau pan ragwelir diwedd i'r rhyfel. I raddau llai y gwelir cyfraniadau gwreiddiol gan y Cymry yn y

'Cyhoeddiad rhydd ac anmhleidgar'

Seren, a'r darnau yn gwrthwynebu caethwasanaeth yn ymddangos yn achlysurol, megis 'Dadl rhwng rhyddid a chaethiwed' o'r *Athraw* yn 1865.

Yn 1865, gwelir un o'r darluniau prin a geir ar dudalennau'r *Cyfaill* yn dangos y faner Americanaidd ac 'our country' yn arwyddair oddi tani. Yn y darn sy'n dwyn y pennawd mewn llythrennau bras, 'GORFOLEDD!' cyhoedda Rowlands fod y rhyfel bellach ar ben.¹⁵²

Er bod y wasg gyfnodol yn aml yn diffinio Cymry America fel endid annibynnol, ni ellir ychwaith anwybyddu'r ffaith eu bod yn ddinasyddion Americanaidd wrth i'r cyfnodolion fynegi bod y genedl yn cyd-lawenhau ac yn diolch i'r dynion a gyfrannodd at ddiwedd y brwydro.

Ar ddiwedd y rhyfel, gan nad oes rheidrwydd bellach am 'newyddion yn frysiog', dychwelir at y drefn gyhoeddi fisol. Mae hyn yn brawf o effaith y rhyfel ar gynnwys ac argraffiad y *Cyfaill*. Fodd bynnag, erys digwyddiad tyngedfennol yn hanes America a ymdriniwyd ag o yn helaeth ar dudalennau'r wasg gyfnodol Gymraeg yn America. Cofnoda'r *Cyfaill* 'ddiwrnod trist a thywyll yn hanes ein gwlad' pan lofruddiwyd Abraham Lincoln ym mis Ebrill 1865. Mae'r newyddion sy'n dwyn y pennawd 'Ein Llywydd wedi ei ferthyru' yn cofnodi'r achlysur mewn arddull ddramatig tu hwnt:

> '*Wele yn lle heddwch i mi chwerwder chwerw*' ... ymledaenodd cwmwl – cwmwl du, yn rhuo taranau bygythiol, ac yn saethu mellt fforchog dros ein gwlad, a 'drodd ein chwerthin yn aflan, a'n llawenydd yn dristwch', ac a wnaeth galon y wlad yn glaf. Wylai dynion cryfion, gan dywallt deigrau fel plant, ac ocheniaid ieuenctyd gwrol yn nghanol eu nwyfiant chwareugar, a fai'r cantorion a'r cerddorion yn syn ac yn brudd.¹⁵³

Cofnodir sut y cludwyd y corff drwy Utica, ac mae'r ieithwedd gref yn awgrymu dwyster yr ymlyniad ato. Credir y bydd y digwyddiad yn esgor ar undeb a threfn. Eto i gyd, nid yw hynny'n amharu ar ystyriaeth Rowlands o oblygiadau gwleidyddol y weithred. Yn ychwanegol, er iddo ddiffinio America fel 'ein gwlad', mae gwedd Gymreig ar y digwyddiad. Honnir yn ddiweddarach

Cyfaill pwy o'r hen wlad?

yn y flwyddyn bod ei weddw yn hanu o Gasnewydd, 'nid yn mhell o hen gartref golygydd y Cyfaill'. Mae anrhydeddu'r cysylltiad Cymreig yn rhan o draddodiad hir o olrhain llinach y Cymry ar dudalennau'r wasg gyfnodol, a'r ymwybyddiaeth o wreiddiau yn parhau i fwydo'r hunaniaeth ethnig y maent yn ei chreu ar y cyfandir. Yn y wasg Saesneg hefyd, gwelwyd myrdd o gerddi canmoliaethus a marwnadau i'r llywydd, sy'n awgrymu bod y cyfnodolion Cymraeg yn mynegi cenedlaetholdeb Americanaidd drwy gyfrwng eu mamiaith.

Dwysheir y cysylltiad dros yr Iwerydd ymhellach gyda datganiad o gydymdeimlad at America gan Gymdeithas Gymreig Llundain, a ailgyhoeddir yn y *Cyfaill* o'r *Faner*. Mae'r darn hwn yn arwyddocaol – nid yn unig ar lefel genedlaethol y Cymry – ond hefyd yn cwmpasu Prydain a'r diaspora Cymreig. Mae hynt y genedl ledled y byd felly'n cael ei drafod gan Gymry sydd wedi ymgartrefu mewn gwahanol fannau, a'u Cymreictod yn eu clymu o hyd. Disgrifir y syndod a barodd y newyddion yn Llundain, a esgorodd ar 'gynulliad . . . mor luosog' a oedd yn cwmpasu 'cydwladwyr' o wahanol enwadau crefyddol. Mae rhwydwaith print y diaspora Cymreig wedi sicrhau bod y Cymry yn ymwybodol o ddatblygiadau America, gan eu galluogi i sylwebu ar eu tirlun gwleidyddol. Cynhyrchodd y llofruddiaeth 'yn gyffredinol yn y wlad hon, yn mhlith pob plaid, y teimlad dwysaf'.

Cynhaliwyd cyfarfodydd mewn gwahanol drefi er mwyn dangos cydymdeimlad, ac mae Cymry Llundain yn defnyddio'r un math o rethreg sy'n nodweddu'r disgwrs cenedlaethol am y berthynas rhwng Prydain ac America:

> Edrychid ar hynny gan filoedd lawer o'u brodyr a'u chwiroydd sydd wedi ymfudo i America, ac yn siarad yr iaith Gymraeg, fel peth caredig, a brawdol o'n tu ni . . . Yr un pryd, yr oedd ef yn hyderu yn fawr y goruwchlywodraethai y Brenin mawr yr amgylchiadau presennol, er mor bruddaidd, i ddwyn oddiamgylch deimladau gwell rhwng Lloegr ac America nag sydd wedi ffynu yn y blynyddoedd diweddar. Daw yr Americaniaid i ddeall Lloegr yn well, a Lloegr i ddeall America yn well, a heddwch mwy trwyadl efallai rhwng y ddwy wlad uwch ben yr aberth o fywyd gwerthfawr Abraham Lincoln nag a fu erioed o'r blaen.[154]

'Cyhoeddiad rhydd ac anmhleidgar'

Mae'r dyfyniad uchod yn crisialu'n berffaith y gorgyffwrdd rhwng hunaniaeth Cymry America a Phrydain wrth i'w teyrngarwch at y genedl barhau yn wyneb anghydfod rhwng dwy wladwriaeth.

4

'Oes y byd i'r iaith Gymreig?' Parhad yr iaith Gymraeg yn America

> Bydd bechgyn gwyllt Walia mi goelia mewn gwir,
> Yn cywir ddymuno 'Boed iddo oes hir,'
> I gario'i drysorau trwy'r Unol Daleithiau,
> Yn hen iaith eu mamau deg eiriau digoll.[1]

Yn ôl amcangyfrif, roedd y Gymraeg yn brif gyfrwng cyfathrebu i 90 y cant o'r boblogaeth yn ystod y bedwaredd ganrif ar bymtheg yng Nghymru.[2] Ar ddechrau'r ganrif, roedd cymaint â hanner miliwn yn uniaith, a chyfran helaeth o'r boblogaeth yn defnyddio'r Gymraeg yn gyson.[3] Nid yw'n syndod felly bod gan wasg gyfnodol Gymraeg America rwydwaith barod o ddarllenwyr ymhlith ymfudwyr o Gymru, a'r gynulleidfa honno yn dibynnu arni fel un o bileri'r iaith, fel y dengys y gerdd uchod i'r *Cyfaill*. Roedd yr iaith yn elfen annatod o hunaniaeth y Cymry yn y cyfnod, yn enwedig i genedl leiafrifol nad oedd ganddi statws gwladwriaethol.

Er nad oedd darn o dir penodol y gallai'r Cymry ymwreiddio ynddo ar ôl ymfudo i America, parhâi yr iaith yn un o'r prif gonglfeini a oedd yn dynodi arwahanrwydd y genedl mewn cyddestun crefyddol, cymdeithasol a diwylliannol. Gweithredai fel llinyn cyswllt rhwng y peuoedd hyn:

> Er bod eu hunaniaeth yn hanfodol glwm wrth diriogaeth benodol ac wrth gof hanesyddol a oedd yn seiliedig ar fythau a symbolau yn ogystal ag ar ffeithiau moel, y cwlwm grymusaf rhyngddynt oedd eu hiaith frodorol ... Y Gymraeg a deyrnasai yn y cartref, yn y gweithle ac yn yr addoldai, a chyfoethogid y rhain i gyd gan ddiwylliant cynhenid cymunedol arbennig.[4]

Cyfaill pwy o'r hen wlad?

Er bod patrwm siaradwyr yr iaith yn amrywio'n fawr rhwng unigolion a threflannau yn ôl grym y tueddiad i ymdoddi, roedd yn rhan annatod o'u bywydau preifat a chyhoeddus yn y cynefin newydd i nifer. Mae Jerry Hunter yn amcangyfrif bod tua 70 y cant yn methu â siarad Saesneg wrth lanio yn America.[5] Yn fwy na dim, roedd yn atgof o ffordd o fyw yr hen wlad. Cynrychiolai nid yn unig gwlwm â'r gorffennol, roedd hefyd yn gymwys i ymgodymu â phatrwm cymdeithasol y wlad fabwysiedig. Trwy gyfrwng y wasg brint yn anuniongyrchol, cawsai'r iaith gryn ddylanwad ar safbwyntiau'r gynulleidfa ar wahanol bynciau. Yn wir, tybir bod pob rhifyn o'r cyfnodolion yn cael ei gylchredeg ymysg tuag ugain o bobl, a oedd yn rhoi amlygrwydd i'r Gymraeg yn eu plith:

> 'Roedd yn arferiad i bobl wrando ar ddarlleniadau cyhoeddus o gynnwys cyfnodolion a thrwy hynny, deuent yn gyfarwydd â phatrymau a rhythmau'r iaith ysgrifenedig ac yn ogystal caent gyfle i gyfoethogi eu geirfa mewn amrywiol gyweiriau. Y nodwedd bwysig oedd bod yr iaith 'ar waith' ac yn cael lle amlwg a pherthnasol wrth fynegi syniadau, ymagweddiadau ac, wrth drafod pynciau, problemau a digwyddiadau a oedd yn gyfoes i'r cyfnod.[6]

Er gwaethaf agweddau gelyniaethus at yr iaith yn achlysurol a'r pwysau i gymathu â'r ffordd Americanaidd o fyw, gallai oroesi i raddau helaeth yn y treflannau Cymreig am ei bod yn sylfaen i fwrlwm diwylliannol y cymunedau hynny ar lefel leol. I nifer o Gymry America, yn enwedig yr ymfudwyr cynharaf, roedd y dyhead hwn i warchod yr iaith fel cyfrwng cyfathrebu yn un o seiliau'r gymuned. Fodd bynnag, er bod trwch y boblogaeth yn siarad y famiaith ar droad y bedwaredd ganrif ar bymtheg, datblygodd teimladau cymysglyd ynghylch ei phwysigrwydd yng Nghymru ac ymhlith cymunedau alltud yn ystod y ganrif. Dioddefai'r genedl o'r hyn a alwai Hywel Teifi Edwards yn 'seicoleg glwyfus y ganrif',[7] a effeithiai ar agweddau tuag at yr iaith mewn amryw o ffyrdd.

Yn yr un modd, gwelwyd cymysgedd o safbwyntiau parthed cynnal y diwylliant Gwyddeleg ar y cyfandir. Tra credai rhai

'Oes y byd i'r iaith Gymreig?'

mewn cymathu, anogai papur newydd yr *Irish American* ei ddarllenwyr i ddysgu'r iaith er mwyn teimlo'n falch a dynol yn ogystal ag ennyn parch fel dinasyddion Americanaidd.[8] Saesneg oedd prif iaith y mwyafrif o'r newydd-ddyfodiaid o Iwerddon ers cyn eu hymadawiad. Byddai'r siaradwyr Gwyddeleg fel arfer yn dysgu Saesneg yn gymharol sydyn neu'n ddwyieithog ac yn magu eu plant yn Saesneg yn unig. Prin y'i siaradwyd fel iaith bob dydd ar y cyfandir, hyd yn oed ar yr aelwyd – yn wahanol i'r Gymraeg.[9] Honna Oscar Handlin mai'r Albanwyr a'r Cymry a bwysleisiodd eu harwahanrwydd fwyaf fel Prydeinwyr drwy sefydlu cymdeithasau a phapurau newydd, er bod eu diwylliant fel arfer ar lefel leol.[10]

Er hynny, honna Kerby Miller fod y Wyddeleg yn brif iaith i ymfudwyr o ardaloedd arbennig a effeithiwyd gan y newyn mawr yng nghanol y ganrif. Lleisiwyd yr angen i bregethu a chyflwyno gwasanaethau yn y Wyddeleg, a byddai rhai gwleidyddion a ymfudodd o Iwerddon yn ceisio denu pleidleisiau drwy ddefnyddio'r iaith.[11] Serch hynny, nid oedd gan yr ieithoedd Celtaidd ddiwylliant cyhoeddi llewyrchus ar y cyfandir, sydd o bosibl yn esbonio tynged eu tafod-leferydd.

Pa ran a chwaraeai'r wasg brint felly yng nghadwraeth yr iaith Gymraeg yn America yn wyneb llu o newidiadau?

'Colofnau cedyrn i ddal i fynu y Gymraeg': *y wasg, cymdeithasau a chadwraeth yr iaith*

Crëwyd perthynas symbiotig rhwng yr iaith Gymraeg a'r diwylliant print yn America, gan mai'r gagendor ieithyddol rhwng y Cymry uniaith a'r Americanwyr a danlinellodd yr angen am gyfnodolion Cymraeg. Datblygodd y wasg hefyd i fod yn gynhysgaeth i'r iaith ar dir estron.

Cyfeiria Aled Jones at 'swyddogaeth ddeublyg' newyddiaduraeth Gymraeg, gan ddefnyddio'r papur *Seren Gomer* yn 1818 fel enghraifft. Dengys fod y cyhoeddiad hwnnw yn ceisio diwallu nifer o anghenion a hefyd yn cynrychioli 'ymgais fwriadol' i hybu iaith goeth yn sgil ei ddylanwad ar y gynulleidfa ieithyddol:

Cyfaill pwy o'r hen wlad?

Er bod pob papur, i raddau, yn ceisio cyflwyno gwybodaeth ac addysgu a diddanu ei ddarllenwyr, yr oedd gan y papurau hefyd genhadaeth, uniongyrchol neu anuniongyrchol i ddiogelu, gwella ac estyn yr iaith Gymraeg. Rhoddai'r dimensiwn ieithyddol a diwylliannol hwn sêl genhadol a phwysigrwydd i'w gwaith (a hunanbwysigrwydd hefyd, efallai) a oedd ymhell y tu hwnt i'r hyn a awgrymid gan eu helw neu eu ffigurau cylchrediad.[12]

Fel ag yn achos cenhedloedd ymfudedig eraill, roedd y wasg yn creu ymdeimlad o berthyn i grŵp ieithyddol arbennig a oedd wedi ei ddiwreiddio o'i diriogaeth hanesyddol, er bod y Cymry ar wasgar mewn gwahanol dreflannau ar hyd y cyfandir:

> The immigrant press serves at once to preserve the foreign languages from disintegrating into mere immigrant dialects, hyphenated English, and to maintain contact and understanding between the home countries and their scattered members in every part of the United States and America ... These functions of the press naturally tend to preserve the national feeling; but beyond this there is an intrinsic connection between the desire to preserve national identity and the written mother tongue. This feeling is most defined among members of the 'oppressed' races ...[13]

Fel ag yn nifer o wledydd eraill Ewrop, gwelwyd rhyw fath o adfywiad ieithyddol yng Nghymru o ddiwedd y ddeunawfed ganrif ymlaen. Bu'r wasg argraffu'n fodd i'w atgyfnerthu a'i ehangu. Ymhellach, amlinellwyd ymwybyddiaeth gyffredinol o iaith fel symbol mewnol y genedl gan Fichte yn 1806, oherwydd ei grym wrth ffurfio clymau anweledig rhwng aelodau'r genedl a ddwysái'r ymdeimlad o berthyn.[14]

Gellid dadlau felly bod golygyddion gweisg yn rhan o fudiad ehangach i godi statws iaith a oedd heb unrhyw hawliau swyddogol yn perthyn iddi, a hynny er mwyn ennyn parch ati fel adnodd ddiwylliannol doreithiog. Yng nghyd-destun William Rowlands, dywed un gweinidog yn ei gofiant ei fod yn dymuno 'oes y byd' yn aml i'r iaith yn gyhoeddus.[15] Cyflawnodd y wasg sawl swyddogaeth ar lefel ieithyddol gan ei bod yn caniatáu i'r iaith fod yn rhan weladwy o ddiwylliant llythrennog y genedl:

'Oes y byd i'r iaith Gymreig?'

Rhoes y papurau newydd lwyfan cyhoeddus i'r iaith Gymraeg, llwyfan y gellid ei weld oddi mewn ac oddi allan i Gymru, gan Gymry Cymraeg a di-Gymraeg. Ysgogodd ddiddordeb yn yr iaith a'i ffurfiau, gan annog darllenwyr ar yr un pryd i feithrin yr un rhugledd a llythrennedd yn y Saesneg. Yn bwysicach fyth, gwnaeth y papurau newydd hi'n bosibl i nifer mawr o bobl ddarllen Cymraeg yn rheolaidd, gan sicrhau ei pharhad fel iaith lenyddol boblogaidd. Er gwaethaf cyfyngiadau ariannol a rhaniadau enwadol, daeth y wasg newyddiadurol â'r iaith Gymraeg i lygad y cyhoedd ar ffurf ddynamig a modern.[16]

Fel arloeswr cydnabyddedig gwasg gyfnodol Gymraeg America, roedd gan y *Cyfaill* swyddogaeth hanfodol i feithrin cadwraeth yr iaith fel rhan ganolog o hunaniaeth yr ymfudwyr o Gymru. Roedd y wasg yn biler i'r iaith, nid yn unig drwy fod yn sylfaen i'r gymuned brint fel cyfrwng mynegiant (*discursive construct*[17]) ac yn rym diwylliannol ynddo ei hun, ond hefyd fel adnodd weithredol mewn ymgyrchoedd dros barhad yr iaith. Yn yr un modd cyhoeddai'r *Cenhadwr* benillion yn moli'r Gymraeg a darnau ffeithiol amdani. Wedi'r cwbl, roedd eisoes yn gyfarwydd ag ymdaflu i ymgyrchoedd o wahanol fathau. I raddau llai y gwelwyd y math hwn o ddeunydd yn y *Seren*, er nad oedd hynny yn arwydd bod ei olygydd yn llai ymroddedig dros yr iaith.

Roedd gweithredoedd megis llywodraeth talaith Ohio yn gorchymyn argraffu mil o gopïau o 'Genadwri y Llywydd Taleithiol' yn y Gymraeg yn dangos bod gan yr iaith bresenoldeb amlwg yn America. Yn fwy na hynny, roedd balchder rhai o ddarllenwyr y *Cyfaill* bod talaith Ohio yn dangos y fath anrhydedd i'r genedl yn y modd hwn yn magu eu hyder yn addasrwydd y Gymraeg ar gyfer dibenion mwy ffurfiol.[18] Yn yr un modd, bu galwad yn y *Cyfaill* ar Gymry Pennsylfania i efelychu galwad Ohio, a dengys hynny ei fod yn barod i gymryd rhan mewn brwydrau ieithyddol o'r fath.[19] Sefydlwyd swyddfeydd ymfudo gan o leiaf 33 llywodraeth diriogaethol a thaleithiol, a chyfieithwyd eu canllawiau, mapiau a phamffledi yn y Gymraeg ymysg ieithoedd eraill.[20]

Defnyddiwyd y cyfnodolion Cymraeg yn America yn helaeth i wrthweithio'r dyhead i ymdoddi'n ieithyddol, a hynny drwy gyfrwng anerchiadau ac ysgrifau a oedd yn ennyn diddordeb yn

Cyfaill pwy o'r hen wlad?

yr iaith. Yn wir, roedd yn ystyriaeth i nifer o gyfranwyr y wasg wythnosol a chyfnodol yng Nghymru drwy gydol y ganrif, a gwelwyd sawl llythyr yn pryderu am ei dyfodol ar eu tudalennau. Gan nad oedd statws cyfreithiol i'r Gymraeg, bu'n rhaid i'r bobl gyffredin gymryd cyfrifoldeb am ei gwarchod. Yn ôl Hywel Teifi Edwards, roedd yn llawer haws 'gofidio am sefyllfa'r iaith na gweithredu'n gadarnhaol o'i phlaid', yr hyn a elwir ganddo yn *passive goodwill*.[21]

Diffinia Bhabha berthnasedd iaith i ddiwylliant fel sail i'r amrywiaeth o naratifau sy'n cynhyrchu, yn cynnal ac yn atgynhyrchu portreadau o'r genedl.[22] Defnyddid sbectrwm o ffurfiau gan yr holl gyhoeddiadau Cymraeg, yn gyfuniad o'r creadigol a'r ffeithiol, i ddarbwyllo'r Cymry ymfudedig o bwysigrwydd yr iaith. Yr hyn a oedd yn gyffredin i gyfran sylweddol o'r deunydd hwn oedd bod yr awduron yn tynnu ar elfennau Rhamantiaeth fel genre llenyddol i fynegi eu cenedligrwydd. Mae'n egluro'r naws sentimental sy'n britho'r darnau hyn i raddau helaeth. Roedd y duedd hon yn nodweddiadol o'r disgwrs cenedlaetholgar a ymledai drwy Ewrop yn y cyfnod, a'r technegau hyn yn ffordd rymus i danio emosiwn aelodau o'r genedl i weithredu dros eu diwylliant.[23]

Mae'r *Cyfaill* yn ymdaflu i'w ddyletswydd yn ddisymwth gydag ysgrif yn yr ail rifyn ar 'foddion a sefydliadau' a fydd yn 'llwyddiannus er cadw ac estyn oes y Gymraeg'. Dengys hyn fod yr iaith ar frig agenda'r cylchgrawn o'r dechrau. Ynghyd â'r ysgol Sul a'r cymdeithasau Cymreig, rhestrir y wasg fel arf hanfodol yn y frwydr i warchod yr iaith gan sawl cyfrannwr i'r cylchgrawn. Er enghraifft, llawenha un anerchiad fod y *Cyfaill* a'i ohebwyr yn 'rhyddhau y Gymraeg o gaethiwed Seisnigaidd y wlad hon', a gobeithia am ledaenu ysbryd gwladgarol 'pa le bynag y mae neb o hil Gomer yn preswylio'.[24]

Mynegir pwysigrwydd y misolion Cymraeg fel 'colofnau cedyrn i ddal i fynu y Gymraeg' a dywedir eu bod yn cynnig 'ymborth – prydlon a rheolaidd i'r Cymry uniaith'. Mae'r *Cyfaill* yn diwallu anghenion y Cymry drwy gyfrwng eu hiaith gynhenid, ac felly'n ymgorfforiad o'u hunaniaeth Gymreig drwy gwmpasu gwahanol elfennau eu Cymreictod. Gan eu bod, fel cenhedloedd eraill yn America, yn 'sychedig am wybodaeth', golyga'r cyfrwng nad oes

'Oes y byd i'r iaith Gymreig?'

raid iddynt 'dalu am dano ar fwrdd estron'. Dymunir llwyddiant i'r newydd-ddyfodiad 'i hir wasanaethu y Cymry yn America, yn eu hiaith enedigol eu hunain'. Er bod y Cymry bellach yn rhan o batrwm cymdeithasol y wlad newydd, mae cyffyrddiadau fel 'bwrdd estron' yn parhau i'w diffinio yn erbyn yr Americanwyr. O'r herwydd, croesawyd y *Cyfaill* fel darparwr gwybodaeth a chyfrwng mynegiant allweddol i nifer o Gymry America:

> Gwallgof y cyfrifwyf y dyn, yn enwedig y Cymro, a ddywed mai afreidiol a diles cadw a choleddu yr iaith Gymraeg yn y wlad hon; y mae ei thrysorau yr un mor llawn o eiriau cynhwysfawr yn America ac yn Nghymru. Ond gwir fod ein helyntion ni yn wahanol i'n cydgenedl yno, gan ein bod yn ymddibynu ar ein cyfeillion Americanaidd am gyfryngau gwybodaeth mewn iaith estronol; ond eto credwyf a llawenychwyf fod Cymraeg i gael ei siarad gan genedl y Cymry yn y rhan hyn o'r ddaear, tra huan a lloer yn rhoi eu llewych.[25]

Er bod yr iaith yr un fath yn America a Chymru iddynt, mae amgylchiadau gwahanol yn gofyn am 'iaith estron'. Diffinir felly un gymuned ieithyddol, ond o ran teyrngarwch a thiriogaeth maent yn cyfranogi mewn dwy gymuned.

Ystyrir y *Cyfaill* yn un o gonglfeini parhad yr iaith, yn enwedig mewn 'gwlad estronol' lle mae cyfryngau o'r fath yn anhepgor i gadw'r Gymraeg:

> Yn ganwyll i dywys hil Gomer hawddgaraf,
> A chymhorth o'r mwyaf i gadw ein hiaith.[26]

Er eu bod wedi dewis ymgartrefu ymhell o'u cynefin a'u bod yn dygymod â'r dieithrwch, mae'r iaith gyfannol yn gymorth i leddfu'r dieithrwch. Roedd y cyfnodolion hefyd yn meithrin diwylliant trawsatlantig cyfnewidiol, sy'n dangos bod yr iaith yn ffenomen symudol y gellid ei chludo dros yr Iwerydd. Nid o'r famwlad yn unig y deuai'r deunydd i borthi awch Cymry America am ddeunydd darllen, ond chwenychai trigolion Cymru eu cynnyrch hwy yn ogystal: 'Bydd yn dda gan eich cydgenedl yn y wlad hon, weled gwaith *brodorion Cymreig America* yn dyfod drosodd yn argraffedig, i'n dyddanu a'n haddysgu yn yr hen fam-wlad dlawd . . .'[27] Mae'r

Cyfaill pwy o'r hen wlad?

enw 'cydgenedl' yn golygu Cymry o hyd yn hytrach na chydwladwyr yn America. Yn aml, mae'n strategaeth effeithiol i ddiffinio'r Cymry fel cenedl o'i gymharu â chyd-ddinasyddion. Dengys y portread o'r 'hen famwlad dlawd' hefyd yr amgylchiadau a barodd i nifer o'r Cymry ymfudo.

Cyhoeddir traethawd dan y teitl 'Moddion goreu i sicrhau defnyddioldeb ieuenctyd Cymry America i'w cenedl eu hunain', sy'n amlinellu'r prif ddulliau i sicrhau cynhysgaeth yr iaith. Honna'r traethawd mai un o'r prif feini tramgwydd i'r Gymraeg yw esgeuluso defnyddio'r wasg Gymreig, gan mai 'ychydig ymdrech a wneir gan lawer i'w defnyddio i feithrin medrusrwydd yn yr iaith Gymraeg.' Yn hytrach na chefnogi chwech o gyhoeddiadau 'eithaf teilwng', pryna'r rhieni ddeunydd Saesneg i'w plant, e.e. y *New York Ledger, Weekly Tribune, Dollar Newspaper*. I'r awdur, mae'r Gymraeg yn greiddiol i'w Cymreictod: 'Y mae ei gwasanaeth a'i dylanwad hi y cyfryw nas gallwn ei hebgor. Y mae bywyd neu angeu ein hiaith yn ymddibynu ar y sylw a wnawn o hon.'[28]

Roedd y wasg gyfnodol yn cyflawni nifer o ddyletswyddau ar ystyr gelfyddydol ac ymarferol, ond roedd hefyd yn gefnogol i eisteddfodau a chymdeithasau Cymreig fel rhan o ddiwylliant cyflawn y Cymry. Cyn i'r dwymyn eisteddfodol gydio o ddifrif yn yr 1850au, cynnyrch llenyddol pennaf y cymdeithasau gwladgarol oedd anerchiadau, areithiau a cherddi yn amlinellu'r angen am ffyddlondeb o blaid y Gymraeg. Cyn i gyfnodolyn arall ymddangos i wasanaethu Cymry America, roedd y *Cyfaill* yn rhan o'r ymdrech gydweithredol i ddiogelu'r iaith drwy gyhoeddi gweithrediadau'r cymdeithasau hyn:

> Ac yn gymmaint a'n bod fel cenedl wedi ymwasgaru ar hyd y wlad eang hon yn mhlith estroniaid, yr oedd yn angenrheidiol i'n gael Cylchgrawn trwy ba un y caem gyfrinachu, a hyny yn iaith ein mamau . . . a'n dyben wrth sefydlu y Gymdeithas hon ydyw amddiffyn a choleddu yr hen iaith ardderchawg sef yr Omeraeg.[29]

Defnyddir yr ansoddair 'estron' yn rheolaidd, ac felly mae'r *Cyfaill* yn cynorthwyo'r ymfudwyr i ymgasglu fel Cymry yn y wlad 'eang'.

'Oes y byd i'r iaith Gymreig?'

Eu cri parhaus yn gyffredinol oedd anogaeth i 'fod yn aeddlawn a diwyd yn y gorchwyl o ddal a diffyn yr hen Omeraeg orwiw',[30] sy'n dangos eu bod yn ymarfogi ar y cyd â'r wasg brint yn yr ymgyrch ieithyddol. Yn hyn o beth, cydnabyddir arwyddocâd y *Cyfaill* fel cymwynaswr yr iaith yng nghyfarfodydd gwahanol gymdeithasau a dathliadau Gŵyl Dewi, er enghraifft:

> Bum yn synu rai prydiau wrth glywed amryw o lanciau Cymru, gwythienau pa rai a gadd eu llanw o waed ar fryniau hyfryd Gwalia, wedi iddynt aros yn y wlad hon flwyddyn neu ddwy, yn gwisgo amdanynt siaced fraith y Sais, ac yn rhydyllio y fath gymmysgedd allan, gan ffugio eu bod wedi anghofio iaith eu mamau, hyd nes y byddo yn ddigon i daflu y Cymro gwladgarol a synwyrol i lesmair wrth wrando arnynt. Ond . . . fe gododd yr haul ar y Cymry, ac y mae ei belydr mor danbaid nes y mae yr ystlumod a'r dylluanod yn gorfod ffoi i'w tyllau.[31]

Awgrymir yma bod y Cymro 'gwladgarol a synwyrol' yn diffinio gwladgarwch yn nhermau'r iaith, a adleisir yn y cyfeiriad at 'Sais' yn hytrach nag Americanwr. Mae'r rhethreg a ddefnyddir i drafod yr iaith yn llenyddiaeth Cymry America hefyd yn nodweddiadol o eiriad yr anthem genedlaethol a gyfansoddwyd yn ystod y ganrif, sy'n dangos bod yr un math o dechnegau ieithyddol yn lliwio arddull y cyfnod.

Mae delwedd yr haul yn awgrymu bod y *Cyfaill* yn arwydd o wawr newydd yn nhynged y Gymraeg. Try'r cyfeiriad at ystlumod a thylluanod, sef creaduriaid y nos, hefyd yn wrthgyferbyniad rhwng tywyllwch a goleuni, ac yn ffordd i daflu goleuni ar y Cymry hynny oedd yn diosg eu genedigaeth-fraint.

Arwyddair a ddefnyddid yn gyson mewn ymgynulliadau o'r fath oedd 'Eu Hiaith a Gadwant', a gwelir edmygedd cymdeithasau gwladgarol o'r *Cyfaill* fel cynhaliaeth i'r iaith wrth iddynt annog pawb sy'n siarad Cymraeg i'w brynu. Yn rheolaidd, cysylltir cariad at yr iaith â dyletswydd i gefnogi'r *Cyfaill* gan feirdd ac awduron Cymraeg Americanaidd:

> A gâr fêr iaith y gwir frythyn – cyfod,
> A'r Cyfaill hwn derbyn . . .[32]

Cyfaill pwy o'r hen wlad?

Maent yn addo dyfodol llewyrchus iddo os parha yn ei wasanaeth ieithyddol:

> Gelynion ddigalonir,
> Cofia ein hiaith, cei fyw'n hir.³³

Roedd nifer o'r cymunedau hyn hefyd yn ymroi'n frwd i'r achos ieithyddol drwy arddel y cysylltiad gyda'r hen wlad, gan roi pwyslais ar yr iaith fel nodwedd annatod o'u hunaniaeth yn y ddwy wlad. Mae sefydliadau a chymdeithasau Cymreig yn caniatáu iddynt fel 'gwir Omeriaid' efelychu eu 'hen deidiau a ein brodyr presennol draw ar lanerchau hen Walia wiw'. Er gwaethaf yr her, credir mai eu dyletswydd yw amddiffyn a 'noddi' yr hen iaith odidog.³⁴

Mae'r disgrifiad hanesyddol o'r genedl fel 'hil Gomer' yn un ailadroddus yn llenyddiaeth Cymry America, gan dynnu ar gyddestun chwedlonol o'r Oesoedd Canol a honnai mai Gomer fab Japheth oedd y Cymro cyntaf. Yma, fe'i defnyddir i ddisgrifio'r bobl a'r iaith. Mae'r cysylltiad yn cael ei ddyfnhau yn y symud rhwng y gorffennol a'r presennol wrth sôn am 'deidiau' a 'brodyr', a'r defnydd o aelodau teuluol unwaith eto'n symbolau grymus. Cynrychiola hyn yr ymlyniad hanesyddol a dyfodol yr iaith, a'r modd y maent yn ystyried trigolion Cymru yn 'frodyr presennol', er eu bod yn trigo mewn gwlad arall.

Roedd sefydlu'r cymdeithasau hyn yn un o'r dulliau mwyaf effeithiol o warchod yr 'iaith hybleth a hyber' a oedd yn agos at galon nifer o'r Cymry ymfudedig. Dengys yr awydd i greu awyrgylch 'fel Cymru' ddyhead yr ymfudwyr i greu hunaniaeth Gymreig-Americanaidd ar lun a delw'r hen wlad, a'u bod i raddau helaeth yn ceisio ail-greu rhyw fath o Gymreictod yn America. Yn aml sonnir am efelychu un o draddodiadau neu arferion yr hen wlad. Yr iaith, felly oedd yn caniatáu i'w hetifeddiaeth ddiwylliannol fwrw gwraidd ar ddaear estron. Nid yw'r pellter tiriogaethol yn oeri eu brwdfrydedd drosti, a defnyddir y cymdeithasau i atgyfnerthu eu brawdgarwch ar sail y cwlwm ieithyddol.

Defnyddir y rhagddodiad 'cyd' yn aml er mwyn ymarfogi'r Cymry yn yr ymgyrch ieithyddol. Cynrychiola'r 'teidiau' hefyd

'Oes y byd i'r iaith Gymreig?'

ymlyniad teuluol ieithyddol ar un lefel, ond hefyd y cysylltiad hanesyddol gyda chyndeidiau wrth i'r hunaniaeth ethnig gynnwys olrhain llinach ac ach. I rai, roedd yr ymlyniad hwn i'r iaith frodorol yn gryfach ar dir estron fel un o'r nodweddion cenedlaethol a oedd yn peri bod gwahaniaeth rhyngddynt â'u cymdogion American-aidd: 'Er y dywed rhai . . . mai gwag ag ofer ydyw dal i fynu yr iaith Gymraeg yn y wlad hon; o'm rhan fy hun gallwyf ddywedyd mai po bellaf yr elwyf oddiwrth fy mro gynhenid, mai anwylach cares ydyw i mi . . .'[35] Yn debyg i amcan y *Cyfaill*, diben y cymdeithasau – yn ogystal ag amddiffyn yr iaith – oedd ei gloywi a'i phuro, a sicrhau bod y Gymraeg yn gyfrwng teilwng i drafod gwahanol faterion.

Er bod y Cymry'n canu clodydd yr iaith Gymraeg i eithafion sentimental yn y cyfarfodydd, roeddent hefyd yn effro iawn i'r angen taer am ymestyn ei pheuoedd. Ffurfiwyd nifer o gymdeithasau 'idd y dyben o addysgu y naill y llall yng ngwahanol ranau yr Omeraeg orwiw, yn ngydag eangu eu gwybodion mewn amrai bethau llesawl eraill'. Er gwaethaf dylanwad pellgyrhaeddol y Saesneg, teimlent 'ddyled a braint' i ddarparu gwybodaeth i'w cydgenedl drwy gyfrwng y famiaith. Yn union fel Rowlands a'i gynlluniau gyda'r *Cyfaill*, credai'r cymdeithasau'n frwd y dylid ehangu gorwelion y Cymry yn eu gwlad newydd, ond yn anad dim yn nefnydd y famiaith i'r pwrpas hwn. Er nad oeddent yn argyhoeddedig o safon yr addysg ar brydiau, roedd yr angen i drafod pynciau dyrys yr oes drwy gyfrwng y Gymraeg yn un a oedd uwchlaw pob ystyriaeth arall. Yn y traethawd a drafodir uchod am y dulliau i sicrhau parhad yr iaith, rhestrir y cymdeithasau llenyddol fel un o'r elfennau angenrheidiol ar gyfer pob sefydliad er mwyn ymgyfarwyddo â'r Gymraeg. Yn ei farn ef, rhoddant y cyfle i draddodi, darllen ac ysgrifennu am wahanol bynciau gan nad oes ysgolion Cymraeg ar y cyfandir. Creda fod angen dysgu areithyddiaeth drwy gyfrwng y Gymraeg, ond yn fwy na hynny bod angen coleg er budd i Gymry. Nid yw'n honni bod angen dysgu pob pwnc drwy gyfrwng y Gymraeg, gan eithrio pynciau megis rhifyddiaeth, seryddiaeth a diwinyddiaeth, ond mae'n argyhoeddedig bod angen y cyfle i siarad a chyfeillachu mewn cyfarfodydd yn eu hiaith eu hunain.

Cyfaill pwy o'r hen wlad?

'Iaith Cymru i'r Cymro': Trosglwyddo'r iaith a dylanwad y Saesneg

Mae tudalennau'r cyfnodolion Cymraeg yn frith o anerchiadau gan Gymry'r hen wlad yn cynghori eu cymrodyr yn America i warchod yr iaith a chefnogi'r wasg i'r diben hwn. Defnyddiwyd nifer o dechnegau rhethregol i ddyfnhau'r ergyd: 'Wfftiwch blant Sion a Malen Ty-n-y-Mynydd, a phlant Dic Shon Dafydd, da chwithau, o'ch mysg.'[36]

Gweithredai'r cymeriad enwog yng ngwaith Jac Glan-y-Gors fel trosiad am y sawl a oedd wedi troi cefn ar eu hetifeddiaeth ar ôl glanio ar y cyfandir, er iddynt gael eu magu ar aelwyd Gymraeg yng Nghymru. Mae Sion a Malen hefyd yn cael eu defnyddio i bortreadu dadleuon ieithyddol yn bur gyson. Roedd y math hwn o lenyddiaeth theophrastig yn newydd yn y cyfnod, a chreu cymeriad yn fodd i gyflwyno gwers foesegol – yn aml mewn dull hwyliog a ffraeth.

Dywed un awdur fod 'plant Dic gynt' yn 'aml iawn yma', sy'n awgrymu bod nifer o'r Cymry yn anghofio eu genedigaeth-fraint ar ôl ymgartrefu yn America. Roedd personoli'r iaith fel 'mam' a darlunio'r dynfa emosiynol hefyd yn strategaeth rethregol effeithiol a ddefnyddid yn gyson yn yr ymgyrch i ddylanwadu ar deimladau'r unigolyn tuag ati. Yn wir, ceid cyfeiriad mynych at 'hen iaith y mamau', ac i raddau llai at 'hen iaith y tadau'. Roedd defnyddio trosiadau teuluol yn dechneg drawiadol i rymuso'r cwlwm ethnig gydag iaith, ynghyd â rhoi ymdeimlad oesol iddi. Yn ychwanegol, adroddai awduron enghraifft o 'hanesyn' neu stori yn aml i bortreadu'r broblem ddyrys a wynebai garedigion yr iaith wrth geisio atal llifddorau'r Saesneg. Gweithredai hyn fel moeswers i rybuddio eraill i beidio â dilyn yr un trywydd.

Mae swyddogaeth yr aelwyd i feithrin parhad yr iaith hefyd yn thema gref yn rhethreg y disgwrs ieithyddol dro ar ôl tro ar dudalennau'r wasg gyfnodol, fel ag yr oedd yn llenyddiaeth Cymry America yn gyffredinol.[37] Trwy gydol y bedwaredd ganrif ar bymtheg, Saesneg oedd yr iaith gyhoeddus i ddinasyddion, tra bod defnydd o'r Gymraeg wedi ei gyfyngu i'r cartref i raddau helaeth.

'Oes y byd i'r iaith Gymreig?'

Er nad yw'r ffynnon ymfudol wedi sychu eto o bell ffordd, mynegir pryder am 'duedd y plant yn gryf at yr iaith Säesonig' yn ystod yr 1840au hyd yn oed, a cheir cyfeiriadau rheolaidd tuag at drwytho ieuenctid yn y famiaith. Rhoddir pwyslais arbennig ar eu diwyllio gyda llyfrau Cymraeg ynghyd â chyfrifoldeb y fam i'w dysgu i ddarllen yn yr iaith yn ifanc:

> Yn mhob llafur y mae elw, felly elw ac enw da i'n plant fod ganddynt ddwy iaith, oblegid tueddol a thebygol y bydd ein plant yn y wlad hon yn medru yr iaith Saesonig, yn neillduol y rhai sydd yn cael eu codi yn y trefydd . . . Nid wyf yn erbyn i'n plant ac ereill ddysgu iaith y wlad, ond yr wyf tros i'n plant fod yn medru siarad a darllen yr iaith Gymreig, er mwyn ei rhagoriaeth fel iaith, a'n dyledswydd fel cenedl i'w chadw.[38]

Mae'r cyfeiriad at 'elw' yn atseinio yn y dadleuon am ddwyieithrwydd heddiw, lle y cyplysir gwerth yr iaith gyda llwyddiant gyrfaol neu ariannol. Trwy ddefnyddio'r dull ymarferol hwn o gydnabod ei rhinweddau, amlinellir dyletswydd ieithyddol y Cymry yn gelfydd. Eto i gyd, nid oedd y Cymry a oedd yn frwd dros yr iaith yn ddall i'w diffygion mewn rhai peuoedd, ond roedd ei hatyniad sentimental yn drech nag unrhyw ystyriaethau materol:

> Dywed rhai o'n cydwladwyr, nad yw cadw yr iaith Gymraeg i fynu, yn y wlad hon, o un budd. Digon gwir nad yw o ddim lles mewn masgnach, a pethau gwledig eraill; eto, iaith Cymru i'r Cymro o flaen un sothach estronol. Nid wyf yn meddwl i lawer o ddynion rhinweddol a dysgedig gael eu meithrin ar fryniau Cymru, nad oeddynt yn llawer mwy hoffus o'r iaith Omeraeg, nac un o ieithoedd bastardaidd gwledydd tramor.[39]

Yn aml, sonnir am 'gydwladwyr' a'r 'wlad hon' er mwyn disgrifio America, ond pan drafodir y 'Cymro' a 'Chymru' yng nghyd-destun yr iaith, gwahaniaethir yn glir wrth gyflwyno'r cysyniad o genedl. Mae'r cyfeiriad at 'fryniau Cymru' hefyd yn amlygu bod tiriogaeth wedi bod yn allweddol wrth siapio ymlyniad at hunaniaeth ethnigieithyddol, a bod yr iaith ynghlwm â chof cenedl am diriogaeth neilltuol.

Cyfaill pwy o'r hen wlad?

Mae'r ieithwedd gref hon yn adlewyrchu dyfnder angerdd rhai o Gymry America dros y Gymraeg, a'r duedd i'w dyrchafu rhagor nag ieithoedd tramor eraill yn thema gyson mewn ysgrifau a cherddi o'r fath. Yng nghanol y myrdd o ieithoedd a glywir yn America, mae'r wasg gyfnodol yn gweithredu fel pont rhwng y gorffennol a'r presennol, gan ddangos gallu'r iaith i groesi moroedd. Ni honnir ei bod yn ddefnyddiol ar gyfer manteision bydol, ond fel iaith fynegiadol ar lefel bersonol ac ysbrydol, ac mae ei disgrifio fel iaith 'y galon a'r teimlad' yn britho llenyddiaeth y bedwaredd ganrif ar bymtheg. O'r herwydd, daethai'n iaith diwylliant a chapel i raddau helaeth, gan na thybiai ideoleg y cyfnod bod gwerth iddi mewn cyd-destun swyddogol. Fe'i gosodir, felly, ar lwyfan ieithoedd y byd fel cyfrwng mynegiant diwylliant unigryw, a phwysleisir ei hadnoddau haniaethol yn wyneb ei gwendidau yn ymarferol.

Yn wir, llafur cariad yn hytrach nag unrhyw fuddiannau economaidd a ysgogai gymwynaswyr yr iaith i fentro i fyd cyhoeddi mor anwadal. Fel y mynega un cyfrannwr i'r *Cyfaill*: 'Dir yw mai lles eich cenedl a chariad at yr iaith, a'ch cymhellodd i gynnyg gwybodaeth fuddiol er lles y cyffredin. A pheth sydd yn fwy cymhwys na Chyfaill mewn gwlad estronol?'[40]

Mae'r ffaith nad oes llawer o elw yn deillio o'r cyhoeddiad yn dyfnhau parch yr awdur hwn tuag ato fel achos teilwng yn y genhadaeth ieithyddol. Er gwaethaf rhagolygon pesimistaidd i'r iaith yn America, gweithreda'r wasg fel ffynhonnell o hyder i'r Cymry barhau yn eu hymdrechion i sicrhau dyfodol iddi yno. Mae amlinellu rhinweddau'r iaith yng ngweithredoedd cymdeithasau ac areithiau Dydd Gŵyl Dewi a gyhoeddir yn y *Cyfaill* hefyd yn dacteg boblogaidd i atgoffa Cymry America o'u genedigaethfraint. Rhestrir ei nodweddion arbennig megis 'gwreiddioldeb', 'helaethrwydd' a 'rhagoroldeb' mewn barddoniaeth,[41] ac mae caredigion mwyaf pybyr yr iaith yn bychanu'r Saesneg ormesol yn ei hymyl:

> ... yr hyn sydd yn profi yn ddigon eglur fod y Saesonaeg yn mhell iawn ar ol y Gymraeg mewn helaethrwydd. Onid rhyfedd fod neb o'r Cymry mor ynfyd a cheisio ymlusgo i'r fath iaith fêr a bratiog

'Oes y byd i'r iaith Gymreig?'

ag yw y Saesonaeg, gan adael hen iaith wreiddiol? O! dylwyth Dic Shon Dafydd, pa fodd yr ydych yn meddwl dangos eich gwynebau wedi gwadu yr hen Gymraeg glodwiw? Trowch rhag cywilydd ac na fyddwch yn euog o'r cyhuddiad yma ddim yn hwy!⁴²

Gwelir nifer o awduron yn diffinio hunaniaeth ethnig – nid yn unig drwy ganmol yr iaith frodorol – ond hefyd drwy ei chymharu'n fwy ffafriol gyda'r Saesneg. Yn y cyd-destun cymharol hwn y maent yn diffinio cenedligrwydd ieithyddol, sy'n adleisio damcaniaethu am *The Other*, lle mae hunaniaeth yn gryfach o'i lleoli mewn gwrthwynebiad i rym arall.

Defnyddir geiriau megis 'euog' a 'chyhuddiad' yn helaeth mewn ysgrifau a cherddi er mwyn miniogi'r edliw am esgeulustod Cymry America o'r iaith. Yn aml caiff y duedd i wadu'r Gymraeg ei darlunio fel trosedd neu frad yn erbyn y genedl mewn ymgais i'w cywilyddio. Mae ailadrodd yr ansoddair 'hen' yn y darn hefyd yn amlygu thema barhaus yn y testunau sy'n ymdrin â'r iaith, wrth i'r awduron ymfalchïo yn hynafiaeth 'iaith yr hen Frytaniaid'.⁴³ Roedd pwysleisio'r ffaith fod iaith gynharaf Prydain wedi goroesi cyhyd yn rhoi urddas iddi – techneg a gâi ei defnyddio'n fynych gan awduron Cymraeg America i adnewyddu ei bri ymhlith y garfan a oedd yn ddifater dros ei cholli. Yn y traethawd ar y dulliau i sicrhau defnyddioldeb ieuenctid Cymry America, rhoddir cyngor ar sut i hyrwyddo'r iaith yn ei hawl ei hun ynghyd ag argyhoeddi'r genhedlaeth nesaf o'i gwerth:

> Gan fod fel galwad ar y Cymry i ddeffroi yn achos eu hiaith, dylid bod yn ddoeth wrth eu dysgu a'i wneud mor naturiol ag y gellir. Nid fel pe gofynai rhyw ymdrech mawr, nid fel pe b'ai arnom ofn rhyw iaith arall i'n gorchfygu, nid fel pe b'ai ymryson rhyngom ag un iaith arall a'n bod yn brysio i gael y flaenoriaeth arni, ond yn esmwyth a thawel . . . Edrychwn ar ddysgu yr iaith Gymraeg fel hyn yn un peth anhebgorol angenrheidiol i sicrhau gwasanaeth ein hieuenctyd; heb hyn ni byddai eu gwasanaeth yn amgen nag eiddo y Sais. Y mae yr iaith yn werth ei dysgu, yn gymhwys i gyfleu meddwl, yn feddiannol ar rym a dylanwad digonol i wneud cyfiawnder â'n drychfeddyliau, yr hyn a ddylai fod yn anogaeth digonol i ni ei dysgu.⁴⁴

Cyfaill pwy o'r hen wlad?

Fodd bynnag, er bod y treflannau Cymreig yn creu rhwydweithiau clós drwy gymorth y capeli, y cymdeithasau a'r wasg, roedd y Cymry hyn yn effro iawn i rym hollbresennol y Saesneg o'u hamgylch. Er mai'r Gymraeg oedd cyfrwng pennaf gweithgareddau diwylliannol y mwyafrif o'r mannau lle ymsefydlodd y Cymry yn America, roedd tynfa gref at ddwyieithrwydd o'r cychwyn. Nid oeddent yn gwrthod cydnabod y rheidrwydd i ddysgu Saesneg i ymgynefino â'u hamgylchiadau dieithr. Yn hytrach, awgryma nifer o awduron y dylid rhoi blaenoriaeth i'r Gymraeg dros unrhyw iaith arall oherwydd yr hyn a welent fel ei rhinweddau arbennig.

Erbyn diwedd yr 1840au, gwelir gorwelion y *Cyfaill* yn ehangu. Ceir symudiad tuag at gydweithio rhwng y ddwy iaith yn hytrach na dyrchafu'r Gymraeg yn ormodol, wrth i'r Saesneg yn anochel dreiddio i wahanol agweddau o fywydau'r ymfudwyr. Yn ôl Susan Dicker, roedd pwysau cynyddol ar ymfudwyr i droi at y Saesneg fel cyfrwng cyfathrebu.[45] Yn 1848, penderfynodd llywodraeth Efrog Newydd ddiogelu ymfudwyr nad oeddent yn rhugl yn Saesneg drwy greu deddf iaith. Daeth yn orfodol i bob llety a gadwai ymfudwyr wneud taliadau mewn pum iaith Ewropeaidd, a'r Gymraeg yn eu mysg. Er bod nifer o ieithoedd i'w clywed yn feunyddiol ar strydoedd y ddinas, dyma'r unig iaith leiafrifol a dderbyniodd y fath statws.[46]

Yn y flwyddyn 1847, hysbysa'r *Cyfaill* fod yr iaith Gymraeg yn ennill tir ymhlith eu cymdogion Americanaidd. Derbynnir y cyhoeddiad erbyn hyn yn nau o brif golegau'r Unol Daleithiau. O fewn cwta ddeng mlynedd, mae'r golygydd wedi ymledu parthau'r *Cyfaill* a'r iaith Gymraeg drwy ymestyn y tu hwnt i gylchoedd arferol i ymffrostio yn ei hadnoddau. Noda ei gynllun – pe cawsant annogaeth ddigonol – i gyhoeddi gramadeg y Gymraeg drwy gyfrwng y Saesneg er mwyn hwyluso yr Americanwyr. Mae golygydd y *Cyfaill*, felly'n ceisio croesi ffiniau ieithyddol, a dengys yr awydd i ledaenu ymwybyddiaeth o'r iaith ei falchder ynddi.

Mae'n hynod arwyddocaol fod y Gymraeg yn ffynnu yng nghymunedau alltud America yn yr union flwyddyn y cyhoeddwyd y Llyfrau Gleision yng Nghymru. Tra oedd Cymry America

'Oes y byd i'r iaith Gymreig?'

yn ymfalchïo bod eu cymdogion Americanaidd yn cymryd diddordeb yn eu hiaith, roedd y Comisiwn Addysg yng Nghymru wedi sarhau'r Gymraeg yn enbyd. Lluniwyd adroddiad ganddynt yn cynnwys sylwadau beirniadol am gyflwr addysgiadol a moesol y genedl, gan ddarlunio'r Gymraeg fel iaith gyntefig a oedd yn israddol i'r Saesneg.[47]

Roedd William Rowlands yn weithgar o blaid yr iaith yng Nghymru cyn gadael am yr Unol Daleithiau. Mae'n bosibl iddo gael mwy o ryddid i ddatblygu'r ymgyrch ieithyddol yn America, a hynny ymhell o ormes y llywodraeth Brydeinig a geisiai ddileu unrhyw ffiniau yn enw Prydeindod cyfannol. Yn ogystal, mae'n bosibl fod y croestoriad amryliw o ymfudwyr i America yn magu mwy o oddefgarwch at ieithoedd gwahanol. Teimlai Rowlands felly y byddai'r iaith leiafrifol yn cael ei derbyn yn rhwydd gan drigolion y cyfandir.

Roedd 1847 hefyd yn flwyddyn dyngedfennol i'r byd llenyddol Cymraeg yn America. Cefnogodd rhai awduron sefydlu llyfrgell Gymraeg ar y cyfandir, sef un o'r dulliau mwyaf cadarn i sicrhau ffyniant yr iaith:

> Hyderaf y cawn fel cenedl ymestyn at yr un peth, ac ymwroli fel un gŵr at gadwraeth yr iaith Gymreig yn y wlad hon. Mor flin yw gweled Cymro, ie Cymry lawer yn diystyru eu hiaith; yn esgeuluso dysgu'r iaith Gymreig i'w plant.[48]

Erbyn diwedd yr 1840au, mae nifer o ysgrifau tebyg yn amlinellu'r rheidrwydd i gadw cydbwysedd rhwng addysgu'r plant yn Saesneg a'r cyfrifoldeb i drosglwyddo'r Gymraeg yn y dyfodol. Parha'r elfen ieithyddol felly i fod yn rhan annatod o'u Cymreictod.

Trafodir yr angen i ymfyddino dros yr iaith o fewn cloriau'r wasg brint ac yn y cymdeithasau 'Cymreigyddol'. Mae'r dyfyniad uchod yn nodweddiadol o dechnegau amlycaf awduron a beirdd yn y modd y maent yn apelio ar y Cymry yn emosiynol drwy danlinellu'r dyletswydd i'w gwarchod. Mae'r wedd hon i'w hunaniaeth ieithyddol yn parhau i gael ei phroffesu'n frwd fel dull effeithiol i godi euogrwydd ar y Cymry sy'n ddi-ofal o'u hetifeddiaeth. Dengys hyn fod yr iaith yn bwnc llosg o hyd ar ôl iddynt

Cyfaill pwy o'r hen wlad?

fagu gwreiddiau ar y cyfandir, a'r ieithwedd ryfelgar a hanes brwydrau yn creu unoliaeth ac yn ymgais i'r Cymry ymwroli yn yr ymgyrch ieithyddol. Fodd bynnag, a oedd un elfen arall yr un mor ganolog i'w Cymreictod, ond yn felltith ac yn fendith i hynt yr iaith yn America?

'Eu Nêr a folant a'u hiaith a gadwant': crefydd ac iaith

Roedd crefydd yn rhan anwahanadwy o hunaniaeth y Cymry yn y bedwaredd ganrif ar bymtheg ar sawl lefel ideolegol. Yng Nghymru Oes Victoria, gorfodwyd arweinwyr crefyddol y cyfnod i efengylu drwy gyfrwng y Gymraeg er budd y werin uniaith a gefnodd ar Eglwys Loegr. Cysylltodd hyn y defosiwn crefyddol yn ei wahanol agweddau â'r iaith:

> Trwy eu gwaith yn efengylu, yn pregethu, yn cynnal ysgolion Sul ac yn cyhoeddi swm enfawr o lenyddiaeth, magodd yr eglwysi Ymneilltuol yn ystod y ganrif ddegau ar filoedd o ddarllenwyr Cymraeg ac o bobl a oedd yn gyfarwydd â mynegi eu meddyliau yn effeithiol trwy gyfrwng yr iaith ... A chan fod rhai o brofiadau dwysaf pobl wedi eu cysylltu'n agos â'r Gymraeg, yr oeddynt yn teimlo ymlyniad grymus tuag ati yn y cylch crefyddol.[49]

Mae toreth o astudiaethau am y cyfnod wedi pwysleisio'r cwlwm cryf rhwng crefydd ac iaith yng Nghymru. Cludwyd yr un gred i gymunedau alltud ledled y byd wrth i lwyddiant crefydd ddod yn gyfystyr â ffyniant yr iaith. Y sail mwyaf cadarn i barhad y Gymraeg ar dir America, felly, oedd bod crefydd yn chwythu anadl i enau'r iaith mewn amrywiol ffyrdd. Bu'r ffaith ei bod yn ganolog i'w crefydd yn feincnod hollbwysig i'w statws ym meddylfryd pobl. Gweithredai'r capel fel llwyfan cyhoeddus i'r iaith yn sgil yr amrywiol gyfarfodydd a gynhelid yno, a dangoswyd felly bod ganddi ddefnydd cymdeithasol yn ogystal ag adnoddau llenyddol. Crefydd oedd un o'r dulliau praffaf i ddiogelu'r iaith, yn wahanol i'r Wyddeleg a oedd yn edwino o'i herwydd.[50]

Er bod William Rowlands yn pregethu yn Saesneg yn amlach ar ddechrau ei yrfa fel gweinidog, dywedir bod ei boblogrwydd

'Oes y byd i'r iaith Gymreig?'

a'i ddylanwad yn dibynnu'n helaeth ar arddull ac ysbryd Cymreig ei bregethau. Roedd wedi meistroli iaith gyhyrog i drosglwyddo ei genadwri ar lafar ac yn ei gynnyrch print yn effeithiol. Roedd Rowlands yn ymwybodol iawn o'i swyddogaeth fel golygydd i'r perwyl hwn: 'Y gweinidogion a'r offeiriaid oedd yr unig ddosbarth cymdeithasol addysgedig â chanddynt reidrwydd anorfod i ddefnyddio'r Gymraeg yn ddeallus a chelfydd, ar lafar ac mewn print.'[51]

Fel misolyn crefyddol Cymraeg, roedd gan y *Cyfaill* swyddogaeth bwysig yn meithrin y cysylltiad rhwng crefydd ac iaith, a thrafodwyd y mater yn helaeth ar ei dudalennau. Fodd bynnag, er i'r ddwy wedd fwydo ar faeth ei gilydd yng nghyfnod cynnar y treflannau, amlygodd crefydd yr angen cynyddol i groesawu dwyieithrwydd wrth i'r to iau droi at y Saesneg. O'r herwydd, tanlinellwyd y rheidrwydd i warchod un elfen ar draul y llall.

Mynegwyd y duedd hon yn groyw gan y trafodaethau ynghylch yr ysgol Sul, a ystyrid yn rhan anhepgor o'r modd y trosglwyddid yr iaith i'r plant yn y cyfnod. Roedd ganddi ddylanwad pellgyrhaeddol oherwydd sêl y Cymry dros grefydd yn yr amryfal dreflannau, ond synhwyrir teimladau cymysglyd am yr ysgol Sul drwy gyfrwng y *Cyfaill*. Er na ellir cyffredinoli ynghylch ei heffaith ar gymunedau Cymreig America wrth i'w sefyllfa amrywio yn ôl treflan ac amser, mae'r pwnc llosg yn amlinellu amryw o agweddau cynrychioladol at yr iaith yn y cyfnod.

Rhestrir yr ysgol Sul fel y 'mwyaf dyledus' yn y gwaith o feithrin y cysylltiad cryf rhwng crefydd ac iaith yn 1838 fel 'colegau lluosog ac elusengar' lle magwyd miloedd o drigolion 'ar ei bronnau maethlon'.[52] Yn y cymunedau diasporaidd fel ag yng Nghymru, creda sawl gohebydd ei bod yn amhosibl cyfranogi o egni crefyddol y Cymry heb ddysgu darllen yn y Gymraeg.

Roedd yn briodol iawn bod cyfnodolyn Cymraeg a gysylltid â'r Methodistiaid yn dyrchafu'r ysgol Sul yn brif warchodfa'r iaith oherwydd dyma'r enwad a'i sefydlodd. Yn hyn o beth, hwn oedd yr enwad Cymreiciaf yn yr ystyr ei fod wedi codi lefelau llythrennedd ymysg addolwyr, gan gryfhau statws y Gymraeg. Roedd yr ysgol Sul nid yn unig yn darparu gwersi am yr efengyl, ond hefyd yn symbol o ddiwylliant a'i bwyslais yn drwm ar

Cyfaill pwy o'r hen wlad?

addysgu a thrafod deunydd ysgrythurol mewn print ac ar lafar drwy gyfrwng y Gymraeg.

Ysywaeth, erbyn diwedd yr 1840au, mae cwestiynau am y berthynas rhyngddi a'r iaith yn cronni ar dudalennau'r *Cyfaill* fel mae'r rhod yn troi o blaid y Saesneg mewn rhai ardaloedd. Mewn ysgrif yn y *Cyfaill* yn ystod 1847, mae'r awdur yn gwaredu at y rhieni sy'n 'esgeuluso dysgu'r iaith Gymreig i'w plant sydd tra anobeithiol; a diystyr am gadwraeth yr iaith Gymreig'. O ganlyniad, gorfodir yr ysgolion Sul Cymraeg i ddarparu llyfrau Saesneg i'r aelodau, 'yr hyn sydd yn barod i raddau yn anhawstra i gael tuedd y plant at ddysgu Cymraeg'.[53] Dywed Robert Owen Jones fod y duedd hon yn nodweddiadol o wladfeydd eraill yn ogystal. Er bod digon o Gymry i gynnal capeli, lleiafrif yn y gymuned oedd yn trosglwyddo'r iaith i'r plant.[54]

Mae hoelion wyth y genedl yn parhau i arddel y llinyn arian rhwng crefydd a'r iaith Gymraeg, ac yn credu mewn 'trysori pur air Duw' yn y famiaith. Yn wir, awgryma'r un awdur nad yw'r genhedlaeth iau mor 'egwyddorol yn Ngair Sanctaidd Duw' o'i ddarllen drwy gyfrwng y Saesneg. Maentumia felly fod yr iaith yn llawforwyn anhepgor i addoli'n effeithiol. Amlinella'r angen i ddarparu llyfrau Cymraeg 'yn wobr' i blant yr ysgolion Sul, gan erfyn yn daer ar ei gyd-Gymry i ymgysegru yn yr ymgyrch i drosglwyddo'r iaith i genedlaethau'r dyfodol:

> Wrth weled cynifer o ieuengctid Cymraeg yn y wlad hon heb fedru yr iaith Gymreig, a llawer eto yn debyg o fod yr un fath. Erfyniaf am i ryw rai o ddawn a dylanwad eiddigeddu tros gadwraeth yr iaith Gymreig yn America ... Ydwyf, un sydd tros lwyddiant Cymro a Chymraeg.[55]

Sylwer, i nifer o awduron bod 'Cymro' a 'Chymraeg' yn cydfynd â'i gilydd, sy'n brawf o berthnasedd yr iaith i'w cenedligrwydd.

Mae ymholiad gan 'Ewyllysiwr pobpeth da' yn 1848 hefyd yn nodweddiadol o bryderon Cymry America ar y pryd. Hola a ddylai'r ysgol Sul ddarparu deunydd Saesneg fel bo'r angen i'r plant nad ydynt wedi dysgu'r iaith Gymraeg gan eu rhieni. Fodd bynnag, er bod y Gymraeg yn ganolog i weithgareddau amrywiol

'Oes y byd i'r iaith Gymreig?'

yr enwadau Anghydffurfiol yng Nghymru ac America hyd yn hyn, mae ateb Rowlands yn cynrychioli'r garfan sy'n credu mai crefydd yw'r brif flaenoriaeth, a hynny mewn unrhyw iaith:

> Carem yn fawr i'r Cymry ddwyn eu plant i fyny hyd y byddo modd yn hyddysg yn yr iaith Gymraeg, a bod hono yn iaith ddealladwy iddynt, ac o ganlyniad yn briodol eu hegwyddori ynddi yn yr Ysgol Sabbothol; ond, os Saesonaeg yn unig fydd ddealladwy i'n plant, ein meddwl ni yw, y dylent gael eu haddysg Sabbothol yn yr iaith hono, fel y caffont y fantais hyny am iachawdwriaeth ei heneidiau.[56]

Yn nodweddiadol o arweinwyr crefyddol yr oes yng Nghymru ac yn America fel ei gilydd, lledaenu'r genhadaeth ysbrydol oedd y flaenoriaeth. Gorau oll pe gellid gwneud cymwynas â'r iaith yn ogystal oherwydd ei hadnoddau llenyddol cyfoethog i'r diben efengylaidd, ond nid oedd yn llwyr anhepgor i gyflawni'r prif nod.

Nid yw Rowlands yn awgrymu y dylid anwybyddu'r iaith ar unrhyw gyfrif. Ond creda'n gryf bod gwrthod rhannu addoliad gyda'r sawl sy'n uniaith Saesneg yn 'anghyson â gair Duw', ac yn groes i'r pwyslais a roddid ar ledaenu'r efengyl yn eang. Gall 'oddef Beibl Saesonaeg' yn y sicrwydd bod y plant yn mynd i barhau â'r 'ysbryd cenhadol ar ein holau', gan mai cyhoeddi neges Duw ym mha bynnag iaith y dewisir yw'r amcan terfynol. Pwysleisir bod crefydd uwchlaw unrhyw fath o genedligrwydd wrth iddo ddymuno i'r athrawon drosglwyddo deunydd crefyddol i bob plentyn, 'bob llwyth, iaith a chenedl'. Ethos debyg a arweiniodd at yr 'Inglis Côs' yn ddiweddarach, a'r un tyndra a welir yng Nghymru yn y cyfnod.[57]

Yn yr un modd, holltwyd Cymry America yn eu golygon ar berthnasedd yr iaith i'r genhadaeth grefyddol. Credai nifer fod crefydd yn hawlio statws bwysicach na'r iaith, tra oedd eraill yn teimlo bod y naill yn llawforwyn i'r llall fel conglfeini arwahanrwydd y Cymry. Roedd ambell olygydd Anghydffurfiol radical gwasg gyfnodol yr hen wlad hyd yn oed yn anobeithio am yr iaith, ac yn credu y dylid derbyn y dynged mai Saesneg oedd iaith y

Cyfaill pwy o'r hen wlad?

dyfodol.⁵⁸ Fodd bynnag, nid oes amheuaeth bod gan olygydd y *Cyfaill* gariad amlwg at yr iaith wrth inni dystio i'w ymdrechion drosti mewn sawl cyd-destun. Er hynny, mae yntau hefyd yn coleddu'r agwedd 'Gwell colli yr iaith na cholli eneidiau':

> A haws bob gwir Gristion yw aberthu ei serch at yr hoff Omeraeg, na'i serch at Iesu Grist a Chadwedigaeth eneidiau. Gyda hyny nis gwyddom beth all fod cydwybodau y rhieni hyny, na fedrant gynnal dyledswyddau teuluaidd ond yn yr iaith Gymraeg, ac eto a esgeulusant wneyd eu plant yn ddealladwy o'r iaith hono. Mae yr holl ymddyddan yn Saesonaeg, ond y darllen a'r gweddïo hwyr a boreu yn Gymraeg!⁵⁹

Mae'n eironig fod y rhieni hyn yn parhau'n ffyddlon i draddodiad yr hen wlad o ddarllen a gweddïo drwy gyfrwng y Gymraeg, gan wrthod trosglwyddo'r iaith i'w plant fel cyfrwng eu bywydau beunyddiol. Dengys hyn fod dolen gyswllt bendant rhwng crefydd ac iaith o hyd. Mae esgeuluso'r ddwy elfen yn peri pryder i Rowlands gan eu bod yn rhan mor annatod o hunaniaeth Gymreig o boptu'r Iwerydd. Er ei fod wedi amddiffyn y wedd ieithyddol ar grefydd yn nechrau'r 1840au, crefydd sy'n deyrn pan deimlai ei bod yn argyfwng ar yr iaith.

Mewn llythyr gan T.LL.W o Racine ynghylch y Methodistiaid Cymreig yn America, mae yntau hefyd yn aberthu'r iaith ar allor crefydd. Teimla fod y Saesneg yn ennill tir yn gyflym a'i bod yn 'gormesu'n drwm arnom' wrth i fwy na hanner cynulleidfaoedd y dinasoedd ddewis addoli yn Saesneg. Creda mai eu dyletswydd yw wynebu realiti yn hytrach na chanmol yr iaith ac amlinellu ei rhagoriaethau yn ofer: 'Er mor gryf ydyw ein hymlyniad wrthi, ac mor gynhes ydyw ein serch tuag ati, i ddifancoll y mae yn rhaid iddi fyned yn America.' Gan fod rhieni yn dueddol o fynychu addoliad Cymraeg ac yn anfon eu plant i wasanaeth Saesneg, teimla fod y plant yn cael eu caethiwo 'rhwng' dwy iaith, gan na fyddant yn gallu gwerthfawrogi addoliad Cymraeg heb ddeall yr iaith yn llwyr. Er mwyn osgoi 'gwneud cam ag eneidiau'r plant', mae'n annog y rheini i fynd â'u plant i wasanaethau Saesneg. Ychwanega fod colli gweinidogion ifanc i 'feysydd ehangach' y

'Oes y byd i'r iaith Gymreig?'

Saesneg hefyd yn creu argyfwng i grefydd, ac felly gofynna sut y gall Cymry America 'lithro yn esmwyth a naturiol i'r Saesneg'. Pwysleisia nad yw'n dyheu am weld y Gymraeg yn nychu, ond nid yw'n dymuno colli crefydd yn ogystal: 'mae yr iaith Saesonaeg fel rhyferthwy yn ysgubo pob peth o'i flaen yn y wlad hon, ac fe gollwn ein cenedlaetholdeb, ac fe gollwn ein hiaith'.[60]

Y paradocs hwn sydd i gyfrif am y cymysgedd o lwyddiannau a methiannau a ddaeth i ran y cymunedau Cymreig yn eu brwydr i gadw'r iaith. Er y derbyniwyd y Saesneg yn gynyddol fel iaith dysg, parhâi'r Gymraeg yn symbol o arwahanrwydd y Cymry. Gwelwyd hynny yn enwedig yn y cyd-destun crefyddol a oedd mor drwm ei ddylanwad ar eu cymdeithas a'u diwylliant. Mae cofnodion rhai cymanfaoedd yn parhau i gydsynio bod angen cydbwysedd rhwng crefydd a'r Gymraeg:

> Anogwyd rhieni i arfer pob diwydrwydd mewn magu eu plant yn grefyddol, ie eu magu yn yr eglwys; ac i fod yn ofalus i gadw yr iaith Gymraeg mewn ymarferiad, ac na byddai hyn yn un math o anhwylusdod i'r plant i gyrhaedd gwybodaeth o'r Saesonaeg ac ieithoedd eraill. Arferer pob ymdrech i'r plant fod yn ddysgedig, ond gofaled y Cymry am gadw yr iaith Gymraeg, rhag i ni fod yn debyg i ryw un llafurus, yn ceisio cael gafael mewn arian, ac wrth hyny yn colli yr aur.[61]

Ategir y dyhead i'r Cymry fedru'r Saesneg er mwyn ymdoddi i'r tirlun aml-ethnig Americanaidd a'u hybu ar lefel economaidd gan nifer. Serch hynny, credai nifer fod yr iaith yn rhodd gan Dduw a'i bod yn tarddu o Dŵr Babel. Byddai'r duedd i briodoli'r iaith i ddylanwad Duw mewn llenyddiaeth grefyddol yn cynyddu'r bri a roddwyd arni – o ystyried cryfder argyhoeddiad ysbrydol y Cymry:

> Ni ddylai neb fod eto,
>   Yn brysur i ddibrisio,
> Mo'r iaith i ni a roddes Duw,
>   A chyfiawn yw ei chofio.[62]

Cyfaill pwy o'r hen wlad?

Fodd bynnag, effaith gymysglyd a gafodd y cysylltiad crefyddol ar ddelwedd yr iaith. Crëwyd rhyw fath o hierarchiaeth o ran dylanwad y Gymraeg ar wahanol agweddau o fywyd. Treiddiodd y meddylfryd mai Saesneg oedd iaith gwyddoniaeth a masnach drwy Gymru benbaladr, a neilltuwyd y Gymraeg ar gyfer crefydd.[63] Yn wir, honnai un o drigolion ardal Utica yn 1860 bod plant rhai o'r ymfudwyr gwreiddiol a gawsant eu geni yn America hyd yn oed yn dewis yr iaith Gymraeg ar gyfer addoli:

> Felly, y mae llawer o Americaniaid genedigol yn credu fod sain pregethiad yr efengyl yn yr hen iaith Gymraeg, yn llawer mwy effeithiol a mwy dymunol i'w gwrando na dim a glywsant erioed yn yr iaith Americanaidd. Clywais un yn dyweyd am y bobl ieuainc yn ei ardal ef, pan y maent yn dyfod i sobrwydd yn achos eu heneidiau, er eu bod yn nghwmni y Saeson, eto, y maent yn dyfod i ymofyn am aelodaeth yn yr eglwys Gymreig.[64]

Er hynny, defnyddient y Saesneg ar gyfer eu 'galwedigaethau bydol', a oedd yn adlewyrchiad o'r sefyllfa yng Nghymru hefyd.

Achosodd y newidiadau economaidd enfawr yng Nghymru i'r Saesneg ddod yn allwedd i gynnydd, a'r Gymraeg yn iaith a neilltuwyd at ddibenion crefyddol ar y cyfan. Tanseiliodd hynny werth y Gymraeg i'r sawl oedd yn frwd dros lwyddiant gyrfaol, yr hyn a elwir yn 'anghyfartaledd cyweiriol' gan Robert Owen Jones.[65]

Ystyrid yr iaith o'r herwydd fel ffenomen haniaethol a oedd yn gyfyng ei defnyddioldeb ymarferol ac yn israddol i'r Saesneg, agwedd a broffesid gan nifer o arweinwyr crefyddol y cyfnod. Serch hynny, ar yr un pryd fe'i coleddid fel iaith y werin ac yn fynegiant cadarn o hunaniaeth gymdeithasol a diwylliannol. Yn aml, defnyddid trosiadau rhamantaidd i ddisgrifio'r iaith fel 'trysor' neu 'gem aur' er mwyn cyfleu ei gwir sylwedd o'i gymharu â chyfoeth bydol.

Parha pwnc yr iaith i hawlio sylw yn y *Cyfaill* am weddill y flwyddyn yn 1848. Lleisir gwrthwynebiad i ysgrif Owen Jones a oedd yn ymffrostio na chaniateid i Saeson fynychu ysgolion Sul Jackson a Gallia yn Ohio. Mae'r awdur J.B.W. yn cymryd safiad

'Oes y byd i'r iaith Gymreig?'

cadarn bod yr efengyl ar gael i bawb ac na ellir cyfyngu crefydd i un iaith, gan fod ei neges gyffredinol yn ymestyn y tu hwnt i ffiniau ieithyddol – yn enwedig wrth iddynt ymgartrefu ymhlith myrdd o ieithoedd.[66] Erbyn hyn, awgrymir bod J.B.W. yn ystyried ei hun yn Americanwr wrth iddo ddweud ei fod wedi dod o 'wlad estronol'. Mewn sawl trafodaeth arall am yr iaith, America sy'n cael ei disgrifio fel 'estron'. Serch hynny, breintiau materol a geir yn America tra bod crefydd yn nodwedd Gymreig o ganlyniad i'r iaith.

Ni pheidiodd y testun trafod hwn i awduron a chymanfaoedd gwahanol daleithiau drwy gydol golygyddiaeth William Rowlands a thu hwnt. Proffeswyd y ddwy ochr mor frwd â'i gilydd, sy'n dangos bod yr iaith yn parhau i fod yn ffactor amlwg yng nghenedligrwydd trigolion America o dras Cymreig, a hynny tan yr ugeinfed ganrif mewn rhai achosion.

Mae'r ymryson ynghylch crefydd ac iaith hyd yn oed yn ymestyn i dir cerddoriaeth, gan ffrwydro mewn dadl dros lyfr tonau Cymreig. Gwelir Geo. Brentinel yn gwrthod haeriadau E. J. Lewis 'fod nerth a godidawgrwydd yn perthyn i'r iaith Gymraeg nad yw y Saesonaeg nag un arall yn feddiannol arno'. Cymaint yw angerdd Lewis dros ei famiaith nes iddo gredu bod perthynas uniongyrchol ac unigryw rhwng cerddoriaeth a'r iaith, ac mai'r Gymraeg yw'r unig gyfrwng teilwng ar gyfer addoliad. Mae'n un o'r garfan sy'n dyrchafu'r Gymraeg a'i phriodoleddau yn uwch nag eiddo unrhyw iaith arall. Fe'i gwelwn yn arddel ymlyniad sentimental anweledig at yr iaith a'i theithi amrywiol, yn enwedig yn achos crefydd. I'r gwrthwyneb, creda Brentinel fod cerddoriaeth yn gyfrwng naturiol a chyffredinol i bawb yn hytrach na ffordd o greu cylch cyfyngedig. Trwy gyflwyno tystiolaeth am darddiad iaith, maentumia nad oes perthynas rhwng cerddoriaeth ac iaith, er iddo deimlo'n gryf fod angen llyfr tonau Cymreig.[67]

Yn 1860 mae ysgrif yn yr *Arweinydd* yn gresynu am rieni sy'n dewis peidio â throsglwyddo'r iaith i'w plant, ac yn dweud bod hynny yn gyfystyr â'u magu yn *'esgeuluswyr* addoli'. Mae hyn yn dangos bod y cysylltiad rhwng crefydd ac iaith yn parhau'n gryf ym meddyliau carfan o Gymry America.[68] Yn wir, mae'r ffaith fod Rowlands yn cyhoeddi 'Arweinydd esmwyth i ddysgu darllen Cymraeg' at wasanaeth yr ysgol Sul yn 1863 yn dangos ei bod

Cyfaill pwy o'r hen wlad?

yn adnodd amhrisiadwy i hybu llythrennedd yn y Gymraeg. Cyhoeddiad ar gyfer yr ysgol Sul oedd yr *Arweinydd*, ac felly roedd y ffaith fod y ddadl yn parhau i rygnu yn awgrymu bod hyn yn thema mwy amlwg ar drothwy'r 1860au fel y carlamai amser yn ei flaen yn dilyn yr ymfudo cynharaf.

Eto i gyd, mae'r Parch. Lewis Edwards, gweinidog blaenllaw gyda'r Methodistiaid yng Nghymru, yn annerch y Cymry yn 1861 drwy bwysleisio'r cysylltiad rhwng crefydd ac iaith o hyd. Ymhyfryda eu bod yn ymrwymedig i'w crefydd ymhell o'u mamwlad, ond mae hefyd yn eu hatgoffa mai'r un yw'r genadwri ble bynnag y trigent. Yn ogystal, llawenha 'wrth ganfod eu serch ar yr hen iaith, ac at wlad eu genedigaeth'.[69] Mentra mor bell â chysylltu Cristnogaeth â gwladgarwch, ac yn hyn o beth erfynia ar Gymry America i gofio eu genedigaeth-fraint. Er bod y Rhyfel Cartref yn hawlio eu sylw yn ystod y cyfnod hwn, a'r ffrydiau ymfudol cynharaf wedi hen fynd heibio, teimla Edwards ddyletswydd i'w hatgoffa o'u clymau â'r genedl frodorol:

> Felly gyda golwg ar y Cymry yn America, dylent yn ddiamhau wneuthur pob daioni a allont yn y wlad eang hono, er hynny dylent gofio a theimlo mai eu mam-wlad yw Prydain, ac yn enwedig y rhan hono o Brydain lle mae yr iaith Gymraeg yn cael ei llefaru. Ffaith fawr ydyw America, ffaith a ddaw yn fwy o hyd, er a thrwy y rhyfel presenol. Ond yn nglyn a'r ffaith hon y mae ffaith fawr arall iddynt hwy, yr hyn nis gallant ei difodi er iddynt geisio, sef mai eu mam hwy ydyw Cymru.[70]

Ond beth am bwysigrwydd yr iaith i'r sawl oedd wedi ymgartrefu yn America ers blynyddoedd, ac yn fwy na dim yn hanes y rhai o dras Cymreig a aned yno?

'Medra i ddim Cymreg': Dwyieithrwydd a safon iaith

Roedd degawd yr 1850au yn gyfnod cyfnewidiol i'r iaith Gymraeg, gan fod niferoedd y Cymry a ymfudai i America ar gynnydd. Eto i gyd, roedd y sawl a ymgartrefodd yno eisoes yn ymgyfarwyddo â'r Saesneg fwyfwy erbyn hyn, ac yn magu eu plant ymysg

'Oes y byd i'r iaith Gymreig?'

Americanwyr. Mynegwyd pryder ynglŷn â'r duedd i siarad cymysgedd o'r ddwy iaith, ac fe'u hwynebwyd gyda chwestiwn oesol parthed yr iaith Gymraeg. Roedd yn rhaid dewis rhwng colli iaith 'bur' neu gadw iaith lafar 'fratiog' yn cynnwys elfennau o Saesneg, yr iaith a oedd mor rymus o'u hamgylch yn y wlad ddieithr. Mae sawl ysgrif a cherdd yn difrïo'r Saesneg am faeddu purdeb y Gymraeg, gan feirniadu'r Cymro a ddefnyddiai 'iaith drwsgl a chymysgedig'. Creda un gohebydd y gellid esgusodi 'clytiaith', sy'n gyfystyr â 'bratiaith' heddiw, gan y sawl sydd wedi dysgu Cymraeg. Yr hyn na all ei oddef yw'r sawl sy'n 'cenfigenu wrth harddwch' y Gymraeg, ac yn prysuro ei difodiant drwy fritho eu brawddegau â Saesneg.[71]

Fodd bynnag, nid pryderu am safon yr iaith yn sgil dylanwad hollbresennol y Saesneg yn unig a wnâi Cymry America. Roedd yr ogwyddo at Saesneg hefyd yn broblem yn ardaloedd diwydiannol Cymru ers dechrau'r ganrif, wrth i rieni siarad iaith y wladwriaeth â'u plant yn fwriadol er budd eu datblygiad addysgiadol. Mewn rhai achosion, daeth dyrchafu'r Saesneg ar draul y Gymraeg yn esgus i beidio â throsglwyddo'r iaith o gwbl i genedlaethau'r dyfodol.[72] Yn ystod yr 1850au, gwelid erthyglau'n ymdrin â safoni'r Gymraeg yn britho cyfnodolion yng Nghymru yn ogystal, sy'n dangos bod y genedl y ddwy ochr i'r Iwerydd yn brwydro'n erbyn yr un bygythiad o du'r Saesneg. Mae'r duedd i ddyrchafu'r Gymraeg ar draul y Saesneg a diffinio ei rhagoriaethau yn erbyn cefnlen gwendidau'r llall yn un gyffredin. Ystyrir y famiaith yn ddilychwin, a bod y Saesneg yn amharu ar hynny. Mae'n bosibl hefyd eu bod yn gweld yr iaith yn fwy diledryw fel eu hunig gyfrwng i fynegi hunaniaeth, gan gymylu'r sbectol hiraethus yr edrychent ar yr iaith drwyddi. Wedi'r cwbl, roeddent eisoes wedi wynebu problemau tebyg yng Nghymru cyn ymadael.

Wedi blynyddoedd o dawelwch yn adran y gwersi gramadeg a gyhoeddwyd yn gyntaf ar ddechrau gyrfa'r *Cyfaill*, atgyfodir yr angen am wers ieithyddol yn 1852. Mae gohebydd yn mynd ati i atgoffa'r darllenwyr mai amcan penodol y *Cyfaill* yw bod yn 'gludai gwybodaeth fuddiol i genedl y Cymry'. Mae'n annog Idloes, bardd a chyfrannwr cyson i'r wasg Gymraeg, i gyfrannu llythyrau ar y pwnc er mwyn sicrhau nad yw'r *Cyfaill* yn anghofio ei ddyletswydd

Cyfaill pwy o'r hen wlad?

i Gymry America, sy'n awgrymu bod angen safoni'r iaith yn eu plith.[73] Yn fwy na hynny, adleisir thema gynharach yn y trafodaethau hyn a broffesai fod y Beibl yn esiampl goeth i iaith lafar ac iaith ysgrifenedig. Dengys hyn fod yr efengyl yn rym elfennol o hyd yng nghadwraeth yr iaith Gymraeg yn America fel cyfeirlyfr safonol i'r Cymry fireinio eu harddull. Cynghorir awduron i ddarllen cyfieithiad o'r Beibl er mwyn datblygu eu sgiliau ieithyddol.

Fodd bynnag, er bod nifer o'r awduron hyn yn hybu dwyieithrwydd, maent hefyd yn daer dros gadw'r ddwy iaith o fewn eu ffiniau penodedig a'u defnyddio i ddibenion neilltuol mewn cyd-destun ffurfiol ac anffurfiol. Condemnir y sawl nad ydynt yn eu hystyried eu hunain yn 'ddynion' os na fyddant yn 'britho eu siarad a rhyw hanner Saesonaeg'. Y llediaith drwsgl hon sy'n tramgwyddo'r puryddion ieithyddol:

> Pob parch i'r Saesoneg, mae yn iaith dda, ac nid oes hanner digon o ymdrech gan y rhan fwyaf o'r Cymry i'w dysgu, ond paham yr arferir y fath gymysgedd didrefn . . . y mae yn ddyledus ar bawb ymdrechu bod yn gyfarwydd yn yr iaith y maent yn ei harfer yn fwyaf cyffredin. Diau, pa fwyaf pur, a digymysg yr arferir unrhyw iaith, mai harddaf yr ymddengys.[74]

Tueddwyd i feirniadu'r Saesneg yn y cyfnod cynnar, ond yma mae'n disodli'r angen i iselhau neu fychanu'r gwrthwynebydd. Gall hefyd awgrymu'r dyhead i gadw'r Gymraeg yn bur ac osgoi ei glastwreiddio. Mae hyn yn debyg i'r math o ddadl a welir heddiw rhwng wynebu tranc y Gymraeg safonol neu gadw ffurf o 'Wenglish' er mwyn cadw rhyw lun ohoni'n fyw.

Er gwaethaf ymlyniad dwfn y Cymry gwladgarol at eu hiaith, roedd ganddynt hefyd ymwybyddiaeth gref o'r angen i ddysgu Saesneg, a chredent y dylid cadw'r ddwy ar wahân. Gan mai rhesymau economaidd a ysgogodd nifer helaeth i ymfudo, roedd Saesneg felly'n angenrheidiol i 'wella eu byd', yn enwedig yn yr ardaloedd diwydiannol.[75] Yr hyn sy'n cynddeiriogi'r Cymro sy'n ffyddlon i'w famiaith yw'r dryswch a bery cyfuniad o ddwy iaith wrth i rai ddod yn gyff gwawd pan maent yn yngan geiriau Saesneg gwallus mewn cyfarfodydd.[76]

'Oes y byd i'r iaith Gymreig?'

Mewn deialog ffuglennol a gyhoeddwyd yn 1853, ceir sylwadau am gyflwr yr iaith erbyn diwedd yr 1850au. Mae Ned yn holi pam na ddysgodd Bob ddarn i'w adrodd yn yr eisteddfod. Ei ymateb yw ei fod wedi ei eni yn America, ac felly ni all siarad Cymraeg *'gramatical'*. Yn ychwanegol, teimla nad oes anogaeth yn y gymuned i hybu dealltwriaeth o'r iaith, yn enwedig y safon iaith a siaredid gan yr ymfudwyr gwreiddiol. Mae'r defnydd o iaith wallus gan Bob yn adlewyrchiad o safon y Gymraeg ymhlith rhai o blant yr ymfudwyr gwreiddiol o Gymru a fagwyd ar system addysg Saesneg. Mae hefyd yn ymgais i ddeffro cyneddfau Cymry America i wynebu'r perygl bod yr iaith ar drai. Awgrymir ei bod yn prysur ddyfod dan warchae yn rhai o'r cymunedau erbyn diwedd yr 1850au. Caiff ei chydnabod yn gynyddol fel iaith y genhedlaeth hŷn oherwydd diffyg trosglwyddiad i'r plant a anwyd yn America:

Ned   Wel, Bob, ti elli dithau siarad Cymraeg yn well na hyna, ond i ti ddweyd pob gair yr un fath a dy fam, a pheidio a'i hateb hi yn Saesoneg pan y byddo hi yn gofyn yn Gymraeg i ti.

Bob   Ma mam fi yn falch bod i bachgen hi'n *scholar*, ac yn deall y Sesneg; ac y ma' hi yn dechre siarad tipyn o Sesneg i hunan hefyd; ond ma' fi wedi dysgu darllen Cymreg yn da iawn yn yr Ysgol Sul; ac mi dreia i dysgu pisie hefyd erbyn Eisteddfod nesa.[77]

Mae'r ddeialog yn portreadu'r gagendor ieithyddol rhwng y ddwy genhedlaeth a'r shifft o'r Gymraeg i'r Saesneg yn hynod gelfydd. Darlunnir y duedd gyffredin ymysg cymunedau Cymry America i'r to hŷn ddefnyddio iaith 'safonol' a gludwyd o'r hen wlad, a'r ifanc i siarad iaith lafar fratiog a oedd wedi ei sigo gan bwysau hollbresennol y Saesneg. Yn wir, awgrymir bod rhai o'r ymfudwyr gwreiddiol hyd yn oed yn troi i'r Saesneg mewn rhai achosion, yn sgil y meddylfryd dylanwadol a ymdreiddiai ledled America ei bod yn gyfystyr â chynnydd. Ymhyfrydid felly yn nawn y *scholar* ar draul cadw'r Gymraeg, er y parha'r ysgol Sul a'r eisteddfod yn angor cadarn iddi yng nghanol y llanw Seisnig.

Yn y darn hwn, dychwelir at yr un themâu sy'n eu hamlygu eu hunain ers dechrau gyrfa'r *Cyfaill* yng nghyd-destun yr iaith.

Cyfaill pwy o'r hen wlad?

Dengys hyn mai'r un beichiau ieithyddol sy'n berthnasol i Gymry America ymhell i ganol y ganrif. Fodd bynnag, mae rhai treflannau Cymreig yn America megis Steuben a Remsen yn ymffrostio bod llawer o Gymry yn gwneud defnydd cyffredinol o'r famiaith ar drothwy'r 1860au. Nid yw eto'n hanner nos ar yr iaith yn y cymunedau cryfaf o ran nifer felly.

Ddau ddegawd ers sefydlu'r *Cyfaill*, nid yw'r gred angerddol yng ngallu'r iaith i wrthsefyll agweddau gelyniaethus a dylanwad y Saesneg wedi llesgáu er gwaethaf pryderon mynych am ei dirywiad:

> Iaith bêr, iaith Gomer, iaith gymen – iaith lwys
>   Iaith lesol i'w pherchen;
>   Iaith a'i gwaith o wyth gwythen,
>   Iaith a saif, er eitha sen.[78]

Mewn ardal yn nhalaith Vermont, ofnai awdur fod y Cymry wedi troi'n 'Yankees', ond cryfhau a wnaeth yr achos ieithyddol yno er dechrau'r 1850au pan ddaeth rhagor o Gymry i'r gymdogaeth. Trwy sefydlu capel, ysgol Sul a denu pregethwyr Cymreig yno, dadleua'r gohebydd yn erbyn yr 'Yankee' a ddywed wrtho 'y darfyddai'r iaith Gymraeg ymhen hanner can mlynedd'. Mae hyn yn dangos bod gan yr ymfudwyr ffydd o hyd yng ngallu'r treflannau hyn a'u sefydliadau crefyddol i warchod yr iaith. Mae'r gogor-droi beunydd ynghylch gwaed, hil ac ach yn darlunio hunaniaeth ethnig ar sail ieithyddol. Yn y darn hwn, ceir rhyw fath o ddelwedd apocalyptaidd o ddiflaniad yr iaith, a oedd yn dechneg drawiadol i atgoffa'r Cymry o ymdeimlad oesol y Gymraeg.

Mewn cyfres o lythyrau gan Dewi Egwan am yr 'hen iaith' yn rhan olaf yr 1850au, mae yntau hefyd yn gwrthod derbyn ei bod yn awr dduaf ar y Gymraeg:

> Garw yw ein twrw a'n trafferth am yr hen iaith fyth a hefyd. Gellid meddwl wrth glywed llawer araeth, a gweled aml draethawd fod yr awdwyr ar fin tori eu calonau am nad yw yr hen foneddiges yn cael y parch y mae yn deilyngu oddiwrth ei deiliaid; ond ni choeliaf nad rhagrith o'r fath atgasaf yw mwy na'r hanner. Yn hyn, ceir

'Oes y byd i'r iaith Gymreig?'

lluaws o'n dynion mwyaf gwybodus, talentog, a phwyllog yn barnu mai ein dyledswydd yw defnyddio pob moddion galluadwy er ei chadw yn fyw.[79]

Creda'n ddiysgog yng ngallu'r 'hen foneddiges' i oroesi oherwydd ymdrechion Cymry pybyr dros 'wir freintiau dyn', er iddo resynu bod yr iaith wedi ei diorseddu yn nheyrnas Prydain yn swyddogol ers canrifoedd. Yn aml, edrychir tuag yn ôl at Brydain, ond hefyd mae tuedd i gymharu'r un gormes y mae'r iaith yn ei hwynebu o ran y Saesneg. Yn wir, cludwyd y cyd-destun hanesyddol hwn i America gyda'r Cymry. Ymfalchïa fod y Cymry'n hawlio goruchafiaeth ar genhedloedd eraill fel y 'gwrolaf' yn gwarchod un o brif nodweddion eu cenedl. Aiff ymlaen i lunio cymariaethau rhwng sefyllfa ieithyddol Cymru a gweddill y gwledydd Celtaidd. Yn wir, roedd ei sylwadau yn gydnaws â syniadaeth y mudiad Rhamantaidd yn Ewrop o ran adfywio diddordeb yn hanes ac iaith cenhedloedd lleiafrifol. Roedd hefyd yn gwreiddio'r iaith yng nghyd-destun ehangach diwylliannau eraill megis y Celtiaid, ffactor a roddai undod iddynt ar lefel uwch nag un cenedlaethol – yr hyn na lwyddodd y diwygiadau Anghydffurfiol i'w gyflawni yn sgil eu ffocws ar y genedl yn unig.[80] Mae rhoi cyd-destun hanesyddol a Cheltaidd i'r iaith yn amlinellu ymwybyddiaeth o'i sefyllfa o fewn terfynau Prydain a'r gwledydd Celtaidd. Gwelwyd cyfres o draethodau am y Gymraeg gan Dewi Emlyn yn y *Cenhadwr* yn ystod yr 1860au, a oedd hefyd yn olrhain ei hanes ac yn ei dyrchafu drwy roi braslun o'r cysylltiad Celtaidd. Mae yntau hefyd yn ei mawrygu.

Yn fwy na hynny, mae Dewi Egwan yn cysylltu'r iaith yn uniongyrchol â chenedligrwydd drwy haeru am y gwledydd Celtaidd a ymwadodd â'u hiaith: 'nad oes nemawr rhyngddynt a bod yn Saeson, ond yn unig gwahanol enwau ar y gwledydd y cânt eu geni a'u magu'. Creda'r awdur felly mai'r iaith yw prif ddilysnod y cenhedloedd Celtaidd sy'n eu gwahaniaethu oddi wrth eu cymdogion Seisnig. Er ei fod yn eiddigeddu wrth yr 'Albaniaid' eu bod ar y blaen i'r Cymry mewn 'dysgeidiaeth, moesau, a pharch cenedlaethol', adleisia thema gyson yn yr ysgrifau gwladgarol fod gan y Cymry gyfoeth y tu hwnt i bethau materol.

Cyfaill pwy o'r hen wlad?

Yn ei ail lythyr, ceisia'r awdur danio hyder yn yr iaith drwy ysgwyd y Cymry difater o'u 'hanwybodaeth ac ofergoeledd'. Ymdrecha i'w darbwyllo bod yr hen iaith yn 'gyflawnach o filoedd ar filoedd o eiriau' nag y bu yn oes Babel, a bod 'cyfryngau gwybodaeth fuddiol' yn yr iaith wedi cynyddu'n ddirfawr. Dymuna i'r Cymry ymfalchïo yn eu hiaith drwy ddatgan na fu erioed well beirdd, darlithwyr a gweinidogion yn gweithio drosti, 'Pa iaith yn y byd a garia y fath effaith ar deimladau ei gwrandawyr, yn enwedig pan y bydd rhai o'n henwogion yn sefyll i fyny?'[81]

Er bod y don ymfudol yn parhau i olchi dros lannau America yn ystod yr 1850au, roedd rhai Cymry eisoes yn poeni am ddyfodol yr iaith a'r dyletswydd i'w throsglwyddo i'r genhedlaeth newydd. Yr hyn sy'n datblygu yw ymwybyddiaeth o ffiniau'r iaith ynghyd â'i defnydd mewn peuoedd neilltuol – yn bennaf ar ystyr ddiwylliannol. Trwy gydol gyrfa'r *Cyfaill*, pwysleisir gwerth ei thrysorau llenyddol a barddonol sy'n caniatáu i'r iaith groesi terfynau daearyddol.

Er gwaethaf y brwdfrydedd ymddangosiadol hwn dros gynnal yr iaith, dadleua Robert Owen Jones mai 'darlun gobeithiol ffug' yn llawn 'teimladrwydd bas' a geir yng ngherddi gwladgarol y ganrif ar ôl 1850 yn yr hen wlad. Yn ei dyb ef, 'gwerth addurnol' yn unig oedd i'r Gymraeg ar ôl Brad y Llyfrau Gleision.[82]

Serch hynny, dangosodd y Rhyfel Cartref fod gwerth ymarferol i'r Gymraeg wrth i awdur fynd ati i gyfieithu termau am arfau. Mae hyn yn brawf bod angen gwybodaeth dechnegol hyd yn oed yn y famiaith o hyd, er bod nifer o Gymry wedi ymsefydlu ers blynyddoedd ac wedi ymgynefino â'r Saesneg:

> Mr Gol. Yn gymaint ag y defnyddir llawer o enwau Saesonaeg mewn cysylltiad ag arfau rhyfel yn y gwrthryfel grymus presenol a rhai o honynt weithiau yn achlysurol nid ychydig o boen a thrafferth i'r darllenydd Cymreig i ddeall eu meddwl; a chan gredu na byddai eglurhad ar rai o honynt yn annerbyniol gan y Cyfaill, na'i ddarllenwyr, aethum at y gorchwyl o gyfieithu oreu gallwn yr hyn a ganlyn. Yr enwau arferedig a adewais heb eu Cymreigio, gan farnu eu bod yn fwy dealladwy felly.[83]

'Oes y byd i'r iaith Gymreig?'

Ar y llaw arall, gwelir un o'r testunau cyntaf i'w cyhoeddi yn Saesneg yn 1861, sy'n argoel o'r trywydd y byddai'n orfodol i'r *Cyfaill* ei ddilyn erbyn diwedd y bedwaredd ganrif ar bymtheg. Fel arfer, cyhoeddid cyfieithiadau o gyhoeddiadau Saesneg, ond mae'r cyfiawnhad a roddir dros gynnwys y darn yn yr iaith wreiddiol yn cynnig rhagwelediad o'r ogwyddo cynyddol hwn maes o law:

> Nid ydym yn meddwl gwneyd arferiad o gyhoeddi Saesonaeg yn y Cyfaill, ond gwyddom fod llythyr ein hoff frawd a chyfaill John Samuel, yn rhifyn Mai, wedi cael ei ddarllen gan ddynion uchel-radd eisoes; a bod y sylwadau yn nghylch J Elias a Jones, Langan a gynnwysai, wedi cael eu codi eisoes i'w cyhoeddi mewn un llyfr o leiaf, sef y *Cyclopedia of Methodism*, yr hwn sydd yn cael ei baratoi i'r Wasg yn awr yn Cambridge, Ohio.[84]

5

'Llon heddy' yw llenyddiaeth?' Traddodiad llenyddol a diwylliant Cymry America

> Cywreinfa ferth, cronfa fad
> O lenyddiaeth, lan naddiad.[1]

Ni allai'r iaith Gymraeg oroesi mewn gwagle yn America, ac fel yn yr hen wlad roedd yn gyfrwng mynegiant naturiol i ddiwylliant traddodiadol y Cymry. Fel nifer o genhedloedd eraill, ni ellir gorbwysleisio ei phwysigrwydd yn hybu gwerthoedd diwylliannol unigryw'r genedl. Ffurfiai'r cwlwm rhwng iaith a diwylliant ruddin hunaniaeth y Cymry alltud yn sgil yr elfen gyfathrebu. Roedd y cyfuniad yn adlewyrchu eu harwahanrwydd yng nghanol amrywiaeth diwylliannol America, a'r ddwy ffenomen yn cyfnewid maeth ac yn creu undod.

Un o'r dulliau sicr o ddal gafael ar eu cenedligrwydd oedd creu diwylliant newydd yn seiliedig ar yr iaith. Byddai'r endid hwn yn storfa i'r etifeddiaeth a gludwyd ar draws yr Iwerydd, ond hefyd yn mabwysiadu gwedd Americanaidd maes o law. Yn ei ystyr ehangaf, roedd yn bair o elfennau megis crefydd, cymdeithasau Cymreig, gwyliau a chynnyrch print. Yn wir, o ystyried y cyflwynwyd addysg mewn iaith estron, ar haen ddiwylliannol yn unig y ffynnai Cymreictod. Troellai o gylch yr undod hwnnw a ddeilliai o'r capel a'r cymdeithasau drwy gyfrwng y wasg. Ffurfiai'r darllenwyr hyn y gymuned graidd a oedd yn allweddol i gynnal ymdeimlad o rannu gwerthoedd a thraddodiadau'r genedl: 'In the Western model of national identity nations were seen as culture communities, whose members were united, if not made homogenous, by common historical memories, myths, symbols and traditions.'[2]

Cyfaill pwy o'r hen wlad?

Un o'r cyfryngau mynegiant mwyaf gwerthfawr i'r genedl ei hail-greu ei hun o'r newydd ynghyd â chadw'r iaith a'i chyfoeth hanesyddol oedd llenyddiaeth. Awgryma'r gerdd uchod y gweithredai'r *Cyfaill* fel ysgogiad i lenorion hogi eu crefft a'u galluogi i drosglwyddo eu gwaith yn gyhoeddus mewn print.

Fel creadigaeth ddychmygol, proses naturiol oedd i'r genedl ddefnyddio adnoddau llenyddol a barddonol i ddarlunio ei hunaniaeth newyddanedig. Dibynnai ei delwedd a'i bri ar y nodweddion hyn o ganlyniad i ddiffyg gwladwriaeth. O'r herwydd, creai'r traddodiad llenyddol fframwaith ideolegol gadarn ar gyfer defnydd o'r iaith yn ogystal â hybu ymdeimlad o hunaniaeth Gymreig drwy glymu cymuned lenyddol ynghyd:

> A language, moreover, does not stand on its own. Once a significant vernacular literature exists, it creates a more conscious community of those who read it, of those in whose houses it is to be found and it quickly builds up an enhanced sense of historical cultural particularity.[3]

Galluogai'r cyfrwng llenyddol yr awduron i gynhyrchu ystyron ar ran y gynulleidfa a oedd yn ymateb i gymdeithas yr oes. Eto i gyd, mae'r diffyg sylw i lenyddiaeth greadigol Cymry America wedi arwain Jerry Hunter i'w ddisgrifio fel y 'traddodiad llenyddol coll'.[4] A oedd gan yr ymfudwyr lenyddiaeth gwerth sôn amdani felly? Pa ran a chwaraeai'r wasg gyfnodol Gymraeg yn yr ymgyrch i ddiogelu'r iaith drwy ddefnyddio rhai o'i phrif gonglfeini, barddoniaeth a llenyddiaeth? Pa mor ddilys oedd y cyfrwng hwn i gynnal eu cenedligrwydd yn America?

'Yr Awen Gymroaidd': cymdeithasau Cymreig, llenyddiaeth a'r diwylliant print

Yn y bedwaredd ganrif ar bymtheg, nid oedd yn annisgwyl i'r syniad bod cysylltiad rhwng trefn rhagluniaeth a thynged yr iaith Gymraeg wreiddio mewn daear ffrwythlon. Credid yn gryf bod pwrpas arbennig gan 'Ragluniaeth Ddwyfol' dros gadw'r iaith a'i

'Llon heddy' yw llenyddiaeth?'

siaradwyr, a chwythwyd anadl einioes i'r iaith drwy amrywiol gyfryngau megis cymdeithasau gwladgarol, eisteddfodau a llenyddiaeth. Nid ffenomen ynysig oedd y traddodiad llenyddol Cymraeg, a defnyddid gwahanol sefydliadau i'w feithrin ar y cyd â'r wasg brint. Fodd bynnag, cylchoedd elitaidd oedd yn bennaf gyfrifol am gynnal diwylliant yn y ddeunawfed ganrif. Yn ystod y ganrif ganlynol, camodd y wasg gyfnodol i'r adwy fel pont rhwng y werin a llenyddiaeth ar lefel gymdeithasol ac mewn print. Er bod rhai o Gymry America yn poeni am effaith rhai o'r arferion hyn ar gyflwr eu moesoldeb, roeddent yn cydnabod bod nifer wedi eu cymell i ddatblygu eu gwybodaeth o'u herwydd. Dengys hyn fod ganddynt swyddogaeth gymdeithasol, ieithyddol a diwylliannol.

Cododd proffil deunydd argraffedig drwy gyfrwng y Gymraeg ar ôl 1815 yn enwedig gyda chymorth cymdeithasau megis y Cymreigyddion a leolwyd yn Llundain, sy'n dangos bod yr elfen gymdeithasol a'r diwylliant print yn cydgerdded.[5] Cyhoeddwyd tua 8,500 o lyfrau yn y Gymraeg o'i gymharu â 1,200 yn flaenorol, a rhoddodd y myrdd cylchgronau a phapurau newydd awdurdod i 'iaith leiafrifol ac anwladwriaethol'.[6] Daeth y pwyslais cynyddol ar lythrennedd a llenyddiaeth yn un o brif nodweddion hunaniaeth cenhedloedd Ewrop, a rhoddwyd gwedd gymdeithasol i'r traddodiad.[7]

Cyfrannodd cymdeithasau gwladgarol ddoniau amhrisiadwy i fyd llenyddol Cymru a'r cymunedau alltud drwy hybu eisteddfodau, astudiaethau llenyddol a hanesyddol, a dathlu Dydd Gŵyl Dewi. Byddent hefyd yn fodd i glymu'r ymfudwyr o Gymru ynghyd ar dir estron. Yn ôl nifer o ysgolheigion, yr ymdeimlad hwn o rannu diwylliant cyffredin sy'n rhoi bod i'r cysyniad o genedligrwydd ym meddyliau pobl.

Nid swyddogaeth gymdeithasol yn cynnig ymdeimlad o berthyn yn unig a gyflawnai'r cymdeithasau Cymreig. Gweithredent hefyd fel symbyliad diwylliannol i gadw'r iaith a'i thraddodiadau'n fyw yn y treflannau a oedd ar wasgar yn yr Unol Daleithiau. Yn ôl y dystiolaeth a geir yng nghofnodion dathliadau'r cymdeithasau 'Cymreigyddol', mae'n amlwg fod gan lenyddiaeth swyddogaeth bwysig fel cyfrwng mynegiant i wahanol elfennau eu hunaniaeth, a bod y cerddi a'r areithiau'n rhan ganolog o'r wledd. Fel nodwedd mor allweddol i'w Cymreictod, roedd taer angen meithrin diwylliant llenyddol y garfan hon o ymfudwyr fel adlewyrchiad o'u cenedligrwydd.

Terfynid dathliadau Gŵyl Dewi a chyfarfodydd y cymdeithasau eraill yn fynych gydag erfyniad dros barhad eu hunaniaeth Gymreig. Awgrymir pwysigrwydd llenyddiaeth i'r perwyl hwn gyda chyfeiriad cyson at 'awen' yn cerdded law yn llaw â Chymreictod y ddwy ochr i'r Iwerydd: 'dymunwyd iechyd ac hir oes i'r Cymry, yn eu gwahanawl sefydliadau yn Amerig, i feithrin a choledd dysgeidiaeth ac Awen Gymroaidd. Hefyd, dymunwyd yr unrhyw idd ein brodyr yn ein bro gynhenid.'[8] Os ydym yn dilyn camau ymgyrch lenyddol, fel a drafodir gan Dorothy Skardal yng nghyd-destun llenyddiaeth Norwyaidd yn America, gellid dadlau bod y Cymry'n cynrychioli'r trydydd cam fel *'preservationists'*. Golygir hynny yn y modd yr oeddent yn credu'n frwd ym mharhad eu hetifeddiaeth Gymreig – er gwaethaf amlddiwylliannaeth America – ac felly'n trin y wlad fabwysiedig fel is-ddiwylliant wrth dynnu ar elfennau o'r ddwy wlad.[9] Gwelir hyn ym mhwyslais cyson y wasg gyfnodol yn gyffredinol ar drosglwyddo cyfoeth llenyddol i ieuenctid, wrth i Gymry America geisio sicrhau parhad eu diwylliant.

Ategir yr atyniad at lenyddiaeth pan gynigir llwncdestun i fardd neilltuol neu ffigwr blaenllaw yng Nghymru ac America, megis Carnhuanawc, y Parch. Thomas Price. Yn y cyfnod cynnar, awgrymir bod egin draddodiad llenyddol Cymry America ynghlwm ag un eu cymrodyr yng Nghymru:

> Victoria, fwynaf fanon, – hael nodda
> Lenyddiaeth y Brython;
> Canu wna beirdd heirdd i hon,
> A'i charu dan ei choron.[10]

Fodd bynnag, amlygir bod eu teyrngarwch i'r goron yn dibynnu'n helaeth ar nawdd y frenhines i lenyddiaeth y Cymry a dyled y beirdd i'w haelioni. Ni ellir dirnad a yw'r Cymry yn y bedwaredd ganrif ar bymtheg yn eu hystyried eu hunain yn Brydeinwyr neu

'Llon heddy' yw llenyddiaeth?'

a ydynt yn swcro'r frenhiniaeth fel ymgais i sicrhau nawdd – o gofio bod llenyddiaeth yn un o gonglfeini hunaniaeth Gymreig yn y ddwy wlad o boptu'r Iwerydd. Cwestiwn dilys a godir yw beth yw ystyr 'Brython' yma – Prydeiniwr, Cymro neu Geltiad? Trwy gyfrwng llenyddiaeth yn ei amrywiol ffurfiau y mynegir teimladau gwladgarol y Cymry tuag at eu nodweddion unigryw. Gwneir apêl rheolaidd yn y gweithrediadau i 'ddeffro y beirdd' a'r 'awen bêr, rydd' fel y prif ddull i gyfleu gwladgarwch.[11] Cynhyrchu llenyddiaeth ac ymestyn gwybodaeth i hybu cenedligrwydd yw diben pennaf y cymdeithasau, a chynhelir cystadleuaeth lenyddol fel rhan o gyfarfodydd Gŵyl Dewi. Anfonir cyfansoddiadau mewn amrywiol ffurfiau megis traethodau a phryddestau am wobrau, ac ystyrir yr adran hon o'r cyfarfod yn allweddol i ffyniant llenyddiaeth ac addysg drwy gyfrwng y Gymraeg:

> Llawdd ydym o'n llwydd odiaeth – in'
> Yn llamu wybodaeth,   llyma,
> Llon heddy' yw llenyddiaeth,
> Y 'mrig ffriw y Gymraeg ffraeth.[12]

Yn ogystal ag adrodd y cerddi gwladgarol ar lafar yn ystod ymgynulliadau diwylliannol, byddai cyhoeddi'r gweithrediadau yn y wasg Gymraeg yn gosod ffuglen yn gadarn o fewn y fframwaith print ac yn cynnig cynulleidfa ehangach. Cymwynas enfawr y gwahanol gyfnodolion i hybu'r ymdrechion i greu traddodiad llenyddol oedd gweithredu fel cyfrwng i hysbysu'r amrywiol dreflannau o'r hyn a ddigwyddai yn y cyfarfodydd diwylliannol.

Roedd diwylliant llenyddol Cymry America felly'n dibynnu i raddau helaeth ar y wasg am seiliau cadarn i'w hyrwyddo. Trwy gyhoeddi deunydd llenyddol y gwahanol gymdeithasau a chyfarfodydd lleol yn y cyfnodolion, daeth yn ymdrech ar y cyd i fowldio hunaniaeth newydd ddwyochrog ar lefel genedlaethol, 'fel y gallo yr oes a ddel ganfod llafur eu tadau er meithrin gwybodaeth, a pharchu eu hiaith pan yn mhell o wlad eu genedigaeth'.[13] Er gwaethaf y diwreiddio tiriogaethol a'r pellter daearyddol, trawsblannwyd yr hunaniaeth ddiwylliannol ym mhridd America. Er bod nifer yn sylweddoli bod yn rhaid iddynt ddod yn

Cyfaill pwy o'r hen wlad?

ddinasyddion Americanaidd, nid oeddent yn dymuno hyn ar draul eu diwylliant.

Roedd adroddiadau am ddigwyddiadau'r genedl fel baromedr i fywiogrwydd diwylliannol y cymunedau Cymreig yn America, a chyfraniad gwahanol awduron yn dyst i'r egni creadigol a ffrydiai o'r diwylliant hwn. Ystyrid y cyfrwng print yn allweddol i roi cyfoeth llenyddol a gwybodaeth ar gof a chadw ynghyd â chynnal yr iaith, yn enwedig er mwyn i'r cenedlaethau dilynol elwa a sicrhau parhad eu Cymreictod ymhell o'r famwlad.

Sut mae modd felly diffinio'r berthynas rhwng y wasg argraffu, diwylliant a llenyddiaeth? Beth oedd swyddogaeth y cyfnodolion yng nghynhaliaeth y diwylliant Cymraeg cynhenid, a chreu traddodiad llenyddol a fyddai'n adlewyrchiad o'r hunaniaeth newydd hon?

Canlyniad llythrennedd oedd rhoi swyddogaeth anhepgor i'r wasg brint yng Nghymru a'r cymunedau diasporaidd o ran bod yn ddeorfa i ddiwylliant llenyddol y genedl, yn ogystal â chreu rhwydwaith barod o ddarllenwyr ar gyfer awduron. Roedd hyn yn rhoi statws uchel iddi gan nad oedd amrywiaeth o gyfryngau ar gael o'i gymharu â'r dwthwn hwn. Nid oes amheuaeth nad oedd cynnyrch llenyddol swmpus y ganrif yn ddyledus i'r twf yn y wasg newyddiadurol. Nid yw'n gyd-ddigwyddiad ychwaith ei fod yn cyd-fynd â datblygiad ffuglen yng ngwasg gylchgronol Saesneg America yn ystod yr 1840au. O ran y *Cyfaill*, lleisir canmoliaeth yn fynych am safon 'danteithion y cu feirddion' ar ei 'fyrddau'.[14] Unwaith eto roedd yn ymdebygu i gylchgronau megis *Seren Gomer* yng Nghymru a oedd yn ceisio hybu diddordeb mewn llenyddiaeth.[15]

Fel croth i lenyddiaeth a fforwm drafod fywiog, dibynnai'r beirdd yn helaeth ar lwyddiant y wasg am eu bywoliaeth – sefydliad a elwir yn *author-sustaining formation* gan K. Price a Susan Smith.[16] Yn 1860, nododd gohebydd bod prif lenorion y genedl yn gwerthfawrogi'r *Cyfaill*. Byddai cyhoeddi eu gwaith yn brawf iddynt bod eu hymdrechion yn deilwng, ac felly cawsent gydnabyddiaeth a oedd yn gymhelliant pendant i'w datblygiad. Yn yr un modd, roedd y *Cyfaill* yn ddyledus am gryn fesur o'i lwyddiant i safon y cynnyrch llenyddol:

'Llon heddy' yw llenyddiaeth?'

Llenyddiaeth gu, llawn dda'th glog,
Gaf allan, 'Gyfaill' enwog.[17]

Yn yr un modd, roedd perthynas agos rhwng newyddiaduraeth a barddoniaeth yn America hefyd yn y bedwaredd ganrif ar bymtheg. Dewisai'r mwyafrif o feirdd gyhoeddi eu gwaith mewn papurau newydd a chyfnodolion poblogaidd, gan gynnwys rhai adnabyddus fel Poe a ddefnyddiai'r cyfrwng i arbrofi gyda syniadau. Ychydig a allai fforddio prynu llyfrau, a byddai'r cyfnod a gymerai i'w cyhoeddi yn golygu bod darllenwyr yn mwynhau gwaith awduron yn amserol ac yn cael profiad o *collective reading* mewn papurau newydd a chylchgronau.[18] Y wasg gyfnodol oedd prif ddeorfa llenyddiaeth ymfudwyr o genhedloedd eraill hefyd. Ymdriniwyd â themâu a oedd yn berthnasol i'r genedl, gan bortreadu golygfeydd a sefyllfaoedd cyfarwydd. Yn achos y Cymry ac eraill, cyhoeddwyd llawer o farddoniaeth a oedd yn darlunio emosiynau dwfn megis hel atgofion am yr hen wlad, y mynd a dod hiraethus ar draws yr Iwerydd a marwnadau.[19]

I bwy y perthynai'r corff hwn o lenyddiaeth – America ynteu Cymru? I ba raddau yr oedd y llenyddiaeth yn gyfuniad o'r Cymreig a'r Americanaidd, ac felly'n creu traddodiad llenyddol a adlewyrchai ddeuoliaeth eu hunaniaeth? A oedd gorgyffwrdd rhwng llenyddiaeth yr ymfudwyr Cymreig a'u cymrodyr yng Nghymru?

'Ysgydwyd y napcynau': traddodiad llenyddol Cymry America

Creda Jerry Hunter na welir genedigaeth traddodiad llenyddol Cymry America o ddifrif tan ddiwedd yr 1850au, gan nad oedd rhwydweithiau megis y wasg wedi datblygu digon i'w feithrin cyn hyn. Yn ei dyb ef, yn yr adeg hon y gwelir yr 'elfennau hanfodol er mwyn creu a chynnal diwylliant llenyddol' megis poblogaeth ddigonol, sefydliadau crefyddol, cymdeithasol a diwylliannol.[20]

Fodd bynnag, er nad oedd cronfa swmpus o lenyddiaeth wedi ei chyfansoddi tan y cyfnod hwnnw, gwelir arwyddion ymwybyddiaeth o draddodiad llenyddol neilltuol yn y wasg Gymraeg mor gynnar ag 1838 drwy gyfrwng y *Cyfaill*. Er bod y cyfnodolion

Cyfaill pwy o'r hen wlad?

Cymraeg yn America yn cynnal diwylliant trawsatlantig drwy ail-gyhoeddi deunydd print yr hen wlad, roeddent hefyd yn creu gofod helaeth i gyfraniadau llenorion ymfudedig y genedl yn gynnar iawn yng nghwrs y wasg gyfnodol. Mewn darn o ffuglen ar ffurf deialog yn rhifyn cyntaf y *Cyfaill*, mynegir hyder yn noniau Cymry America, 'eto y mae yn y wlad yma hefyd, amryw o Gymry cyfoethog, mewn ofyddiaeth a barddoniaeth'.[21] Awgryma Frank Gado mai Boston oedd yn hwyluso'r ddadl dros fynegi cenedlaetholdeb mewn llenyddiaeth Americanaidd, ond bod dinas Efrog Newydd wedi atgyfnerthu'r alwad fel canolbwynt diwylliannol. Yn wahanol i ddinasoedd eraill, roedd ganddi amrywiaeth o glybiau llenyddol a chymdeithasol a oedd yn fagwrfa i gyfnewid syniadau artistig, gan esgor ar lenyddiaeth a chyfnodolion. Gan mai yn y ddinas hon y cyhoeddid y *Cyfaill* i ddechrau, mae'n rhesymol tybio bod bwrlwm y lleoliad yn cynnig daear ffrwythlon i'w alwad dros greu math newydd o lenyddiaeth.[22]

Rhoddai William Rowlands fri yn ogystal ar gyfraniadau Cymry America i'r traddodiad llenyddol newyddanedig yr esgorodd y wasg arno – ffaith sy'n adlewyrchu ei bwyslais ar fewnbwn y darllenwyr i gynhaliaeth y cylchgrawn. Ymfalchïai fod y *Cyfaill* wedi chwarae ei ran yn neffroad y doniau celfyddydol ymhlith y genedl, a oedd yn ymgymryd â'r orchwyl o 'greu' diwylliant yn ymateb i anghenion y cynefin newydd. Defnyddia drosiad o'r byd milwrol i gryfhau ei neges, gan roi arlliw lenyddol i ffrwyth ei fyfyrdodau. Gwnâi hynny yn y gobaith o ysbrydoli rhagor o lenorion Cymry America i gyfrannu eu doniau llenyddol i'r cylchgrawn o bosibl:

> Mae lluosowgrwydd y gohebiaethau a ddylifant atom yn fisol yn peri syndod cyffredinol, ac nis gellir gwadu nad oes yn y gymysgfa amrylaw rhai darnau o athrylith rhagorol. Ymddangosai yn anhygoel fod yn mhlith Cymry allwladedig America y fath ddoniau, nes i udgorn y *Cyfaill* eu deffroi i'r maes; yna, fel y gwelir yn y gyfrol hon, ymarfogasant yn ôl eu gwahanol gynheddfau – yn ysgrifenwyr rhyddiaith cymhwys – yn feirdd medrus ar fesurau rhyddion a chaethion, yn nghyda chyfansoddwyr tonau derbyniol. Ysgydwyd y napcynau a daeth y talentau cuddedig i'r golwg.[23]

'Llon heddy' yw llenyddiaeth?'

Yng ngolwg Rowlands, roedd diwyllio'r genedl gyda maeth celfyddydol yn codi ei statws ymysg cenhedloedd eraill ac yn adfywio'i balchder yn ei doniau cynhenid a ddiwreiddiwyd yn sgil y symudiad o'r hen wlad. Roedd y wasg brint hefyd yn adnodd allweddol i ymfudwyr o genhedloedd eraill arddangos eu rhinweddau:

> The newspaper was both an aspect of culture and an instrument of culture. Every alien group bred its own favorite authors. The beginnings were modest. Desiring to set down the experiences of migration, the writers sent their compositions to the editor, who printed them, although they were often little more than incoherent collections of words. This started, the literature evolved from poems to stories, from stories to novels, from novels to histories . . .[24]

Mae'r ffaith i'r egin llenyddol dyfu'n draddodiad aeddfed yn achos nifer o genhedloedd yn tystio i bwysigrwydd y byd cyhoeddi fel magwrfa i awduron, a oedd yn ei dro yn sicrhau cynhaliaeth i'r wasg drwy ehangu'r ddarpariaeth i ddarllenwyr.

Mae ysgrif arall yn ystod blwyddyn gyntaf y *Cyfaill* yn maentumio bod Cymry America yn genedl yn ei hawl ei hun gan eu bod wedi sefydlu'r gwahanol elfennau y tybid eu bod yn angenrheidiol i greu hunaniaeth Gymreig o'r newydd:

> Mae ganddynt Feiblau Cymreig, cyhoeddiadau Cymreig, esboniadau Cymreig, Geiriaduron Cymreig, argraffyddion Cymreig, efengyl yn cael ei chyhoeddi yn Gymraeg, cyfarfodydd mawrion Cymreig, a chymdeithasau Cymreig; ac y maent yn fawr eu gwybodaethau am y pethau gorau gaed.[25]

Ym mis Ionawr 1839, cyhoeddir casgliad o benillion ar 'Lesiant a rhagoroldeb cymdeithasau dirwestol' fel 'cydymdrech y beirdd Cymreig yn America', a ddengys fod cymdeithas o feirdd yn dechrau ffurfio yn y wlad fabwysiedig. Trwy gynnig cyfrwng i gyhoeddi cyfraniadau beirdd Cymry America, roedd y *Cyfaill* yn rhannol gyfrifol am ddiffinio a chreu traddodiad llenyddol a safai ar ei draed ei hun. Bellach, nid oedd raid dibynnu ar gynhysgaeth

Cyfaill pwy o'r hen wlad?

yr hen wlad yn unig wrth i Gymry America ddechrau magu hyder i lenwi'r gwacter celfyddydol fel endid ar wahân.

Fodd bynnag, mae cywydd gan un o hoelion wyth y gymdeithas farddol Gymreig-Americanaidd, Eos Glan Twrch, yn gresynu am ddiffyg cydweithio ar ran y beirdd ar wasgar ar y cyfandir yn 1838. Wrth iddo eu hannerch yn uniongyrchol, negyddol yw ei gywair pan aiff ati i ddisgrifio cyflwr y traddodiad llenyddol Cymraeg yn America. Mynega ei siom nad yw 'plant yr awen' yn y wlad newydd yn ei ddiwallu â 'chân iachus' fel y chwenychai yn sgil diffyg anogaeth a nawdd. Teimla'n chwithig wrth edrych ar 'Walia deg y wlad hon'.

Llym yw ei feirniadaeth o swm a sylwedd gwaith beirdd Cymry America wrth iddo hiraethu am 'swn mwyn, cysson a maws' beirdd yr hen wlad. Fodd bynnag, er iddo ddyheu am gadw'r safonau a sefydlwyd yng Nghymru, sonia am 'Walia deg y wlad hon' fel cangen ar wahân. Mae tynnu cymhariaeth uniongyrchol rhwng 'awenyddion' y famwlad a fyddai'n uno i greu 'music hoff . . . brydferth ar bob perth' yn ei 'iachus fro fechan' a'r diffyg barddonol ar gyfandir America yn awgrymu bod rhyw fath o draddodiad annibynnol yn blodeuo mor gynnar â diwedd yr 1830au:

> Eithr y wlad ddyeithriol hon
> Ni fedd y cyfryw foddion.
> Yma nid oes amnaid dydd
> Gân hudol gan ehedydd.
> Ys anhyfryd swn Efrog,
> Un fronfraith ychwaith na chôg,
> Draw'n y llwyn, heb dro'n eu llais,
> Ar nos glaiar nis clywais.[26]

Deil barddoniaeth yn atgof o'u cartref, ac er ei fod yn dechrau magu arlliw Americanaidd, gwlad ddieithr yw hi o hyd yn y cyfnod cynnar.

Yng Nghymru, ymhyfrydai'r Eos yn natur gymdeithasol y beirdd yn eu cymunedau. Erbyn hyn gresyna eu bod yn cyfansoddi mewn unigrwydd ar hyd y cyfandir, ac wedi colli sioncrwydd eu hawen yn ei sgil. Mae'r cyfeiriad at 'nawdd' a 'chybyddlyd' yn y rhan

'Llon heddy' yw llenyddiaeth?'

hon hefyd yn adleisio arferiad yr hen wlad o noddi llenyddiaeth, gan roi ymdeimlad oesol i'r traddodiad hir o feirdd a fagwyd gan y genedl. Er mwyn sicrhau parhad i'r etifeddiaeth hon, teimla'r Eos reidrwydd i ymgymryd â'r 'serchog swydd' o annog y beirdd ac 'ennyn eu dawn anwyl' yn America 'wedi mawr ddystawrwydd'. Mae'n mynd ar daith ddychmygol o amgylch treflannau Cymreig America ac yn cynnig sylwadau ar y beirdd a driga yn y gwahanol ardaloedd. Cynyddu y mae ei feirniadaeth ohonynt am beidio ag efelychu dewrion Cymru a glodforai eu gwlad:

> Yn awelon hen Walia
> Megir beirddion dewrion, da;
> O fewn hon haddefu wnant –
> Eu gwlad firain glodforant;
> Boddlon, ac nid cybyddlyd,
> I'w bro nhw geir bron i gyd.
> Eithr chwi sydd ymaith ar chwâl,
> Lu, hyd wyneb gwlad anial,
> Mal adar rhwysgar esgyll
> A wylltiwyd draw a bollt dryll,
> Wedi ysgar yn disgyn
> Gyda braw ar goed y bryn.[27]

Mae'r delweddau o adar a byd natur yn atgyfnerthu ei apêl i'r beirdd drwy eu hatgoffa o dirlun Cymru a'r cysyniad o frogarwch, ac mae darlunio'r beirdd yng nghyd-destun adar yn ffordd gelfydd o bwyso a mesur eu gorchestion barddonol. Yn wir, enwau adar yw'r ffugenwau mwyaf poblogaidd ymhlith beirdd Cymry America, a'r dewis o aderyn yn llwythog o ystyron trosiadol a oedd yn arwydd o'u safle yn yr hierarchiaeth farddol.

Mae'n ymddangos, felly, bod ymwybyddiaeth o draddodiad llenyddol ar wahân yn cyniwair yn anerchiad yr Eos mor gynnar ag 1838 – blwyddyn dechreuad y wasg gyfnodol Gymraeg yn America. Dyma pryd y dechreuodd darllenwyr ymgyfarwyddo ag enwau barddol y traddodiad newydd. Er bod yr Eos wedi datgan ei hiraeth am awen y famwlad, mae'n argyhoeddedig fod doniau barddonol i'w canfod yng nghymunedau Cymraeg yr Unol

Cyfaill pwy o'r hen wlad?

Daleithiau, ac felly teimla ddyletswydd i'w chwynnu. Trwy restru enwau'r beirdd a sylwi ar eu nodweddion, gellir dadlau ei fod yn paratoi i ganoneiddio'r traddodiad barddol drwy broffesu annibyniaeth Cymry America yn hyn o beth.

Er bod Cymry America wedi ymddihatru i raddau oddi wrth ddiwylliant llenyddol yr hen wlad, mae ei gyfeiriadau cyson at Gymru yn y gerdd hefyd yn awgrymu bod olion safon eu llenyddiaeth yn drwm o hyd ar feddylfryd yr ymfudwyr hyn yn y dyddiau cynnar. Yn wahanol i feirniadaeth lenyddol yn 1859 sy'n trafod beirdd Cymry America fel uned gwbl annibynnol, mae'r gymhariaeth gyson rhwng llenyddiaeth Gymraeg America a'r hen wlad yng ngherdd Eos Glan Twrch yn 1838 yn awgrymu nad yw'r diwylliant wedi torri llinynnau'r ffedog eto.

Mae sefydlu'r *Cyfaill* yn 1838 felly'n darparu cyfrwng i seinio'r utgyrn i ddeffro cyneddfau beirdd Cymry America, ac yn eu hannog i sylweddoli'r posiblrwydd o greu eu diwylliant llenyddol eu hunain i'w gwasanaethu fel cenedl newydd. Pwysleisia Daniel Williams bwysigrwydd ystyried llenyddiaeth Cymry America o fewn cyd-destun cymdeithasol y ddwy wlad, wrth iddynt ailddiffinio eu Cymreictod drwy ymateb i ddylanwadau'r naill a'r llall. Yr un ffactorau sy'n effeithio'r ddwy genedl o boptu'r Iwerydd oherwydd eu safle yn y cyd-destun Eingl-Americanaidd:

> For as Welsh-Americans looked across the Atlantic they saw a slightly distorted and sometimes troubling reflection of their idealized homeland; conversely, the Welsh who turned their gaze toward their relatives in America saw there a reflection of their own problems of constructing a Welsh identity within a dominant English context.[28]

Yn wir, mae'r gri dros ail-greu llenyddiaeth y Cymry yn adlais o faniffesto'r llenor Americanaidd, Ralph Emerson yn 1837 yn ei ddarlith 'The American Scholar'. Flwyddyn cyn erfyniad yr Eos yn y *Cyfaill*, ceisiai yntau hefyd ddwyn perswâd ar ei gydlenorion i naddu traddodiad llenyddol gwreiddiol nad oedd yn gaeth i gonfensiynau sefydledig Ewrop a Phrydain. Yn wir, roedd America ei hun yn y cyfnod ymhlyg mewn ymgyrch i greu hunaniaeth newydd i'r genedl aruchel a oedd ar fin esblygu – un a

'Llon heddy' yw llenyddiaeth?'

fyddai'n deilwng o werthoedd moesol y Datganiad o Annibyniaeth. Galwodd Paulding am wreiddioldeb ac ymdriniaeth o themâu cynhenid yn 1819, ysgrifennodd Cooper 'Notions of Americans' a 'Letter to his Countrymen' yn 1828. Ysgrifennodd Channing 'Remarks on a national literature' yn 1830, a chredai Duponceau y dylai llenyddiaeth America ymwrthod â dylanwadau Prydeinig.[29] Roedd y nifer o ysgrifau a gyfrannwyd i gyfnodolion a chylchgronau Saesneg America yn dilyn 1815 wedi braenaru'r tir ar gyfer ymgyrch dros greu traddodiad llenyddol newydd.

Byddai'r orchwyl yn cydblethu ag ymgais llu o ymfudwyr i ail-ddiffinio eu cenedligrwydd ar y cyfandir, ac yn adlewyrchu'r ddeuoliaeth a deimlid ar y ddwy ochr. Ystyrid llenyddiaeth yn un o'r prif gyfryngau i arddangos yr hyder hwn yn eu hannibyniaeth newydd a hydreiddiai'r cyfandir. Daeth cenedlaetholdeb llenyddol yn llawforwyn i ddiwylliant – sefyllfa debyg i Gymry America yn eu hymgyrch i atgyfnerthu hygrededd eu hunaniaeth arbennig:

> The theme of identity is endemic to New World literature. Although it is true that almost any work of American poetry, prose or drama can in some sense be said to exemplify a quest for identity, the real vitality of this theme stems from a fundamental feature of the New World culture: the emphasis on development or change, on becoming viable, culturally, politically or individually.[30]

Roedd deallusion America yn gwbl argyhoeddedig bod llenyddiaeth o safon yn arwydd o genedl lewyrchus ac yn sylfaen i ddiwylliant deallusol aeddfed – cri a glywid yn ymdrechion y Cymry i ddatblygu llenyddiaeth Gymreig-Americanaidd. Yng ngeiriau Clinton Rossiter, nid oeddent bellach eisiau diwylliant wedi ei 'fenthyg', ond yn hytrach yn dymuno 'creu' un newydd.[31] Bwriad Emerson oedd addysgu'r genedl i ffurfio ei dychymyg unigryw – yr hyn a wneid i ryw raddau gan olygyddion cyfnodolion Cymraeg America yn ogystal.

Daliwyd yr Unol Daleithiau mewn rhwyd o ddeuoliaeth debyg i genedl y Cymry. Fe'u tynnwyd rhwng clymau'r gyfundrefn lenyddol a oedd wedi ei sefydlu eisoes a'r dyhead am ffresni a newydd-deb, testun a lywiai beirniadaeth lenyddol ar y pryd.³² Gelwir y duedd hon i ailddiffinio eu llenyddiaeth Saesneg yn *transnationalism* yn y modd yr oeddent yn croesi ffiniau rhwng dau fyd. Roedd y gymdeithas yr oeddent wedi ei chreu ar sail ddychmygol yn adlewyrchu yn y pen draw ragdybiaethau ideolegol gwreiddiol y genedl. Fel y Cymry, ni allent dorri'n gyfan gwbl rydd o ddylanwadau Ewrop er mwyn osgoi *cultural alienation*, ac felly gwelir elfennau rhyngddiwylliannol cryf o hyd mewn rhai gweithiau.³³ Roeddent yn parhau i fod yn rhan o'r diwylliant trawsatlantig ar seiliau ieithyddol.³⁴ Er gwaethaf cri amryw o awduron dros annibyniaeth, derbyniwyd argraffiadau o gyfnodolion o Brydain yn ystod yr 1820au a'r 1830au, a'r rheiny â chylchrediad tebyg i'r cyhoeddiadau Americanaidd poblogaidd. Byddai'r rhain yn cynnwys adolygiadau o lyfrau newydd yn ogystal â darparu llwyfan i feirniadaeth lenyddol a sylwebaeth ar ddatblygiadau llenyddol Ewrop. Fel ag yn achos y Cymry, roedd awduron Saesneg America yn dibynnu'n helaeth ar gylchgronau i gyhoeddi a thrafod llenyddiaeth.³⁵

Croesawai Emerson hefyd gyfraniad ymfudwyr o wahanol genhedloedd i genedlaetholdeb America, fel ei gyfoeswr Walt Whitman. Dyma fardd blaenllaw yn y cyfnod a geisiai uno diwylliannau gwahanol dan faner un corff o lenyddiaeth, 'Here is not merely a nation but a teeming nation of nations . . . The American poets are to endorse old and new for America in the race of races.'³⁶ Roeddent yn ymdrechu i greu *declaration of community*, a olygai adlewyrchu ei gwahanol ystyron,³⁷ ac yn y dull hwn yr aethpwyd ati i greu safbwynt a realiti newydd yn llenyddiaeth y genedl.³⁸ Fodd bynnag, digon ceidwadol o hyd oedd y farddoniaeth a geid ar dudalennau'r cyfnodolion Cymraeg y ddwy ochr i'r Iwerydd, gan ymdebygu fwyfwy i feirdd Americanaidd megis Whittier a Longfellow yn hyn o beth. Un o themâu amlycaf Longfellow oedd diflaniad diwylliannau ledled y byd, gan gynnwys yr ieithoedd Celtaidd, a brithwyd ei waith gan nostalgia am y gorffennol.³⁹

Tra oedd lleisiau'r traddodiad llenyddol Americanaidd newydd yn ymdrechu i bortreadu cynfas amlddiwylliannol a chyfnewidiol y cyfandir, parhâi'r Cymry i ail-greu diwylliant a oedd yn cynnwys aelodau o un gymuned ieithyddol yn unig. Yn wahanol

'Llon heddy' yw llenyddiaeth?'

i'r Americanwyr a oedd yn creu deunydd radicalaidd o'r newydd ac yn defnyddio mythau o brofiadau a gobeithion y cyfnod,[40] roedd y Cymry'n ymwybodol bod ganddynt hanes hir o ddraddodiad llenyddol i'w ddilyn. Roedd angen felly ymgorffori'r gwreiddiol a'r newydd yn hytrach nag adeiladu corff o lenyddiaeth ar ddalen wag.

Yn hyn o beth, nid oeddent yn gwarafun bod yn rhan o ddiwylliant llenyddol America – cam a fyddai'n rhoi eu hannibyniaeth yn y fantol – ond roedd elfennau Americanaidd yn anochel yn treiddio i'w diffiniad newydd o'u hunaniaeth. Roedd defnyddio cyfieithiadau o lenyddiaeth Saesneg y wlad hefyd yn awgrymu eu bod yn awyddus i ehangu eu gorwelion llenyddol drwy dderbyn dylanwadau'r diwylliant mwyafrifol, er nad oeddent yn cyfranogi ynddo ar sail yr iaith.

Yr hyn sy'n arwyddocaol yw i'r cyd-destun Cymreig ac Americanaidd ddefnyddio'r wasg brint i hybu'r ymgyrch dros gelfyddyd, a fyddai'n ddrych o'u cenedligrwydd yn ei amrywiol agweddau:

> In an age of spirited political debate, magazines and newspapers arose in quantity to declare the need for a national art, a national science, a national architecture, a national literature and national language that would be entirely American – consistent with its newness and its classicism, its radicalism and its traditionalism, its democracy and its high religious principles.[41]

Defnyddiodd y Cymry eu misolion i apelio am lenyddiaeth unigryw i wasanaethu'r genedl, tra brithid cyhoeddiadau megis y *North American Review* gan ysgrifau yn erfyn am lenyddiaeth wreiddiol. Wynebai'r ddwy garfan yr un her, gan nad ar chwarae bach y gellid ymryddhau o fframweithiau sefydledig yr hen wlad. Yn wir, yn rhan olaf cywydd anerchiadol yr Eos, mae'n chwarae â dwy ystyr y gair 'Cyfaill' drwy ddisgrifio'r misolyn ac ef ei hun fel cyfaill i'r beirdd. Yn anad dim mae'n canmol y *Cyfaill* am ei wasanaeth yn rhoi llwyfan iddynt, 'Cyfaill bardd cuaf lle b'o'.[42]

Caiff y fath hon o ganmoliaeth ei hategu droeon yn ystod golygyddiaeth Rowlands, fel y datblygai'r *Cyfaill* yn fagwrfa iach i feirdd

Cyfaill pwy o'r hen wlad?

y genedl arddangos eu doniau. Mae'r Eos yn canmol y golygydd yn uniongyrchol am ei ofal 'tadol' yn meithrin 'dawn neu dalent' ar 'fwrdd cyfnewid' y *Cyfaill*, ac am ei grebwyll golygyddol doeth yn osgoi cyhoeddi 'gohebiaeth sal a chul, isel ei chwaeth':

> Didol o hyd, odlau iach
> Dwys ethol, gwrthod sothach . . .
> Yr iaith wael a erthyla . . .
> Yn dda trwytha bob traethawd,
> Na âd le i un wê dlawd.[43]

Canmola Rowlands nid yn unig am gynnig gofod i gyhoeddi deunydd barddol, ond hefyd am sicrhau 'awen bur' a safon uchel y cynnyrch. Gallai'n rhwydd fod wedi cynnwys pob cyfraniad yn ddi-wahân er mwyn plesio cyfranwyr ar ddechrau menter mor uchelgeisiol yn y byd cyhoeddi.

Roedd datblygiad y wasg Gymraeg yn y cyfnod yn rhan o chwyldro ehangach a gerddai drwy'r cyfandir, wrth i'r ffrwydrad yn y byd cyhoeddi o ddechrau'r bedwaredd ganrif ar bymtheg ymlaen roi llais i awduron. Rhoddai'r cyfnodolion yn enwedig wasanaeth ychwanegol i'r cyhoeddwyr llyfrau drwy ddarparu fforwm ar gyfer trafod deunydd, gan ei leoli yn nghyd-destun yr amrywiol bynciau a oedd yn denu sylw'r wlad ar y pryd. Rhoddai'r cyhoeddiadau hyn gyfrwng delfrydol i awduron fireinio eu crefft a chodi ymwybyddiaeth o'u gwaith ymhlith y 'cymunedau dehongliadol' a ddeuai'n angor i'r traddodiad llenyddol yn y pen draw.[44]

Cyfeiria'r Eos hefyd at amrediad eang y *Cyfaill* yn yr ystyr ei fod yn apelio at bobl o amrywiol gefndiroedd wrth iddo gael ei ledaenu ymysg gwahanol gymunedau'r Cymry. Gwnâi hefyd gymwynas â'r iaith drwy ei ddarpariaeth addysgiadol a llenyddol:

> Hoff red y Cyfaill mwyn ffraeth
> Yn hylaw drwy'r Unoliaeth,
> Diamgen, da ei ymgais,
> Heb air sen, heibio i'r Sais.
> Dwyn addysg adnewyddawl
> Er gwledd, fe raglydda fawl,

> 'Llon heddy' yw llenyddiaeth?'
>
> Wna bob mis, gwyddis, a'i gol
> Yn llawn addurn llëenyddol.
> Beirdd cu awenyddu wnant,
> Ei ddalenau'n dda lanwant
> O ddidor gyraeddiadau
> Meddylgar, wyr clodgar clau.[45]

Yn aml, mae'n anodd dirnad a yw'r cyfeiriad at 'Sais' yn golygu Prydeiniwr neu Americanwr, sy'n awgrymu'r modd y mae nifer o Gymry America yn diffinio hunaniaeth ethnig ar seiliau ieithyddol. Er bod yr Eos yn collfarnu gwendidau beirdd Cymraeg America o'u cymharu â chewri Cymru yn nechrau ei gywydd, clodforir y *Cyfaill* fel cyfrwng allweddol i drosglwyddo llenyddiaeth i aelodau'r genedl. Esgorodd yr alwad yn ystod yr 1830au ar ddeffroad mewn rhyddiaith a barddoniaeth a fyddai'n torri tir newydd yn ystod yr ugain mlynedd dilynol – i'r Cymry a'r Americanwyr fel ei gilydd. Creda Jerry Hunter yn gryf nad cyd-ddigwyddiad llwyr yw'r datblygiadau cyfamserol yn llenyddiaeth Saesneg a Chymraeg y wlad yn ystod canol yr 1850au.[46] Mae'n bosibl iawn, felly, bod yr Eos yn rhoi mynegiant Cymreig i genadwri a oedd ar gerdded ymhlith deallusion y diwylliant Americanaidd Saesneg ei iaith yn yr un cyfnod. Roedd y *Cyfaill* a sefydlwyd yn ystod cyfnod cychwynnol y wasg felly'n gyfrwng addas i'w lledaenu dros barthau eang.

'Ymborth iach': beirniadaeth lenyddol, dadleuon barddol a chynnal safon

Nid creu traddodiad llenyddol newydd yng ngogledd America yn unig oedd nod y Cymry, ond sefydlu un o safon. Barnai Eos Glan Twrch ei bod yn well peidio â chyfansoddi o gwbl yn hytrach na chynganeddu'n ddiffygiol:

Cyfaill pwy o'r hen wlad?

> A ninau, sydd yn weiniaid,
> Cofiwn, yn ol rheol, rhaid
> Naddu ein cynganeddion
> At y sill, neu tewi son.[47]

Yn yr un modd, roedd llenorion fel Melville yn galw am *national greatness* yn y celfyddydau drwy gydol yr 1840au.[48] Roedd dyhead y Cymry felly'n gydnaws â'r ymgyrch ehangach yn y Saesneg.

Adleisir y pryder ynghylch anhawster y beirdd i gadw at reolau'r mesurau caeth gan Gwilym Fardd yn ei ysgrif 'Cwyn y Beirdd'. Teimla reidrwydd i leisio barn nifer bod 'anrhydedd y Cyfaill' a'i ohebwyr yn y fantol:

> Dywenydd yw genyf fod y Cyfaill yn dyfod i ymweled a mi bob mis, a da genyf weled fod cymmaint o Ohebwyr mor ymdrechgar i anfon lluniaeth iddo, gogyfer a'i gynnal yn gysurus; ac yn neillduol y dysgleidiau barddonawl melys-ber er ei loni a'i adfywio; ond nid yw pob peth sydd yn cael ei anfon yn fagwriaethol; y mae arno eisiau ymborth iach. Y mae rhai pethau wedi cael eu hanfon iddo, pa rai a wnaethant fwy o niweid nag o les, yn enwedig ambell ddysglaid dan yr enw *barddoniaeth*, a roddwyd iddo o bryd i bryd, a barodd iddo wyneb-lwydo, ac edrych yn gul.[49]

Awgrymir effaith dyngedfennol yr adran farddoniaeth ar ddiwyg cyffredinol y *Cyfaill* gan Gwilym Fardd, wrth i'r cynnyrch beri iddo 'fywiogi' neu 'wyneb-lwydo'. Mae'r deunydd felly'n sylfaen hanfodol i'r cyhoeddiad yn y modd mae'n pennu ei safon. Mae'r ddelwedd o ymborth a lluniaeth hefyd yn cyfleu'r cysyniad o gyfnewid maeth, wrth i'r *Cyfaill* gynnig magwrfa i'r doniau barddonol besgi tra bo'r 'dysgleidiau' hynny yn effeithio ar iechyd y cyhoeddiad maes o law. Erfynia ar y *Cyfaill* i gyhoeddi rheolau cerdd dafod er mwyn goleuo'r beirdd, sy'n dangos bod gan y misolyn swyddogaeth ddi-feth fel hyfforddwr – ac nid gofod argraffu yn unig. Mae Gwilym Fardd yn datgan nad ei fwriad yw 'dolurio meddwl na theimladau yr un o blant yr Awen; ond yn hytrach rhoddi pob annogaeth iddynt i goleddu a meithrin yr Awen'. Ei amcan yw ymestyn traddodiad llenyddol Cymry America heb golli gafael ar y safon a'r cywirdeb a gawsant eu meithrin yn

'Llon heddy' yw llenyddiaeth?'

yr hen wlad. Roedd ei sylfaenwyr yn effro iawn i'r angen am ddatblygu fframwaith feirniadol safonol o'r dechrau wrth iddynt greu o'r newydd mewn awyrgylch ansicr.

Gweithreda'r *Cyfaill* nid yn unig fel addysgwr ac ysgogiad i gynhyrchu barddoniaeth, ond hefyd fel fforwm agored i feirdd Cymry America leisio eu cwynion a'u pryderon. Yn wir, roedd Rowlands yn rhinwedd ei swydd fel golygydd hefyd yn athro llenyddol yn y modd yr oedd yn hyfforddi ac yn cynghori gohebwyr. Byddai'n cywiro ysgrifau ac yn rhoi gair o anogaeth ar glawr y cylchgrawn i'w calonogi, a hefyd yn anfon llythyrau yn cynnwys cyfarwyddyd atynt. Mae'r dull yr aeth ati i annog yr ifanc a'r dibrofiad yn enwedig yn brawf o'i ymrwymiad i warantu parhad y traddodiad llenyddol. Honna ei gofiant mai 'ei blant ef yn yr ystyr hwn ydyw amrai o lenorion galluog ein gwlad', sy'n adlewyrchu ei swyddogaeth fel un o hoelion wyth y traddodiad llenyddol yn sgil ei gysylltiad â'r diwylliant print.⁵⁰

Yn unol â'i bolisi gwrthrychol mewn peuoedd eraill megis crefydd a gwleidyddiaeth, coleddir yr un egwyddor ym maes llenyddiaeth wrth i'r cyhoeddiad roi rhyddid i'r beirdd ymateb i'w gilydd. Yn yr un modd, roedd adolygiadau o lyfrau a chyhoeddiadau'r wasg gyfnodol yng Nghymru ac America yn magu sylwgarwch a fyddai'n greiddiol i ymestyn safonau beirniadol y byd cyhoeddi. Byddai hefyd yn atgyfnerthu'r berthynas rhwng y cyfnodolion wrth iddynt gyhoeddi sylwadau am ei gilydd. Yn wir, ceid adolygiadau o ffrwyth llenyddol Cymry America yng nghyfnodolion yr hen wlad, sy'n dangos bod y llenorion hyn yn cyfrannu at lenyddiaeth y genedl y ddwy ochr i'r Iwerydd.

Llwyfennir dadleuon rhwng aelodau o frawdoliaeth farddol Cymry America yn gynnar yng ngyrfa'r *Cyfaill*, a oedd yn rhagflaenu'r diwylliant eisteddfodol cecrus yn ystod yr 1850au. Mae hyn yn dangos ei fod yn rhan o'r ymgyrch gynnar i greu traddodiad llenyddol newydd i Gymry America. Yn wir, honna Jerry Hunter fod ymrafael dros bynciau barddol ar faes y wasg yn hawlio sylw cymuned arbennig o ddarllenwyr, beirdd a beirniaid llenyddol, sydd wedi ei chreu gan y berthynas rhwng y testun a'r gynulleidfa. Trwy gyfarch y gymuned lenyddol Gymreig hon, mae'r wasg yn gyfrifol am ddiffinio carfan neilltuol o fewn y 'gymuned

Cyfaill pwy o'r hen wlad?

ddehongliadol' ehangach sy'n rhannu nodweddion cyffredin. O'r herwydd, gallant ddehongli ystyron sy'n berthnasol i'r genedl ar ran y darllenwyr. Maent hefyd yn cynrychioli gwahanol agweddau eu traddodiad llenyddol wrth iddynt ddatblygu fframwaith o ddisgwyliadau am eu 'delfrydau, chwaeth a swyddogaeth llenyddiaeth'. Mae'r consensws unigryw hwn sydd wedi ei fowldio i arwain diwylliant y gymuned benodol hon felly'n adlewyrchu amrywiol begynnau eu hunaniaeth:

> Ceir ystyriaethau Cymreig a Chymraeg yn ogystal ag ystyriaethau Americanaidd. Fe'i nodweddir hefyd gan awydd hunan-ymwybodol i ieuo'r gwahanol ffactorau ynghyd a chreu rhywbeth newydd. Mae disgwyliadau penodol yn diffinio'r gymuned ddehongli hon hefyd; er enghraifft, gellid dweud ei bod hi'n mesur gwerth testun llenyddol yn ôl ei berthynas â'r cenedlaetholdeb Cymreig-Americanaidd a'i coleddai.[51]

Cwyna bardd sy'n galw ei hun yn 'Mwyalchen Glan Wnion' fod yr Eos, 'weinidog mwynion adar' a bardd blaenllaw ymhlith Cymry America, wedi ei anwybyddu wrth annerch y beirdd yn ei gywydd. Adlewyrchir dylanwad yr Eos o fewn y traddodiad wrth i'r Fwyalchen awgrymu bod y beirdd yn gwrando'n astud ar ei sylwebaeth, 'Gan mor bêr dy leferydd.' Teimla'r Fwyalchen i'r byw nad yw'r Eos wedi ei grybwyll ar ôl iddo chwilio America'n ddyfal i 'ganu mawl cu' a diddanu'r beirdd:

> Pan glywais adlais dy odl,
> Yr Eos fin-nos fwynodl,
> Chwiliais, ac edrychais dro,
> Am anerch i mi yno;
> Ond er dyfal ymchwalu,
> Osgo llawn yn mysg y llu,
> Ni welais, ni chefais chwaith
> I mi anerch am unwaith.[52]

Yn ei hunandosturi, gwelwn ei fod wedi ei dramgwyddo wrth gael ei alltudio o'r traddodiad barddol, a theimla unigrwydd wrth sefyll y tu allan i gylch dethol beirdd o bwys yn nhyb yr Eos.

'Llon heddy' yw llenyddiaeth?'

Gwelid yr un duedd yn llenyddiaeth Saesneg y wlad, wrth i olygyddion cyhoeddiadau megis *Atlantic Monthly* geisio poblogeiddio barddoniaeth a'i wneud yn hygyrch i'r bobl gyffredin. Ar yr un pryd, roedd hoelion wyth y traddodiad llenyddol newydd yn darlithio i gynulleidfa ddeallusol ym Mhrifysgol Harvard.[53]

Mae'r dechneg o ddelweddu adar hefyd yn dadlennu llawer am naws y traddodiad ac yn cynnig disgrifiad rhethregol o statws y beirdd. Teimla'r 'fwyalchen' yn israddol yn ymyl yr adar mwy pwerus. Nid yw'n hyderus yn ei awen, ond gofynna i'r Eos am fwynder a sylwadau ar ei feiau fel un o'r 'adar difai'. Yn rhan olaf y cywydd, ehangir y drafodaeth rhwng y ddau ar lefel bersonol i gwmpasu Cymru ac America. Datgana'r Fwyalchen: 'er cystal yw gwlad Madog', ei fod yn ffafrio amgylchiadau'r hen wlad a bro Meirionnydd i fireinio'i grefft: 'A gwlad Feirion dirion deg / I hawddgar adar gwiwdeg'.[54] Yn aml mynegir hiraeth y Cymro am yr hen wlad yng ngherddi beirdd amrywiol. Ond yma clywir cri hiraethus am y gymdeithas farddol a adawyd ar ôl yn y wlad enedigol mewn ardal benodol, sy'n dangos bod elfen o frogarwch yn parhau yn eu gwladgarwch.

Roedd Rhamantiaeth yn gonfensiwn a ymledai drwy Ewrop yn y cyfnod, ac yn hynod addas i gostrelu'r cenedlaetholdeb llenyddol newydd. Roedd hyn yn arbennig o wir am ddisgwrs cymunedau diasporaidd ledled y byd a oedd yn llunio apêl emosiynol er mwyn sefydlu hunaniaeth ddiwygiedig fel modd o wrthryfela'n erbyn diwylliant y mwyafrif. Gwelwyd toreth o gerddi hiraethus am Gymru yng nghyfnodolion Cymraeg America a oedd yn ymdebygu'n fawr i ganu sentimental y bardd Ceiriog yng Nghymru, a oedd hefyd yn alltud ar ôl symud i Loegr. Byddai cynnig delwedd o burdeb y Gymru wledig yn apelio at gymunedau alltud, a oedd hefyd yn hel atgofion am ddiriogaeth yr hen wlad.[55] Yn llenyddiaeth Saesneg America hefyd, daethai'r confensiwn yn un poblogaidd gan feirdd. Yn sgil llu o alwadau am lenyddiaeth genedlaethol yn hanner cyntaf y bedwaredd ganrif ar bymtheg yn America, cafwyd anhawster wrth geisio portreadu tirlun a bywyd diwylliannol y wlad. Roedd Rhamantiaeth yn ffordd i gyflwyno amrywiaeth o ffurfiau barddol, cyfleu ystyr natur, ystyried pwysigrwydd pethau cyffredin a gweld ffyrdd newydd o ddiffinio

Cyfaill pwy o'r hen wlad?

realiti.[56] Er bod beirdd Saesneg America wedi cymryd amser i goleddu Rhamantiaeth, nid oedd conglfeini'r confensiwn megis nostalgia a sentimentaliaeth, arddull delynegol fynegiannol a dramateiddio'r Hen Destament yn ddiarth i'r Cymry. Roedd ymlyniad y Fwyalchen cyn gryfed ati nes na phrofai yr un ymdeimlad o berthyn i gymuned lenyddol yn America:

> Ni chawn yn Amerig un diddig wr dyddan,
> A saif i ni yn noddwr diffynwr hoff anian,
> Ond pawb er lles unig ei ewyllys ei hunan.[57]

Mae'r sôn am noddi, clerwyr a boneddigion yn ein hatgoffa unwaith eto bod y diwylliant cyfan a'i hanes hirhoedlog wedi ei weddnewid yn America. Gwelir felly yr angen ysol i droi golygon yn ôl at y gorffennol er mwyn impio ymwybyddiaeth o hen draddodiad yn gadarn yn eu cynefin newydd.

Teimla'r Fwyalchen unigrwydd ar dir America heb nawdd i'w gefnogi, sy'n brawf o swyddogaeth werthfawr y cymdeithasau a'r wasg Gymraeg yn darparu llwyfan i'r llenorion – ar lafar ac mewn print. Er bod y cysylltiadau'n parhau rhwng y ddwy wlad, yn America mae rheidrwydd ar y beirdd i ganfod ffyrdd newydd o rwydweithio a meithrin eu hawen. Yn sgil yr hiraeth a deimlai rhai beirdd, defnyddir yr hen wlad fel ffynhonnell cysur o'i chymharu ag America, sy'n awgrymu bod eu llenyddiaeth wedi ei gwreiddio i raddau yn naear Cymru.

Fodd bynnag, mae'r cywydd hefyd yn dadlennu bod traddodiad barddol yn esblygu'n barod yn America, a'i fod wedi creu haenau er gwaethaf ei newydd-deb. Achosodd i feirdd fel y Fwyalchen deimlo'n alltud o'r cylch barddol a hiraethu am gyfansoddi yn amgylchiadau cyfarwydd Cymru. Er hynny, ceisia'r Eos brofi i'r gwrthwyneb drwy syrthio ar ei fai yn ostyngedig, ac ateb cywydd y 'ddifalch fwyalchen'. Mae'n ymddiheuro na chafodd ei annerch gyda 'Dewraf frawd, adar ei fro', ond nad oedd yn gwybod amdano fel bardd pan gychwynnodd ar ei daith. Cynghora'r Eos y 'fwyalchen' i ganu ac ymarfer ei ddawn, gan ei sicrhau na fydd yn ei esgeuluso fel athro barddol:

'Llon heddy' yw llenyddiaeth?'

> Gan eilio i'w Gynnalydd
> Yn was da bob nos a dydd,
> Am fad ddarpariad puriach
> Awdwr byd i adar bach.
> Ni âd y Tad adar tô,
> Eu helaeth fwrdd mae'n hilio –
> I gywion cigfran rhan rhydd;
> Gwybiant ato, – a gwybydd:
> Ei dynher nawdd trefnawdd tros
> Fwyalch a thlotaf.[58]

Yr unig fardd ar wahân i'r Fwyalchen i ymateb i gwynion yr Eos ar faes y *Cyfaill* yw Gwilym Fardd, yn sgil cyfeiriad ato yn yr anerchiad. Nid collfarnu'r Eos am ei feirniadu y mae Gwilym Fardd, ond yn hytrach edmyga'r 'Eos a'i ddewr awen' yn 'annog yr egwan . . . I geisio cyweirio cân'.[59] Mae hyn yn arwydd o gyflwr iach y traddodiad llenyddol ffres yn meithrin beirniadaeth ac yn seinio'r alwad dros fod yn gynhyrchiol i hybu twf eu llenyddiaeth. Dengys ei werthfawrogiad y gall sylwadau o'r fath gael effaith gadarnhaol yn yr ymgyrch i greu traddodiad safonol newydd sy'n deilwng o'r genedl a'i hanes hir o gyfoeth llenyddol.

Serch hynny, mae'n eironig fod Eos Glan Twrch wedi hyrddio'n erbyn safon ddiffygiol y traddodiad llenyddol yn 1838, oherwydd gwelir pos o'i eiddo yn dwyn y teitl 'Dychymyg' yn esgor ar ddadl ynghylch cywirdeb yn 1840.[60] Nid poeni am ddyfodol yr iaith Gymraeg yn unig a wnâi'r Cymry pybyr yn America; roedd y sefydliadau diwylliannol yn ymrwymedig hefyd i sicrhau ei phurdeb honedig fel dilysnod i'r diwylliant llenyddol. Yn y bedwaredd ganrif ar bymtheg, nid cadw unrhyw lun o iaith oedd yn bwysig i nifer o awduron a golygyddion. Roedd ei chywirdeb a'i gramadeg cyn bwysiced â'i throsglwyddo i genedlaethau'r dyfodol yn eu golwg hwy. Er mwyn ffyniant llenyddiaeth y genedl, neilltuodd golygydd y *Cyfaill* adran 'Congl yr Athraw' er mwyn darparu addysg mewn gramadeg, llythreniaeth a sillafu yn fuan wedi sefydlu'r cyhoeddiad. I'r 'gymuned ddehongliadol' a oedd yn ymwneud â'r wasg brint, roedd cyflwr yr iaith a ffyniant llenyddiaeth yn cerdded law yn llaw. Oherwydd 'anfanteision' y

Cyfaill pwy o'r hen wlad?

Cymry mewn amgylchfyd dieithr, camodd y *Cyfaill* i'r adwy fel hyfforddwr.

Ofnai B. W. Jones fod y bardd poblogaidd ymysg Cymry America wedi 'colli Gramadaeg ei iaith' yn sgil camgymeriad ynghylch sill. Yn ei amddiffyniad, nid yw'r Eos yn ddig wrth B. W. Jones am ei adolygiad. Fe'i disgrifir ganddo fel 'ysgrifenydd canmoladwy' a oedd yn ymgyrraedd at ddibenion da 'nid amgen nag addysgu ei gydgenedl mewn gramadeg'. Lles y gydgenedl sy'n bwysig i'r bardd ac felly mae'n barod i gael ei oleuo gan unrhyw un, 'canys yr wyf bob amser yn barod i sefyll neu syrthio yn wyneb profion'. Er hynny, ni theimla fod gan B. W. Jones ddadl ddilys.[61]

Arweinia'r ymryson at ohebydd arall yn dyfod i'r maes o dan yr arwyddair 'Chwareu teg a churo twyll'. Teimla reidrwydd i gynghori'r Eos i *'ddylyn'* ei alwedigaeth ac 'oedi yr ysgrifell' er mwyn ei 'gymmeriad ieithadurawl'. Rhyfedda'r awdur 'Chwareu Teg', sef William Rowlands mae'n debyg, nad oedd 'ieithydd medrus' wedi gwneud sylwadau ar hyn. Gorfodir yntau felly'n 'anewyllysgar' i 'ymaflyd yn y gorchwyl' o ymuno â'r ddadl ieithyddol lle mae'n ochri gyda'r darllenwyr.

Yn y dadleuon llenyddol hyd yn oed, mae'n ennyn cefnogaeth ei gynulleidfa i atgyfnerthu ei safbwynt unigol. Beia B. W. Jones a'r Eos am gollfarnu ei gilydd gyda geiriau megis 'ynfyd' a 'ffol', er na fedr yr un o'r ddau eu hamddiffyn eu hunain yn ddigonol, sy'n adlais unwaith eto o bolisi niwtral golygydd y cyhoeddiad. Manyla ar briodoleddau'r fannod wrth geisio cywiro'r ddau adolygydd, cyn rhoi ergyd derfynol i'r Eos yn ei ddiweddglo:

> Gadawaf ar hyn yn awr, gan roddi cynghor cyffelyb i Mr.Eos i'r hyn a roddodd efe wrth derfynu i Mr.B.W.J., sef, Peidiwch, syr, a myned i feirniadu nes y caffoch gymhwysderau beirniadydd, ac y bydd genych rywbeth i'w feirniadu; a byddwch fedrus iawn mewn *silliadaeth* a rhanau ymadrodd yr iaith Gymreig cyn beirniadu ei chystrawiaeth, ac yna ni fydd neb mwy dyiolchgar i chwi am amddiffyn purdeb hoff iaith fy mam na 'Chwareu Teg'.[62]

Mae cywair ymfflamychol Rowlands wrth annerch y bardd adnabyddus ymysg ei gydgenedl a chyfrannwr cyson i'r cylchgrawn

'Llon heddy' yw llenyddiaeth?'

yn dyst i ddyfnder ei ymrwymiad i amddiffyn yr hyn a ystyriai yn safon yr iaith Gymraeg.

O'i gymharu â'i ysgrif flaenorol, mwy tanbaid fyth yw arddull yr Eos wrth geisio gwrthsefyll y cyhuddiadau yn erbyn safon ei ramadeg. Gwna'r bardd sylw coeglyd am ddefnydd yr ysgrifwr o ffugenw, er mai dyna'r arferiad er mwyn cael beirniadaeth deg. Mynega ei siom nad oedd 'mynydd o sylwedd' yn yr ysgrif fel yr addawyd yn y rhagymadrodd, ond yn hytrach 'chwyddiaith grwydrol'. Mae cynnwys yr ysgrif a'i hawdur dan lach yr Eos, a bu bron iddo osgoi ymateb gan nad yw'n haeddiannol o sylw yn ei dyb ef. Mae'r Eos hefyd yn ceryddu Iorwerth Glan Aled am feirniadu ei ramadeg ar ddalennau'r *Cyfaill*. Ysywaeth, mae wedi ennyn dicter yr Eos ar ôl iddo ddefnyddio enghraifft anghywir o 'silliadaeth i brofi cywirdeb cystrawen': 'Ow! ein beirniaid! . . . Ar ol hyn, ni a'i cawn ef yn llechu yn nghysgod amlen y Gwladgarwr; ond gan nad yw y Cyhoeddiad hwnw ychwaith yn sefyll ar dir perffeithrwydd, gwell peidio codi'i wendidau yn rheolau idd eu hefelychu.'[63] Mae ei saethau tuag at y beirniad yn ymestyn i dargedu cyhoeddiad o Gymru, a ddengys fod croesffrwythloni cyson rhwng y wasg yn y ddwy wlad, a hynny'n arwain at feirniadaeth lem ar brydiau. Dychwela'r awdur i saethu'r ergyd derfynol at yr awdur 'Chwareu Teg' am beidio â phrofi ei olygon gramadegol:

> . . . gan eich bod yn tystiaw mai y Gymraeg yw iaith eich mam, hyderwyf fod ynddoch ddigon o weddillion teimladol tuag at yr hen wreigan, ag eich tueddu i ddysgu ei hiaith ychydig gywirach, a chan ewyllysio i chwi bob rhwyddineb i hyny.[64]

Byddai hyn yn ddraenen yn ystlys golygydd y *Cyfaill* a ymhyfrydai yn safon yr iaith. Yn fwy na hynny, byddai personoli'r iaith fel 'hen wreigan' a'i disgrifio fel iaith y fam yn miniogi ei feirniadaeth drwy apelio at y Cymry ar lefel emosiynol. Er bod cyfeiriadau at iaith y tadau ar brydiau, yn amlach na pheidio disgrifir yr iaith o fewn fframwaith benywaidd iaith mam neu wraig. Yn y man, cyfansodda 'Chwareu Teg' ysgrif ymosodol faith i roi pin yn swigen yr Eos drwy ei gollfarnu am 'fedru y fath iaith'.[65] Teimla Rowlands reidrwydd i amddiffyn ei safbwynt, ac yn unol â'i bolisi golygyddol

Cyfaill pwy o'r hen wlad?

o sicrhau 'chwareu teg' i wahanol onglau o'r ddadl, mae hefyd yn amddiffynnol o'i ohebwyr sy'n cael cam. Ni all oddef gweld yr Eos yn 'iselhau' Iorwerth Glan Aled, ond mae'n ymatal rhag gwneud sylw nes bod yr Eos wedi ymateb, 'oblegid "Chwareu Teg" yw fy enw'.[66] Yn wir, cymaint yw ei ymlyniad wrtho nes iddo deimlo'n sur bod yr Eos wedi ei alw'n 'feirniad' yn hytrach na chyfeirio at ei enw dewisol: 'Nid oes genym eto ond casglu pwy a ewyllysia ei ddynodi wrth yr enwad "Beirniad," eithr cymerwyf yn ganiataol taw cymeryd ei ryddid a wnaeth i osod enw ar "Chwareu Teg," na osododd hwnw na'i rieni erioed arno o'r blaen.'[67] Mae'r ieithwedd awdurdodol a ddefnyddia yn gyson yn yr ysgrifau amddiffynnol hyn yn awgrymu ei fod yn ystyried y wasg fel llys barn ar adegau, a'i fod yn cynnal fforwm agored ar gyfer gwahanol safbwyntiau ar batrwm achos llys. Yn yr achos hwn, teimla golygydd y cyhoeddiad bwysau trymach i weithredu fel gwarchodwr cywirdeb yr iaith yn sgil y 'sarhad ar wybodaeth, synhwyr cyffredin a moesgarwch y Cymry'.[68]

Mae'n amlwg nad y camgymeriadau'n unig sydd wedi ei gythruddo, ond arddull yr Eos yn ogystal. Dengys ei gyfeiriad at y 'darllenyddion' ei fod yn eu defnyddio fel rheithgor yn yr achos, gan arddangos ffydd yn eu gallu i wneud penderfyniad a ffurfio barn. Pledia ei achos yn effeithiol hefyd drwy apelio am gefnogaeth y genedl yn ei chyfanrwydd, gan awgrymu y byddai ochri â'r gelyn yn niweidiol i fuchedd y Cymry. Yn ei ysgrif hirfaith, mae'n pentyrru dadansoddiadau gramadegol ac yn ymdrechu i'w profi gyda chymorth 'Prif-Eiriaduron'. Pwysleisia nad 'dolurio teimladau E.G.T. yw ei fwriad', ond yn hytrach 'ei ddwyn i fod yn fwy gofalus am gywirdeb yn ei ysgrifau'.[69] Ei bolisi cyson gyda'r *Cyfaill* oedd osgoi tramgwyddo neb wrth gyflwyno dadl, er nad yw'n ofni cyfleu ei deimladau yn ddi-flewyn-ar-dafod pan gaiff ei gyhuddo ar gam:

> Rhaid i chwi brofi hyn neu fod yn y cywilydd . . . camgyhuddiad pwysfawr yw dweyd i mi droi y Beibl yn ramadaeg. Ac yr oedd E.G.T. wrth ffurfio y camgyhuddiad hwn, naill ai yn gwybod ei fod yn gamgyhuddiad, neu ynte yr oedd *heb wybod*. Os oedd heb wybod, rhyfedd fyrdra ei amgyffred, ac os oedd *yn gwybod*, gwaeth fyth . . . Gwelir yn y Syll-ddrych lawer o *haeriadau noethion heb unrhyw fath o brofion*.[70]

'Llon heddy' yw llenyddiaeth?'

Byddai taflu baw at Rowlands mewn cysylltiad â'r Beibl yn sarhad o'r radd eithaf iddo o ystyried ei ffyddlondeb i'r Gair sanctaidd fel gweinidog yr efengyl. Yn fwy na hynny, fel plismon iaith honna fod yr Eos wedi gwawdio 'coffadwriaeth yr esgobion duwiol, ac eraill y rhai a gyfieithasant y Beibl i'r iaith Gymreig' drwy awgrymu nad cywirdeb iaith oedd eu prif ddiben. Roedd hyn yn dân ar groen golygydd y *Cyfaill* a roddai gymaint o bwyslais ar gywreinrwydd iaith. Ymhellach, byddai gwneud sylw dilornus am y Beibl yng nghyd-destun yr iaith yn foddion chwerw i'w lyncu i sawl Cymro a ystyriai'r ddwy elfen hon fel conglfeini i'w hunaniaeth. Dengys y ddadl hon ac ysgrif swmpus 'Chwareu Teg' fod golygydd y *Cyfaill* yn un o arweinwyr blaenllaw y gymuned lenyddol a'r ymgyrch i gadw safon, ac felly'n feirniad cymwys heb yn wybod i'r darllenwyr. Trwy ddefnyddio ffugenw, gall gyflwyno sylwebaeth ddeifiol ond gwrthrychol ar ffyniant y traddodiad, gan na fyddai'n dymuno colli cefnogaeth y cyfranwyr llenyddol a oedd yn asgwrn cefn i'r cyhoeddiad.

Codir cwestiynau am berthynas golygydd y *Cyfaill* â'r Eos yn niweddglo ysgrif 'Chwareu Teg', wrth iddo wrthod cydnabod ei fod yn gymydog i'r Eos gyda chryn finiogrwydd:

> Wrth derfynu geilw E.G.T. ei hun yn *gymydog* i mi. Yr wyf yn diarddelwi yr anrhydedd, ac yn ffieiddio egwyddor yr awgrym. Ond byddaf yn barod bob amser i ymgomio ag ef ar unrhyw bwngc, er ei fod yn rhestru ei hun yn mhlith fy isafon, (yr hyn ni chynhigiwyf wadu), ond rhaid iddo beidio galw enwau. Mae y cyfryw beth yn tueddu i gyffroi y dadleuwyr a diflasu y darllenwyr, heblaw ei fod yn arwydd sicr bob amser o fychandra enaid yr hwn a'i harfero. Ydwyf, Mr Golygydd, eich ewyllysiwr da chwi ac Eos G.T., ac oni bai fod yn yr ysgrif uchod ryw bethau yn tueddo, yn ol fy marn i, at ehangu gwybodaeth eich derbynwyr, ni fuaswn yn gofyn iddi le yn eich cyhoeddiad buddiawl.[71]

Er bod yr Eos yn bresenoldeb cryf ar ddalennau'r *Cyfaill* gyda'i gynnyrch a'i hyfforddiant barddol, mae anoddefgarwch y golygydd o arddull yr Eos yn fwy dwys na'i hoffter o'r bardd. Bodloni ei ohebwyr a'i ddarllenwyr yw ei brif flaenoriaeth er lles y cylchgrawn. Er ei fod yn dymuno'n dda i'r Eos, mae ei ddyletswydd i warchod

Cyfaill pwy o'r hen wlad?

purdeb y dadleuon ar faes y *Cyfaill* a sicrhau tegwch yn deyrn bob amser, ac yn ysgogiad bythol i gymryd rhan yn y ddadl.

Ceir dadl arall yn ystod yr un flwyddyn ar yr union linellau hyn. Cwyna awdur yn defnyddio'r ffugenw Eryr Gwernabwy fod yr Eos wedi esgeuluso gramadeg yn ei ddehongliad o'r pos 'Dychymyg' yn y *Cyfaill*. Caiff ei siomi wrth ddeall mai'r Eos yw awdur y gerdd ddiffygiol gan ei fod yn fardd buddugol, a phrydera am y to newydd yn efelychu 'rhyw sothach o'r fath yma'.[72] Awgryma ei gyfeiriad at y *Cyfaill* fod cyfranwyr tebyg yn frwd dros gynnal cywirdeb yn y cyhoeddiad, sy'n deillio o bwysigrwydd llenyddiaeth i gynhaliaeth y cylchgrawn a'i pherthnasedd i'w cenedligrwydd. Honna'r Eos ei fod yr un mor ymrwymedig i sicrhau safon y misolyn, gan wrthryfela'n erbyn 'nadau annymunol a therfysglyd creadur mor ysglyfaethus' â'r Eryr mewn amddiffyniad grymus. Er mai aderyn 'mor fychan a diymadferth' yw'r Eos, mae'n bychanu'r Eryr am ei ddiffyg craffter a'i adenydd trwsgl, ac ni chreda fod ei briodoleddau yn cyfateb i'w allu.[73] Parha i'w amddiffyn ei hun yn erbyn 'crecian' yr 'Eryr' yn arddull gelfydd delweddu a phersonoli adaryddol, gan daro'n erbyn ei 'anwybodaeth a'i rodres' drwy egluro mai cerdd rydd oedd ei ymgais. Ni all ochel rhag ergydio'r Eryr ymhellach yn ei ddiweddglo drwy lunio englyn i'r achos, sy'n dangos bod llenyddiaeth greadigol hyd yn oed yn arf mewn dadl:

> Yn awr cynghorwyf yr Eryr i ddysgu ei ramadaeg ychydig yn hwy. Y mae ei waith yn beirniadu yr eiddo eraill yn ei anwybodaeth presennol, yn swn mor annaturiol i ddyn a wyr rywfaint am y cyfryw beth, a lleisiad eryr o'r cyfandir dwyreiniol ar feusydd Gwalia; ac hyd oni wnelo hyny dywedaf,
>
> > Os crach eryr a ysgrechian – eilwaith,
> > Lle'i hely edn aflan,
> > Af o'i glyw, swydd yw sydd wan,
> > I un dryllydd droi allan.[74]

Dychwela'r Eryr i faes y ddadl:

'Llon heddy' yw llenyddiaeth?'

Tybiwyf nad oeddych yn dysgwyl fy ngweled mor fuan ar faes y Cyfaill, wedi clywed fy mod wedi syrthio i fagl yr Eos; ond er syndod i chwi, ac amrai eraill, dyma fi, yn gallu cerdded ac ehedeg mor gyflym ag o'r blaen, heb gael nemawr niwed yn y fagl dybiedig. Er mai Eryr ydwyf, nid ydwyf yn hollol mor gigyddlyd ac ysglyfaethus a'r dysgrifiad a roddodd ef o honof, eto os ydyw ef am fyned i frwydr, byddai yn well iddo gymeryd rhyw aderyn o gylch ei faintoli ei hun i ymladd yn ei erbyn, rhag iddo ddyfod allan yn *ail oreu*.[75]

Mae arwyddocâd defnyddio rhinweddau'r adar i gyfleu statws y beirdd o fewn y traddodiad llenyddol ynghyd â'r cyfeiriad at fagl a brwydro yn dramateiddio awyrgylch yr ornest yn effeithiol. Yn ogystal, mae'r Eryr yn consurio awyrgylch llys barn wrth iddo ymateb i gyhuddiadau a chywiro gramadeg yr Eos mewn amddiffyniad, sy'n nodweddiadol o nifer o ddadleuon ar amrywiol bynciau yn y *Cyfaill*. Defnyddia'r wasg i gynnwys y darllenydd yn y ddadl, sy'n atgyfnerthu swyddogaeth ddiwylliannol y cyhoeddiad a'r modd y mae'r darllenwyr yn rhan weithredol o'r fforwm. Fel adlais i ddiweddglo'r Eos, cyfansodda'r Eryr englyn i ddwysáu'r ddadl:

> Eirf ingawl yw crafangau – yr Eryr
> Hwy yrrant eu cwysau –
> Afrywiog rhoddant friwiau –
> Da Eos bach dos i bau.[76]

Trwy ddarlunio nodweddion yr eryr, mae'n pledio goruchafiaeth ac yn arddangos ei ddoniau barddonol drwy gyfrwng mesur yr englyn.

Fodd bynnag, yn ystod yr 1840au profai'r Eos i fod yn fardd hynod o doreithiog ar dudalennau'r wasg gyfnodol. Mae nifer o gerddi mawl iddo yn cadarnhau ei statws fel hyfforddwr barddol y genedl ar y cyfandir. Mynegir pryder am gyflwr y mesurau caeth unwaith eto yn 1842, wrth i lythyrwr sylwi na chynigiwyd un testun caeth i'r beirdd gan y cymdeithasau amrywiol yn ystod y deng mis blaenorol. Mentra ofyn ai'r rheswm am y duedd hon yw diffyg beirdd hyddysg yn y mesurau caeth, 'mor lleied o

Cyfaill pwy o'r hen wlad?

nifer fel na byddai bron neb i ganu, pe pennodid dau neu dri i farnu y cyfansoddiadau?'[77] Unwaith eto, gweithreda'r *Cyfaill* fel fforwm agored i gyfnewid barn pan geisia gohebydd brofi i'r gwrthwyneb drwy gasglu enghreifftiau gan feirdd Cymraeg amrywiol yn America.

Yn ôl awdur di-enw, ymddengys fod nifer o 'Blant yr Awen Gymreig' a gyfansoddant yn y mesurau caeth wedi ymfudo i America. Er hynny, 'o herwydd eu dyeithriwch i ddarllenwyr y Cylchgronau Cymreig', eglura fod cyfran ohonynt wedi ymfudo i dalaith Texas ac ymhellach neu wedi marw ar y cyfandir. Mae'r ffaith iddo ddiffinio absenoldeb lleisiau rhai beirdd yn y wasg gyfnodol yn awgrymu mai'r un criw dethol yn y 'gymuned ddehongliadol' o gyfranwyr sy'n cynnal y cyhoeddiadau. Awgrymir hefyd bod trwch y darllenwyr a'r beirdd wedi eu cyfyngu i daleithiau'r dwyrain. Cadarnheir hyn gan y dystiolaeth bod y mwyafrif o'r Cymry yn America yn trigo yn nhaleithiau Efrog Newydd, Ohio, Pennsylfania a Wisconsin. Mae'n bosibl y byddai beirdd unigol a fentrai y tu hwnt i'r cylchoedd llenyddol yn y treflannau Cymreig cryfaf hyn yn diflannu i ebargofiant, gan greu rhyw fath o elitiaeth a oedd yn ennyn beirniadaeth y beirdd mwy annibynnol.

Gwelid yr apêl am lenyddiaeth sy'n codi i dir uchel hefyd yng ngwasg Saesneg America mewn cyhoeddiadau megis *Atlantic Monthly*. Lledaenwyd gwaith awduron penodol drwy sefydliadau a chyfryngau neilltuol, a allai greu cylch cyfyng: 'but this same circulation could destabilize the very sense of authorial presence on which canonicity depended, making every nom de plume a potential "impostor"'.[78]

Mae Eryr Taf yn dadansoddi gwaith gwahanol feirdd fel Milton a Dante mewn traethawd 'Dyddanwch barddoniaeth', ac yn ceisio diffinio beth yw gwir fardd:

> Nid pob cyfansoddwr englyn talcen slip, na rhigwm pen bawd, a feddylir, na, na, nid gwaiwyr galarebau yn y cyhoeddiadau misol, nac ychwaith gyfansoddwyr y penillion perthnasol, er fod pethau fel yna o'r goreu yn eu lle. Am y Bardd y ceisiasom ni siarad, ac i'r Bardd y talwn ein teyrnged.[79]

'Llon heddy' yw llenyddiaeth?'

Awgrymir yma bod y wasg gyfnodol yn derbyn cynnyrch cyfran uchel o'r Cymry, sy'n brawf ei bod yn ysgogi'r werin gyffredin i roi pin ar bapur. Yn wir, ysbrydolwyd nifer o ymfudwyr i gyhoeddi eu gwaith, sy'n arwydd efallai o'u dyhead i rannu eu diffiniadau o hunaniaeth gyfnewidiol.

Serch hynny, parheir i arddel y *Cyfaill* fel rhan o rwydwaith ddefnyddiol ar gyfer canfod atebion i ymholiadau amrywiol a rhoi llwyfan i feirdd o bob gallu. Gofynna un gohebydd a ŵyr un o ddarllenwyr y *Cyfaill* hanes bardd neilltuol. Er gwaethaf y perygl o alltudio rhai darllenwyr a magu'r un cyfranwyr yn y cymunedau Cymreig mwyaf llewyrchus, parha'r misolyn yn fforwm gymdeithasol i'r beirdd rannu eu safbwyntiau mewn dull agored.

Er gwaethaf troeon gyrfa ysbeidiol, nid yw'n syndod bod William Rowlands yn cael ei ddewis i fod yn rhan o'r ymgyrch i safoni'r iaith yn 1866. Fe'i henwebwyd er lles y diwylliant llenyddol yn sgil ei gyfraniad i'w dwf:

> Nid oes dim y gallai yr Eisteddfod Genedlaethol hynodi ei chychwyniad gymaint, ac ar yr un pryd lesoli Llenyddiaeth Gymreig, a thrwy fod yn offerynol i sefydlu Safon Llythyreniaeth yr Iaith Gymraeg. Ac ni bu erioed adeg mor ffafriol i gyflawni y gorchwyl gwir angenrheidiol hwn a'r un bresenol.[80]

Yn ddiddorol iawn, ceir ysgrif yn y *Drych* sy'n nodi y byddai'n rhwyddach cyflawni'r orchwyl yn America yn hytrach nag yng Nghymru. Y personau cyntaf a awgrymir ar gyfer y gwaith yw golygyddion y cyfnodolion oherwydd eu profiad o'r byd argraffu a chyhoeddi, ac yn hytrach na thaflu baw at ei gilydd, mae hyn yn gyfle iddynt gynghreirio er budd y Gymraeg. Yn wir, mae damcaniaeth King a Plunkett am swyddogaeth luosog awduron (*modes of authorship*) yn ddefnyddiol i drafod golygyddion y wasg gyfnodol yn y bedwaredd ganrif ar bymtheg, gan na ellir eu gosod mewn categori taclus. Gellir eu disgrifio fel golygyddion, beirniaid llenyddol, llenorion, newyddiadurwyr a chyhoeddwyr. Yn achos Rowlands gyda'i ffugenwau, gellir ei ystyried fel gohebydd hefyd, sy'n dangos eu bod yn hyddysg mewn amrywiaeth o ffurfiau llenyddol – yr hyn a elwir gan Foucault yn *author-functions*.[81] Byddent felly'n gyfrifol am addasu'r berthynas rhwng y testun a'r gwahanol 'gymunedau dehongliadol' yn ôl gofynion y gynulleidfa. Fe'u hystyrid yn addas ar gyfer y gwaith o safoni gan eu bod yn 'meddu ar y cymhwysderau angenrheidiol' fel cymwynaswyr yr iaith a'r traddodiad llenyddol.[82] Mae'r ffaith mai'r Eisteddfod Genedlaethol sy'n pennu'r unigolion hyn hefyd yn tystio i'r plethiad anorfod rhwng gwahanol agweddau ar eu diwylliant.

Dengys hyn fod Rowlands ac Everett yn cael eu hystyried yn olygyddion Cymraeg profiadol, ac yn ddau o gynheiliaid y diwylliant llenyddol. Rhoddodd eu profiad gyda'r wasg Gymraeg gymwysterau iddynt ymgymryd â'r dasg, ac felly fe'u hystyrir gan ddarllenwyr o blith Cymry America yn brif warchodwyr yr iaith a'i hetifeddaeth lenyddol. Pan nad oedd eu hathrawiaeth yn gwrthdaro yn y cyd-destun crefyddol a gwleidyddol, gwelir bod y golygyddion yn cydweithio er lles y genedl gyda materion diwylliannol ac ieithyddol.

'Cydunwn hil Gomer?': diwylliant eisteddfodol a llenyddiaeth yr 1850au

Yn ystod yr 1850au, daeth cydymaith arall i ymuno â'r sefydliadau diwylliannol a oedd mor allweddol i feithrin llenyddiaeth Cymry America. Trefnwyd cyfarfodydd llenyddol gan yr ysgolion Sul a chystadlaethau gan y cymdeithasau Cymreig yn ystod yr 1840au, ond daeth eisteddfodau'n boblogaidd yn ystod y degawd dilynol. Cynhaliwyd y gyntaf yn Carbondale, Pennsylfania yn 1850. Bu adroddiad negyddol y Llyfrau Gleision yn 1847 yn gymhelliad i sbarduno dadeni diwylliannol a fyddai'n adfer balchder yn yr iaith, fel y dengys cerdd anerchiadol yn y *Seren* y flwyddyn honno. Roedd yn cymell y genedl i ddangos ei doniau gyda chydweithrediad y misolion:

> Cydunwn hil Gomer, yn seinber ein sain,
> I ddangos fod mawredd a rhinwedd yn rhain,
> Nid byw fel dieithriaid, dyfodiaid difudd,
> Gan adael trysorau dawn goreu dan gudd.
> Meithrinwch yr awen, wyr llawen er llwydd,

'Llon heddy' yw llenyddiaeth?'

> Gael codi'n *iaith* seiriol, ireiddiol a rhwydd.
> Cewch ryddid dan haulwen, a'r SEREN i'r swydd.
> Cyfryngau gwybodaeth ryw doraeth a dardd.
> CENHADWR, cain odiaith, mwyn helaeth mae'n hardd,
> A CHYFAILL iach hefyd er bywyd y bardd.[83]

Defnyddir y ferf 'cydunwn' yn achlysurol mewn testunau o'r fath er mwyn amneidio ar y Cymry fel endid ethnig i beidio â bod yn ddieithriaid nac yn ddi-fudd yn America.

Bu atgyfodi'r eisteddfod fel un o draddodiadau hynafol y Cymry yn fodd i adfywio diddordeb yn eu diwylliant yn sgil y sarhad a ddioddefwyd.[84] Yn ogystal, un o gonglfeini'r mudiad Rhamantaidd yn Ewrop a effeithiai ar Gymru oedd y pwyslais mawr ar wreiddiau,[85] ac felly defnyddiwyd un o draddodiadau'r gorffennol i atgoffa'r genedl o'u genedigaeth-fraint.

Ymledodd y chwiw eisteddfodol dros yr Iwerydd yn gyflym, a thrwy gymunedau Cymreig America yn nhaleithiau Efrog Newydd, Ohio, Pennsylfania a Wisconsin – sy'n cadarnhau bod y cysylltiad trawsatlantig yn gryf o hyd. Sefydlwyd nifer o wyliau blynyddol a roddai fframwaith mwy ffurfiol a chyhoeddus i ddatblygu'r cynnyrch llenyddol. Er bod y wasg brint eisoes yn gaffaeliad i'r traddodiad llenyddol Cymraeg yn America, cyhoeddir anerchiad i'r gydgenedl ar y cyfandir gan Iorthryn Gwynedd yn 1852. Ynddo mae'n gofyn am ragor o gefnogaeth i'r agwedd hon ar eu Cymreictod drwy gyfrwng y *Cyfaill* a'r *Cenhadwr*. Mae'r ysgrif yn cadarnhau bod ymgyrch ymwybodol ar droed i adnewyddu eu hymwybyddiaeth genedlaethol, a'r gorgyffwrdd rhwng cynnwys y darn yn y ddau gyhoeddiad yn awgrymu eu bod yn ymfyddino i sicrhau parhad diwylliant Cymry America. Credir bod llawer o 'feirdd rhagorol ac o lenorion medrus' yn America, ond mae'n rhaid iddynt dderbyn rhagor o gefnogaeth i gyrraedd yr uchelfannau a sicrhau 'defnyddioldeb eangach'. Yn wir, yng nghyhoeddiadau Cymry America dywedir iddynt ddarllen 'darnau campus yn cynnwys gwir farddoniaeth, a rhai traethodau penigamp, yn cynnwys gwir chwaeth, athrylith a goreuddawn'.[86]

Yn ogystal â chanmol y cynnyrch llenyddol fel endid a saif yn annibynnol oddi wrth yr hen wlad, cydnabyddir rôl y wasg yn yr

Cyfaill pwy o'r hen wlad?

orchwyl o'i ddatblygu. Yn fwy na hynny, canmolir y cymysgedd o Gymry a ddaw ynghyd i sicrhau ffyniant y traddodiad llenyddol: 'Cymry pur, dilediaith, dyngarol, awenyddol ac aiddgar'. Mae hyn yn awgrymu bod 'cymuned ddehongliadol' lenyddol a diwylliannol wedi ei chreu erbyn y cyfnod hwn a oedd yn cynnwys cyfuniad o alwedigaethau:

> Goreuon eich gwlad, pobl wedi gwneyd, ac yn barod eto i wneyd, llawer o aberthau pwysig er mwyn coethi a chefnogi eu hiaith, a llesoli eu cenedl. Am ystod blynyddau lawer, llafuriasant yn galed a ffyddlon er eich mwyn chwi – collasant lawer o'u hamser gwerthfawr, a threuliasant lawer o'i harian a'u heiddo, er mwyn codi, sefydlu, a pheri i Lênoriaeth Gymreig fod yn anrhydeddus, dylanwadol, a llesol. Onid yw golygyddion, a gohebwyr, a beirdd medrus eich cyhoeddiadau, yn nghydag awdwyr, cyhoeddwyr, argraffyddion, a dosparthwyr y llyfrau Cymreig yn America wedi gwneyd y pethau hyn? – ac yn wir deilwng o arganmoliaeth gyhoeddus eu cenedl yn gyffredinol? Gwir.[87]

Yn dilyn ei ymweliad â'r Unol Daleithiau, mae awdur yr ysgrif yn llawn edmygedd o ymdrechion y genedl i greu traddodiad llenyddol newydd ar dir estron. Ymfalchïa fod Cymry o wahanol gefndiroedd yn cydweithio i esgor ar ddiwylliant llenyddol llewyrchus, yr hyn a ddisgrifia Jerry Hunter fel 'gwasanaeth cymdeithasol' yr awdur i'w genedl.[88] Fodd bynnag, er nad yw eu 'llafur yn ofer', erfynia ar y Cymry i ymorchestu gyda 'chefnogaeth a chynnorthwy' iddynt ddatblygu gweithiau 'mwy derbyniol ac effeithiol', sy'n awgrymu nad yw eu llenyddiaeth wedi cyrraedd ei hanterth eto.

Ynghyd â chynnal iaith a diwylliant y genedl, eisteddfodau a 'Chymdeithasau Llenorol' yw rhai o'r dulliau mwyaf sicr i gynnal y traddodiad llenyddol newydd yn America yn ei dyb ef. Ceisia annog Cymry America i ddilyn ôl troed cyfarfodydd eisteddfodol 'lluosog ac anrhydeddus' y famwlad. Mae'n eu cynghori i'w sefydlu ar batrwm Cymru er mwyn profi 'adfywiad mawr a llesol ar yr Awen a Llenoriaeth Gymreig', fel ag y gwnaethpwyd yng Nghymru ers cychwyn y mentrau eisteddfodol dair blynedd ynghynt. Nid yw Iorthryn yn credu y gallai America efelychu

'Llon heddy' yw llenyddiaeth?'

gorchestion diwylliannol y famwlad ar unwaith, am nad ydynt yn ddigon aeddfed i roi 'cefnogaeth unol a theilwng' i drefnu *Eisteddfod Urddasol* yn unman yn America' y flwyddyn ganlynol. Byddai cynnal 'Eisteddfod Anrhydeddus' yn Efrog Newydd yn 1853 yn rhy fuan yn ei dyb ef, ond rhagwelai y byddai'r genedl yn barod i lwyfannu cyfarfod o'r fath yn 1854 neu 1855. Yr hyn y mae'n sicr ohono yw'r angen i weithredu er mwyn annog llenorion America.[89]

Mae'r ymgyrch hon i sefydlu Eisteddfod Genedlaethol ar gyfandir America yn cydweddu â'r hinsawdd eisteddfodol yng Nghymru a gydiodd o ddifrif ar yr un adeg. Adlewyrcha'r ddeuoliaeth a wynebai Gymry America, wrth iddynt frwydro i ddal gafael ar sylfeini eu gwerthoedd diwylliannol o'r hen wlad, ond hefyd i gyflawni'r dyhead i adeiladu eu fersiwn unigryw eu hunain o'r gwerthoedd hynny a fyddai'n gyfaddas â'u cynefin newydd.

Wrth i Iorthryn gynnau'r fflam ym meddyliau darllenwyr y *Cyfaill*, mae hefyd yn peri iddynt ystyried ffyrdd eraill o 'galonogi' beirdd a llenorion Cymry America. Cyn dyfodiad y sefydliadau ffurfiol, mae'n atgoffa'r Cymry bod sawl dull o feithrin yr awen, a bod y wasg brint yn braenaru'r tir ar gyfer cystadlaethau eisteddfodol. Serch hynny, mae ganddo ffydd gadarn yng ngallu'r ymfudwyr i ffurfio mudiadau llenyddol newydd yn America:

> Diau fod genych ddynion digon teilwng i fod yn Feirdd Cadeiriol, ac yn Feirniaid medrus a diduedd ar y cyfansoddion mwyaf rhagorol ac etholedig; y maent wedi profi a dangos eu medrusrwydd eisoes yn eu cylchoedd *cartrefol*. Ond y mae eisiau rhyw gynllun effeithiol i'w codi i sylw eu cenedl yn gyffredinol yn yr *Hen Wlad*, ac yn yr *holl* America, fel na byddo gan neb wedi hyny amheuaeth o barth i'w medrusrwydd a'u rhagoriaethau awenyddol a llenorol.[90]

Er bod Iorthryn wedi cychwyn ei ysgrif drwy ganmol y cyhoeddiadau Cymraeg am drosglwyddo cynnyrch llenyddol i ddarllenwyr y genedl, mae'n arwyddocaol ei fod yn teimlo mai mewn 'cylchoedd cartrefol' yn unig y mae'r llenorion wedi gwneud eu marc. Er i'r wasg ymdrechu i ehangu cylchrediad ledled y cyfandir cyfan, mae'n bosibl fod y cyfnodolion wedi eu cyfyngu i bocedi bychain rhai treflannau o fewn y taleithiau Cymreiciaf. Mae hyn yn debygol yn enwedig o amgylch ardal argraffu'r cyhoeddiadau, ac mae hyn

Cyfaill pwy o'r hen wlad?

yn adlais o sylwadau un gohebydd i'r *Cyfaill* yn 1842. Fel gwrthbwynt i frogarwch Cymru, byddai angen graddfa llawer mwy i gwmpasu traddodiad cenedlaethol ar ran cymunedau gwasgaredig y cyfandir.

O'r herwydd, yn sgil ei daith yn America geilw Iorthryn ar y Cymry i greu traddodiad llenyddol sy'n deilwng ar lefel genedlaethol, yn ogystal ag ymestyn y cysylltiad trawsatlantig i arddangos llewyrch y diwylliant yn y ddwy wlad fel ei gilydd. Mae'r ffaith iddo hefyd seinio'r alwad am 'godi i sylw' yr hen wlad yn awgrymu ei fod yn ymdrin â thraddodiad llenyddol Cymry America fel ffenomen ar wahân. Gall hefyd olygu bod y beirdd a'r beirniaid 'medrus' y tu hwnt i'r Iwerydd wedi datblygu'n ddigonol i deilyngu'r teitl hwn. Serch hynny, mae'n ymwybodol o hyd o'r cysylltiad â Chymru, ac yn eiddgar i brofi eu dilysrwydd gerbron y gydgenedl. Mae'r modd y mae'n cymharu'r ddwy wlad yn awgrymu bod Cymry America yn parhau i edrych at y famwlad am arweiniad yn eu hymgyrch i greu hunaniaeth newydd sy'n cwmpasu'r hen.

Fodd bynnag, er iddo bledio annibyniaeth lenyddol, mae ei ysgrif yn ennyn ymateb chwyrn gan ohebydd a ystyriai Gymry America yn uned ar wahân i Gymru, gan fod yr eisteddfodau'n hybu'r broses. Fe'i cyhuddir o ragfarn yn ei lythyr am anwybyddu doniau'r genedl ar gyfandir America:

> Ond a raid croesi môr i gael beirniaid cymhwys? Ac wedi ei groesi, a raid aros o fewn terfynau Gogleddbarth Cymru? Ac os rhaid, a oes neb ond Annibynwyr a wnant y tro? Traethodau Americanaidd, ymgeisyddion Americanaidd, a thestynau Americanaidd, ond beirniaid Prydeinig! Wfft byth i'r fath anghysondeb. Y Peirch. Wm.Rees, Liverpool a S.Roberts, Llanbrynmair i farnu rhagoriaethau neu waeledddau traethodau ar y Sefydliadau Cymreig yn America! O Ragfarn, yr wyt ti'n ddall.[91]

Mae'n bosibl fod y rheidrwydd i feithrin cenedlaetholdeb ar y fath raddfa ar y cyfandir yn cynorthwyo Cymry America i osgoi plwyfoldeb ac ymestyn y tu hwnt i ffiniau cyfarwydd. Mae'r ansoddair 'Prydeinig' hefyd yn taro'r glust yn rhyfedd, sy'n dangos bod y termau 'Cymreig' a 'Phrydeinig' yn eithaf llithrig a chyfnewidiol

'Llon heddy' yw llenyddiaeth?'

yn aml, a'u bod yn cael eu hystyried yn gyfystyr gan lawer yn yr oes hon. Awgryma'r sylwebaeth hefyd mai Annibynwyr sy'n gynheiliaid i'r diwylliant llenyddol, a'u bod yn apelio'n ehangach yn y wlad ymfudedig oherwydd y diffyg niferoedd o'u cymharu â Chymru. Er bod nifer yn eiddgar i ddal gafael ar graidd diwylliant yr hen wlad, nid yw'r ffigyrau blaenllaw yno yn gymwys i ymdrin â themâu newydd America.

Serch hynny, parha'r arferiad o benodi beirniaid o Gymru yn yr eisteddfodau Americanaidd drwy gydol y degawd fel modd i dafoli gwir safonau'r beirdd Cymraeg yn America. Mae hyn yn awgrymu bod yr ymfudwyr yn rhan o isgymuned eilradd i Gymry'r hen wlad yn y cyd-destun diwylliannol o hyd. Yn Eisteddfod Utica yn 1859, penodwyd Caledfryn – un o'r beirniaid llymaf yng Nghymru – i ymgymryd â'r cystadlaethau barddol. Byddai ei feirniadaeth lenyddol arbenigol – yr oedd galw mawr amdani yng Nghymru – yn fodd i Gymry America ehangu eu gorwelion llenyddol drwy ddilyn safonau'r hen wlad. Yn ychwanegol, roedd cyhoeddi beirniadaethau a chynnyrch llenyddol yn fodd i borthi awch Cymry America am ddiwylliant llenyddol yn ei hawl ei hun a fyddai'n gwasanaethu cynulleidfa ehangach na rhigol yr eisteddfod yn unig.

Fodd bynnag, dengys yr awdur ffydd yng ngallu aelodau'r genedl ymfudedig i feithrin traddodiad llenyddol nad yw'n dibynnu ar feirniaid Cymru. Mae ei restr o'r beirniaid cymwys yn yr Unol Daleithiau yn brawf o'r traddodiad annibynnol a oedd yn dechrau blaguro yno:

> Pa le yr oedd y Peirch Henry Rees, neu John Hughes, Liverpool? Pa le yr oedd Eben Fardd, neu Iorwerth Glan Aled? Pa le yr oedd Lewis Edwards, neu John Phillips, dau fachgen o'r Deheubarth? Gwell i Mr 'Iorthryn' roi tro eto trwy ein gwlad rydd, gwneyd ei hunan yn fwy cydnabyddus a'r Cymry sydd yma yn gyffredinol, ac ymgynghori a'r hen sefydlwyr, cyn myned i drefnu materion o'r fath hyn o'i ben a'i fympwy ei hun.[92]

Tystiolaeth o draddodiad cynyddol annibynnol Cymry America yw apêl gan fardd sydd wedi ymfudo o Gymru am gael ei dderbyn i blith cylchoedd llenyddol ei wlad fabwysiedig:

Cyfaill pwy o'r hen wlad?

> A oes groesaw, weis goriesin – imi
> Dd'od yma'n ddiwrdrin,
> Ac anadl 'Gwlad y Cennin,'
> Yn hyf a moch yn fy min?[93]

Prawf o greadigaeth y byd llenyddol ar wahân yw'r ffaith ei fod yn gofyn am groeso gan feirdd Cymry America. Awgrymir ei awydd i gymathu â'r traddodiad newydd wrth iddo gyfaddef bod dylanwad Cymru'n drwm arno os caiff ymuno â'r rhwydwaith farddol. Adleisir yma y croestynnu sy'n nodweddiadol o ddiwylliant, ac yn wir, hunaniaeth Gymreig America, rhwng arddel gwerthoedd yr hen wlad a mabwysiadu arferion newydd. Ar un llaw, ffurfir sefydliadau megis eisteddfodau sy'n plygu glin i'r hen batrwm, ac ar y llaw arall rhoddir stamp y wlad newydd ar y testunau drwy ddethol pynciau Americanaidd.

Er bod rhai o Gymry America yn proffesu annibyniaeth drwy greu traddodiad newydd i ddiwallu eu hanghenion, roedd gorgyffwrdd rhwng llenyddiaeth Cymru ac America yn anochel. Teithiai hoelion wyth y byd llenyddol yn ôl a blaen dros yr Iwerydd. Yn ogystal, cludwyd y cyfnodolion dros y cefnfor a sicrhâi fod y diwylliant print yn meithrin y cysylltiad hwn. Ni allai traddodiad llenyddol Cymry America ymwahanu'n llwyr felly oddi wrth ddylanwad yr hen wlad – hyd yn oed erbyn yr 1850au pan welwyd ail genhedlaeth o Gymry a oedd wedi eu geni yn Americanwyr yn codi. Er eu bod yn frwd dros osod stamp unigryw Cymreig-Americanaidd ar eu diwylliant, honna Jerry Hunter: 'they did not define that new entity in rebellious opposition to the Welsh-language tradition of Wales'.[94] Yn hytrach, roedd y ddwy ongl i'w hunaniaeth yn plethu ac yn cydredeg er mwyn creu a chynnal delwedd newydd a fyddai'n anadlu awelon ffres America, ond heb ddiystyru'r clymau cynhenid a roddai fod i'w cenedligrwydd.

Dywed Hywel Teifi Edwards fod geiriad testunau'r eisteddfodau yn mynegi 'gyriadau a phangau'r cyflwr Cymreig', ac y gellid eu gosod o dan ddau bennawd: 'Dinasyddiaeth Newydd' a 'Hen Wladgarwch'.[95] Dangosodd yr eisteddfod fod modd priodi'r ddwy elfen yn llwyddiannus yn eu cenedlaetholdeb drwy amlygu rhinweddau 'a'u gwnaent y math gorau o ymfudwyr derbyniol –

'Llon heddy' yw llenyddiaeth?'

ymfudwyr yr oedd eu balchder yn eu tras a'u hetifeddiaeth yn sail diymwad i'w teyrngarwch i'w gwlad newydd'.[96]

Enghraifft o gyfansoddi i'r felodi Americanaidd ar gainc Gymreig yw testunau eisteddfod a gynhelir gan Gymdeithas Lenyddol Cymry Scranton, Pennsylfania yn 1854 – un o gymunedau Cymreiciaf yr Unol Daleithiau. Cynigir gwobrau am lunio traethodau ar bynciau megis 'Hanes y Cymry yn Pennsylfania' a'r iaith Gymraeg, ynghyd â phryddest ar yr 'Areithfa Gymreig'. Dengys hyn fod hau hadau gwreiddiol o'r hen wlad yn blaguro i greu consenws Cymreig-Americanaidd a oedd wedi ei deilwra ar gyfer hunaniaeth ddeublyg yr ymfudwyr. Tra oedd Whitman yn cyhoeddi cyfrol o farddoniaeth *Leaves of Grass* yn 1855 – testun a oedd yn torri clymau'r dylanwad Ewropeaidd ac yn magu hyder newydd mewn llenorion Americanaidd – parhâi craidd hunaniaeth y Cymry yn eu cysylltiad â Chymru o hyd. Yn wahanol i lenorion cynharach megis Brown, Irving a Cooper a oedd yn cyfuno'r traddodiad Prydeinig â gwedd Americanaidd, ymdrechai Whitman i'w adnewyddu.[97] Roedd y Cymry ar y llaw arall yn parhau i ddefnyddio'r hen wlad fel ffynhonnell ysbrydoliaeth.

Serch hynny, roedd y testunau niferus a fynnai gofnod o hanes Cymry America yn brawf o'u hymwybyddiaeth eu bod yn genedl ar wahân i Gymru, ac yn ddull pwysig i fynegi balchder yn eu hunaniaeth newydd. Byddai manylu ar yr elfen lenyddol wrth groniclo'r hanes hefyd yn awgrymu eu bod yn gwbl ymroddedig i sicrhau annibyniaeth eu gorchestion llenyddol, a'u sicrwydd yn y traddodiad ar wahân yn dyrchafu statws yr agwedd hon ar eu diwylliant.

Adlewyrchir y dylanwad Americanaidd ar y meddylfryd Cymreig pan ddefnyddir cysyniadau megis *Manifest Destiny* mewn ysgrif yn cyflwyno ymgyrch i sefydlu Eisteddfod Genedlaethol Gymreig ar y cyfandir. Yn yr un modd, detholir darnau adrodd o'r *Traethodydd* ac 'ymddyddan' o'r *Gymraes*, cyfnodolion o Gymru. Mae hyn yn adlewyrchu'r berthynas drawsatlantig glos rhwng y wasg a'r eisteddfod fel sefydliadau i warchod hunaniaeth y Cymry dramor.

Ar gyfer Cyfarfod Llenyddol Cymreig yn Utica yn 1856, penderfyna'r pwyllgor gynnig rhai testunau ar bynciau cyfan gwbl Americanaidd megis yr 'hysbysai gwefrol' (*electric telegraph*). Dengys hyn

Cyfaill pwy o'r hen wlad?

ymdrech Cymry America i gymathu â'u cynefin dieithr drwy hybu dealltwriaeth o'i nodweddion unigryw. Roedd eu llenyddiaeth felly'n ei hail-greu ei hun yn barhaus i ymateb i newidiadau cymdeithasol yn America a Chymru. Byddai gosod testunau ymarferol o'r fath hefyd yn nodweddu'r mudiad eisteddfodol yng Nghymru yn y cyfnod er mwyn 'dangos defnyddioldeb y sefydliad' fel adwaith i Frad y Llyfrau Gleision.[98] Rhoddai gweithiau ffeithiol 'bwrpas utilitaraidd' i'r eisteddfod, yn ogystal ag adlewyrchu pynciau cyfoes a oedd yn berthnasol i'r gymdeithas. Roedd gan yr eisteddfod arwyddocâd cymdeithasol fel modd i godi hyder y genedl yn eu haddysg. Credai ymfudwyr o rai cenhedloedd y dylid diosg dylanwadau'r hen wlad a chreu llenyddiaeth cwbl newydd yn America. Er hynny, dywed yr Athro Henry Louis Gates, Jr fod llenyddiaeth Affro-Americanaidd a nifer o genhedloedd eraill yn ysgrifennu 'rhwng' dau ddiwylliant.[99]

Fodd bynnag, yn amlach na pheidio cyplysir yr elfennau Cymreig ac Americanaidd er mwyn datblygiad deallusol y genedl. Enghraifft o hyn yw gosod testun traethawd 'Y moddion goreu i'w arferyd i sicrhau Defnyddioldeb Ieuengctyd Cymry America i'w cenedl eu hunain' mewn cyfarfod cystadleuol.[100] Fel y dywedodd llenor a ymfudodd o Norwy i America, Rolvaag, a oedd yn cyfansoddi yn ei famiaith ar y cyfandir: 'We can call these works ... emigrant literature, but then we give the child a wrong name. For they are not that; they are American literature in the Norwegian language.'[101] Mae'r ffaith iddo gyfeirio at 'blentyn' hefyd yn awgrymu yr ystyriai fod y traddodiad yn ei fachgendod o'i gymharu â'r famwlad sy'n cadarnhau'r angen i adlewyrchu dwy wedd cenedligrwydd ei bobl. Disgrifia Daniel Williams hunaniaeth Gymreig rhan olaf y bedwaredd ganrif ar bymtheg fel 'ffenomen luosog ac amrywiol'. Er hynny, dywed hefyd fod 'ansefydlogrwydd a chyfnewidioldeb hunaniaethau ethnig' yn nodweddu llenyddiaeth Gymraeg America drwy gydol y ganrif.[102]

Yn groes i argymhellion Iorthryn yn 1852 i ddewis beirniaid o Gymru, dewisir ceffylau blaen y traddodiad llenyddol Cymreig Americanaidd i feirniadu yn eisteddfodau'r genedl ar y cyfandir erbyn canol y ganrif. Yn aml, Eos Glan Twrch a benodid yn feirniad barddoniaeth ac Iorthryn ei hun i feirniadu traethodau. Mae hyn

'Llon heddy' yw llenyddiaeth?'

yn brawf o annibyniaeth Cymry America wrth iddynt feithrin eu sefydliadau heb fynd ar ofyn yr hen wlad am lenorion cymwys. Magu nerth a wnâi'r eisteddfodau newyddanedig yn ystod y degawd. Erbyn 1857, hysbysir Eisteddfod Utica ar ddydd Calan ar gyfer Cymry Oneida a siroedd cyfagos drwy gyfrwng y *Cyfaill* gyda chryn arddeliad. Gwneir apêl twymgalon i'r sawl sy'n 'caru ffyniant Barddoniaeth, Llenyddiaeth a Cherddoriaeth Gymreig yn mhlith ein cenedl, yn y wlad hon, i roddi eu presenoldeb yn yr Eisteddfod hon'.[103] Mae'r addewid y bydd 'enwogion' yn bresennol yn dwyn pwysau ar y Cymry sy'n ymddiddori yn y peuoedd hyn, gan gerfio cymuned ddiwylliedig ymhlith y genedl.

Adlewyrcha'r geiriau y bri a roddwyd ar yr eisteddfod yn nghrud Cymry America, ac mae ei thwf aruthrol mewn ychydig o flynyddoedd yn awgrym o angerdd y genedl dros y sefydliad. Yn ogystal, gwelir tebygrwydd mawr rhwng yr apêl i'r sawl sy'n frwd dros y celfyddydau Cymreig gefnogi'r eisteddfod hon a'r ymbil am gefnogaeth i'r *Cyfaill* yn ei fabandod fel cerbyd gwerthfawr i lenyddiaeth y genedl. Dengys hyn anhraethol bwys y ddau sefydliad ar gyfer meithrin traddodiad llenyddol Cymry America. Yn wir, tynnai'r ddau faeth oddi wrth ei gilydd. Ar un llaw, darparai'r wasg ofod hysbysebu a man cyhoeddi cynnyrch llenyddol a gweithrediadau'r eisteddfod, a chyfrannodd hynny yn ei dro at ennill statws answyddogol Eisteddfod Genedlaethol America iddi. Ar y llaw arall, roedd yr eisteddfod yn offeryn i gyflenwi a chyfoethogi arlwy farddol y cyfnodolion.

Mae anerchiad at wahanol feirdd yn y *Cenhadwr*, sy'n cael ei ailgyhoeddi yn y *Cyfaill* fis yn ddiweddarach yn ystod 1852, hefyd yn awgrymu bod y traddodiad llenyddol wedi grymuso'n ddirfawr erbyn y degawd hwn gyda chymorth y sefydliadau diwylliannol eraill. Cyhoeddir casgliad o englynion gan dri bardd yn ymateb i'w gilydd, sy'n dangos sut y ffurfid cylch clos o feirdd o fewn y traddodiad barddol ehangach fel y cynyddai'r cyfarfodydd diwylliannol eu hadnabyddiaeth o'i gilydd.[104] Cana Llinos Glan Ohio i'r bardd Robyn Wyn o Feirion drwy sôn am ei 'gerddi mâd a gwadal' a'i 'weithiau têg o eitha' tal', ond Iorthryn Gwynedd sy'n derbyn y ganmoliaeth fwyaf ganddo.[105] Awgryma'r cyfeiriad at 'gynnadledd' fod y beirdd wedi cynnal rhyw fath o gyfarfod cymdeithasol,

Cyfaill pwy o'r hen wlad?

ac felly rhoddir llwyfan iddi drwy gyfrwng y *Cyfaill*. Mae'n debygol hefyd y caiff Iorthryn ei gydnabod fel rhyw fath o athro neu 'addysgwr' yr awen. Diddorol yw nodi na chrybwyllir yr Eos yn yr englynion o gwbl – o ystyried y myrdd o gerddi mawl a gyhoeddwyd iddo yn y *Cyfaill* fel athro barddol Cymry America. Cyferchir y ddau fardd canmoliaethus gan Iorthryn, a dymuna'n dda i'w hawen, gan wrthod unrhyw gydnabyddiaeth yn ostyngedig:

> Llwydd nef yn mhob lle iddynt – goreufeirdd,
>   Gair o fawredd haeddynt;
> Ymado'n awr! am danynt
> Bydd clod, 'nol eu hynod hynt.[106]

Mae cyfnewid canmoliaeth rhwng tri bardd dethol yn brawf o'r rhwydweithiau llai a sefydlwyd o fewn y cylch barddol ehangach erbyn yr 1850au, sy'n cyferbynnu ag ymdrech yr Eos i gyfarch y mwyafrif o feirdd Cymraeg America yn 1838. Gellid dadlau felly bod y traddodiad llenyddol wedi aeddfedu digon erbyn hyn i ffurfio isgymunedau barddol, a bod cyfarchion y beirdd hyn i'w gilydd yn arwydd o ffyniant y diwylliant.

Mae darn a gyhoeddir yn y *Drych* yn ystod yr 1850au, 'Y Beirdd wrth Lathen', yn adleisio galwad gychwynnol yr Eos yn 1838. Ynddo, mae awdur o dan y ffugenw 'John Bunnau' yn defnyddio ffon fesur feirniadol ddidrugaredd i ysgwyd y beirdd. Cyflwyna ei feirniadaeth lenyddol mewn siart sy'n cymharu ugain o feirdd Cymraeg America drwy roi marciau iddynt mewn categorïau gwahanol. Mae'r ffaith fod beirniad Cymreig-Americanaidd yn trafod 'beirdd Cymreig America' mewn papur wythnosol ar gyfer y garfan honno yn arwyddocaol.[107] Dadleua Hunter mai John Bunnau yn 1859 yw'r cyntaf i 'gasglu, tafoli a thrafod beirdd Cymraeg yr Unol Daleithiau', er bod ymdrechion i'r perwyl hwn mor gynnar â'r 1830au. Dywedodd F. O. Matthiesen fod y dadeni llenyddol Americanaidd wedi ei gynnau yn ystod yr 1830au ac wedi cyrraedd ei anterth erbyn yr 1850au, sy'n gymesur i hynt y Cymry yn eu hymgyrch dros annibyniaeth gelfyddydol.[108] Yn wir, ar drothwy'r 1850au yn 1848 cyhoeddwyd 'Fable for Critics: A Glance at a few of our literary progenies' gan Lowell a oedd yn trafod

'Llon heddy' yw llenyddiaeth?'

llenorion America mewn modd dychanol.[109] Mae hyn yn dangos bod yr ymagweddu hwn i'w weld yng nghyd-destun y traddodiad llenyddol Saesneg hefyd, gan ddynodi'r groesffordd rhwng ei greu a'i feirniadu yn ei ffurf ddatblygedig. Ceid cyfnewid llythyrau yn trafod datblygiad y traddodiad llenyddol ar faes y wasg gyfnodol yng nghyswllt y diwylliant Saesneg yn America hefyd. Mae gwaith Bunnau yn cynrychioli parodrwydd i gydnabod corff o lenyddiaeth a oedd yn perthyn i'r genedl a'r awydd i ystyried sut i'w wella.

Erbyn yr 1850au, roedd cenedlaetholdeb llenyddol wedi cydio'n dynn yn niwylliant America, a'r berthynas rhwng llenyddiaeth a hunaniaeth wedi cyrraedd penllanw wrth i leisiau newydd greu traddodiad gwreiddiol ei naws. Yn 1838, galwad i'r beirdd ymfyddino i greu traddodiad llenyddol newydd a geir gan yr Eos. Yn 1859, cawn fersiwn llawer mwy datblygedig o'r ymgyrch honno wrth i'r beirniad llenyddol ddefnyddio enwau barddol i gyfleu safon y beirdd. Mae hyn yn dynodi bod y traddodiad llenyddol wedi ei sefydlu ei hun yn gadarn yn niwylliant Cymry America. Mewn ysbaid o ugain mlynedd, cadarnhawyd bodolaeth llenyddiaeth Gymreig Americanaidd benodol, a chrisialwyd hynny mewn darn o feirniadaeth lenyddol ddeifiol gan rai a oedd yn cyfranogi yn y diwylliant. Roedd darllenwyr y cyhoeddiadau erbyn hyn yn gwbl hyddysg yn enwau barddol cynheiliaid diwylliant llenyddol ar wahân.[110] Mae ysgrifau o'r fath yn dangos sut yr oedd y *Cyfaill* a gweddill y wasg gyfnodol yn clymu'r gwahanol 'gymunedau dehongliadol' ynghyd, a sut yr oedd cynnwys y cylchgronau yn pontio rhyngddynt.

Erbyn diwedd yr 1850au, roedd cyhoeddi'r *Gwyddoniadur Cymreig* hefyd yn garreg filltir hollbwysig yn natblygiad llenyddiaeth Gymraeg yn America, ac yn cynyddu'r bri a roddid ar yr iaith a'i helfennau. Roedd y *Cyfaill* yn frwd ei anogaeth i'r fenter, ac yn ysgogi aelodau'r genedl – yn enwedig ieuenctid – i 'fawrhau y fraint anghydmarol hon mewn llenyddiaeth Gymreig'.[111] Rhoddai'r *Gwyddoniadur* raddau o annibyniaeth i'r Gymraeg fel nad oedd angen defnyddio'r Saesneg fel ffynhonnell wybodaeth. Cynrychiolai'r *Gwyddoniadur* ysgwydd gadarn i'r iaith Gymraeg orffwys arni, a fyddai'n ganllaw cynhaliol i gynnyrch llenyddol Cymry America:

Cyfaill pwy o'r hen wlad?

> Gallaf ddweyd yn ddibetrus, na chododd yr haul erioed ar y fath gorff cyfan o bob gwybodaeth mewn un iaith yn mhlith holl lwythau Adda, yn deilwng i'w gydmaru a'r Gwyddoniadur. Dyma'r golofn gadarnaf a godwyd eto, i gynal yr iaith Gymraeg am oes y byd . . . Ni ddylai na bardd na llenor fynd hebddo . . .[112]

Mae'r gyfeiriadaeth feiblaidd at Babel ac Adda yn arwydd o sut yr oedd crefydd yn hydreiddio beirniadaeth lenyddol hyd yn oed.

Erbyn y cyfnod hwn, mae perthynas agos iawn rhwng safon yr iaith a'r diwylliant llenyddol fel arwydd o draddodiad aeddfed a llewyrchus – ffaith y cyfeiriwyd ati eisoes yn y cyd-destun ieithyddol. Adlewyrchir y tirlun diwylliannol hwn mewn deialog ffuglennol rhwng Ned a Bob am Eisteddfod Utica ar ddydd Calan 1858, wrth iddynt drafod ei rhagoriaethau a'i chyfraniad i genedligrwydd y Cymry. Gresyna Bob a'i dafod yn ei foch dalu pris mynediad i ariannu'r beirniaid, y beirdd, y cantorion a'r llenorion, a'r plant yn cael dim ond canmoliaeth:

> Bob O ie, a'r plant yn ca'l dim. Gadawa i Gymreg fyn'd i crogi ynte. Y peth diflasa gen i yn yr Eisteddfod oedd yr holl ddarllen beirniadaeth hyny. Rhai o b'le gafodd mwya' o'r arian, Ned?
>
> Ned Rhai o Ohio, Pensylvania, Tennessee, a New York, &c.
>
> Bob Ha, ha! hen ffylied Sir Oneida yn rhoi'r holl arian i dynion pell am chwerthin am i pene, a gadel plant i hunen i dori calone. Ca nw ddim o dau swllt fi mwy, Ned.[113]

Mae'n amlwg fod y cymeriad 'Bob' yn cynrychioli safbwynt rhai o drigolion sir Oneida y dylid cadw'r arian 'i'w plant a'u pobol i hunen i ga'l llyfre, a dynion i'w dysgu' a rhoi'r ganmoliaeth i 'ddynion pell'. Yn gynnil, ceisir cyfiawnhau'r drefn o roi gwobrau i drigolion cymunedau Cymreig eraill yn America, ac adroddir 'hanesyn' gan Ned i'r diben hwn. Cofia yntau stori o Gymru am Cati Dafydd Domos Ifan yn cael difyrrwch gyda'i hieir, a mynega sut y mae 'hen langciau a hen langcesi' angen yr un fath. Gweithreda hyn fel alegori i sefyllfa'r eisteddfod – ffurf a ddefnyddid yn gyson i daro'r maen i'r wal. Darlunia Ned sut y mae 'hen geiliogod llenyddol' yn dwyn y bwyd gorau o badell Cati, a'r cywion yn

'Llon heddy' yw llenyddiaeth?'

dioddef nes iddi adeiladu cwt iddynt. Creda Ned y dylid rhoi arian yr eisteddfod tuag at 'ysgolion llenyddol' yn sir Oneida fel bod y plant yn colli'r 'tafod *Yankee* yna' er mwyn elwa ar well cyfle i ennill gwobrau eisteddfodol. Awgryma hyn eu bod yn ymrwymedig i hybu doniau cenedlaethau'r dyfodol, ac nid llenorion profiadol y canon llenyddol yn unig.

Ymateb Bob yw yr hoffai fod yn Gymro, ond nad yw'r ysgol Sul yn ei ddysgu i fod yn fardd neu'n llenor. Mae angen 'moddion' eraill felly i addysgu plant mewn 'gramer ac ysgrifenu Cymreg yn iawn' er mwyn cystadlu yn yr eisteddfod. Gresyna Ned nad oes cyfarfodydd llenyddol iddo ef a'i gyfoedion ddysgu Cymraeg yn rheolaidd. Byddent yn cyflawni sawl swyddogaeth ac yn cwmpasu nifer o elfennau eu hunaniaeth Gymreig megis crefydd, iaith a diwylliant:

> ... fel y galloch fod yn athrawon defnyddiol yn yr Ysgol Sul, ac yn Feirdd a Llenorion da i wasanaethu eich cenedl trwy yr argraffwasg, ac yn areithwyr hyawdl gyd a phob achos da; a phwy a wyr na byddai llawer un o honoch yn cael eich cymwyso i'r pwlpud, wrth adrodd eich darnau mewn cyfarfodydd llenyddol.[114]

Fel ymateb i ddymuniad Bob i'r plant ennill y prif wobrau yn hytrach na'r 'dynion pell hyny', eglura Ned fod 'dynion mawr sir Oneida yn cael gwobrau o leoedd pell hefyd'. Ychwanega fod yr eisteddfod yn llesol i'w diwylliant, ond y byddai cyfarfodydd llenyddol ym mhob ardal yn cyfoethogi'r ysgolion Sul a'r eglwysi, sy'n atgyfnerthu'r blas lleol a chrefyddol i'w Cymreictod. Gwelir yma berthynas symbiotig y rhwydwaith eisteddfodol yn asgwrn cefn i gymunedau, a'r cyfarfodydd llenyddol yn Oneida hefyd yn cysylltu â chrefydd – yn wahanol i'r eisteddfodau.

Mae'r ffaith fod rhai o Gymry sir Oneida yn dymuno ymestyn doniau'r rhanbarth penodol hwn yn hytrach nag ymuno â'r rhwydwaith eisteddfodol genedlaethol ar hyd y cyfandir yn awgrymu bod elfen leol i'w hunaniaeth yn ogystal. Adlewyrchid hyn yn y penderfyniad i gyfyngu'r cystadlu i drigolion yr ardal yn Eisteddfod Utica yn 1856. Wedi'r cwbl, roedd yn grud i'r presenoldeb Cymreig yn America. Tyfodd yn ganolfan argraffu llenyddiaeth o bwys, a thrigai nifer o feirdd yn y cyffiniau.

Cyfaill pwy o'r hen wlad?

Tra oedd yr eisteddfod yng Nghymru yn ceisio meithrin beirdd o statws cenedlaethol gyda thestunau epig a haniaethol, roedd cymunedau alltud America o bosibl yn ymdrechu i gadw'r wedd leol i'w cenedligrwydd gan eu bod ar wasgar. Yn wir, roedd hyd yn oed athroniaeth Emerson o greu cenedl aruchel yn rhoi pwyslais ar gyfuno elfennau lleol i ymgyrraedd at lefel genedlaethol.

'Ymffrost cenedlaethol ffôl': crefydd, diwylliant a llenyddiaeth

Perthynas ddwyochrog oedd rhwng sefydliadau diwylliannol a chrefydd y Cymry. Ar y naill law, roedd y diwylliant llenyddol a oedd yn sylfaen cymdeithas wâr a'r cyfryngau a'i hyrwyddai yn deillio o'r capel, ond ar y llaw arall roedd moesoldeb y capel yn gosod ei stamp ar y gwyliau a'r dathliadau. Erbyn yr 1850au, y Methodistiaid oedd y gwrthwynebwyr mwyaf chwyrn. Mor gynnar ag 1840, mynegir pryder am ddylanwad yr eisteddfodau ar y genedl mewn 'Cymdeithasfa' a gynhaliwyd gan y Methodistiaid Calfinaidd yng Nghymru. Cyfeirir at y sefydliad yn y penderfyniadau hyd yn oed:

> Gwnawd crybwylliad yn nghylch Eisteddfodau Cymreig. Dywedwyd ein bod yn dal at y penderfyniad sydd genym; sef, nad yw ein haelodau i fyned i'r cyffelyb gyfarfodydd, oblegid y llygredigaeth sydd yn arferol o fod ynddynt. Sylwyd nad ydym mewn un modd yn milwrio yn erbyn yr Iaith, Dysgeidiaeth a Barddoniaeth Gymreig; ond gan fod llawer o anfoesoldeb a llygredigaethau wedi bod hyd yma ynglyn a'r cyfarfodydd hyn, nid ydym yn gweled yn addas galw yn ol ein penderfyniad, hyd nes y gwelom fod diwygiad wedi cymeryd lle ynddynt.[115]

Er iddynt gydnabod buddioldeb y cyfarfodydd i'r traddodiad llenyddol, mae'r bygythiad i gymeriad parchus achosion crefyddol yn gorbwyso cyfoeth y cynnyrch. Dilynodd y feddylfryd hon yr ymfudwyr i America gan mai crefydd a moesoldeb oedd bwysicaf o hyd gydag ystyriaethau diwylliannol. Gwelid yr un ymagweddu yng nghyd-destun dathliadau Gŵyl Dewi a oedd yn cynnwys dawnsfeydd, yn enwedig yn ystod 1847 pan oedd y

'Llon heddy' yw llenyddiaeth?'

genedl yn sensitif am ei chyflwr moesol yn dilyn Brad y Llyfrau Gleision.[116] Hydreiddiai'r ffydd yn sofraniaeth Duw gymunedau Cymru yn y bedwaredd ganrif ar bymtheg. Credid bod 'calon dyn dan lywodraeth gair Duw', a bod gallu dyn i greu diwylliant yn dibynnu ar y goruchaf.[117] Wrth gwrs, dyma un o gonglfeini'r ddogma Galfinaidd a goleddai William Rowlands. O'r herwydd, natur grefyddol oedd i'r grym diwylliannol hwn, ac yn sgil y pryderon am fuchedd y genedl a'r dyhead i achub eneidiau – ystyrid bod diddanwch yr eisteddfodau yn gwyro oddi ar y llwybr cul a osododd Duw. Y gred gyffredinol oedd y dylai bywyd cymdeithasol dynion fod yn atebol i Dduw. Dylent gysegru eu diwylliant i efengylu ac addysgu am y ffydd er mwyn creu byd gwaraidd a oedd yn deilwng o weledigaeth yr Hollalluog. Mae'r egwyddor o arddel crefydd o flaen diwylliant yn gwau drwy'r traddodiad llenyddol Americanaidd yn ogystal. Er enghraifft, gwelir yr Eos yn cynghori'r bardd Gwentydd Bychan i ofalu am grefydd yn gyntaf bob amser:

> Dod grefydd Gwentydd yn gyntaf – a hwyl
> I'th Delyn yn nesaf;
> Try fel hyn trwy y flaenaf,
> Yr holl elw'n enw'i Naf.[118]

Ar un llaw, gellir synio mai tila dros ben fyddai cynnyrch llenyddol y ganrif heb symbyliad crefyddol. Ar y llaw arall, llesteiriwyd creadigrwydd diwylliannol yr eisteddfod i raddau gan gyfyngiadau moesol y cylchoedd crefyddol.

Coleddai rhai o'r Anghydffurfwyr agwedd elyniaethus tuag at yr eisteddfod oherwydd ei chysylltiad â'r eglwys, ynghyd â'r meddylfryd bod 'blas rhy fydol' ar y cyfarfodydd.[119] Er hynny, ei gwrthwynebwyr mwyaf pybyr oedd y Methodistiaid, a oedd wedi eu cyflyru i filwrio'n ei herbyn yn unol â chonfensiynau moesol yr enwad.[120] Nid gorchwyl hawdd fyddai adweithio'n erbyn y syniadaeth mai 'dyfais aflan uffern i ddal eneidiau'n ol' oedd yr 'eisteddfodau a'r *concerts*, a'u gwag chwerthiniad ffol'. Wedi'r cwbl, cawsai'r ideoleg ei phlannu'n ddwfn yn yr isymwybod

Cyfaill pwy o'r hen wlad?

ysbrydol o ganlyniad i ferw diwygiadau crefyddol canol y ganrif. Achub eneidiau oedd nod eu crefydd yn fwy nag achub yr iaith ac ymollwng i fwynhau pleserau diwylliannol. Cynigiai'r eisteddfodau ddihangfa oddi wrth y gyfundrefn grefyddol lem a oedd yn rhan mor ganolog o fywydau'r Cymry. Byddai'r sefydliad yn hybu'r ddelwedd fod angen 'gŵyl o lawen chwedl, gŵyl ddifyrgreadigol a roi i'r Cymry gyfle i ymryddhau o'r pruddglwyf Calfinaidd a dywyllai eu bywydau ar hyd y flwyddyn'.[121]

Yn gydnaws â'r sefyllfa yng Nghymru, defnyddid y wasg gyfnodol Gymraeg yn America i lwyfannu dadleuon a gwyntyllu pryderon parthed y gwyliau diwylliannol a'u heffaith ar fuchedd y genedl. Yn y ddwy wlad, blinid hyrwyddwyr yr ymgyrch yn erbyn yr eisteddfod gan ddiffyg parchusrwydd y sefydliad. Fel un o gonglfeini hunaniaeth Gymreig, syniai'r cymwynaswyr hyn yn aml fod 'caritor cenedl y Cymry' i'w ddiffinio yn ôl 'caritor' yr eisteddfod.[122] Roedd gagendor enfawr rhwng y sawl a goleddai ei chyfraniad i fywyd diwylliannol ac iaith yr hen wlad, a'r garfan grefyddol geidwadol a ddirmygai yr hyn a ystyrient fel yr elfen lygredig yn ei chyfansoddiad.

Wrth i'r *Cyfaill* wasanaethu enwad y Methodistiaid yn gynyddol erbyn yr 1850au, daw'n gyfrwng amlycach na'r cyfnodolion eraill i fynegi pryder am y berthynas rhwng crefydd a chelfyddyd. Gwnaed hynny drwy ddefnyddio dadleuon athrawiaethol. Mae awdur sy'n galw ei hun – yn arwyddocaol – yn 'Cydwybod Dyner', yn gweld yr eisteddfodau fel bygythiad i ymarweddiad parchus y genedl. Poena eu bod yn 'rhy lygredig i oddef eu haelodau beryglu eu hiachawdwriaeth trwy fyned iddynt'.[123] Teimla ddyletswydd i wrthwynebu defodau diwylliannol o'r fath drwy ddilyn fframwaith foesol enwad y Methodistiaid Calfinaidd. Mae'r arferiad o gystadlu am wobrau ariannol yn wrthun iddo – fel nifer o Gymry America – ac yn croesi'r ffin rhwng y sanctaidd a'r bydol:

> Am yr Eisteddfodau . . . O'm rhan i nid wyf yn gallu gweled ond cam bychan iawn rhwng y cyfarfodydd hyn a'r chwareudy, ac y mae yn dra sicr genyf am y dylanwadau sancteiddiol a ddylai fod yn brif ddyben fy ymgyrch i bob cynnulliad, nas gallai fod yn ddim llai, os can lleied, yn syllu ar un o chwareuon addysgiadol y doeth Shakespeare, ac yn syllu ar gydymdrechion amrysongar

'Llon heddy' yw llenyddiaeth?'

enwogion yr Eisteddfod, neu wrando ymffrost cenedlaethol ffol yr Wylmabsant.[124]

Mae cyfeiriad yr awdur at Shakespeare hefyd yn awgrymu ei fod yn ymwybodol o draddodiad llenyddol Seisnig neu Brydeinig. Mae awdur sy'n dwyn y teitl 'Jeremiah' hefyd yn gwrthwynebu'r eisteddfodau a'r cyfarfodydd cystadleuol gan eu bod yn magu 'cynen a gwag-ogoniant'.[125]

I rai, crefydd a moesoldeb oedd y mynegiant praffaf o wladgarwch y Cymry, a chwmpasent nodweddion euraid eu hunaniaeth fel ag yn yr hen wlad. I'r garfan hon, yr ymwybyddiaeth ddofn o foesoldeb ac argyhoeddiad ysbrydol dwys a rannent gydag aelodau'r genedl oedd conglfeini eu cenedligrwydd. Roedd yn brawf mwy cynnil o'u Cymreictod nag 'ymffrost cenedlaethol' cyhoeddus yr eisteddfodau a gwleddoedd Gŵyl Dewi – yr hyn yr oedd rhai Cymry ar y llaw arall yn ymfalchïo ynddo.

Serch hynny, credai rhai o arweinwyr mwyaf brwd y diwylliant eisteddfodol ei fod yn fodd i ddiwyllio'r genedl. Roedd rhai ohonynt yn grefyddwyr mawr, ac eraill yn geffylau blaen y diwylliant megis y bardd a'r beirniad Eos Glan Twrch. Yn wahanol i'r sawl a danlinellai ei niwed i gyflwr ysbrydol y genedl, gwêl yr Eos foesoldeb y Cymry drwy lygaid diwylliant. Iddo ef, mae elwa arno drwy gyfrwng yr iaith Gymraeg yn America yn gyfystyr â sicrhau cymdeithas wâr ar gyfer ei gydgenedl. O'r herwydd, mae'n eu hannog i gefnogi Eisteddfod Utica drwy roi canmoliaeth uchel iddi.

Yr un pryderon sy'n ddraenen yn ystlys gwasg gyfnodol Cymru, wrth i Gymro a elwir yn 'Anti-Humbug' gyflwyno ysgrif o'r *Amserau*: 'mor hynod o gymhwysiadol i ryw ddosbarth o'n cenedl, mewn amrai fanau o'r Taleithiau Unedig, yn eu Gwylmabsantau a'u Heisteddfodau'.[126] Teimla y byddai cyhoeddi sylwadau am ffolineb Cymry Llundain yn eu dathliadau Gŵyl Dewi o les moesol i'r Cymry yn America. Dengys hyn y gorgyffwrdd rhwng pynciau llosg y ddwy wlad.

Eto i gyd, yr eironi mwyaf yw bod y cyfrwng diddanwch hwn yn deillio o fywyd cymdeithasol y capeli, ac yn ddatblygiad naturiol o'r cyfarfodydd llenyddol a gynhelid ynddynt. Yn wir, darparodd

Cyfaill pwy o'r hen wlad?

y peuoedd crefyddol rwydweithiau parod o gyfranwyr i'r eisteddfod a darllenwyr i'r diwylliant llenyddol yn amgylchfyd Cymreig yr Unol Daleithiau. Yng Nghymru, ychydig o sylw a roddid i weithgareddau'r cymdeithasau a'r cyfarfodydd cystadleuol yn y cyfnodolion enwadol – ar wahân i *Seren Gomer* yn rhan gyntaf y ganrif.[127] Dengys hyn fod y *Cyfaill* yn ceisio apelio ar raddfa eang – yn wyneb gwrthwynebiad enwad y golygydd i effeithiau'r eisteddfodau.

Er gwaethaf y pryderon am bleserau bydol yr eisteddfod, canlyniad Brad y Llyfrau Gleision yn y pen draw oedd uno egnïon y Cymry i wella delwedd y genedl. Yn hynny o beth, daeth celfyddyd yn rhan o ddiwylliant y capel. Yn raddol, daethai gweinidogion yr enwadau Anghydffurfiol eraill i gymryd rhan yn yr eisteddfod, er mai'r Methodistiaid Calfinaidd oedd y mwyaf ymarhous i'w chroesawu.[128]

Goblygiadau cysylltu'r capel â'r eisteddfod oedd y swmp o lenyddiaeth o natur grefyddol a ddeilliodd o'i chrombil. Yn unol â hinsawdd grefyddol ddwys y cyfnod, testunau ysgrythurol a moesol a osodid gan y sefydliadau diwylliannol yn amlach na pheidio, yn ogystal â rhai hanesyddol neu addysgiadol. Canwyd cerddi maith ar bynciau beiblaidd, adnodau a thestunau haniaethol megis gwirionedd, elusengarwch, a dedwyddwch – testunau a fyddai'n darparu rhyw fath o foeswers i dywys yr eneidiau colledig yn ôl i'r gorlan. Er y ddeunawfed ganrif, defnyddiwyd llenyddiaeth i'r diben o buro eneidiau gan y Methodistiaid, ac yn gyffredinol coleddai'r enwadau Anghydffurfiol y cyfrwng print yn helaeth i genhadu.

Yn wir, roedd y deunydd a gyfansoddid yn yr eisteddfodau ar destunau crefyddol yn rhan o'r gronfa enfawr o lenyddiaeth ysgrythurol a gynhyrchwyd yn ystod y bedwaredd ganrif ar bymtheg. Datblygodd yn sgil y ffrwydrad mewn deunydd print a oedd yn un o ddatblygiadau mwyaf y ganrif. Crefydd oedd canolfur y diwylliant llenyddol yng Nghymru ac America yn gymdeithasol ac mewn print. Mae'r toreth o lenyddiaeth grefyddol yn adlewyrchu'r argyhoeddiad ysbrydol dwys a oedd wedi meddiannu cyfran sylweddol o Gymry'r cyfnod, er nad yw o safon uchel ym marn sawl beirniad llenyddol. Creda nifer mai ychydig iawn

'Llon heddy' yw llenyddiaeth?'

o berlau a geir yn nhraddodiad llenyddol y bedwaredd ganrif ar bymtheg gan fod cysgod moesoldeb yn drwm ar ei fywiogrwydd. Er gwaethaf eu hymdrechion i gynnal safon, barn Thomas Parry yw nad oedd yr holl ddadlau dros bynciau haniaethol ac athrawiaethol yn llesol i gymeriad llenyddol y genedl.[129]

Tra oedd y Cymry'n dewis parhau i fod yn deyrngar i un o gonglfeini eu hunaniaeth yn yr hen wlad, roedd llenyddiaeth Saesneg yr Americanwyr yn fwy anturus. Dim ond 20 y cant o'u ffuglen rhwng 1831 ac 1860 oedd yn ymdrin â phynciau domestig neu grefyddol, ac nid cyd-ddigwyddiad yw y cydnabyddir mawredd y llenorion hyn yn nhraddodiad y cyfandir heddiw.[130] Yng nghyd-destun llenyddiaeth Gymraeg, ystyrir y bedwaredd ganrif ar bymtheg yn anghyson ei safonau yn ôl beirniadaeth gyfoes, er ei bod yn nodedig o gynhyrchiol. Eto i gyd, roedd crefydd yn asgwrn cefn i'r diwylliant Cymreig mewn modd anuniongyrchol, a thila iawn fyddai cynnyrch llenyddol y ganrif heb y sêl grefyddol.

Er bod cangen mwy ceidwadol y garfan Anghydffurfiol yn gwgu ar ffuglen fel cyfrwng anfoesol, roedd yr egni a chwistrellwyd i'r gymdeithas Gymraeg o ganlyniad i grefydd yn esgor ar lu o fanteision diwylliannol. Canlyniad y bwrlwm crefyddol oedd twf aruthrol yn nifer y capeli, ysgolion Sul a llythrennedd. Arweiniodd y dyfeisgarwch hwn at ffurfio sefydliadau diwylliannol a oedd yn awchu am ymborth llenyddol, a'r misolion crefyddol yn eu plith. Mae'n wir mai ychydig iawn o ddeunydd ysgafn a welid yng nghynnwys y cylchgronau crefyddol yn sgil y gred bod nofelau a straeon yn wastraff amser pe na baent yn moli Duw. Serch hynny, mae'n rhaid cydnabod eu cyfraniad i ffuglen a chyneddfau creadigol y Cymry. Mae misolion megis y *Cyfaill* yn dyst i wedd Gymreig y berw ysbrydol a nodweddai'r ganrif. Er ei fod yn amcanu i ddiwallu anghenion Cymry America yng ngwahanol agweddau eu bywydau, cyflwyno deunydd o natur grefyddol oedd ei brif nod.

Er gwaethaf negyddiaeth rhai ysgolheigion tuag at gyfraniad crefydd i lenyddiaeth y Cymry, defnyddid dulliau amrywiol i gyfleu ei hanfodion. Blaenoriaeth y golygyddion o ran cynnwys y cylchgronau oedd pregethau ac ysgrifau, neu draethodau ar

Cyfaill pwy o'r hen wlad?

bynciau diwinyddol a rhinweddau moesol yr unigolyn. Yr hyn sy'n rhoi cnawd am esgyrn sychion y traethu maith yw'r ffurfiau llenyddol a ddewisir i gyfleu'r efengyl. Yn y modd hwn, fe'i cyflwynir mewn dull amgen i'r arddull bregethwrol a duwiol a nodweddai lenyddiaeth y bedwaredd ganrif ar bymtheg i raddau helaeth. Er bod rhai ysgolheigion yn tanlinellu'r defnydd o lenyddiaeth i ddibenion buddiol ac addysgiadol yn unig, mae'r amrywiaeth o ffurfiau a welir yn llenyddiaeth Gymraeg America yn tystio i'w creadigrwydd. Roedd Rhamantiaeth – un o'r prif ddylanwadau ar arddull lenyddol Cymry'r cyfnod – yn ddelfrydol i'r Methodistiaid yn enwedig er mwyn atgyfnerthu'r apêl at galon a theimladau'r werin.

Un o'r ffurfiau mwyaf poblogaidd oedd parodïo o'r Beibl 'hanesynau' yn gweithredu fel dameg neu wers foesol, gan gynnig ychydig o ysgafnder yng nghanol yr athronyddu. Roedd 'holwyddoreg' yn cyfnewid 'gofyniadau' ac atebion yn dechneg addas i ddod â'r sefyllfa'n fyw i'r darllenydd. Defnyddiwyd ffurf yr 'ymddiddan' yn helaeth i gyfleu'r neges mewn dull mwy deinamig, er enghraifft deialog ar wahanol bynciau crefyddol rhwng 'Shon y blaenor a Shan ei wraig' mewn cyfres yn 1857. Treiddia'r ffurf hon i'r adran farddoniaeth yn ogystal, a llwyfannir dadleuon dychmygol rhwng cymeriadau megis 'Mr Alcohol' a 'Mr Dirwest' i amlinellu'r neges yn huawdl.[131] Mewn cyferbyniad llwyr â'r traethodau hirion a sychion, cyflwynir darnau byrion, dywediadau ac ymadroddion er mwyn hwyluso treulio'r deunydd trwm, a ffurfiau megis trioedd a rhestrau byr hefyd yn ysgafnhau'r llwyth.

Erys dyfeisgarwch y cyfranwyr llenyddol i'r cyfnodolion yn eu gallu i drafod pynciau o bwys drwy ffuglen ac mewn naratif bywiog sy'n serio cof y darllenydd. Yn aml, defnyddir cymeriadau gydag enwau tebyg megis 'Morrys a Malen' i gryfhau'r llinyn storïol ac apelio at y darllenydd. Gorwedd y wers foesol yng ngrym y darlun o'u sefyllfa wrth i'r ddau beidio â mynychu'r addoliad ar ôl bod yn y dafarn ar nos Sadwrn.[132] Defnyddir cynghorion neu gyfarwyddyd yn aml i wthio'r darllenwyr at y llwybr cywir, megis 'Y ffordd i ddewis gwraig', ond profa'r 'chwedlau' yn fwy effeithiol drwy greu portread o gig a gwaed yn hytrach na phregethu. Yn aml, cyfieithir y straeon hyn o gyhoeddiadau Saesneg, neu fe'u tynnir o gyfnodolion Cymru, a ddengys ymroddiad y golygydd i drosglwyddo maeth crefyddol i'r Cymry o wahanol ffynonellau.

Cyfrennir nifer o lythyrau i'r *Cyfaill* sy'n rhoi sylwadau ar grefydd, neu'n darlunio'r achos yn nhreflannau Cymreig America a'r hen wlad. Mae'r toreth hwn o gynnyrch llenyddol yn y *Cyfaill* yn tystio i bwysigrwydd llenyddiaeth fel cyfrwng mynegiant i'r efengyl, a'r gwahanol ffurfiau a ddefnyddir yn amrywio'r neges er mwyn cryfhau'r effaith ar y darllenwyr. I'r Methodistiaid Calfinaidd yn arbennig, bu'r briodas rhwng crefydd a'r diwylliant print yn un ffrwythlon o'r dechrau, gan fod llenydda a chyhoeddi yn ddull dihafal i ledaenu'r efengyl drwy rym geiriau ac adnoddau ieithyddol cyfoethog.

Roedd William Rowlands hefyd yn cynrychioli'r berthynas baradocsaidd rhwng crefydd a diwylliant. Fel un o weinidogion ceidwadol y Methodistiaid, lleisiai ei farn yn gryf yn erbyn manteisio ar y dathliadau cyhoeddus i yfed alcohol, a rhybuddiai rhag 'gwag-ogoniant, twyll a checrus ddadleuon' yr eisteddfodau a oedd yn niweidiol i 'lwyddiant Cristionogaeth bur'.[133] Eto i gyd, bu iddo gyhoeddi eu gweithrediadau. Credai Rowlands yng ngrym celfyddyd i'r diben o wasanaethu Duw yn unig, a gwelir hynny yn ei waddol toreithiog fel llenor. Serch hynny, er nad oedd yn cymeradwyo ysgafnder yn ormodol, credai fod barddoniaeth yn cynnig difyrrwch, a oedd yn gyfrwng delfrydol i gyflwyno'r neges.

Yn fwy na hynny, er na chydiodd y nofel fel genre yn y traddodiad llenyddol Cymraeg am gyfnod hir yn sgil y rhagfarn Anghydffurfiol yn ei herbyn, mae'r ffaith i Rowlands ac Everett gyhoeddi *Uncle Tom's Cabin* ar ffurf cyfres yn awgrymu eu bod yn croesawu ffuglen Gymraeg mewn amgylchiadau a oedd yn gofyn am ddiwygiad moesol yn America. Cyhoeddodd Gwilym Hiraethog hefyd addasiad ohoni yn yr *Amserau* yng Nghymru yn 1853, a agorodd y drws i ddefnydd cyson o'r 'ffugchwedl' yn y wasg gyfnodol Gymraeg o hynny ymlaen. Awgryma hyn fod golygyddion Cymraeg America ar flaen y gad o ran y garreg filltir hon yn y traddodiad llenyddol drwy gyflwyno ffurfiau newydd i'r darllenwyr.

Cyfaill pwy o'r hen wlad?

Nid proses unffordd yn unig, felly, oedd y dylanwadau hyn ar y traddodiad llenyddol Cymraeg ar draws yr Iwerydd, a gellid dadlau bod y weithred yn America wedi ysbrydoli'r nofel gylchgronol yng Nghymru. Mae'n bosibl hefyd fod gwasg Saesneg America wedi dylanwadu ar William Rowlands yn hyn o beth, wrth i nofelwyr fel Melville gymryd rhan mewn dadleuon am athrawiaeth mewn cyfnodolion megis y *Christian Examiner* a'r *Christian Register* – ffaith a ddengys fod modd i ryddiaith ddychmygus a chrefydd ddifrifol gyd-fyw.[134]

Casgliad: 'Tra Môr Tra Brython?' Dylanwad y Wasg a pharhad diwylliant Cymraeg America

> Y Cyfaill f'o ar gynydd
> Gan yr holl Gymry beunydd,
> Yn Amerig dir.¹

Mae'r englyn hwn gan y bardd adnabyddus Llinos Glan Ohio yn nodweddiadol o'r math o ganmoliaeth a fynegwyd i'r *Cyfaill* ar ei dudalennau gan sawl ffynhonnell. Adlewyrcha hyn sut y câi ei ystyried gan nifer yn gydymaith argraffedig i'r ymfudwr Cymraeg yn America yn y bedwaredd ganrif ar bymtheg. Mae'r cerddi hyn yn enghreifftiau o'r modd y defnyddiwyd llenyddiaeth i ymateb i gyfrwng llenyddol y wasg gyfnodol mewn dull creadigol. Awgrymir effaith gwasanaeth y *Cyfaill* fel arloeswr gwasg Gymraeg America ynddynt – gwasanaeth nad aeth yn angof ym meddyliau'r Cymry:

> Y fe oedd y Cymro a welais i gynta;
> Oedd werth i mi siarad ar dir yr America.
>
> Wyth mlynedd a chwaneg sydd oddiar hyny,
> Pan nad oedd ond ei hunan drwy'r wlad hon yn tramwy;
> A mawr oedd y siarad – pob pentwr o Gymry –
> Wrth wel'd y fath Gyfaill yn do'd i'w dyfyru.²

Adleisir y gri bod y cyhoeddiad yn 'gyfaill i Gymro' gan nifer o feirdd wrth i sawl llenor chwarae ag arwyddocâd y teitl i fynegi

Cyfaill pwy o'r hen wlad?

eu teimladau tuag at y cyfnodolyn. Fe'i disgrifir hefyd fel 'gwladwr', sef aelod o'r genedl a gyflwynwyd i'w plith.

I ba raddau, felly, yr oedd y *Cyfaill* yn driw i'w enw ac yn cyfrannu at hunaniaeth y Cymry fel rhan o wasg gyfnodol y gymuned ddiasporaidd yn y cyfnod?

Amhosibl fyddai cyffredinoli beth oedd union ddylanwad y cyfnodolion yn America. Ysywaeth, o ystyried profiadau ymfudwyr o wahanol genhedloedd, gellid dweud gyda chryn sicrwydd eu bod yn rhan weladwy o'u diwylliant mewn cydweithrediad â'r sefydliadau eraill yn y cyfnod. Yn hyn o beth, mae'r wasg yn symbol o amrywiaeth ideolegol y genedl ynghyd â'r ymgyrch i'w hail-ddiffinio ei hun mewn amgylchfyd newydd wrth ymateb i ddigwyddiadau'r oes. Yn ôl T. M. Jones a ysgrifennai ar ddiwedd y bedwaredd ar ganrif ar bymtheg, roedd y modd yr oedd y wasg yn cael ei llywio yn arwydd o gymeriad y genedl.[3]

Heb diriogaeth na gwladwriaeth, roedd y genedl yn ffynnu ar lefel haniaethol yn unig yn America. Er hynny, roedd y cysyniad o gymdeithas ddychmygol yn dilysu'r teimlad o berthyn gan fod y fersiwn diwygiedig o'u hunaniaeth yn ymgorffori elfennau o ddiwylliant Cymru ac America – elfennau a oedd yn seiliedig ar realiti eu ffordd o fyw. Yn hyn o beth, roedd y disgwrs yn dehongli ac yn ailgylchu ystyron crefyddol, gwleidyddol, ieithyddol a llenyddol ar ran y gymdeithas, a oedd yn hanfodol i ffurfio hunaniaeth ar ei newydd wedd. Roedd America hyd yn oed yn dibynnu ar rethreg i ffurfio cysyniad o'r genedl, 'a nation made of words'.[4]

Anodd dros ben yw nodi ffigyrau pendant ar gyfer cylchrediad y *Cyfaill*, gan eu bod yn amrywio'n fawr yn ystod gyrfa'r cylchgrawn yn ôl lleoliad darllenwyr ac adegau penodol fel y wasg yng Nghymru. Mae'n bur debyg hefyd bod copïau a ddosbarthwyd yn cael eu rhannu ymysg aelodau eraill o'r capel a'u teuluoedd estynedig. Mae'n bosibl iawn felly bod nifer y darllenwyr yn sylweddol uwch na'r amcangyfrif – yn ôl tystiolaeth y cloriau – iddo amrywio rhwng 1,800 a 2,000 yn ei anterth.[5]

Er ei fod yn rhaid cydnabod nad oedd y cylchrediad hwn yn arbennig o uchel yn ôl meini prawf newyddiadurol cyffredinol, nid ar sail ystadegau moel y mae pwyso a mesur ei ddylanwad ar

Casgliad

Gymry America. Yn hytrach, dylid sylwi ar ei effaith ar y gynulleidfa a'u disgwyliadau, fel y dywed Paul D. Evans amdano:

> Its influence was not measured by the number of its subscribers. Rowlands, Roberts and Griffiths were leaders of their denomination and their words carried great weight. Many Welsh homes had no other paper. Its monthly appearance was eagerly awaited, the whole of its contents carefully read, and much of it treasured for future reading and thought. In many homes it was a constant companion for long years, and the respect and esteem in which it was held was unbounded.[6]

Dywed Glanmor Williams y dylid cydnabod pwysigrwydd cyfnodolion oherwydd dilyniant a pharhad eu dylanwad ar ddarllenwyr.[7] Mae'r diwylliant print fel prif gyfrwng cyfathrebu'r bedwaredd ganrif ar bymtheg yn offeryn gwerthfawr i asesu meddylfryd y garfan hon – o'i ystyried fel cynnyrch ei gyfnod. Yn ogystal â chyflawni swyddogaeth gymdeithasol, roedd cyfnodolyn hefyd yn cael ei ystyried fel ffurf lenyddol yn yr oes honno. Mae'r wasg fel ffynhonnell gynradd felly'n cynnig amryw o ddisgyrsiau sy'n adlewyrchiad o gymuned ddiaspora'r oes a'i diffiniad o hunaniaeth o ganlyniad i amgylchiadau penodol: 'Welsh newspapers, then, were appreciated critically by their contemporaries as a form of literature, and were the subjects of active discussion as well as objects to be read.'[8] Yn wir, ni welwyd cyn hyn ganrif mor gynhyrchiol o ran llenyddiaeth a oedd yn ymateb i newidiadau'r oes.[9] Yn ôl E. G. Millward, mae angen edrych ar y cyd-destun hwn i ddeall cymhlethdod 'chwaeth darllen y werin Gymraeg a seicoleg cyhoeddi'r bedwaredd ganrif ar bymtheg'.[10]

Barna Huw Walters hefyd nad yw llenyddiaeth y ganrif wedi cael sylw digonol, gan amlinellu pwysigrwydd ei gosod yng nghyd-destun cymdeithasol yr oes: 'Yr oedd cyfran helaeth o olygyddion y wasg gylchgronol Gymraeg yn perthyn i'r un cefndir cymdeithasol â'u darllenwyr, ac y mae'n rhaid, felly, fod y cynnyrch llenyddol ei hun yn ddrych cywir i feddwl y cyfnod.'[11] Mae'r ffaith fod y golygyddion a'r darllenwyr yn rhannu'r un cefndir – yn wahanol i'w cymrodyr yn Lloegr – yn allweddol i werth y cyfrwng print fel adnodd hanesyddol. Yn wir, er bod William Rowlands

Cyfaill pwy o'r hen wlad?

yn ddeallusyn dysgedig tu hwnt, roedd hefyd yn uniaethu â'r gynulleidfa ar seiliau crefyddol. Yn nhyb Walters, ni ddylid bychanu'r 'prysurdeb llenyddol hwn' am fod iddo arwyddocâd cymdeithasegol, yn bennaf yn y modd yr oedd y werin gyffredin yn cynnal y wasg gyfnodol drwy gydol y ganrif. Mae anferthedd cynnyrch print y genedl yn y cyfnod – beth bynnag fo'i ansawdd – yn ogystal â lluosogrwydd ei gwasg gyfnodol mewn gwahanol wledydd yn brawf o gryfder hunaniaeth a gynhaliwyd ar seiliau iaith leiafrifol:

> When one considers the paucity of their numbers in comparison to other ethnic groups that emigrated to America and their rather wide dispersion geographically, the record of the Welsh in the field of journalism is rather remarkable and indicative of the tremendously important hold which their native tongue had upon them.[12]

Dywed Elisa New y gall deuoliaeth hunaniaeth lethu llenyddiaeth cenedl neu roi egni creadigol iddi (*paralysing or productive*). Yn achos Cymry America, roedd y dylanwadau amrywiol yn cydblethu i greu corff swmpus o lenyddiaeth. O'i gymharu, ychydig iawn o lenyddiaeth a gyfansoddwyd yn yr iaith Wyddeleg yn America, er bod niferoedd llawer uwch wedi ymfudo o Iwerddon. Mae hyn yn dangos bod yr elfen lenyddol ac ieithyddol yn allweddol yng nghynhaliaeth diwylliant lleiafrifol fel y Cymry ar dir estron. Yn hyn o beth, un o'r cenhedloedd mwyaf cynhyrchiol oedd Norwy. Ymdebygai i Gymru yn y modd yr oedd yn brwydro'n erbyn dylanwad Daneg, a'r deallusion hefyd yn defnyddio llenyddiaeth i bledio eu harwahanrwydd fel cenedl.[13]

Mae testunau o'r cyfnod sy'n trafod y *Cyfaill* yng nghyd-destun y wasg Gymraeg – arferiad sy'n nodweddiadol o'r wasg enwadol – yn tystio bod y darllenwyr yn tafoli'r cyhoeddiadau fel gweithiau llenyddol ac yn ymateb iddynt yn y cyd-destun hwnnw. Nid oes ond angen edrych ar y myrdd o gerddi ac anerchiadau canmoliaethus i'r *Cyfaill* am effaith ei gyfraniad, a hynny gan ei wir feirniaid, sef aelodau o blith Cymry America yn yr oes honno.

Serch hynny, camgymeriad dybryd fyddai tybio nad oedd ganddo ei wrthwynebwyr na'i wendidau. Mae edrych ar ohebiaeth

Casgliad

sy'n ymdrin â dadleuon amrywiol ochr yn ochr â chyhoeddiadau eraill yn dangos nad oedd yn gwbl ddilychwin fel y proffesai ei olygydd. Mae cyd-destunoli'r wasg yn gwbl hanfodol i fagu pellter beirniadol, a'i dehongli fel endid a oedd yn gybolfa gymhleth o ddynameg yn gymorth i osgoi syrthio i'r un fagl o ddiffyg gwrthrychedd â William Rowlands ei hun.

Mae dewisiadau golygyddol Rowlands yn tystio i unigolyddiaeth y cyhoeddiad a'r modd yr ymlafniodd yn ddiwyd i dorri ei gwys ei hun a thorri'n rhydd o gonfensiwn y wasg enwadol. Mae anerchiad ganddo yn 1854 yn dadlennu tipyn am ei agwedd at y cyhoeddiad a sylfaenodd:

> Yn gyhoeddiad crefyddol y bwriadwyd y Cyfaill o'i ddechreuad; i genedlu a meithrin chwaeth grefyddol, ac i bleidio crefydd yn ei holl ranau, amgylchiadau a chysylltiadau; a'r cymhelliad cryfaf i barhau yn ei olygiaeth yw gallu gobeithio nad yw ein llafur yn hollol ofer yn sefydliad a lledaeniad 'y deyrnas nad yw o'r byd hwn'. Nid oedd ond ei hun yn y dechreu ar faes y Cymry yn America; ac er fod eraill, amryw, wedi ei ddilyn erbyn heddyw, y mae yn parhau braidd yn unigol eto yn ei bleidgarwch i ddosbarth o egwyddorion adnabyddus yn mhlith y Cymry...[14]

Ar wahân i fwynhau breintiau amlwg y misolyn cyntaf i wasanaethu Cymry America, creda'r golygydd y saif yn uwch na gweddill y cyhoeddiadau oherwydd ei egwyddorion golygyddol. Mae sawl darn o farddoniaeth yn y *Cyfaill* yn ei ddyrchafu o blith y wasg gyfnodol:

> Dymunaf fawr lwyddiant i bob cyfrwng dwysgaill,
> Ond rhaid rhoi'r FLAENORIAETH o'r cyfan i'r Cyfaill.[15]

Yn wir, ceisia adfer ei statws yn 1861, a hynny pan oedd nifer o gyhoeddiadau eraill wedi ymddangos ers ei gychwyniad. Defnyddia farn ei ddarllenwyr i ddatgan: 'Ysgrifena amryw atom yn hyderus y daw y Cyfaill i'w hen safle fel prif gyhoeddiad y genedl Gymreig.'[16] Mae anerchiad arall gan 'Alltud y Groes' yn 1860 yn credu bod 'golwg lewyrchus arno o hyd', gan gloriannu ei yrfa o'i ddechrau i'w ddiwedd:

Cyfaill pwy o'r hen wlad?

> Bu yn hynod o ffyddlawn yn gweini arnom y blynyddoedd cyntaf y daethom i'r America – yn hynod gyson ei ymweliadau, a hynod y cysur a'r cynhaliaeth yr oeddym yn ei fwynhau drwy ei ymweliadau. Yr oedd ei wynebpryd siriol, ei ymddygiad boneddigaidd, a'i wersi yn fuddiol ac adeiladol, nes oeddym wedi myned mor hoff o'n gilydd ag oedd Dafydd a Jonathan. Yr oeddwn yn meddwl y gallasai ei fod yn adfeilio, neu fod golwg luddedig arno, gan ei fod wedi trafaelio miloedd o filldiroedd dros dir a môr; ond er ei deithiau meithion, a'i holl wasanaeth i'w genedl, y mae yn cadw ei raen yn gampus; a hyny y mae'n debyg, drwy fod ei ohebwyr ffyddlawn yn diwallu ei enau â daioni. Y mae ei hanesiaeth yn graffus – ei draethodau yn rymus – ei dduwinyddiaeth yn iachus – ei fywgraffiadau yn felus, a'i farddoniaeth yn ddawnus.[17]

Serch hynny, canmolwyd y cyfnodolion gan wahanol lenorion ar eu tudalennau bob un yn eu tro. Mae hyn yn dangos bod tasg y golygydd o ddiffinio cynulleidfa yn berthnasol i'r math o deyrngarwch a dderbyniwyd gan ddarllenwyr maes o law, yn union fel perthynas symbiotig. Mae'n rhaid cofio hefyd bod llawer o orgyffwrdd rhwng y cyfnodolion enwadol o ran deunydd a chynnwys fel na ellir gwahaniaethu'n ormodol rhwng eu hamcanion. Mae'r ffaith fod rhai darllenwyr yn trafod gwahanol gyhoeddiadau yn dangos y dylem ninnau hefyd ystyried y wasg gyfan fel endid diwylliannol.

Dywed y golygydd yn 1845 nad 'prawf bychain o'i gymeradwyaeth' yw bod y cylchgronau a ddilynodd y *Cyfaill* i faes y wasg wedi 'ceisio efelychu ei brif nodweddion'.[18] Ond fel y gwelwyd wrth ei gymharu â chyfnodolion Cymru, roedd yntau hefyd yn dilyn patrwm arferol gwasg gyfnodol y Cymry o ran strwythur a natur y cynnwys. Yn wahanol i wasg swmpus grwpiau niferus megis yr Almaenwyr, a hwythau'n darllen papurau newydd yn ôl eu chwaeth bersonol, mae'n debyg fod nifer o Gymry America yn tanysgrifio i fwy nag un cyhoeddiad er mwyn cefnogi'r wasg fel un o brif sefydliadau diwylliannol eu cenedl leiafrifol. Mae un bardd yn gwerthfawrogi'r *Cyfaill* fwyfwy drwy ei osod ymhlith ei gymrodyr newyddiadurol:

Casgliad

Gwn y cofir gwên Cyfaill – a'i flas, gwn,
Fydd fel gwin, rhwng dau efaill,
Anian y llall yn y naill,
Haws ei garu yn mysg ereill.[19]

Yn wahanol i rai beirdd sy'n dyrchafu'r *Cyfaill* uwchlaw'r cyhoeddiadau eraill, i'r adolygydd hwn saif ei ragoriaeth fel rhan o glytwaith y wasg enwadol yn ei chyfanrwydd, a'r gorgyffwrdd rhyngddynt yn arwydd o gryfder.

Fodd bynnag, er bod strwythur y cyhoeddiadau yn ymdebygu i'w gilydd, mae'n bwysig i ni ymbellhau oddi wrth y cysyniad bod y wasg enwadol yn cydweithio mewn cytgord – fel y dengys nifer o ddadleuon. Mae asesu cyfraniad y *Cyfaill* yng nghyd-destun y wasg gyfnodol yn rhoi darlun, nid yn unig o'r berthynas rhwng y cyhoeddiadau, ond hefyd y cymhlethdod mewnol rhwng y darllenwyr, y gohebwyr a'r golygyddion. Yn hyn o beth, roedd dadansoddi'r is-destun yn yr ohebiaeth rhyngddynt yn datgelu cyfrolau am eu safbwyntiau.

Gan nad oedd Rowlands yn dewis cyhoeddi rhai ysgrifau ac yn hytrach yn cyfeirio atynt wrth fynd heibio, bu'n rhaid chwilio'n fanwl iawn am atebion. Roedd hyn yn cynnwys darllen rhwng y llinellau wrth olrhain ei agenda o ddethol ysgrifau ynghyd â sylwi ar gyfeiriadaeth ymddangosiadol gynnil yn yr adrannau newyddion. Ni ellir ychwaith orbwysleisio mantais craffu ar y print mân ar gloriau'r cyfnodolion, a oedd yn cynnwys sylwadau hynod ddadlennol y gellid yn hawdd fod wedi eu hanwybyddu. Daeth yn amlwg mai daliadau'r golygyddion fel unigolion oedd yn llywio eu hymdriniaeth o'r themâu a astudir yma. Dyma hefyd oedd yn gwahaniaethu'r cyhoeddiadau oddi wrth ei gilydd wrth iddynt ddod yn rhan o we gymhleth o brosesau cymdeithasol a oedd yn cwmpasu'r testun, y gymdeithas a'r diwylliant print yn gyffredinol.

Er bod Rowlands wedi derbyn dogn helaeth o ganmoliaeth a cherydd yn ystod ei olygyddiaeth, mae'r ffaith i'r *Cyfaill* ddal ei dir yn ystod y tymhestloedd hyn yn dyst i'w ymroddiad i gynnal y diwylliant Cymraeg. Prawf ymarferol o'i gyfraniad yw bod cyfaill i Rowlands, John Samuel o Philadelphia, wedi cynnig casglu 'tysteb'

Cyfaill pwy o'r hen wlad?

gwerth mil o ddoleri iddo yn 1857 am sefydlu'r misolyn ac am ei wasanaeth defnyddiol i'r genedl. Gwelir nifer o ysgrifau'n cymeradwyo hyn yn y *Cyfaill* yn ogystal â datganiadau cefnogol gan gymdeithasau crefyddol, ysgolion Sul a chymanfaoedd ar hyd y taleithiau. Er na chyrhaeddwyd y targed gwreiddiol, cyflwynwyd cannoedd o ddoleri iddo flynyddoedd yn ddiweddarach. Yn ogystal, dywed ei gofiant iddo dderbyn caredigrwydd yn ariannol oddi wrth wahanol eglwysi sawl tro yn ogystal â rhoddion gan unigolion, sy'n awgrymu'r gwerthfawrogiad ohono mewn gwahanol gylchoedd. Yn wir, Bedyddiwr oedd John Samuel, sy'n dangos bod y *Cyfaill* yn parhau i apelio at aelodau o wahanol enwadau yn ystod yr 1850au. Yn fwy na hynny, rhestrir presenoldeb nifer o addolwyr o enwadau eraill yn ei angladd.[20]

Mae'n arwyddocaol hefyd bod Iorthryn Gwynedd – hanesydd Cymry America a gweinidog gydag enwad yr Annibynwyr – yn dweud y bu'r *Cyfaill* 'o wasanaeth dirfawr i'n cenedl yn y wlad hon'. Ychwanega fod dylanwad ei olygydd yn drwm ar eglwysi, y pwlpud a'r wasg Gymraeg.[21] Mae T. M. Jones, hyd yn oed ar ddiwedd y bedwaredd ganrif ar bymtheg yn trafod dylanwad y *Cyfaill* yn fwy na'r un cylchgrawn arall, ac yn annog ei ddarllenwyr i sylweddoli 'gwerth cylchgrawn o'r cymeriad hwn'. Priodola ei lwyddiant i ffrwyth taith Rowlands o amgylch treflannau Cymreig America yn 1837, ac am y rheswm hwnnw y dylid anfarwoli ei enw ymhlith y Cymry.[22]

Fodd bynnag, ni ellir honni bod Rowlands yn 'hollol ddiduedd'. Mae dulliau golygyddol megis defnyddio ffugenwau a'r modd yr oedd yn siapio'r agenda yn dangos bod safbwyntiau'r unigolyn yn britho'r cyhoeddiad. Roedd mewn gwirionedd yn arddel ei ddylanwad fel golygydd, er nad oedd y ffaith hon – efallai – yn wybyddus i ddarllenwyr y *Cyfaill*. Trwy eu hanwybodaeth, câi yntau hefyd fod yn rhan o drafodaeth yr un gymuned ddehongliadol a chael mynediad i rychwant o farn. Gallai wedyn achub y cyfle i fynegi sylwebaeth bersonol y tu ôl i len ymddangosiadol wrthrychol ei bellter beirniadol fel golygydd.

Eto i gyd, mae'r teyrngedau i Rowlands yn dilyn ei farwolaeth yn 1866 yn cadarnhau ei gymwynas i ddiwylliant Cymraeg America fel golygydd, llenor a gweinidog. Personolir Rowlands fel tad y

Casgliad

Cyfaill ar ddiwedd 1866 ar ei dudalennau, ac wrth i'r cyhoeddiad 'wisgo ei alarwisg', tafolir ei gyfraniad i Gymry America: 'Cymysga llawer o Genedl y Cymry eu dagrau, a chyd-godant eu hwylofain chwerw am un a wnaeth gymaint drostynt yn ei weddiau, ei bregethau, a'i ysgrifeniadau.'[23] Er bod arloeswr y wasg gyfnodol Gymraeg yn America wedi colli ei 'Sefydlydd, ei Olygydd, a'i Amddiffynydd', teimla 'fod ganddo lawer o waith eto i'w gyflawni yn mysg Cymry America'. Er gwaethaf marwolaeth Rowlands, mae'r rhagolygon ar gyfer ei fenter yn llewyrchus, ac ymddengys y bydd yn parhau i arddel yr un egwyddorion a sefydlodd bron 30 mlynedd ynghynt.

Gwelir nifer o lythyrau yn canmol ei gyfraniad yn y *Cyfaill* a chyhoeddiadau eraill y wasg gyfnodol – yn enwedig gan yr hen sefydlwyr – a rhai o Gymru. Yn fwy na hynny, cafwyd cydnabyddiaeth iddo gan grefyddwyr ymhlith Americanwyr yr oedd wedi cymdeithasu â hwy. Ceir cyfeiriadau ato hefyd ym mhenderfyniadau cymdeithasfaoedd, cymanfaoedd ac eglwysi gwahanol enwadau mewn sawl talaith, sy'n brawf o'i allu i groesi ffiniau. Mae'r ffaith fod penillion coffa i Rowlands gan y bardd Llew Llwyfo yn fuddugol yng nghystadleuaeth y bryddest yn Eisteddfod Gadeiriol Utica yn 1870 hefyd yn tystio ei fod yn ffigwr o bwys ymhlith y gymuned Gymreig-Americanaidd. Yn ôl y bardd, roedd wedi cyflawni sawl swyddogaeth:

> Bellach, mae'r gwladwr gŵyl, y llengcyn hoew,
> Y dyfal ysgolhaig, y Cristion gloew,
> Y dwys Bregethwr, yr Efrydydd cryf,
> Yr hael Gymydog, y Cenhadwr hyf,
> Yr Athraw dwfn, y Llenor diwylliedig,
> Y gwir Gymreig Apostol ymroddedig.[24]

Beth oedd hanes y *Cyfaill* a'r diwylliant Cymraeg felly ar ôl marwolaeth ei syflaenydd?

O ran ansawdd a pharhad diwylliant Cymry America, ni ellir cyffredinoli gan fod y sefyllfa'n amrywio rhwng treflannau ac unigolion. Ond i'r genhedlaeth gyntaf o ymfudwyr yn enwedig, roedd y cof am yr hen wlad yn fyw o hyd i nifer fel nad oedd eu

Cyfaill pwy o'r hen wlad?

dinasyddiaeth Americanaidd yn glastwreiddio eu Cymreictod. Serch hynny, nid oeddent yn Gymry mwyach yn yr ystyr absoliwt eu bod yn arddel un math o genedligrwydd, ond yn hytrach yn rhan o genedl newydd.

Mae'r dystiolaeth yn awgrymu bod y *Cyfaill* yn atgynhyrchu ystyron a oedd yn cadw elfennau cynhenid Gymreig ac yn ymgorffori rhai Americanaidd. Deuai'r ymfudwr felly'n rhan o'r hyn a ddisgrifia Jerry Hunter fel 'un gymuned genedlaethol, y Gymru Americanaidd newydd'.[25] Yn wir, er bod cynnal Cymreictod yn dibynnu i raddau helaeth ar gryfder eu cenedligrwydd cyn ymfudo o Gymru, a chyfran ohonynt yn ddifater beth bynnag, dadleua Glanmor Williams y cynyddodd ymwybyddiaeth genedlaethol rhai o'r 'alltudion' ar ôl gadael eu tiriogaeth.[26] Fel y mynega cerdd mewn dathliad Gŵyl Dewi:

> Yn mhlith y gwir Frython, po *bellaf* y teithiont
> *Agosaf* a fydd eu meddylfryd i'w gwlad.[27]

Fodd bynnag, er nad oedd yr ymdeimlad o Gymreictod o reidrwydd yn breuo yn America wrth i'r cysylltiad trawsatlantig ei gynnal, mae Maldwyn Jones yn dadlau eu bod yn awr yn genedl ymylol (*marginal men*). Roeddent yn perthyn yn rhannol i ddau fyd, ac er i'r hen draddodiadau barhau yn America, daethai hanes Prydain yn llai perthnasol iddynt gyda threigl amser.[28] Eto i gyd, un o'r ffactorau mwyaf tyngedfennol yng nghynhaliaeth Cymreictod y tu hwnt i'r cynefin gwreiddiol yw nad oedd yr ymfudwyr wedi eu hynysu'n gyfan gwbl o'r famwlad.

Gwelir perthynas amlwg rhwng y ddwy wlad wrth i faterion enwadol, y wasg a natur eu cymdeithasau orgyffwrdd yn helaeth, cysylltiad a oedd yn dibynnu ar y cyfrwng print drwy gyfnewid deunydd a chyhoeddiadau. Yng ngeiriau'r bardd Llinos Glan Ohio mewn cyfarchiad i'r *Cyfaill*, 'Tirion lyw wyt o'r "Hen Wlad".'[29] Yn hyn o beth, bu cymharu diwylliant print y ddwy wlad yn achlysurol yn allweddol i gynyddu dealltwriaeth o natur eu cenedligrwydd wrth i'w patrymau adleisio'i gilydd yn rhyfeddol o aml.

Parhaodd cannwyll y diwylliant Cymraeg i fudlosgi drwy gydol y bedwaredd ganrif ar bymtheg. Gwelwyd ymfudo pellach o

Casgliad

Gymru a disgynyddion a oedd yn arddel eu hetifeddiaeth yn atgyfnerthu rhai cymunedau, tra oedd eraill yn erydu. Yn wir, prawf o'r angen am gyfnodolyn i wasanaethu Cymry America yw bod y *Cyfaill* wedi goroesi tan 1933, er ei fod yn cynnwys deunydd Saesneg yn gynyddol wedi troad y ganrif. O ystyried bod cyfraddau methiant cyfnodolion o Gymru yn llawer uwch na'u cymdogion Seisnig, mae'r ffaith i'r misolyn crefyddol gyrraedd gwth o oedran yn awgrymu na ddylid dibrisio'r sefydliad diwylliannol o bwys i'r gymuned Gymraeg yn America.

Tasg anos fyth fyddai cynnal cylchgrawn ar dir estron mewn cyfnod bregus yn economaidd a chymdeithasol, yn ogystal â chadw rhyw lun o Gymreictod a oedd yn cael ei fygwth beunydd gan y cerrynt Seisnig. Yn wir, gwelid lliaws o fethiannau yn y wasg gyfnodol Saesneg yn America, a chylchrediad cymharol fychan a oedd gan y cylchgronau mwyaf llwyddiannus o ystyried y boblogaeth enfawr.[30] Eto i gyd, tueddai'r cylchgronau crefyddol i oroesi'n hwy nag eraill, sy'n awgrymu bod y diwylliant hwn yn asgwrn cefn i'r wasg brint yn y cyd-destun Cymreig ac Americanaidd.

Ymhellach, honna cofiant Rowlands fod sawl teulu wedi cadw rhifynnau o'r *Cyfaill* a'u rhwymo, sy'n awgrymu bod rhai o Gymry America yn ei drysori fel corff o lenyddiaeth.[31] Mae'n bur debyg mai ei swyddogaeth amlbwrpas o ran diwallu gwahanol anghenion y genedl oedd i gyfrif am ei lwyddiant, ac yn hyn o beth roedd ei gynnwys yn ymdebygu'n fawr i nifer o gyhoeddiadau gwasg gyfnodol Saesneg y wlad.[32] A adawodd ei farc ar ddiwylliant Cymry America yn y cyfnod felly?

Er na ellir cynnig damcaniaeth strwythuredig i esbonio diffiniad y wasg brint o hunaniaeth cenedl, mae'r dystiolaeth yn awgrymu'n gryf fod y *Cyfaill* yn un o'r sefydliadau diwylliannol a oedd yn creu a chynnal hunaniaeth ddeublyg Gymreig-Americanaidd. Er hynny, camgymeriad dybryd, wrth gwrs, fyddai tybio bod y wasg gyfnodol yn faes astudiaeth a all egluro holl gymhlethdodau hunaniaeth cymunedau diasporaidd y bedwaredd ganrif ar bymtheg. Mae'r *Cyfaill* yn ei hun yn cynrychioli talp o ddiwylliant yn y modd yr oedd yn arddangos celfyddyd, ond roedd hefyd yn gyfrwng gweithredol byw i greu meddylfryd wrth iddo bontio nifer o

Cyfaill pwy o'r hen wlad?

gymunedau. Roedd yn un o'r sefydliadau a feddai ar y gallu i glymu aelodau o'r un genedl ynghyd ar draws nifer o ffiniau: ar lefel genedlaethol yn America, yn drawsatlantig ac fel llinyn cyswllt rhwng y diaspora Cymreig.

Amlygai'r disgwrs hefyd y rhyngweithio rhwng gohebwyr, darllenwyr a'r golygydd. Gallai ddarlunio'r cylch cymdeithasol cymhleth a'r wyddor grym rhyngddynt yn y modd yr oeddent yn dehongli ac yn ymateb i ystyron o ganlyniad i ddylanwadau amrywiol. Dangosodd gyfraniad y *Cyfaill* fod Cymry America yn creu hunaniaeth ar y cyd drwy gyfranogi mewn gwahanol gymunedau amlhaenog. Roedd Rowlands hefyd yn rhan o gymunedau niferus fel golygydd a gweinidog. Llwyddodd i raddau i wireddu ei amcan o uno cymunedau ar wasgar mewn rhwydwaith brintieithyddol bellgyrhaeddol. Gwnaeth hyn drwy sefydlu'r cylchgrawn llwyddiannus cyntaf yn yr iaith Gymraeg ar gyfer y genedl gyfan, sef y gymdeithas gynhwysol yr oedd yn ceisio ei diffinio a'i gwasanaethu. Ar yr un pryd, crëwyd isgymunedau drwy ailddiffinio cynulleidfa a swyddogaeth y cyhoeddiad droeon o ganlyniad i effaith ei ddaliadau personol ar y cylchgrawn.

Roedd terfynau'r *Cyfaill* yn amrywio yn ôl cyd-destun economaidd, enwadol a gwleidyddol. Gwelid croestynnu parhaus ym meddwl Rowlands rhwng gwasanaethu'r gymuned yn ei chyfanrwydd a hybu ei agenda unigol drwy dargedu cymunedau lleiafrifol yr oedd hefyd yn aelod ohonynt.

Un o brif adnoddau'r wasg gyfnodol yw'r ffaith ei bod yn rhychwantu nifer o bynciau, ac felly mae'n rhaid i ymchwil pellach fagu safbwynt rhyngddisgyblaethol er mwyn cynyddu ein dealltwriaeth o'i chymhlethdod. Mae'n ffynhonnell gynradd doreithiog sy'n cynnig potensial i ddilyn llwybrau llenyddol, ieithyddol a hanesyddol, yn ogystal â seicolegol, cymdeithasegol neu anthropolegol mewn dyfnder.

Mae angen dybryd am fframwaith ddamcaniaethol sy'n ystyried y wasg gyfnodol fel genre ar wahân, gan nad yw beirniadaeth lenyddol yn rhoi ystyriaeth ddigonol i'r rôl olygyddol mewn llenyddiaeth. Nid yw ychwaith yn addas i archwilio cymhlethdod y cyfnewid yn y berthynas drionglog rhwng y testun, y darllenwyr a'r golygydd. Tuedda i ganolbwyntio ar fanylder y disgwrs,

Casgliad

gan ddarlunio proses unffordd lle mae'r awdur yn cyflwyno'r testun i'w gynulleidfa. Nid yw'n ystyried ei ddylanwad ar y darllenwyr nes eu bod maes o law yn weithredol ac yn ymateb fel awduron a gohebwyr eu hunain. Mae cwestiynau o'r fath yn berthnasol i gyfryngau cyfathrebu mewn unrhyw oes, yn ogystal â natur y gynulleidfa a sut y maent yn treulio'r testun (*reader-response theory*), maes sydd wedi ei ddatblygu yn ystod y degawdau diweddar.

Mae llawer mwy i'w ganfod yng nghynnyrch print Cymry America am natur y gymuned a'i hagweddau, a'r modd yr oedd ei harweinwyr yn ffurfio ac yn lledaenu ystyron gyda chydweithrediad y darllenwyr. Mae potensial enfawr i ffurfio safbwynt cymharol gyda chynnyrch newyddiadurol gwahanol gefndiroedd ethnig,[33] yn enwedig y byd cyhoeddi Saesneg yn America a oedd yn cystadlu'n uniongyrchol ag ymdrechion y Cymry. Wedi'r cwbl, nid ar chwarae bach yr oedd modd goresgyn caledi ar y cyfandir.

Mae angen rhagor o gydnabyddiaeth i gyfraniad y Cymry i draddodiad llenyddol America yn gyffredinol, fel yr ystyrir y traddodiad Affro-Americanaidd yn endid ar wahân, ond hefyd yn rhan o'r cyd-destun ehangach. Fodd bynnag, gwelwyd symudiad i'r cyfeiriad hwn mewn rhai antholegau sy'n ymdrin â gweithiau llenyddol ymfudwyr o wahanol gefndiroedd ieithyddol.[34] Dengys hyn fod eu llenyddiaeth yn fwy na thrafodaeth ar ymfudo a chymathu yn unig, a'i bod yn haeddu ei lle yn y canon llenyddol.[35] Mae'r ffaith fod y Gymraeg yn cael ei chynnwys yn y gwaith diweddar hwn yn dangos bod y Cymry wedi gwneud cyfraniad – waeth pa mor fychan – i draddodiad llenyddol y wlad. Yn wir, mae America ei hun yn llawn o ystyron amrywiol hefyd.

Dadleua Melinda Gray yn erbyn y syniad o lenyddiaeth 'ethnig' Saesneg yn America, gan fod y corff hwn mewn deialog barhaus â diwylliannau ymfudwyr yn y bedwaredd ganrif ar bymtheg.[36] Byddai hefyd yn ddelfrydol medru clymu'r llinynnau anorffenedig rhwng deunydd print y diaspora Cymreig yn gyffredinol er mwyn cymharu eu profiad mewn gwahanol gyd-destunau.

Mae syniadaeth rymus cenedlaetholdeb wedi ein cyflyru i feddwl mai perthyn i un genedl y mae pawb. O'r herwydd, mae gwir angen datblygu dealltwriaeth o gymhlethdodau hunaniaeth

Cyfaill pwy o'r hen wlad?

amlochrog lle mae mwy nag un diwylliant yn cyd-fyw. Erys y cwestiynau hyn yn berthnasol iawn heddiw yn sgil globaleiddio, aml-ddiwylliannaeth ac effaith y diwylliant Eingl-Americanaidd ar Gymreictod. Yn wir, rydym yn parhau i ail-greu diwylliannau sy'n croesi nifer o ffiniau gyda thestunau ag ystyron amrywiol.

Yn wir, nid yw'r astudiaethau am Gymry America hyd yma wedi trafod yr agwedd Brydeinig i'w hunaniaeth. Parhâi'n gryf ar ôl ymfudo yn hanes llawer o'r Cymry Cymraeg mwyaf pybyr hyd yn oed, fel y mynegir yn llwncdestunau dathliadau Gŵyl Dewi ac adran newyddion y cyfnodolion.

Ni ddylid anghofio bod cymdeithasau Cymreig yn ffynnu yn yr Unol Daleithiau hyd heddiw. Mae cymanfaoedd canu a dathliadau Gŵyl Dewi yn parhau fel symbolau o etifeddiaeth ddiwylliannol y Cymry i'w disgynyddion. Gwelir y papur *Ninnau* a ddatblygodd o'r *Drych* mewn siopau llyfrau yng Nghymru. Er ei fod yn Saesneg at ei gilydd erbyn hyn, mae'n brawf cyfoes o'r berthynas â'r hen wlad a oedd mor ganolog i ffyniant Cymreictod yn America. Yn wir, mae'r gyfrol *Gweld Sêr*, wedi ei golygu gan M. Wynn Thomas, yn dangos sut y mae apêl America yn parhau i ennyn ymateb gan Gymry Cymraeg yn yr ugeinfed ganrif. Rhestrodd Jerry Hunter lu o weithiau gan lenorion y genedl heddiw sydd wedi eu hysbrydoli gan y wlad.[37] Mae'r plethiad o ddylanwadau'r ddwy wlad yn dangos bod llenorion y dwthwn hwn hefyd yn ymrafael am eu lleisiau wrth fyw mewn 'bydoedd cyfochrog'.[38] Ceir gweithgarwch ysgolheigaidd yn ymdrin â llenyddiaeth y bedwaredd ganrif ar bymtheg a chyfnodau canoloesol yn y cynadleddau Celtaidd a gynhelir yn flynyddol ar y cyfandir.[39] Dengys hyn fod y diddordeb yn parhau yn y cysylltiad rhwng y ddwy wlad.

Dylid felly atgyfnerthu ein cysylltiadau â'r cymdeithasau Cymreig yn America am ei fod yn bur debyg bod ganddynt gyfoeth o destunau'n llechu mewn ystafelloedd llychlyd yn disgwyl am ymchwilwyr y dyfodol. Erys y bennod annileadwy hon yn rhych ddofn yn ein hanes, ac o'i hastudio gallai yn ei dro gyfoethogi ein hunaniaeth ninnau hefyd:

Casgliad

Er na chafodd breuddwydion y Cymry eu gwireddu, fe dâl i ni gofio'r ymdrech, a deall yr un pryd sut mae eu profiadau'n rhan o'n hanes ninnau. Nid yw hi chwaith yn rhy hwyr i ddeffro Cymreictod y genhedlaeth hon o Americaniaid Cymreig a rhoi iddynt rôl ym mharhad ein Cymreictod bregus ni.[40]

Fel y dywed M.Wynn Thomas, 'carreg ateb o wlad yw'r Taleithiau Unedig ar un ystyr'.[41]

Nodiadau

Cyflwyniad

1. 'Anerchiad i'r Cyfaill' – *Y Cyfaill o'r Hen Wlad*, Chwefror 1838.
2. Aled Gruffydd Jones, *Press, Politics and Society: A History of Journalism in Wales* (Caerdydd: University of Wales Press, 1993).
3. Margaret Beetham, 'Towards a theory of the periodical as a publishing genre', yn Laurel Brake, Aled Jones a Lionel Madden (goln), *Investigating Victorian Journalism* (Hampshire: Macmillan, 1990), t. 20.
4. Lyn Pykett, 'Reading the Periodical Press', yn Brake, Jones a Madden (goln), *Investigating Victorian Journalism*, t. 7.
5. Robert Ezra Park, *Immigrant Press and its Control* (New York: Harper and Brothers, 1922), tt. 50–1.
6. Ernest Gellner, *Nations and Nationalism* (Oxford: Basil Blackwell, 1983).
7. Benedict Anderson, *Imagined Communities: Reflections on the origin and spread of nationalism* (London: Verso, 1983), t. 5. Dyfyniad gan Seton-Watson, t. 6.
8. David Miller, *On Nationality* (Oxford: Clarendon, 1995), t. 32.
9. Beetham, *Investigating Victorian Journalism*.
10. Laurel Brake a Julie Codell, 'Introduction: Encountering the Press', yn Laurel Brake a Julie Codell (goln), *Encounters in the Victorian Press: editors, authors and readers* (Basingstoke: Houndmills, 2005), tt. 1–10.

1 Newyddiaduraeth Gymraeg America

1. 'Anerchiad i'r Cyfaill (Ioan Madog)' – *Y Cyfaill o'r Hen Wlad*, Chwefror 1838.
2. Andrew King a John Plunkett, *Victorian Print Media: A Reader* (Rhydychen: Oxford University Press, 2005), t. 1.
3. 'Ffarwel i'r Hen Wlad (Cymro Cloff, Cilymeini, Genesee, Wisconsin, gynt Glyn Tarell, sir Frycheiniog)' – *Y Cyfaill o'r Hen Wlad*, Gorffennaf 1855.

Nodiadau

4. Golyga'r model *push-pull* fod amgylchiadau yn y famwlad yn gwthio'r ymfudwyr i adael, a ffactorau'r wlad newydd yn eu denu i groesi'r Iwerydd.
5. 'Pennill wrth weled mor hyfryd oedd Caerefrog Newydd, ar ol hir fordaith (Dylluan, Llwyn-y-Cymry)' – *Y Cyfaill o'r Hen Wlad*, Tachwedd 1842.
6. 'Testunau a gwobrau i feirdd a llenorion Cymreig America (Iorthryn Gwynedd)' – *Y Cyfaill o'r Hen Wlad*, Mai 1852.
7. Jerry Hunter, *Sons of Arthur, Children of Lincoln* (Caerdydd: University of Wales Press, 2007), t. 14.
8. Anne Knowles, *Calvinists Incorporated: Welsh Immigrants on Ohio's Industrial Frontier* (Llundain: The University of Chicago Press, 2005), t. 4.
9. 'The Assimilation of the Welsh in Central New York', *Welsh History Review*, 6 (1973), 424–47.
10. Llewelyn D. Howell, *Traithawd ar ddechreuad a chynnydd y Cymry yn Utica a'i hamgylchoedd* (Rome: R. R. Meredith, 1860).
11. *Cymru ac America* (Caerdydd: Gwasg Prifysgol Cymru, 1975).
12. Maldwyn Jones, *The Limits of Liberty* (Rhydychen: Oxford University Press, 1983), t. 113.
13. G. Harrison Orians, 'The Rise of Romanticism 1805–1855', yn Harry Clark (gol.), *Transitions in American Literary History* (Efrog Newydd: Octagon, 1975), tt.161–244.
14. Eric Foner, *Give me Liberty!* (Llundain: Norton, 2014), tt. 324–5.
15. Foner, *Give me Liberty!*, tt. 475–6.
16. John Garraty a Mark Carnes, *The American Nation* (Efrog Newydd: Longman, 2000), t. 343.
17. Foner, *Give me Liberty!*, tt. 334–5.
18. Glanmor Williams, *Religion, Language and Nationality in Wales* (Caerdydd: University of Wales Press, 1979), t. 225; Alan Conway, *The Welsh in America: Letters from the Immigrants* (Caerdydd: University of Wales Press, 1961).
19. Bill Jones, 'Raising the Wind: Emigrating from Wales to the USA in the late nineteenth century and early twentieth century' (Darlith flynyddol Canolfan Uwchefrydiau Cymry America – Prifysgol Caerdydd, 2003).
20. Honnai'r cysyniad fod yr ymfudwr yn anghofio'r hen glymau, ac yn y broses ymfudo, yn barod i gymathu'n llwyr â'r amgylchiadau newydd.
21. John Bodnar, *Transplanted: A History of Immigrants in Urban America* (Bloomington: Indiana University Press, 1987).
22. Neil Evans, 'The Urbanization of Welsh Society', yn Herbert Trevor ac Elwyn Jones (gol.), *People and Protest: Wales 1815–1880* (Caerdydd: University of Wales Press, 1988), t. 19.
23. John Davies, *Hanes Cymru* (Llundain: Penguin, 2007), t. 377.

Nodiadau

24 Douglas Miller, *The Birth of Modern America 1820–1850* (Efrog Newydd: Pegasus, 1970).
25 Ernest Gellner, *Nations and Nationalism* (Rhydychen: Basil Blackwell, 1983), t. 50.
26 E. J. Hobsbawm, *Nations and nationalism since 1780: Programme, myth, reality* (West Nyack: Cambridge University Press, 1990), t. 69.
27 Gwyn A. Williams, *When was Wales?* (Llundain: Black Raven, 1985), t. 206.
28 Conway, *The Welsh in America*, t. 124.
29 D. Gareth Evans, *A History of Wales* (Caerdydd: University of Wales Press, 1989), t. 63.
30 Gwyn A. Williams, *Y Baradwys Bell* (Caerdydd: Qualitex, 1976), t. 18.
31 W. S. Shepperson, *British Emigration to North America: Projects and Opinions in the early Victorian Period* (Rhydychen: Basil Blackwell, 1957).
32 Aled Jones, 'The Welsh Newspaper Press', yn Hywel Teifi Edwards (gol.), *A Guide to Welsh Literature, 1800–1900* (Caerdydd: University of Wales Press, 2000), tt. 1–24, e.e. *Y Gwyliedydd, Y Dysgedydd, Lleuad yr Oes, Goleuad Cymru, Y Drysorfa* a'r *Efengylydd*; Robert Owen Jones, *'Hir Oes i'r Iaith': Agweddau ar Hanes y Gymraeg a'r Gymdeithas* (Llandysul: Gomer, 1997), tt. 1–23.
33 Paul Evans, 'The Welsh in Oneida County, New York' (thesis MA heb ei gyhoeddi, Cornell University, 1914), 17.
34 Robert Ezra Park, *Immigrant Press and its Control* (New York: Harper and Brothers, 1922), tt. 12–13.
35 Edward Hartmann, *Americans from Wales* (Boston: Christopher, 1967), t. 127.
36 Brock, William *The United States 1789–1890* (Ithaca: Cornell University Press, 1975), tt. 188–9.
37 T. M. Jones, *Llenyddiaeth fy ngwlad* (Treffynnon: P. M. Evans, 1893), tt. 204–5.
38 Robert Tyler, 'Y Wasg Gymraeg yn Nhrefedigaeth Awstralia', *Llafur*, 10 (2008), 21–32.
39 Ezra, *Immigrant Press and its Control*.
40 Prin oedd y cyfeiriadau at Gymru yn y wasg Brydeinig ar y gorau, a fu'n ysgogiad cryf i gymwynaswyr yr iaith Gymraeg fentro i ddarparu newyddion drwy gyfrwng yr unig iaith a wyddai cyfran o boblogaeth y genedl.
41 Huw Walters, 'Y Gymraeg a'r Wasg Gylchgronol', yn Geraint H. Jenkins (gol.), *Gwnewch Bopeth yn Gymraeg: Yr iaith Gymraeg a'i pheuoedd 1801–1911* (Caerdydd: Gwasg Prifysgol Cymru, 1999), tt. 327–53.
42 Howell Powell, *Cofiant y diweddar Barchedig William Rowlands, D.D., Utica Efrog Newydd* (Utica: Mrs Catherine Rowlands, 1873).

Nodiadau

[43] Powell, *Cofiant William Rowlands*, t. 221.
[44] Powell, *Cofiant William Rowlands*, tt. 18–19: roedd mab Rowland Selby wedi dod yn Gadben Evan Selby, ac o'r un teulu deuai'r Cadfridog Isaac Selby a fu'n rhan o'r Rhyfel Annibyniaeth. Selby oedd yr enw a ddefnyddiai'r awdures Stowe ar gyfer ei chymeriadau yn y nofel arloesol *Caban F'Ewyrth Twm* yn yr 1850au.
[45] Powell, *Cofiant William Rowlands*, t. 223.
[46] Powell, *Cofiant William Rowlands*, t. 234.
[47] Powell, *Cofiant William Rowlands*, t. 241.
[48] Powell, *Cofiant William Rowlands*, t. 391.
[49] Jerry Hunter, *I Ddeffro Ysbryd y Wlad: Robert Everett a'r Ymgyrch yn erbyn Caethwasanaeth Americanaidd* (Llanrwst: Carreg Gwalch, 2007).
[50] Thomas, R. D., *Hanes Cymry America* (Utica: T. J. Griffiths, 1872), t. 42. Cyfeiria hefyd at Gymry a oedd yn golygu papurau, e.e. *New York Mirror, The New World, Utica Morning Herald* ac *Yale Literary Magazine,* sy'n awgrymu bod mwy nag un Cymro wedi mentro i'r gadair olygyddol yn America.
[51] Maldwyn Jones, *American Immigration* (Chicago: The University of Chicago Press, 1960).
[52] 'Gwledd y Cymry ar Wyl Ddewi, Caerefrog Newydd' – *Y Cyfaill o'r Hen Wlad*, Ebrill 1839.
[53] Jerry Hunter, 'Y Traddodiad Llenyddol Coll', *Taliesin*, 118 (2003), 13–44.
[54] 'At dderbynwyr y Cyfaill (H Gwalchmai)' – *Y Cyfaill o'r Hen Wlad*, Ionawr 1845.
[55] Jones, *American Immigration*, t. 140.
[56] Jones, *American Immigration*, t. 141.
[57] Marcus Hansen, *The Immigrant in American History* (Cambridge: Harvard University Press, 1940), t. 137.
[58] 'Anerchiad i'r Cyfaill (B.T.Glyniaen, Ebensburg)' – *Y Cyfaill o'r Hen Wlad*, Ionawr 1838.
[59] 'Anerchiad idd y Cyfaill ar ei ymddangosiad cyntaf (Gwilym ab Ioan)' – *Y Cyfaill o'r Hen Wlad*, Chwefror 1838.
[60] Hansen, *The Immigrant in American History*, t. 137.
[61] Jones, *Press, Politics and Society*, t. 25. Defnyddid darnau o bapurau Saesneg o ardaloedd penodol, e.e. *New York Observer, Madison Journal,* ac o Loegr – *Alliance News, Methodist Times*. Anfonir y rhestrau marwolaethau gan ohebwyr papurau Cymru, e.e. *North Wales Chronicle, Caernarfon Herald, Cambrian, Carmarthen Journal*.
[62] *Y Cyfaill o'r Hen Wlad*, Rhagdraeth Ionawr 1838.
[63] 'Anerchiad i'r Cyfaill' – *Y Cyfaill o'r Hen Wlad*, Chwefror 1838.
[64] *Y Cyfaill o'r Hen Wlad*, Rhagdraeth Ionawr 1838.

Nodiadau

65 *Y Cyfaill o'r Hen Wlad*, Dosran y Golygydd, Ionawr 1844.
66 Term wedi ei fathu i ddynodi'r berthynas rhwng cymunedau Cymry America â'u cydgenedl yng Nghymru.
67 E.e. y *Drysorfa* ac *Amserau*. Defnyddid darnau o un o gyhoeddiadau'r hen wlad, megis y *Pregethwr*, neu ailadroddwyd geiriau pregethwyr enwog yng Nghymru, e.e. Christmas Evans, John Elias.
68 Jones, 'The Welsh Newspaper Press'.
69 Hansen, *The Immigrant in American History*.
70 Daniel Williams, *One Hundred Years of Calvinistic Methodism in America* (Philadelphia, Westminster, 1937), t. 331.
71 Anne Knowles, *Calvinists Incorporated: Welsh Immigrants on Ohio's Industrial Frontier* (Llundain: The University of Chicago Press, 2005).
72 Homi Bhabha, 'DissemiNation: time, narrative, and the margins of the modern nation', yn Homi Bhabha (gol.), *Nation and Narration* (Llundain: Routledge, 1991), tt. 291–322.
73 'Llythyr y Pch. James Hughes (Iago Trichrug) o Lundain, at y Cymry yn America, trwy gyfrwng y Cyfaill' – *Y Cyfaill o'r Hen Wlad*, Ionawr 1838.
74 Roedd natur deithiol i'r efengylu, wrth i bregethwyr a oedd yn ymweld ag America gyfnewid syniadau dros yr Iwerydd fel rhan o broses ddwyffordd drwy gyfrwng y wasg. Daethai nifer o Gymru ar deithiau pregethu i America er mwyn asesu'r enwad yn y wlad newydd, a dychwelai nifer o'r gweinidogion Cymreig i'r Hen Wlad yn achlysurol er mwyn cael eu hatgoffa o'r enwad gwreiddiol, gan fod y rhelyw o'r gweinidogion Cymreig yn America yn y cyfnod cynnar yn enedigol o Gymru ac wedi eu hyfforddi yno.
75 Hywel Davies, *Transatlantic Brethren: Rev. Samuel Jones (1735–1814) and his friends. Baptists in Wales, Pennsylvania and beyond* (Llundain: Associated University Presses, 1995), t. 74.
76 Mae'r newyddion crefyddol yn cynnwys cyfarfodydd pregethu, cyfarfodydd henaduriaethau, cymanfaoedd, cymdeithasfaoedd, urddiadau, agoriad addoldai, symudiad neu ymadawiad gweinidogion a.y.y.b. Cynhwysir adroddiadau amrywiol gymdeithasau megis y Gymdeithas Feiblaidd, y Gymdeithas Genadol a'r Gymdeithas Ddirwestol.
77 'Llythyr Chidlaw at y golygydd' – *Y Cyfaill o'r Hen Wlad*, Mawrth 1838.
78 Martin Conboy, *The Press and Popular Culture* (Llundain: Sage, 2002), t. 47.
79 *Y Cyfaill o'r Hen Wlad*, Rhagdraeth Ionawr 1838.
80 *Y Cyfaill o'r Hen Wlad*, Rhagdraeth Ionawr 1838.
81 Powell, *Cofiant William Rowlands*, t. 398.
82 Bhabha, *Nation and Narration*, t. 292.
83 Thomas, *Hanes Cymry America*, tt. 175–6.
84 Powell, *Cofiant William Rowlands*, t. 373.

Nodiadau

85 Garfield Hughes, *Rhagymadroddion 1547–1659* (Caerdydd: Gwasg Prifysgol Cymru, 1976).
86 Rydw i'n ddiolchgar am sgwrs gyda'r Athro Elisa New yn adran Saesneg, Prifysgol Harvard, am gyd-destun y wasg gyfnodol Saesneg yn America.
87 Jones, *Hir Oes i'r Iaith*, t. 257.
88 Glanmor Williams, *Grym Tafodau Tân: Ysgrifau Hanesyddol ar Grefydd a Diwylliant* (Llandysul: Gomer, 1989).
89 R. Tudur Jones, 'Rhyddiaith Grefyddol y Bedwaredd Ganrif ar bymtheg', yn Geraint Bowen (gol.), *Y Traddodiad Rhyddiaith: Darlithiau Rhydychen* (Llandysul: Gomer, 1970), t. 328. Roedd cylchgronau megis y *Gwladgarwr* yn cynnwys deunydd gwyddonol, a'r *Dysgedydd* er enghraifft yn rhoi pwyslais ar anianyddiaeth.
90 Powell, *Cofiant William Rowlands*, t. 47.
91 Montserrat Guibernau, 'Introduction', yn Montserrat Guibernau a John Rex (goln), *Ethnicity Reader: nationalism, multiculturalism and migration* (Caergrawnt: Blackwell, 1997), tt. 1–14.
92 Gellner, *Nations and Nationalism*.
93 Richard Wyn Jones, *Rhoi Cymru'n Gyntaf: Syniadaeth Plaid Cymru, cyfrol 1* (Caerdydd: Gwasg Prifysgol Cymru, 2007), pennod 1. Dadleua mai'r cam cyntaf i'r mudiad cenedlaethol yw tanlinellu hynodion y genedl gan weithgaredd ysgolheigaidd fel sail ar gyfer 'datblygiad ymwybyddiaeth gymdeithasol ehangach'. Parha'r deallusion â'r ail gam o geisio trosglwyddo'r ymwybyddiaeth hon i'r cyhoedd, gwaith efenyglu a wnaed dros y mudiad Cymreig gan rai fel Michael D. Jones ac Emrys ap Iwan yn ddiweddarach yn y bedwaredd ganrif ar bymtheg. I gwblhau'r broses yn llwyddiannus, mae'r cam olaf yn dibynnu ar gryfder hunaniaeth genedlaethol ymhlith cyfran sylweddol o aelodau'r genedl.
94 Beetham, *Investigating Victorian Journalism*, tt. 9–32.
95 Powell, *Cofiant William Rowlands*, tt. 395–6.
96 Powell, *Cofiant William Rowlands*, t. 394. Ysgrifennai o dan ffugenwau megis 'Cyfaill', 'Guto o'r Allt', 'Chwareu Teg', 'Hebog Du', 'Ysbiwr', 'Glan Tafwys', 'Gwilym Glan Tafwys'. Gwelid ysgrifau o'i eiddo, e.e. 'Ysgrifau ar ddyn', 'Ein daiarol dŷ', llythyrau yn erbyn drama, 'Pum mlynedd ar hugain yn ol' a oedd yn darlunio ei gyfnod cynnar ar ôl ymfudo. Ar 'Ddaiareg' a'i ganiadau a 'Genesis a'i gynwys' oedd yr ysgrifau olaf.
97 Powell, *Cofiant William Rowlands*, t. 416.
98 Powell, *Cofiant William Rowlands*, t. 414.
99 Jones, 'Rhyddiaith Grefyddol y Bedwaredd Ganrif ar bymtheg', t. 329.
100 *Y Cyfaill o'r Hen Wlad*, Ionawr 1838.

Nodiadau

[101] Homi Bhabha, 'Introduction: narrating the nation', yn Homi Bhabha (gol.), *Nation and Narration* (Llundain: Routledge, 1991), tt. 1–8.
[102] 'Rhagymadrodd' – *Y Cyfaill o'r Hen Wlad*, Ionawr 1838.
[103] 'Ymddiddan rhwng "Y Cyfaill a'i Gydgenedl" – *Y Cyfaill o'r Hen Wlad*, Ionawr 1838.
[104] Rhys Tudur, '*Y Cymro* 1932–45: Hanes sefydlu *Y Cymro*, ei ddatblygiad a'i gynnwys hyd ddiwedd yr Ail Ryfel Byd' (traethawd PhD, Prifysgol Cymru, Bangor, 2000).
[105] Clawr y gyfrol gyntaf – *Y Cyfaill o'r Hen Wlad*, Ionawr 1838.
[106] 'Anerchiad y Golygydd' – *Y Cyfaill o'r Hen Wlad*, Ionawr 1841.
[107] Tyler, 'Y Wasg Gymraeg yn Nhrefedigaeth Awstralia', 21–32.
[108] 'Y Cymry All-fudawl' – *Y Cyfaill o'r Hen Wlad*, Mehefin 1838. Hefyd, gw. 'Ysgrif "Y Gomeriaid" (Iorwerth, Dyffryn Tawel)' – *Y Cyfaill o'r Hen Wlad*, Mehefin 1838.
[109] Williams, *Grym Tafodau Tân*, t. 266.
[110] Jones, *Press, Politics and Society*.
[111] Stanley Fish, *Is There a Text in this Class? The Authority of Interpretive Communities* (Cambridge: Harvard University Press, 1980), t. 171.
[112] Beetham, 'Towards a theory of the periodical as a publishing genre', t. 21.
[113] Laurel Brake, 'Introduction', yn Laurel Brake et al. (goln), *Nineteenth Century Media and the Construction of Identities* (Efrog Newydd: Palgrave, 2000), t. 4.
[114] Andrew King a John Plunkett, *Victorian Print Media: A Reader* (Rhydychen: Oxford University Press, 2005).
[115] Laurel Brake a Julie Codell, 'Introduction: Encountering the Press', yn Laurel Brake a Julie Codell (goln), *Encounters in the Victorian Press: editors, authors and readers* (Basingstoke: Houndmills, 2005), tt. 1–10.
[116] Brake a Codell, 'Introduction: Encountering the Press', t. 1.
[117] Jones, *Hir Oes i'r Iaith*, tt. 258–9.
[118] Aled Jones, 'Yr Iaith Gymraeg a Newyddiaduraeth', yn Geraint H. Jenkins (gol.), *Gwnewch Bopeth yn Gymraeg: Yr iaith Gymraeg a'i pheuoedd 1801–1911* (Caerdydd: Gwasg Prifysgol Cymru, 1999), tt. 353–74.
[119] King a Plunkett, *Victorian Print Media*.
[120] Is-bennawd y golofn 'Gohebiaethau' mewn cromfachau.
[121] Powell, *Cofiant William Rowlands*, t. 143.
[122] T. M. Jones, *Llenyddiaeth fy ngwlad* (Treffynnon: P. M. Evans, 1893) tt. 181–2.
[123] John Roberts, *Methodistiaeth Galfinaidd Cymru: ymgais at athroniaeth ei hanes, Darlith Davies 1930* (Llundain: Foyle, 1931), t. 152.
[124] D. D. Williams, *Llawlyfr Hanes Cyfundeb y Methodistiaid Calfinaidd* (Caernarfon: Pwyllgor Llenyddiaeth y Cyfundeb, 1927), t. 150.

Nodiadau

[125] *Hanes cyfansoddiad, rheolau dysgyblaethol yn nghyda Chyffes Ffydd y corph o Fethodistiaid Calfinaidd yn Nghymru a gytunwyd arnynt yn Nghymdeithasfaoedd Aberystwyth a Bala, 1823* (Utica: E. E. Roberts, 1852), t. 24.
[126] *Hanes cyfansoddiad.*
[127] Jones, *Press, Politics and Society.*
[128] Gellner, *Nations and Nationalism.*
[129] E.e. *Family's Magazine, Todd's Sunday School Teacher, Simpson's Discourse, Robinson and Smith's Travels, Protestant, Lesson System Magazine, American Messenger, Christian Witness, Christian Mirror, Dick's Christian Philosopher, Pastor's Sketch Book,* ac eraill.
[130] Mae cyhoeddiadau eraill yn cynnwys y *Gwladgarwr, Cronicl yr Oes,* y *Dysgedydd,* y *Gwyliedydd,* y *Greal,* y *Diwygiwr, yr Athraw, Brython, Y Goleuad, Y Geiniogwerth, Y Wawr, Y Gymraes, Seren Gomer, Ystorfa y Bedyddwyr, Eurgrawn Wesleyaidd.*
[131] 'Anerchiad idd y Cyfaill ar ei ymddangosiad cyntaf (Gwilym ab Ioan)' – *Y Cyfaill o'r Hen Wlad,* Chwefror 1838.
[132] 'Anerchiad i'r Cyfaill (B.T.Glyniaen, Ebensburg)' – *Y Cyfaill o'r Hen Wlad,* Ionawr 1838.
[133] 'Anerchiad idd y Cyfaill ar ei ymddangosiad cyntaf (Gwilym ab Ioan)' – *Y Cyfaill o'r Hen Wlad,* Chwefror 1838.
[134] *Hanes cyfansoddiad,* t. 29.
[135] 'Atgofion Iorthryn Gwynedd' – *Cofiant William Rowlands,* t. 453.
[136] E. T. Davies, *Religion and Society in the Nineteenth Century* (Llandybïe: Christopher Davies, 1981), t. 42.
[137] Aled Jones a Bill Jones, *Welsh Reflections: Y Drych & America, 1851–2001* (Llandysul: Gomer, 2001); D. Douglas Caulkins, 'Welsh Reflections: Y Drych and America 1851–2001 – review', *Journal of American Ethnic History* (2002), 103–4; Nikolas Coupland et al., 'Home Truths: Globalisation and the Iconising of Welsh in a Welsh-American Newspaper', *Journal of Multilingual and Multicultural Development,* 24 (2002), 153–77.
[138] Brynley Roberts, 'Welsh Periodicals: A Survey', yn Brake, Jones a Madden (goln), *Investigating Victorian Journalism,* tt. 77–8.
[139] Jones, *Hir Oes i'r Iaith,* t. 256.
[140] Jones, 'The Welsh Newspaper Press', t. 22.
[141] Jones, 'The Welsh Newspaper Press'.
[142] D. Saunders – *Y Cyfaill o'r Hen Wlad,* Rhagfyr 1862.
[143] 'Anerchiad i'r Cyfaill (B.T.Glyniaen, Ebensburg)' – *Y Cyfaill o'r Hen Wlad,* Ionawr 1838.

Nodiadau

2 'Heb Dduw heb ddim, Duw a digon'

1 'Cyfarchiad i'r Cyfaill (Ab Cinmerchyn)' – *Y Cyfaill o'r Hen Wlad*, Ebrill 1843.
2 Daniel Williams, *One Hundred Years of Calvinistic Methodism in America* (Philadelphia: Westminster, 1937), t. 37.
3 W. Jones, *Wales in America: Scranton and the Welsh, 1860–1920* (Caerdydd: University of Wales Press, 1993), t. 92.
4 'Y Cyfarfod Gwersyllawg' – *Y Cyfaill o'r Hen Wlad*, Chwefror 1839.
5 'Y Cyfarfod Gwersyllawg' – *Y Cyfaill o'r Hen Wlad*, Chwefror 1839.
6 R. D. Thomas, *Hanes Cymry America* (Utica: T. J. Griffiths, 1872), tt. 22 a 36.
7 Philip Jenkins, *A History of Modern Wales, 1536–1990* (Llundain: Longman, 1992).
8 'Llythyr y Pch. James Hughes (Iago Trichrug) o Lundain, at y Cymry yn America, trwy gyfrwng y Cyfaill' – *Y Cyfaill o'r Hen Wlad*, Ionawr 1838.
9 'Ymddiddan rhwng "Y Cyfaill a'i Gydgenedl"' – *Y Cyfaill o'r Hen Wlad*, Ionawr 1838.
10 'Ymddiddan rhwng "Y Cyfaill a'i Gydgenedl"' – *Y Cyfaill o'r Hen Wlad*, Ionawr 1838.
11 'Hysbysiad' – *Y Cyfaill o'r Hen Wlad*, Mehefin 1838.
12 'Geiriau'r Golygydd' – *Y Cyfaill o'r Hen Wlad*, Gorffennaf 1838.
13 'Ymddyddan Gruffydd a Morgan' – *Y Cyfaill o'r Hen Wlad*, Chwefror 1839.
14 'Geiriau'r Golygydd' – *Y Cyfaill o'r Hen Wlad*, Gorffennaf 1838.
15 'Geiriau'r Golygydd' – *Y Cyfaill o'r Hen Wlad*, Gorffennaf 1838.
16 'Geiriau'r Golygydd' – *Y Cyfaill o'r Hen Wlad*, Rhagfyr 1838.
17 'Rhagymadrodd' – *Y Cyfaill o'r Hen Wlad*, clawr Ionawr 1839.
18 *Y Cyfaill o'r Hen Wlad*, Tachwedd 1839.
19 'Penderfyniadau cyfarfod trimisol y Bedyddwyr, swydd Oneida' – *Y Cyfaill o'r Hen Wlad*, Mehefin 1839.
20 Yr un oedd sefyllfa *Seren Gomer*, a olygwyd gan Fedyddiwr, yng Nghymru. Daethpwyd i'w arddel gan gyfranwyr o wahanol enwadau fel cyhoeddiad 'amhleidiol' yn ôl amcan ei olygydd oherwydd absenoldeb cyhoeddiadau i wasanaethu'r enwadau unigol.
21 'Sefydliad eglwys Wesleyaidd yn Cincinnati' – *Y Cyfaill o'r Hen Wlad*, Gorffennaf 1838.
22 Er nad oedd gan yr enwadau eraill gyhoeddiadau cyfnodol cyn yr 1840au, cyhoeddwyd llyfrau Cymraeg gan y mudiadau crefyddol amrywiol ymhell cyn hyn e.e. cyhoeddwyd llyfrau byrion gan y Crynwyr

Nodiadau

a'r Bedyddwyr Cymraeg yn y ddeunawfed ganrif, ynghyd â chasgliadau o emynau.

23 'Ymddiddan rhwng Gruffydd a Morgan mewn perthynas i Gylchgronau (Magazines) Cymreig – yr hon ni argraphwyd erioed, o blith hen ysgrifeniadau eraill. Cymerodd le yn Nghymru oddeutu 17 mlynedd yn ol (W.J. Williams, C.N.)' – *Y Cyfaill o'r Hen Wlad*, Chwefror 1839.

24 'Anerchiad i'r Cenhadwr (Eth glan Connenugh)' – *Y Cenhadwr Americanaidd*, Mai 1840.

25 'Anerchiad y Golygydd idd ei gydgenedl, Y CYMRY YN AMERICA, ar ddiwedd y flwyddyn 1840' – *Y Cyfaill o'r Hen Wlad*, 1840.

26 'Ymateb y Golygydd i benderfyniadau cyfarfod y Cymry yn Blossburg, Pa, i bleidio y Cyfaill' – *Y Cyfaill o'r Hen Wlad*, Chwefror 1842.

27 'Anerchiad y Golygydd ar ddiwedd y flwyddyn 1842', *Y Cyfaill o'r Hen Wlad*, clawr Chwefror 1842.

28 'Cenfigen a Malais (Gelyn Enllib)' – *Y Cenhadwr Americanaidd*, Ionawr 1840.

29 'Hanes ffurfiad Cymdeithas Ddirwestol Gymreig Newport, swydd Herkimer, CN' – *Y Cyfaill o'r Hen Wlad*, Mehefin 1842.

30 Papurau Saesneg e.e. *Central Christian Herald* ac eraill.

31 'Anerchiad' – *Y Cyfaill o'r Hen Wlad*, 1841.

32 'Anerchiad y Golygydd' – *Y Cyfaill o'r Hen Wlad*, Ionawr 1846.

33 Howell Powell, *Cofiant y diweddar Barchedig William Rowlands, D.D., Utica Efrog Newydd* (Utica: Mrs Catherine Rowlands, 1873), tt. 326, 200.

34 Powell, *Cofiant William Rowlands*, t. 114 – geiriau William Rowlands yn ei ddyddlyfr.

35 Powell, *Cofiant William Rowlands*, t. 480 – Cerdd goffa Llew Llwyfo.

36 Powell, *Cofiant William Rowlands*, t. 326.

37 Powell, *Cofiant William Rowlands*, t. 259.

38 Thomas, *Hanes Cymry America*, rhan 3, tt. 171–6.

39 Powell, *Cofiant William Rowlands* – atgofion Iorthryn Gwynedd, tt. 449–51.

40 'Ymddyddan Gruffydd a Morgan' – *Y Cyfaill o'r Hen Wlad*, Chwefror 1839.

41 'Anerchiad at olygwyr cyhoeddiadau crefyddol (Pch. Charles G Finney, athraw diwinyddol coleg Oberlin, O)' – *Y Cenhadwr Americanaidd*, Rhagfyr 1840.

42 'Pennillion wrth dderbyn y Cyfaill yn ei hen ddull cyntefig (Ab Gwilym)', *Y Cyfaill o'r Hen Wlad*, Mawrth 1846.

43 John Roberts, *The Calvinistic Methodism of Wales* (Caernarfon: Llyfrfa'r Cyfundeb, 1934), t. 43–4.

44 'Gofyniadau i'r Pch. E Blunt' – *Y Cyfaill o'r Hen Wlad*, Chwefror 1841.

Nodiadau

45 'Ymgais yn erbyn rhagfarn ac o blaid heddwch – llythyr at Olygydd y Cyfaill gan G.R. yn gofyn am gyhoeddi llythyr gan weinidog yr Annibynwyr at y TC' – *Y Cyfaill o'r Hen Wlad*, Awst 1839.
46 'Traethawd "Enllib" (JDN)' – *Y Cyfaill o'r Hen Wlad*, Mawrth 1840.
47 'Enllib Pwysig, at gorph cyfrifol o grefyddwyr (At y Pch. R Everett) gan Gwilym Fardd' – *Y Cyfaill o'r Hen Wlad*, Chwefror 1841.
48 'Ymateb Robert Everett' – *Y Cyfaill o'r Hen Wlad*, Ebrill 1841.
49 'Ymddyddan Gruffydd a Morgan' – *Y Cyfaill o'r Hen Wlad*, Chwefror 1839.
50 'Anerchiad y Golygydd' – *Y Cenhadwr Americanaidd*, Ionawr 1841.
51 'Ymateb Robert Everett' – *Y Cyfaill o'r Hen Wlad*, Ebrill 1841.
52 'Ychydig mewn dull o ymddyddan (O.B.)' – *Y Cenhadwr Americanaidd*, Rhagfyr 1841.
53 'Sylwadau ar ysgrif y Parch. Robert Everrett' – Y Cyfaill o'r Hen Wlad, Ebrill 1841.
54 'Annogaeth i'r Cymry gefnogi y "Cyfaill o'r Hen Wlad" (D. Wynne, Centreville, Ohio)' – *Y Cyfaill o'r Hen Wlad*, Mai 1841.
55 'Ymateb William Rowlands' – *Y Cyfaill o'r Hen Wlad*, Ebrill 1841.
56 'Yr Ysbiwr' – *Y Cenhadwr Americanaidd*, Mai 1847.
57 'Anerchiad y Golygydd ar ddechrau 1844' – *Y Cyfaill o'r Hen Wlad*.
58 Clawr Ionawr 1843 – *Y Cenhadwr Americanaidd*.
59 'Hanes y Byd a'r Amseroedd', *Y Seren Orllewinol*, Medi 1844.
60 'Crefyddwyr Ieuangc Remsen' – *Y Cyfaill o'r Hen Wlad*, Gorffenaf 1844.
61 'Geiriau'r golygydd ar ddiwedd ysgrif Ionawr' – *Y Cenhadwr Americanaidd*, Mehefin 1844.
62 'Geiriau ychwanegol "Ionawr" ar ddiwedd ei ysgrif – *Y Cenhadwr Americanaidd*, Mehefin 1844.
63 'Crefyddwyr Ieuangc Remsen' – *Y Cyfaill o'r Hen Wlad*, Gorffenaf 1844.
64 Clawr – *Y Cenhadwr Americanaidd*, Ebrill 1841.
65 'Crefyddwyr Ieuangc Remsen' – *Y Cyfaill o'r Hen Wlad*, Gorffenaf 1844.
66 'Crefyddwyr Ieuangc Remsen' – *Y Cyfaill o'r Hen Wlad*, Mehefin 1844.
67 Clawr – *Y Cenhadwr Americanaidd*, Gorffenaf 1844.
68 'Crefyddwyr Ieuangc Remsen' – *Y Cyfaill o'r Hen Wlad*, Gorffenaf 1844.
69 Clawr – *Y Cyfaill o'r Hen Wlad*, Awst 1844.
70 'At y Cyhoeddus (Robert Everett)' – *Y Cenhadwr Americanaidd*, Awst 1844.
71 *Y Cenhadwr Americanaidd*, clawr Hydref 1844.

Nodiadau

72 'Anerchiad y Golygydd ar ddiwedd 1844' – *Y Cyfaill o'r Hen Wlad*, Rhagfyr 1844.
73 'Y Cyffes Ffydd a'r Cynnulleidfaolion (Eyddwen)' – *Y Cyfaill o'r Hen Wlad*, Mai 1844.
74 'Gohebyddion y Cyfaill a'r Cenhadwr (Jenkins Jenkins)' – *Y Cenhadwr Americanaidd*, Gorffennaf 1844.
75 'Ol-Ysgrif y Golygydd – ysgrif "Y Cyffes Ffydd a'r Cynnulleidfaolion"' – *Y Cyfaill o'r Hen Wlad*, Mai 1844.
76 'Gohebyddion y Cyfaill a'r Cenhadwr (Jenkins Jenkins)' – *Y Cenhadwr Americanaidd*, Gorffennaf 1844.
77 'Gohebyddion y Cyfaill a'r Cenhadwr (Jenkins Jenkins)' – *Y Cenhadwr Americanaidd*, Gorffennaf 1844.
78 'Dosran y Golygydd' – *Y Cyfaill o'r Hen Wlad*, Awst 1844.
79 Powell, *Cofiant William Rowlands* – atgofion Iorthryn Gwynedd, tt. 449–51.
80 'Iawn Cyffredinol a Chadwedigaeth Neillduol' – *Y Cyfaill o'r Hen Wlad*, Chwefror a Hydref 1844.
81 John Evans, *Bywyd ac Athrawiaeth John Calfin* (Caernarfon: Llyfrfa y Cyfundeb, 1909).
82 Mudiad diwinyddol newydd yn y cyfnod hwn.
83 Powell, *Cofiant William Rowlands*, t. 305.
84 Aled Jones, 'The Welsh Newspaper Press', yn Hywel Teifi Edwards (gol.), *A Guide to Welsh Literature, 1800–1900* (Caerdydd: University of Wales Press, 2000), tt. 1–23.
85 '"Iawn Cyffredinol a Chadwedigaeth Neillduol" – sylwadau ar ateb Iorwerth' – *Y Cyfaill o'r Hen Wlad*, Hydref 1844.
86 '"Iawn Cyffredinol a Chadwedigaeth Neillduol" – sylwadau ar ateb Iorwerth' – *Y Cyfaill o'r Hen Wlad*, Ionawr 1845.
87 'Iawn Cyffredinol a Chadwedigaeth Neillduol: adolygiad ar yr hyn a eilw Mr Iorwerth yn ateb i ysgrif Chwareu Teg' – *Y Cyfaill o'r Hen Wlad*, Mawrth 1845.
88 'Iawn Cyffredinol a Chadwedigaeth Neillduol – adolygiad ar ysgrif "Chwareu Teg i Bob Ochr"' – *Y Cyfaill o'r Hen Wlad*, Mehefin 1845.
89 'Sylw'r Golygydd ar "Iawn Cyffredinol a Chadwedigaeth"' – *Y Cyfaill o'r Hen Wlad*, Mehefin 1845.
90 'Bwyall ar y Ceubren (Delta)' – *Y Seren Orllewinol*, Hydref 1845.
91 'Anerchiad at Gymry America' –*Y Seren Orllewinol*, Mawrth 1846.
92 *Haul Gomer*, 10 Ionawr 1847.
93 'At bawb a fyno wybod' – *Haul Gomer*, 10 Mawrth 1848.
94 *Haul Gomer*, 10 Mehefin 1848.
95 *Haul Gomer*, 1 Ionawr 1848.

Nodiadau

[96] *Haul Gomer*, 1 Ionawr 1848.
[97] 'Y Cyhoeddiadau Cymreig (Ab Gwilym)' – *Haul Gomer*, 25 Ebrill 1848.
[98] 'Anerchiad y Golygydd' – *Y Cyfaill o'r Hen Wlad*, 1844.
[99] 'Anerchiad y Golygydd' – *Y Cyfaill o'r Hen Wlad*, Tachwedd 1845.
[100] 'Anerchiad' – *Y Cyfaill o'r Hen Wlad*, clawr Tachwedd 1846.
[101] 'Ymddyddan rhwng y "Y Cyfaill a'r Cymro"' – *Y Cyfaill o'r Hen Wlad*, Ionawr 1846.
[102] Anerchiad golygyddol, *Y Drych*, 2 Ionawr 1851.
[103] 'Y Misolion Cymreig Americanaidd am fis Rhagfyr', *Y Drych*, 9 Ionawr 1851.
[104] Gohebiaethau – *Y Drych*, 9 Ionawr 1851.
[105] 'Ymateb i Olygydd y Drych' – *Y Drych*, 5 Rhagfyr 1851.
[106] *Y Drych*, 27 Medi 1851.
[107] *Y Drych*, 20 Rhagfyr 1851.
[108] *Y Drych*, 9 Ionawr 1851.
[109] *Y Drych*, 9 Ionawr 1851.
[110] *Y Drych*, 20 Rhagfyr 1851.
[111] Aled Jones a Bill Jones, *Welsh Reflections: Y Drych & America, 1851–2001* (Llandysul: Gomer, 2001).
[112] 'Y Gwir o flaen y byd' – *Y Cyfaill o'r Hen Wlad*, Hydref 1853.
[113] 'Y Gwir o flaen y byd' – *Y Cyfaill o'r Hen Wlad*, Hydref 1853.
[114] 'Y Gwir o flaen y byd' – *Y Cyfaill o'r Hen Wlad*, Hydref 1853.
[115] *Y Cyfaill o'r Hen Wlad*, Ionawr 1856.
[116] *Y Cyfaill o'r Hen Wlad*, Chwefror 1856.
[117] 'Adolygiad y Drych a'r Gwyliedydd ar ein llyfrau hymnau' – *Y Cyfaill o'r Hen Wlad*, Gorffennaf 1856.
[118] 'At y Pch. William Rowlands (Hugh E. Williams)' – *Y Drych*, 12 Gorffennaf 1856.
[119] 'Y Parch. William Rowlands a'r llyfr hymnau (W. B. Jones)' – *Y Drych*, 12 Gorffennaf 1856.
[120] *Y Drych*, 5 Ionawr 1856.
[121] 'Vestry Flynyddol Remsen' – *Y Cyfaill o'r Hen Wlad*, Ebrill 1854.
[122] 'Cyfarfod chwemisol y TC ac agoriad addoldy newydd yn Lehigh Gap, Pa' – *Y Cyfaill o'r Hen Wlad*, Mai 1851.
[123] *Yr Arweinydd*, 10 Chwefror 1858: 'Yr Arweinydd; sef cylchgrawn crefyddol a moesol: yn cynnwys materion a hanesion buddiol a dyddorol, yn nghyda darnau byrion o farddonaieth'.
[124] 'Canmoliaeth i'r Cyfaill ynghyd a chefnogaeth iddo (E Jones, Cincinnati)' – *Y Cyfaill o'r Hen Wlad*, Chwefror 1860.
[125] Thomas Jenkins. *Y Cyfaill o'r Hen Wlad*, Rhagdraeth 1860.

Nodiadau

[126] *Y Cyfaill o'r Hen Wlad*, Gorffennaf 1861.
[127] *Y Cyfaill o'r Hen Wlad*, clawr Tachwedd 1860.
[128] *Y Cyfaill o'r Hen Wlad*, clawr Tachwedd 1861.
[129] 'At y Cymry yn America (D.Saunders)' – *Y Cyfaill o'r Hen Wlad*, Tachwedd 1862.
[130] Thomas Jenkins, cyd-olygydd y *Cyfaill* am dair blynedd. Rhagdraeth 1860.
[131] *Y Cyfaill o'r Hen Wlad*, Rhagfyr 1860.
[132] *Y Cyfaill o'r Hen Wlad*, Rhagdraeth 1861.
[133] *Y Cyfaill o'r Hen Wlad*, Rhagdraeth 1862.

3 'Cyhoeddiad rhydd ac anmhleidgar'?

[1] 'Cefnogaeth eto i'r Cyfaill (Wm.H.Thomas)' – *Y Cyfaill o'r Hen Wlad*, Ionawr 1840.
[2] Howell Powell, *Cofiant y diweddar Barchedig William Rowlands, D.D., Utica Efrog Newydd* (Utica: Mrs Catherine Rowlands, 1873), t. 320.
[3] Powell, *Cofiant y diweddar Barchedig William Rowlands, D.D., Utica Efrog Newydd* – Atgofion y Pch. Morgan Howells, t. 463.
[4] Yn ogystal, rhoddwyd lle amlwg i fywgraffiadau gwahanol wleidyddion ar ddechrau'r cylchgrawn, fel ag y gweneid gyda gweinidogion crefyddol blaenllaw, a ddengys bwyslais y golygydd ar feithrin ymwybyddiaeth Cymry America o'u harweinwyr yn y wlad estron.
[5] Oscar Handlin, *Immigration as a Factor in American History* (New Jersey: Prentice Hall, 1959), t. 94.
[6] Gwyn A. Williams, *Y Baradwys Bell* (Caerdydd: Qualitex, 1976), tt. 21–2.
[7] Maldwyn Jones, *Destination America* (Llundain: Weidenfeld & Nicholson, 1976), t. 114. Yn wahanol i genhedloedd eraill Ewrop, roedd eu ffyddlondeb i'r goron a'r amharodrwydd i dyngu llw i ymladd yn erbyn unrhyw wlad yn atal Prydeinwyr rhag dod yn ddinasyddion yn syth. Hefyd gw. Bob Owen, 'Cymry ac Addysg America', *Lleufer*, 14 (1958), 30.
[8] 'Pum' mlynedd-ar-hugain yn ôl', *Y Cyfaill o'r Hen Wlad*, Tachwedd 1862.
[9] 'Pum' mlynedd-ar-hugain yn ôl', *Y Cyfaill o'r Hen Wlad*, Hydref 1863.
[10] Milton Sernett, *North Star Country: Upstate New York and the Crusade for African-American Freedom* (Syracuse: Syracuse University Press, 2002), t. 35.
[11] 'Ateb i ofyniad yr Hebog Du, "Y Gaethwasanaeth" (Chwarae Teg i Bob Ochr)' – *Y Cyfaill o'r Hen Wlad*, Tachwedd 1839.

Nodiadau

12 'Ateb i ofyniad yr Hebog Du, "Y Gaethwasanaeth" (Chwarae Teg i Bob Ochr)' – *Y Cyfaill o'r Hen Wlad*, Tachwedd 1839.
13 *Y Cyfaill o'r Hen Wlad*, Ionawr 1840.
14 Maldwyn A. Jones, 'Welsh Americans and the anti-slavery movement in the United States', *Transactions of the Honourable Society of Cymmrodorion* (1985), 105–30. Ysgrifennodd i'r *Dysgedydd*, cylchgrawn yr Annibynwyr yng Nghymru yn 1837 yn cefnogi'r dull drefedigaethol o ddiddymu, cylchgrawn yr oedd William Rowlands hefyd yn ei ddarllen yn ôl tystiolaeth yn y *Cyfaill* sy'n dangos ei fod yn defnyddio detholion ohono. Honnir hefyd ei fod yn frwd dros arwain y bobl dduon at dröedigaeth yn hytrach na'u rhyddhau, a fyddai'n gydnaws ag amcanion efengylu William Rowlands, er bod Chidlaw wedi peidio â chefnogi'r trefedigaethwyr erbyn yr 1850au – yn wahanol i olygydd y *Cyfaill*.
15 'Y Gaethwasanaeth – ateb i sylwadau y Pch Wm H Thomas (Chwareu Teg i Bob Ochr)' – *Y Cyfaill o'r Hen Wlad*, Ebrill 1840.
16 'Y Gaethwasanaeth – atebiad i sylwadau "Chwareu Teg i Bob Ochr" (William H Thomas)' – *Y Cyfaill o'r Hen Wlad*, Mehefin 1840.
17 'Cefnogaeth eto i'r Cyfaill (Wm.H.Thomas)' – *Y Cyfaill o'r Hen Wlad*, Ionawr 1840.
18 David Davies, *Oshkosh, Wisconsin, Welsh Settlement Centennial: Translation of 'Hanes y Cymry'* (Amarillo: Russell Stationery, 1947), t. 73.
19 John Davies, *Hanes Cymru* (Llundain: Penguin, 2007), t. 327.
20 'Anerchiad y Golygydd idd ei gydgenedl, y Cymry yn America' – *Y Cyfaill o'r Hen Wlad*, 1840.
21 Clawr – *Y Cyfaill o'r Hen Wlad*, Ionawr 1840.
22 Sernett, *North Star Country*.
23 Alexis de Tocqueville, *Democracy in America* (Herts: Wordsworth Editions, 1998), tt. 118–20.
24 Roger Daniels, *Coming to America: A History of Immigration and Ethnicity in American Life* (Efrog Newydd: HarperCollins, 1990), tt. 171–2, e.e. Swediaid.
25 Jonathan, *Y Cyfaill o'r Hen Wlad*, Ebrill 1839.
26 'Llythyr Owen Jones, Philadelphia – "Y Gaethfasgnach"' – *Y Cyfaill o'r Hen Wlad*, Ionawr 1839.
27 Mark Noll, *America's God: From Jonathan Edwards to Abraham Lincoln* (Rhydychen: Oxford University Press, 2002), t. 373.
28 E. Brooks Holifield, *Theology in America: Christian Thought from the Age of the Puritan to the Civil War* (New Haven: Yale University Press, 2003), tt. 494–5.
29 'Llythyr William H Thomas – "Y Gaethfasgnach"' – *Y Cyfaill o'r Hen Wlad*, Mehefin 1839.

Nodiadau

30. R. D. Thomas, *Hanes Cymry America* (Utica: T. J. Griffiths, 1872), rhan 3, tt. 67–8.
31. 'Y Gaethwasanaeth – ateb i sylwadau y Pch. Wm H Thomas (Chwareu Teg i Bob Ochr)' – *Y Cyfaill o'r Hen Wlad*, Ebrill 1840.
32. Powell, *Cofiant William Rowlands* – Cerdd goffa Llew Llwyfo, t.480.
33. John Roberts, *The Calvinistic Methodism of Wales* (Caernarfon: Llyfrfa'r Cyfundeb, 1934), t. 47.
34. D. D. Williams, *Llawlyfr Hanes Cyfundeb y Methodistiaid Calfinaidd* (Caernarfon: Pwyllgor Llenyddiaeth y Cyfundeb, 1927).
35. 'Cymanfa Chwarterol Utica' – *Y Cyfaill o'r Hen Wlad*, Hydref 1844.
36. Robert Rhys, *James Hughes: Iago Trichrug* (Caernarfon: Pantycelyn, 2007), tt. 42–3.
37. David Ellis, 'The Assimilation of the Welsh in Central New York', *Welsh History Review*, 6 (1973), 424–47.
38. Jerry Hunter, *I Ddeffro Ysbryd y Wlad: Robert Everett a'r Ymgyrch yn erbyn Caethwasanaeth Americanaidd* (Llanrwst: Carreg Gwalch, 2007), t. 24.
39. Powell, *Cofiant William Rowlands*, t. 277.
40. David Reynolds, 'From periodical writer to poet: Whitman's journey through popular culture', yn K. Price a Susan Smith (goln), *Periodical Literature in Nineteenth Century America* (Llundain: Virginia University Press, 1995), t. 42.
41. Williams, *Llawlyfr Hanes Cyfundeb y Methodistiaid Calfinaidd*, t. 150.
42. Powell, *Cofiant William Rowlands*, t. 452 – Atgofion Iorthryn Gwynedd; Powell, *Cofiant William Rowlands*, tt. 330–1 – Pch. J.J. Jones; Powell, *Cofiant William Rowlands*, t. 463 – Pch. Morgan Howells.
43. Powell, *Cofiant William Rowlands*, t. 330.
44. Powell, *Cofiant William Rowlands*, t. 331.
45. 'Chwedl Effeithiol' – *Y Dyngarwr*, Ionawr 1843.
46. 'Cyfarfod Gwrthgaethiwawl' – *Y Cyfaill o'r Hen Wlad*, Mawrth 1844.
47. 'Achos Rhyddid a'r Cenhadwr (Thomas D.Thomas, Pittsburg)' – *Y Cenhadwr Americanaidd*, Mawrth 1844.
48. Powell, *Cofiant William Rowlands*, tt. 295–7.
49. 'Cymanfa Remsen' – *Y Cyfaill o'r Hen Wlad*, Awst 1844.
50. Evans, *The Welsh in Oneida County*. Ceir cyfeiriad moel at y cyhoeddiad yn 'Dosran y Golygydd' – *Y Cyfaill o'r Hen Wlad*, Tachwedd 1844, yn nodi 'politicaidd yw'.
51. Williams, *Llawlyfr Hanes Cyfundeb y Methodistiaid Calfinaidd*, t. 165.
52. 'Caethiwed Americanaidd (W. E. Ellis)' – *Y Cyfaill o'r Hen Wlad*, Mawrth 1844.
53. 'Caethiwed Americanaidd: Llinellau a gyfansoddwyd wedi darllen Traethawd Mr W.E.Ellis (Wm. J. Jones)' – *Y Cyfaill o'r Hen Wlad*, Mehefin 1844.

Nodiadau

54 'Y Gwrthgaethiwedyddion (Carwr Rhyddid i Bob Lliw)' – *Y Cyfaill o'r Hen Wlad*, Mawrth 1844.
55 Pasiwyd y *Gag Law* gan y llywodraeth yn 1836, ac ni ddychwelodd y rhyddid i leisio barn tan 1844. Cyhuddir yr Abolisioniaid o roi 'Gag Law' ar enau cymanfaoedd y Methodistiaid.
56 Michael C. Cohen, 'Whittier, Holmes, Lowell and the New England Tradition', yn Alfred Bendixen (gol.), *Cambridge History of American Poetry* (Efrog Newydd: Cambridge University Press, 2015), tt. 259–81.
57 Stephen George, *Ein Heglwys: ei hystyr, ei hanes a'i bywyd: Llyfr rhodd i gymunwyr ieuanc* (Caernarfon: Llyfrfa'r Methodistiaid Calfinaidd, 1933).
58 Gomer Roberts, *Hanes Methodistiaeth Galfinaidd Cymru: cyfrol 2, Cynnydd y Corff* (Caernarfon: Llyfrfa'r Methodistiaid Calfinaidd, 1978).
59 John Bodnar, *Transplanted: A History of Immigrants in Urban America* (Bloomington: Indiana University Press, 1987), t. 198.
60 Anerchiad i'r Cenhadwr – *Y Cenhadwr Americanaidd*, Tachwedd 1845.
61 'Anerchiad y Pch. W. Rees ar gaethwasiaeth (L. James)' – *Y Seren Orllewinol*, Gorffennaf 1845. Mae'r golygydd yn ychwanegu mewn cromfachau fod darllenwyr eraill wedi ymateb yn yr un modd.
62 'Abolision, Dosran y Golygydd' – *Y Cyfaill o'r Hen Wlad*, Mehefin 1845.
63 'Y Cyfaill Americanaidd a'r Drysorfa (W. Rees)' – *Y Cenhadwr Americanaidd*, Gorffennaf 1845.
64 'Amddiffyniad i "Anerchiad at y Cymry" yn erbyn ysgrif Golygydd y Cyfaill (Morris Roberts)' – *Y Cenhadwr Americanaidd*, Gorffennaf 1845.
65 'Dosran y Golygydd: Byw yn Llonydd (H)' – *Y Cyfaill o'r Hen Wlad*, Awst 1845.
66 'Dosran y Golygydd: y Cyfaill am 1846' – *Y Cyfaill o'r Hen Wlad*, Tachwedd 1845.
67 'Gwrthgaethiwaeth Politicaidd – At Olygydd y Cyfaill (Richard T. Jones)' – *Y Cenhadwr Americanaidd* a'r *Seren Orllewinol*, Mehefin 1847.
68 'Llythyr W. E. Ellis' – *Y Cyfaill o'r Hen Wlad*, Gorffennaf 1848.
69 'Sylw y Golygydd ar lythyr W. E. Ellis' – *Y Cyfaill o'r Hen Wlad*, Gorffennaf 1848.
70 'Sylw y Golygydd ar lythyr W. E. Ellis' – *Y Cyfaill o'r Hen Wlad*, Gorffennaf 1848.
71 *Y Cyfaill o'r Hen Wlad*, Ebrill 1848 a Chwefror 1848.
72 'Hanesiaeth Gartrefol' – *Y Cyfaill o'r Hen Wlad*, Gorffennaf 1848.
73 'Y Blaid Rydd, Hanesiaeth Gartrefol' – *Y Cyfaill o'r Hen Wlad*, Medi 1848.
74 'Martin Van Buren' – *Y Cyfaill o'r Hen Wlad*, Tachwedd 1848.
75 'Achos y Caethion (James Owen, hynaf)' – *Y Cyfaill o'r Hen Wlad*, Tachwedd 1848.

Nodiadau

76 Deddf a oedd yn gorfodi'r caethion a oedd wedi dianc i ddychwelyd at eu meistri.
77 'Hanesiaeth Gartrefol' – *Y Cyfaill o'r Hen Wlad*, Awst 1852.
78 'Anerchiad y Golygydd' – *Y Cyfaill o'r Hen Wlad*, Ionawr 1854.
79 Cohen, 'Whittier, Holmes, Lowell and the New England Tradition', tt. 259–81.
80 'Dim Caethwasiaeth yn Nebraska – crynodeb o bregeth y Pch. J. P. Thompson, New York' – *Y Cyfaill o'r Hen Wlad*, Ebrill 1854. 'Caethwasiaeth a Meddwdod – y moddion goreu a mwyaf effeithiol er dileu y gaethfasnach a'r fasnach feddwol o'r byd (Thomas Foulkes, Utica)' – *Y Cyfaill o'r Hen Wlad*, Rhagfyr 1854.
81 'Dim Caethwasiaeth yn Nebraska – crynodeb o bregeth y Pch. J. P. Thompson, New York' – *Y Cyfaill o'r Hen Wlad*, Ebrill 1854. 'Caethwasiaeth a Meddwdod – y moddion goreu a mwyaf effeithiol er dileu y gaethfasnach a'r fasnach feddwol o'r byd (Thomas Foulkes, Utica)' – *Y Cyfaill o'r Hen Wlad*, Rhagfyr 1854.
82 'Gofyniad – Caethwasanaeth a'r Beibl (Ymdeithydd)' – *Y Cyfaill o'r Hen Wlad*, Medi 1855.
83 'Caethwasanaeth – ateb i ofyniad "Ymdeithydd" (Tudur)' – *Y Cyfaill o'r Hen Wlad*, Tachwedd 1855.
84 Jones, 'Welsh Americans and the anti-slavery movement in the United States', 122.
85 'Cymry New York Mills' – *Y Drych*, 1 Tachwedd 1856. Mae ysgrif gan Edward Jones, Cincinnati hefyd yn ymfalchïo fod 'yr holl gyhoeddiadau Cymreig yn dyfod allan i'r maes mor gryno ag y maent'.
86 Powell, *Cofiant William Rowlands*, t. 320.
87 'Llythyr y Parch. Rees Evans' – *Y Drych*, 5 Gorffennaf 1856.
88 'Gwerinwyr Cymreig Racine – y Cyhoeddiadau Cymreig a chaethwasiaeth (Ll. I. Evans)' – *Y Drych*, 18 Hydref 1856.
89 'Gwerinwyr Cymreig Racine – y Cyhoeddiadau Cymreig a chaethwasiaeth (Ll. I. Evans)' – *Y Drych*, 18 Hydref 1856.
90 'Adolygiad y misolion Cymreig' – *Y Drych*, 12 Gorffennaf 1856.
91 'Cymanfa y Methodistiaid Calfinaidd yn Dodgeville (Wm. G. Roberts)' – *Y Drych*, 5 Gorffennaf 1856.
92 *Y Cyfaill o'r Hen Wlad*, Chwefror 1856.
93 Clawr – *Y Cyfaill o'r Hen Wlad*, Ebrill 1856.
94 'Cymdeithasfa Wisconsin' – *Y Cyfaill o'r Hen Wlad*, Awst 1856.
95 'Cymanfa y Methodistiaid Calfinaidd yn Dodgeville, Wisconsin (W. Rowlands)' – *Y Cyfaill o'r Hen Wlad*, Awst 1856.
96 'Cymanfa y Methodistiaid Calfinaidd yn Dodgeville, Wisconsin (W. Rowlands)' – *Y Cyfaill o'r Hen Wlad*, Awst 1856.

Nodiadau

97 'A'r neb nid oes ganddo, gwerthed ei bais a phryned gleddyf' (Pch. Thomas Foulkes) – *Y Drych*, 4 Hydref 1856. Anela un o'i ysgrifau at grefyddwyr o bob enwad, gan danlinellu bod angen i eglwysi America 'roddi yr ergyd marwol i Gaethfasnach', neu bydd yn euog o gyfrannu at ei pharhad.

98 'Pleidiau Politicaidd ar y maes' – *Y Cyfaill o'r Hen Wlad*, Awst 1856.

99 'Yr Etholiad Dyfodol (William Rowlands)' – *Y Cyfaill o'r Hen Wlad*, Medi 1856.

100 'Yr Etholiad Dyfodol (William Rowlands)' – *Y Cyfaill o'r Hen Wlad*, Medi 1856.

101 'Y Trosedd yn erbyn Kansas – araeth Sumner' – *Y Cyfaill o'r Hen Wlad*, Hydref 1856.

102 'Yr Etholiad Dyfodol (William Rowlands)' – *Y Cyfaill o'r Hen Wlad*, Medi 1856.

103 'Gwerinwyr Cymreig Racine – y Cyhoeddiadau Cymreig a chaethwasiaeth (Ll. I. Evans)' – *Y Drych*, 18 Hydref 1856. Haera Ll. I. Evans fod y *Cyfaill* yn 'rhoddi cefnogaeth i'w gorthrymwyr' drwy fod yn 'gareg ateb' i Pierce, ymgeisydd y Democratiaid, tra mae ei 'eiddigedd duwiol' yn golygu ei fod yn 'tori allan yn fflam angerddol' yn erbyn Beecher.

104 *Y Drych*, 20 Medi 1856.

105 Powell, *Cofiant William Rowlands*, tt. 320 a 329.

106 Dyfynnwyd yn Powell, *Cofiant William Rowlands*, t. 330.

107 Clawr – *Y Cyfaill o'r Hen Wlad*, Gorffennaf 1856.

108 'Yr Etholiad Dyfodol (William Rowlands)' – *Y Cyfaill o'r Hen Wlad*, Medi 1856.

109 Llewelyn D. Howell, *Traithawd ar ddechreuad a chynnydd y Cymry yn Utica a'i hamgylchoedd* (Rome: R. R. Meredith, 1860), t. 27.

110 'Hanesiaeth Gartrefol' – *Y Cyfaill o'r Hen Wlad*, Tachwedd 1856.

111 'Barn yr "Amserau" am gyhoeddiadau Cymraeg America' – *Y Drych*, 29 Tachwedd 1856.

112 Er bod Bob Owen yn nodi mai J. M. Jones, Dr Puleston a Thomas Gwallter Price oedd sylfaenwyr y *Gwron Democrataidd*, mae astudiaeth ddiweddarach gan Maldwyn Jones yn honni bod y *Cymro* yn bapur propagandyddol Gwerinaethol, a bod Dr Puleston yn trefnu clybiau Fremont ym Mhennsylfania ac yn areithio ynddynt. Creda fod cyhuddiadau'r *Drych* ei fod yn Ddemocrat ac yn cefnogi caethwasanaeth yn deillio o gynnen bersonol rhwng y golygyddion yn dilyn datganiad gan Puleston ei fod yn bwriadu parhau i gyhoeddi'r *Cymro*, a fyddai'n fygythiad i gylchrediad y *Drych*. Gw. Jones, 'Welsh Americans and the anti-slavery movement in the United States'; Bob Owen, 'Welsh American

newspapers and periodicals', *Cylchgrawn Llyfrgell Genedlaethol Cymru*, 6 (1950), 373–84.
113 Huw Griffiths, *Report of a research project on Y Drych and Welsh-American identities, 1851–1951* (Bwrdd Gwybodau Celtaidd, Prifysgol Cymru, 2002).
114 *Y Cyfaill o'r Hen Wlad*, Gorffennaf 1856.
115 'Anerchiad golygyddol' – *Y Cyfaill o'r Hen Wlad*, 1856.
116 'Anerchiad' – *Y Cyfaill o'r Hen Wlad*, Rhagfyr 1860.
117 *Y Cyfaill o'r Hen Wlad*, Chwefror 1860.
118 'Newyddion Americanaidd' – *Y Cyfaill o'r Hen Wlad*, Ebrill 1860.
119 *Y Cyfaill o'r Hen Wlad*, Tachwedd 1860.
120 *Y Cyfaill o'r Hen Wlad*, Ionawr 1860.
121 *Y Cyfaill o'r Hen Wlad*, Ionawr 1860.
122 *Y Cyfaill o'r Hen Wlad*, Mai 1860.
123 *Y Cyfaill o'r Hen Wlad*, Hydref 1860.
124 *Y Cyfaill o'r Hen Wlad*, Mehefin 1860.
125 *Y Cyfaill o'r Hen Wlad*, Gorffennaf 1860.
126 *Y Cyfaill o'r Hen Wlad*, Gorffennaf 1860.
127 *Y Cenhadwr Americanaidd*, Mawrth 1860.
128 'Anerchiad' – *Y Cyfaill o'r Hen Wlad*, Rhagfyr 1860.
129 'Newyddion Americanaidd' – *Y Cyfaill o'r Hen Wlad*, Rhagfyr 1860.
130 *Y Cyfaill o'r Hen Wlad*, rhagymadrodd Ionawr 1861.
131 *Y Cyfaill o'r Hen Wlad*, clawr Mehefin 1861.
132 *Y Cyfaill o'r Hen Wlad*, Awst 1861.
133 Jerry Hunter, *Llwch Cenhedloedd: Y Cymry a Rhyfel Cartref America* (Llanrwst: Gwasg Carreg Gwalch, 2003).
134 Faith Barrett, 'American poetry fights the Civil War', yn Alfred Bendixen (gol.), *Cambridge History of American Poetry* (Efrog Newydd: Cambridge University Press, 2015), tt. 306–28.
135 Barrett, 'American poetry fights the Civil War', tt. 306–28.
136 Barrett, 'American poetry fights the Civil War', tt. 306–28.
137 *Y Cenhadwr Americanaidd*, Medi 1861.
138 *Y Cenhadwr Americanaidd*, Tachwedd 1861.
139 'Anmhleidgarwch Prydain' – *Y Cyfaill o'r Hen Wlad*, Tachwedd 1865. Gw. hefyd adran newyddion, *Y Cyfaill o'r Hen Wlad*, Hydref 1862.
140 *Y Cyfaill o'r Hen Wlad*, Medi 1861.
141 *Y Cyfaill o'r Hen Wlad*, rhagymadrodd Ionawr 1861.
142 *Y Cyfaill o'r Hen Wlad*, Mawrth 1861.
143 'Ein dyledswydd yn amser adfyd' – *Y Cyfaill o'r Hen Wlad*, Rhagfyr 1861.
144 *Y Cyfaill o'r Hen Wlad*, Awst 1861.
145 *Y Cyfaill o'r Hen Wlad*, Mehefin 1861.

Nodiadau

[146] Bernard Aspinwall, 'Irish Americans and American Nationality 1848–66', *Contemporary Irish Studies*, 1983, 110–30. Fe'i dyfynnir yma.
[147] Michael Kraus, *Immigration: The American Mosaic* (Princeton: D. Van Nostrand, 1966), t. 59.
[148] *Y Cyfaill o'r Hen Wlad*, Rhagdraeth Ionawr 1863.
[149] *Y Cyfaill o'r Hen Wlad*, Gorffennaf 1862.
[150] *Y Cyfaill o'r Hen Wlad*, Rhagdraeth 1864.
[151] *Y Cyfaill o'r Hen Wlad*, Tachwedd 1864.
[152] *Y Cyfaill o'r Hen Wlad*, Ebrill 1865.
[153] *Y Cyfaill o'r Hen Wlad*, Mai 1865.
[154] *Y Cyfaill o'r Hen Wlad*, 1 Gorffennaf 1865.

4 'Oes y byd i'r iaith Gymreig?'

[1] 'Annogaeth i'r Cymry i gefnogi y "Cyfaill o'r Hen Wlad"' – *Y Cyfaill o'r Hen Wlad*, Mai 1841.
[2] Christine Kinealy, *A Disunited Kingdom? England, Ireland, Scotland and Wales, 1800–1949* (Caergrawnt: Cambridge University Press, 1999), t. 124.
[3] Geraint H. Jenkins, '"Cymru, Cymry a'r Gymraeg": Rhagymadrodd', yn Geraint H. Jenkins (gol.), *Gwnewch Bopeth yn Gymraeg: Yr iaith Gymraeg a'i pheuoedd 1801–1911* (Caerdydd: Gwasg Prifysgol Cymru, 1999), tt. 1–34.
[4] Jenkins, 'Cymru, Cymry a'r Gymraeg', t. 1.
[5] Jerry Hunter, *Sons of Arthur, Children of Lincoln* (Caerdydd: University of Wales Press, 2007), t. 14.
[6] Robert Owen Jones, *'Hir Oes i'r Iaith': Agweddau ar hanes y Gymraeg a'r Gymdeithas* (Llandysul: Gomer, 1997), t. 258.
[7] Hywel Teifi Edwards, 'Llef dros y ganrif fwyaf', yn Geraint H. Jenkins (gol.), *Cymru a'r Cymry 2000 – Trafodion Cynhadledd Milflwyddiant Canolfan Uwchefrydiau Cymreig a Cheltaidd Prifysgol Cymru* (Llandysul: Gomer, 2001), tt. 71–86.
[8] Ronald Takaki, *A Different Mirror: A History of Multicultural America* (Canada: Little Brown & Co, 2008), t. 163.
[9] Reginald Byron, *Irish America* (Oxford: Clarendon, 1999), t. 62.
[10] Oscar Handlin, *Immigration as a Factor in American History* (New Jersey: Prentice Hall, 1959).
[11] Kerby Miller, *Emigrants and exiles* (Rhydychen: Oxford University Press, 1985), t. 297.
[12] Aled Jones, 'Yr Iaith Gymraeg a Newyddiaduraeth', yn Geraint H. Jenkins (gol.), *Gwnewch Bopeth yn Gymraeg: Yr iaith Gymraeg a'i pheuoedd 1801–1911* (Caerdydd: Gwasg Prifysgol Cymru, 1999), t. 363.

Nodiadau

13 Robert Ezra Park, *Immigrant Press and its Control* (New York: Harper and Brothers, 1922), t. 55.
14 J. Joseph, *Language and Identity* (Hampshire: Palgrave Macmillan, 2004), t. 110.
15 Howell Powell, *Cofiant y diweddar Barchedig William Rowlands, D.D., Utica Efrog Newydd* (Utica: Mrs Catherine Rowlands, 1873), t. 330 – dyfyniad o lythyr y Parch. J. J. Jones.
16 Jones, 'Yr Iaith Gymraeg a Newyddiaduraeth', t. 373.
17 Joseph, *Language and Identity*, t. 120.
18 'Cyfarfod y Cymry yn Blossburg' – *Y Cyfaill o'r Hen Wlad*, Ebrill 1839. Hefyd gw. '"Eu hiaith a gadwant" – yr iaith Gymreig yn Ohio' – *Y Cyfaill o'r Hen Wlad*, Chwefror 1839. Teimlant fod y weithred yn 'arwydd o barch i'n cyd-genedl fel dinasyddion da yn y Gorllewin', a gweithreda fel ysbrydoliaeth i lywodraeth ym Mhennsylfania ac Efrog Newydd dderbyn yr un fraint.
19 'Cennadwri Llywiawdwr talaith Pennsylfania yn Gymraeg' – *Y Cyfaill o'r Hen Wlad*, Mawrth 1840.
20 Leonard Dinnerstein a David M. Reimers, *Ethnic Americans* (Efrog Newydd: Columbia University Press, 1999), t. 17.
21 Edwards, 'Llef dros y ganrif fwyaf', t. 74.
22 Homi Bhabha, 'DissemiNation: time, narrative, and the margins of the modern nation', yn Homi Bhabha (gol.), *Nation and Narration* (Llundain: Routledge, 1991), tt. 291–322.
23 Timothy Baycroft, *Nationalism in Europe, 1789–1945* (Caergrawnt: Cambridge University Press, 1998), tt. 14–15.
24 'Cadw y Gymraeg (Gomeriad, O-o)' – *Y Cyfaill o'r Hen Wlad*, Chwefror 1838.
25 'Cadw y Gymraeg (Gomeriad, O-o)' – *Y Cyfaill o'r Hen Wlad*, Chwefror 1838.
26 'Llwyddiant i'r Cyfaill (R.ap Ioan, Cincinnati)' – *Y Cyfaill o'r Hen Wlad*, Gorffennaf 1839.
27 'At Olygydd y Cyfaill (Iago Trichrug)' – *Y Cyfaill o'r Hen Wlad*, Hydref 1838.
28 *Y Cenhadwr Americanaidd*, Ionawr 1861.
29 'Anerchiad Cymdeithas Gymreigyddol Newark, Ohio' – *Y Cyfaill o'r Hen Wlad*, Mehefin 1838.
30 '"Oes y Byd i'r iaith Gymraeg" – ail Gylchwyl Cymdeithas Cymreigyddion Maes-Tre-Mwnwyr' – *Y Cyfaill o'r Hen Wlad*, Ebrill 1838.
31 'Anerchiad Cymdeithas Gymreigyddol Newark, Ohio' – *Y Cyfaill o'r Hen Wlad*, Mehefin 1838. Hefyd gw. 'Rhagoroldeb yr Omeraeg – talfyriad o araith Gwyl Ddewi, Palmyra, Ohio' – *Y Cyfaill o'r Hen Wlad*, Mai 1841.

Nodiadau

32 'Anerchiad i'r Cyfaill (Eos Glan Twrch)' – *Y Cyfaill o'r Hen Wlad*, Mawrth 1838.
33 'Anerchiad i'r Cyfaill o'r Hen Wlad (Gwilym ab Ioan)' – *Y Cyfaill o'r Hen Wlad*, Chwefror 1840.
34 'Anerchiad Cymdeithas Gymreigyddol Minersville – "Tra Byd Cymraeg"' – *Y Cyfaill o'r Hen Wlad*, Mawrth 1838.
35 *Y Cyfaill o'r Hen Wlad*, Mawrth 1838.
36 'At Olygydd y Cyfaill (Iago Trichrug)' – *Y Cyfaill o'r Hen Wlad*, Hydref 1838. Mae'r enw 'Dic Shon Dafydd' wedi ei seilio ar gymeriad o faled a oedd yn anghofio ei wlad a'i iaith ar ôl mynd i Loegr am gyfnod, a daeth yn llysenw poblogaidd i ddisgrifio'r sawl a oedd yn ddifater am eu cenedligrwydd yng Nghymru ac yn y mannau eraill yr oeddent wedi ymsefydlu.
37 Melinda Gray, 'Language and Belonging: A Welsh Language Novel in Late-Nineteenth-Century America', yn Werner Sollors (gol.), *Multilingual America: Transnationalism, Ethnicity, and the Languages of American Literature* (Llundain: New York University Press, 1998), tt. 91–102.
38 'Dymuniad am sylw ar yr iaith Gymreig yn America (David Rees, Temperanceville)' – *Y Cyfaill o'r Hen Wlad*, Mehefin 1847.
39 'Anerchiad oddiwrth Ewyllysiwr da i'r Cyfaill (M*L*R*M*N)' – *Y Cyfaill o'r Hen Wlad*, Ionawr 1838.
40 'Anerchiad i'r Cyfaill a'i Olygydd (Dyoll Samoht)' – *Y Cyfaill o'r Hen Wlad*, Medi 1838.
41 'Rhagoroldeb yr Omeraeg – talfyriad o araith Gwyl Ddewi, Palmyra, Ohio' – *Y Cyfaill o'r Hen Wlad*, Mai 1841.
42 'Rhagoroldeb yr Omeraeg – talfyriad o araith Gwyl Ddewi, Palmyra, Ohio' – *Y Cyfaill o'r Hen Wlad*, Mai 1841.
43 Cynghor i'r Cymry (Ab Cinmerchyn)' – *Y Cyfaill o'r Hen Wlad*, Gorffennaf 1841.
44 *Y Cenhadwr Americanaidd*, Ionawr 1861.
45 Susan J. Dicker, *Languages in America* (Clevedon: Cromwell, 2003), t. 11.
46 D. Eurig Davies, *Y Winllan Well* (Talybont: Lolfa, 2015).
47 Jones, *'Hir Oes i'r Iaith'*, t. 274.
48 *Y Cyfaill o'r Hen Wlad*, Mehefin 1847.
49 R. Tudur Jones, 'Ymneilltuaeth a'r Iaith Gymraeg yn y Bedwaredd Ganrif ar Bymtheg', yn Geraint H. Jenkins (gol.), *Gwnewch Bopeth yn Gymraeg: Yr iaith Gymraeg a'i pheuoedd 1801–1911* (Caerdydd: Gwasg Prifysgol Cymru, 1999), tt. 229–50.
50 Tynnwyd fy sylw at y ffaith hon mewn sgwrs â Kevin van Anglen tra oeddwn yn America wrth i ni drafod cyd-destun crefyddol cenedligrwydd.

Nodiadau

51 Glanmor Williams, *Grym Tafodau Tân: Ysgrifau Hanesyddol ar Grefydd a Diwylliant* (Llandysul: Gomer, 1989), t. 265.
52 'Cadw y Gymraeg (Gomeriad, O-o)' – *Y Cyfaill o'r Hen Wlad*, Chwefror 1838.
53 'Dymuniad am sylw ar yr iaith Gymreig yn America (David Rees, Temperanceville)' – *Y Cyfaill o'r Hen Wlad*, Mehefin 1847.
54 Jones, *'Hir Oes i'r Iaith'*, t. 297.
55 'Dymuniad am sylw ar yr iaith Gymreig yn America (David Rees, Temperanceville)' – *Y Cyfaill o'r Hen Wlad*, Mehefin 1847.
56 'Ateb y Golygydd i ofyniad "Ewyllysiwr Pobpeth Da"'– *Y Cyfaill o'r Hen Wlad*, Mawrth 1848.
57 Mudiad ydoedd i ddarparu gwasanaethau trwy gyfrwng y Saesneg i ymfudwyr di-Gymraeg, gan fod lledaenu'r genhadaeth grefyddol yn bwysicach na glynu at un iaith yn unig.
58 Glanmor Williams, *Religion, Language and Nationality in Wales* (Caerdydd: University of Wales Press, 1979), t. 26.
59 'Ateb y Golygydd i ofyniad "Ewyllysiwr Pobpeth Da"'– *Y Cyfaill o'r Hen Wlad*, Mawrth 1848.
60 *Y Cyfaill o'r Hen Wlad*, Mehefin 1858.
61 'Cymanfa Racine, Wisconsin' – *Y Cyfaill o'r Hen Wlad*, Medi 1850.
62 'Cân yn dangos ffoledd rhai Cymry sydd yn chwennych troi yn Saeson gan wadu eu hiaith eu hunain. Cynghor i'r Cymry (Ab Cinmerchyn)' – *Y Cyfaill o'r Hen Wlad*, Gorffennaf 1841.
63 Ieuan Gwynedd Jones, *Mid-Victorian Wales: The Observers and the Observed* (Caerdydd: University of Wales Press, 1992).
64 Llewelyn D. Howell, *Traithawd ar ddechreuad a chynnydd y Cymry yn Utica a'i hamgylchoedd* (Rome: R. R. Meredith, 1860), t. 9.
65 *'Hir Oes i'r Iaith'*, t. 277.
66 'Yr iaith Saesonig a'r Ysgol Sul (J. B. W.)' – *Y Cyfaill o'r Hen Wlad*, Tachwedd 1848.
67 'Cerddoriaeth – y ddadl (Geo.Brentinel, Coalport, Ohio)' – *Y Cyfaill o'r Hen Wlad*, Medi 1854.
68 *Yr Arweinydd*, 25 Mawrth 1860.
69 'Anerchiad y Cymry yn America (Pch. Lewis Edwards)' – *Y Cyfaill o'r Hen Wlad*, Tachwedd 1862.
70 'Anerchiad y Cymry yn America (Pch. Lewis Edwards)' – *Y Cyfaill o'r Hen Wlad*, Tachwedd 1862.
71 'Iaith fy mam – sylw ar ofyniad Ioan (Cymro)' – *Y Cyfaill o'r Hen Wlad*, Hydref 1855.
72 Jones, *'Hir Oes i'r Iaith'*, t. 251.
73 'Iaith y Cyfnodolion Cymreig (John Williams, Drefnewydd)' – *Y Cyfaill o'r Hen Wlad*, Awst 1852.

Nodiadau

74 'Iaith fy mam – sylw ar ofyniad Ioan (Cymro)' – *Y Cyfaill o'r Hen Wlad*, Hydref 1855.
75 William D. Jones, 'Y Gymraeg a Hunaniaeth Gymreig mewn Cymuned ym Mhennsylvania', yn Geraint H. Jenkins (gol.), *Iaith Carreg fy Aelwyd: Iaith a Chymuned yn y 19eg ganrif* (Caerdydd: Gwasg Prifysgol Cymru, 1999), t. 265.
76 'Iaith fy mam – sylw ar ofyniad Ioan (Cymro)' – *Y Cyfaill o'r Hen Wlad*, Hydref 1855.
77 'Eisteddfod Utica: ymddiddan rhwng Ned a Bob' – *Y Cyfaill o'r Hen Wlad*, Chwefror 1858.
78 'Y Cymry yn Vermont' – *Y Cyfaill o'r Hen Wlad*, Ionawr 1852.
79 'Yr Hen Iaith – llythyr I (Dewi Egwan)' – *Y Cyfaill o'r Hen Wlad*, Tachwedd 1856.
80 Patricia Mayo, *The Roots of Identity: Three National Movements in Contemporary European Politics* (Llundain: Allen Lane, 1974), t. 70.
81 'Yr Hen Iaith – llythyr II (Dewi Egwan)' – *Y Cyfaill o'r Hen Wlad*, Ionawr 1857.
82 Jones, 'Hir Oes i'r Iaith', t. 277.
83 'Arfau rhyfel (Ioan Ogwen)' – *Y Cyfaill o'r Hen Wlad*, Ionawr 1862.
84 *Y Cyfaill o'r Hen Wlad*, clawr Gorffennaf 1861.

5 'Llon heddy' yw llenyddiaeth?'

1 'I'r "Cyfaill o'r Hen Wlad" (Llinos Glan Ohio)' – *Y Cyfaill o'r Hen Wlad*, Tachwedd 1858.
2 Anthony Smith, *National Identity* (Llundain: Penguin, 1997), t. 11.
3 Adrian Hastings, *The Construction of Nationhood: Ethnicity, Religion and Nationalism* (Caergrawnt: Cambridge University Press, 1997), t. 31.
4 Jerry Hunter, 'Y Traddodiad Llenyddol Coll', *Taliesin*, 118 (2003), 13–44.
5 Glanmor Williams, *Religion, Language and Nationality in Wales* (Caerdydd: University of Wales Press, 1979).
6 Robert Owen Jones, *'Hir Oes i'r Iaith': Agweddau ar Hanes y Gymraeg a'r Gymdeithas* (Llandysul: Gomer, 1997), t. 256.
7 Williams, *Religion, Language and Nationality in Wales*, t. 121.
8 'Ail Gylchwyl Cymdeithas Cymreigyddion Maes-Tre Mwnwyr' – *Y Cyfaill o'r Hen Wlad*, Ebrill 1838.
9 Dorothy Skardal, 'Scandinavian-American Literature', yn Robert Pietro (gol.), *Ethnic Perspectives in American Literature: selected essays on the European contributions* (Efrog Newydd: Modern Language Association of America, 1983), t. 242. Y ddau gam arall fyddai: i) derbyn y ffordd

Americanaidd o fyw yn gyfan gwbl, ii) creu rhywbeth newydd, ond eu bod hefyd yn ymwybodol ei bod am ddiflannu. Mae'r dystiolaeth brint yn awgrymu bod y Cymry'n credu ym mharhad eu diwylliant ac yn rhoi sylfeini llenyddol am genedlaethau i ddod.

10 'Cerdd gan W.J.W. – Gwledd y Cymry ar Wyl Ddewi 1838, Caerefrog Newydd' – *Y Cyfaill o'r Hen Wlad*, Ebrill 1838.
11 'Gwyl Ddewi 1840, Gwledd Flynyddol y Cymry yn Nghaerefrog Newydd' – *Y Cyfaill o'r Hen Wlad*, Ebrill 1840.
12 'Englyn gan Ab Dyfnwal, Gwyl Ddewi Sant Lonaconing' – *Y Cyfaill o'r Hen Wlad*, Ebrill 1839.
13 'Cyfarfod y Cymry yn Mhottsville' – *Y Cyfaill o'r Hen Wlad*, Awst 1841.
14 'Anerchiad idd y Cyfaill ar ei ymddangosiad cyntaf (Gwilym ab Ioan)' – *Y Cyfaill o'r Hen Wlad*, Chwefror 1838.
15 T. Gwynn Jones, *Llenyddiaeth Gymreig y Bedwaredd Ganrif ar Bymtheg: Llawlyfr at wasanaeth darllenwyr* (Caernarfon: Cwmni'r Wasg Genedlaethol Gymreig, 1927), t. 10.
16 K. Price a Susan Smith, 'Periodical Literature in Social and Historical Context', yn K. Price a Susan Smith (goln), *Periodical Literature in Nineteenth Century America* (Llundain: Virginia University Press, 1995), tt. 3–16.
17 'Dau englyn i'r Cyfaill a'i olygydd (Gwentydd Bach)' – *Y Cyfaill o'r Hen Wlad*, Chwefror 1854.
18 Eliza Richards, 'Edgar Allan Poe's lost worlds', yn Alfred Bendixen (gol.), *Cambridge History of American Poetry* (Efrog Newydd: Cambridge University Press, 2015), tt. 217–37.
19 Oscar Handlin, *The Uprooted* (Unol Daleithiau: Little Brown and company, 1951), tt. 180–1.
20 Hunter, 'Y Traddodiad Llenyddol Coll', 32.
21 'Y Cyfaill a'i Gydgenedl: ymddiddan' – *Y Cyfaill o'r Hen Wlad*, Ionawr 1838.
22 Frank Gado, 'Asserting a National Voice', yn Alfred Bendixen (gol.), *Cambridge History of American Poetry* (Efrog Newydd: Cambridge University Press, 2015), tt. 155–76.
23 *Y Cyfaill o'r Hen Wlad*, Rhagdraeth Ionawr 1838.
24 Marcus Hansen, *The Immigrant in American History* (Cambridge: Harvard University Press, 1940), t. 138.
25 'Ysgrif "Y Gomeriaid" (Iorwerth)' – *Y Cyfaill o'r Hen Wlad*, Mehefin 1838.
26 'Cywydd i anerch y beirdd yn yr Unol Daleithiau (Eos Glan Twrch)' – *Y Cyfaill o'r Hen Wlad*, Gorffennaf 1838.
27 'Cywydd i anerch y beirdd yn yr Unol Daleithiau (Eos Glan Twrch)' – *Y Cyfaill o'r Hen Wlad*, Gorffennaf 1838.

Nodiadau

28. Daniel Williams, 'The Welsh Atlantic: Mapping the Contexts of Welsh-American Literature', yn M. Shell (gol.), *American Babel* (Llundain: Harvard University Press, 2002), tt. 343–68.
29. Gado, 'Asserting a National Voice', tt. 155–76.
30. Earl Fitz, *Rediscovering the New World: Inter-American Literature in a comparative context* (Caergrawnt: University of Iowa Press, 1991), t. 168.
31. Clinton Rossiter, *The American Quest 1790–1860: An emerging nation in search of identity, unity and modernity* (Efrog Newydd: Harcourt Brace Jovanovich Inc., 1971), t. 108.
32. Richard Ruland a Malcolm Bradbury, *From Puritanism to Postmodernism: A History of American Literature* (Llundain: Routledge, 1991), t. 63.
33. Darshan Maini, 'Psychoanalysis and Modern American Criticism', yn J. Chander a N. Pradhan (goln), *Studies in American Literature: essays in honour of William Mulder* (Delhi: Oxford University Press, 1976), tt. 1–16.
34. Armin Frank, 'An Invitation to Inter-American Literary Studies', yn Armin Frank a Helga Essmann (goln), *The Internationality of National Literatures in either America: Transfer and transformation* (Gottingen: Wallstein, 1991), tt. 11–27.
35. G. Harrison Orians, 'The Rise of Romanticism', yn Harry Clark (gol.), *Transitions in American Literary History* (Efrog Newydd: Octagon, 1975), tt. 161–244.
36. Walt Whitman, *Leaves of Grass: Selected Poems and Prose* (Efrog Newydd: Doubleday, 1997).
37. Sacvan Bercovitch, 'Introduction', yn Sacvan Bercovitch (gol.), *The Cambridge History of American Literature, vol 2 1820–65* (Caergrawnt: Cambridge University Press, 1995), tt. 1–14.
38. Tony Tanner, *The Reign of Wonder: Naivety and Reality in American Literature* (Caergrawnt: Cambridge University Press, 1965).
39. Virginia Jackson, 'Longfellow in his time', yn Alfred Bendixen (gol.), *Cambridge History of American Poetry* (Efrog Newydd: Cambridge University Press, 2015), tt. 338–58.
40. Neila Sesbachari, 'Leslie.A.Fiedeer: Critic as Mythographer', yn J. Chander a N. Pradhan (gol.), *Studies in American Literature: essays in honour of William Mulder* (Delhi: Oxford University Press, 1976), tt. 17–27.
41. Richard Ruland, a Malcolm Bradbury, *From Puritanism to Postmodernism: A History of American Literature* (Llundain: Routledge, 1991).
42. 'Cywydd i anerch y beirdd yn yr Unol Daleithiau (Eos Glan Twrch)' – *Y Cyfaill o'r Hen Wlad*, Gorffennaf 1838.
43. 'Cywydd i anerch y beirdd yn yr Unol Daleithiau (Eos Glan Twrch)' – *Y Cyfaill o'r Hen Wlad*, Gorffennaf 1838.

Nodiadau

44   Nina Baym et al., *The Norton Anthology: American Literature. 7th Edition, volume B, 1820–65* (Efrog Newydd: Norton and Co.).
45   'Cywydd i anerch y beirdd yn yr Unol Daleithiau (Eos Glan Twrch)' – *Y Cyfaill o'r Hen Wlad*, Gorffennaf 1838.
46   Hunter, 'Y Traddodiad Llenyddol Coll', 35–6.
47   'Cywydd i anerch y beirdd yn yr Unol Daleithiau (Eos Glan Twrch)' – *Y Cyfaill o'r Hen Wlad*, Gorffennaf 1838.
48   Sacvan Bercovitch, *The Rites of Assent: Transformations in the Symbolic Construction of America* (Llundain: Routledge, 1993), t. 285.
49   'Cwyn y Beirdd (Gwilym Fardd)' – *Y Cyfaill o'r Hen Wlad*, Ionawr 1839.
50   Howell Powell, *Cofiant y diweddar Barchedig William Rowlands, D.D., Utica Efrog Newydd* (Utica: Mrs Catherine Rowlands, 1873), t. 395.
51   Hunter, 'Y Traddodiad Llenyddol Coll', t. 20.
52   'Cywydd yr Ham: Mwyalchen Glan Wnion at Eos Glan Twrch' – *Y Cyfaill o'r Hen Wlad*, Mai 1839.
53   Rydw i'n ddiolchgar am sgwrs gyda'r Athro Elisa New i drafod swyddogaeth lenyddol y cyfnodolion Saesneg yn America.
54   'Cywydd yr Ham: Mwyalchen Glan Wnion at Eos Glan Twrch' – *Y Cyfaill o'r Hen Wlad*, Mai 1839.
55   Hywel Teifi Edwards, *Ceiriog* (Caernarfon: Pantycelyn, 1987).
56   Alfred Bendixen, 'The Emergence of Romantic Traditions', yn Alfred Bendixen (gol.), *Cambridge History of American Poetry* (Efrog Newydd: Cambridge University Press, 2015), tt. 177–92.
57   'Can i anerch "Lloerawl Gymdeithas swydd Oneida" (Y Fwyalchen)' – *Y Cyfaill o'r Hen Wlad*, Mehefin 1841.
58   'Cywydd Eos Glan Twrch at Fwyalchen Glan Wnion' – *Y Cyfaill o'r Hen Wlad*, Medi 1839.
59   Amddiffyniad Gwilym Fardd yn wyneb achwyniad yr Eos – *Y Cyfaill o'r Hen Wlad*, Gorffennaf 1838.
60   *Y Cyfaill o'r Hen Wlad*, Ionawr 1840. 'Dychymyg' yw pos i'w ddatrys wedi ei ysgrifennu ar ffurf cerdd gan y bardd adnabyddus Eos Glan Twrch.
61   'Adolygu Adolygiad B. W. Jones (Eos Glan Twrch)' – *Y Cyfaill o'r Hen Wlad*, Mai 1840.
62   'Beirniadu Beirniadaeth Eos Glan Twrch, pan yn "Adolygu Adolygiad B. W. Jones" (Chwareu Teg)' – *Y Cyfaill o'r Hen Wlad*, Awst 1840.
63   'Beirniadu Beirniadaeth Eos Glan Twrch, pan yn "Adolygu Adolygiad B. W. Jones" (Chwareu Teg)' – *Y Cyfaill o'r Hen Wlad*, Awst 1840. 'Syllddrych i'r beirniad (Eos Glan Twrch)' – *Y Cyfaill o'r Hen Wlad*, Hydref 1840.

Nodiadau

64 'Syll-ddrych i'r beirniad (Eos Glan Twrch)' – *Y Cyfaill o'r Hen Wlad*, Hydref 1840.
65 'Tremyn ar syll-ddrych Eos Glan Twrch (Chwareu Teg)' – *Y Cyfaill o'r Hen Wlad*, Rhagfyr 1840.
66 'Trem ar syll-ddrych Eos Glan Twrch (Chwareu Teg)' – *Y Cyfaill o'r Hen Wlad*, Rhagfyr 1840.
67 'Trem ar syll-ddrych Eos Glan Twrch (Chwareu Teg)' – *Y Cyfaill o'r Hen Wlad*, Rhagfyr 1840.
68 'Trem ar syll-ddrych Eos Glan Twrch (Chwareu Teg)' – *Y Cyfaill o'r Hen Wlad*, Rhagfyr 1840.
69 'Trem ar syll-ddrych Eos Glan Twrch (Chwareu Teg)' – *Y Cyfaill o'r Hen Wlad*, Rhagfyr 1840.
70 'Tremyn ar syll-ddrych Eos Glan Twrch (Chwareu Teg)' – *Y Cyfaill o'r Hen Wlad*, Rhagfyr 1840.
71 'Tremyn ar syll-ddrych Eos Glan Twrch (Chwareu Teg)' – *Y Cyfaill o'r Hen Wlad*, Rhagfyr 1840.
72 'Adolygiad ar Ddehongliad i Ddychymyg Doe Glan Taf (Eryr Gwernabwy)' – *Y Cyfaill o'r Hen Wlad*, Gorffennaf 1840.
73 'Eryr yn y fagl (Eos Glan Twrch)' – *Y Cyfaill o'r Hen Wlad*, Medi 1840.
74 'Eryr yn y fagl (Eos Glan Twrch)' – *Y Cyfaill o'r Hen Wlad*, Medi 1840.
75 'Yr Eos wedi ei ddal yn ei fagl ei hun (Eryr Gwernabwy)' – *Y Cyfaill o'r Hen Wlad*, Tachwedd 1840.
76 'Yr Eos wedi ei ddal yn ei fagl ei hun (Eryr Gwernabwy)' – *Y Cyfaill o'r Hen Wlad*, Tachwedd 1840.
77 'Beirdd Cymreig yn America (J. J. Jones, Caerefrog Newydd)' – *Y Cyfaill o'r Hen Wlad*, Mawrth 1842.
78 Michael C. Cohen, 'Whittier, Holmes, Lowell and the New England Tradition', yn Alfred Bendixen (gol.), *Cambridge History of American Poetry* (Efrog Newydd: Cambridge University Press, 2015), tt. 259–81.
79 Dyddanwch Barddoniaeth, *Y Cyfaill o'r Hen Wlad*, Gorffennaf 1862.
80 'Safon Llythyreniaeth yr iaith Gymraeg' – *Y Cyfaill o'r Hen Wlad*, Mai 1866.
81 Michel Foucault, 'What is an author?', cyf. Donald F. Bouchard a Sherry Simon, yn Donald F. Bouchard (gol.), *Language, Counter-memory, practice* (Ithaca: Gwasg Prifysgol Cornell , 1977), tt. 124–7.
82 'Safon Llythyreniaeth yr iaith Gymraeg' – *Y Cyfaill o'r Hen Wlad*, Mai 1866.
83 'Llinellau at hil Gomer yn America (Aderyn Du o'r Dyffryn)' – *Y Seren Orllewinol*, Mawrth 1847.
84 Hywel Teifi Edwards, 'The Eisteddfod Poet: An Embattled Figure', yn Hywel Teifi Edwards (gol.), *A Guide to Welsh Literature c.1800–1900* (Caerdydd: Gwasg Prifysgol Cymru, 2000), tt. 24–47.

Nodiadau

85 Ernest Gellner, *Nationalism* (Llundain: Weidenfield & Nicholson, 1997), t. 73.
86 'Testynau a Gwobrau i Lenorion Cymreig America (Iorthryn Gwynedd)' – *Y Cyfaill o'r Hen Wlad*, Mai 1852.
87 'Testynau a Gwobrau i Lenorion Cymreig America (Iorthryn Gwynedd)' – *Y Cyfaill o'r Hen Wlad*, Mai 1852.
88 Jerry Hunter, *Sons of Arthur, Children of Lincoln* (Caerdydd: University of Wales Press, 2007).
89 'Testynau a Gwobrau i Lenorion Cymreig America (Iorthryn Gwynedd)' – *Y Cyfaill o'r Hen Wlad*, Mai 1852.
90 'Testynau a Gwobrau i Lenorion Cymreig America (Iorthryn Gwynedd)' – *Y Cyfaill o'r Hen Wlad*, Mai 1852.
91 'Sylw ar anerch Iorthryn Gwynedd (Methodsyn o'r De)' – *Y Cyfaill o'r Hen Wlad*, Gorffennaf 1852.
92 'Sylw ar anerch Iorthryn Gwynedd (Methodsyn o'r De)' – *Y Cyfaill o'r Hen Wlad*, Gorffennaf 1852.
93 'At y Beirdd (Thomas G Price)' – *Y Cyfaill o'r Hen Wlad*, Gorffennaf 1852.
94 Hunter, *Sons of Arthur, Children of Lincoln*, t. 41.
95 Hywel Teifi Edwards, *Eisteddfod Ffair y Byd Chicago 1893* (Llandysul: Gomer, 1990), t. 55.
96 Edwards, *Eisteddfod Ffair y Byd Chicago 1893*, rhagymadrodd, t. xiii.
97 Carl Fish, *The Development of American Nationality* (Efrog Newydd: American Book Company, 1913), t. 283.
98 Hywel Teifi Edwards, *Gŵyl Gwalia: Yr Eisteddfod Genedlaethol yn Oes Aur Victoria. 1858–1868* (Llandysul: Gomer, 1980), tt. 60–1.
99 Sgwrs gyda'r Athro Henry Louis Gates, Jr yn ystod fy nghyfnod ym Mhrifysgol Harvard.
100 'Cyfarfod Cystadleuol at holl lenorion, beirdd a chantorion Cymreig swydd Oneida' – *Y Cyfaill o'r Hen Wlad*, Tachwedd 1855.
101 Roger Daniels, *Coming to America: A History of Immigration and Ethnicity in American Life* (Efrog Newydd: HarperCollins, 1990).
102 Daniel Williams, 'Cymry Ewyrth Sam: Creu hunaniaeth Gymreig yn yr Unol Daleithiau c.1860–1900', yn Geraint H. Jenkins (gol.), *Cof Cenedl XVIII* (Llandysul: Gomer, 2003), tt. 127–60.
103 'Eisteddfod Utica' – *Y Cyfaill o'r Hen Wlad*, Rhagfyr 1857.
104 'Arfolliad y Beirdd' – *Y Cenhadwr Americanaidd*, Mai 1852; 'Gorddygan y Beirdd' – *Y Cyfaill o'r Hen Wlad*, Mehefin 1852.
105 'Gorddygan y Beirdd' – *Y Cyfaill o'r Hen Wlad*, Mehefin 1852.
106 'Gorddygan y Beirdd' – *Y Cyfaill o'r Hen Wlad*, Mehefin 1852.
107 Hunter, 'Y Traddodiad Llenyddol Coll', 15.

Nodiadau

[108] F. O. Matthiessen, *American Renaissance: art and expression in the age of Emerson and Whitman* (Llundain: Oxford University Press, 1968).
[109] Rydw i'n ddiolchgar am gael astudio'r modiwl 'Poetry in America' gyda'r Athro Elisa New ym Mhrifysgol Harvard, a oedd yn trafod hyn.
[110] Hunter, *Sons of Arthur, Children of Lincoln*, t. 32.
[111] 'Y Gwyddoniadur Cymreig' – *Y Cyfaill o'r Hen Wlad*, Ionawr 1858.
[112] 'Y Gwyddoniadur Cymreig', *Y Cyfaill o'r Hen Wlad*, Ionawr 1858.
[113] 'Eisteddfod Utica: ymddiddan rhwng Ned a Bob' – *Y Cyfaill o'r Hen Wlad*, Chwefror 1858.
[114] 'Eisteddfodau Cymreigyddawl ac Odyddiaeth' – *Y Cyfaill o'r Hen Wlad*, Hydref 1840.
[115] 'Eisteddfod Utica: ymddiddan rhwng Ned a Bob' – *Y Cyfaill o'r Hen Wlad*, Chwefror 1858.
[116] 'Gwylmabsant Dewi' – *Y Cyfaill o'r Hen Wlad*, Gorffennaf 1847.
[117] Jones, 'Rhyddiaith Grefyddol y Bedwaredd Ganrif ar Bymtheg', tt. 318–53.
[118] 'Cynghor Eos i Gwentydd Bychan' – *Y Cyfaill o'r Hen Wlad*, Mawrth 1857.
[119] Melville Richards, 'Eisteddfod y bedwaredd ganrif ar bymtheg', *Twf yr Eisteddfod: tair darlith* (Aberystwyth: Llys yr Eisteddfod Genedlaethol, 1968), tt. 32–3.
[120] Edwards, *Gŵyl Gwalia*, t. 57. Dyfyniad gan Dr Evan Davies.
[121] Edwards, *Gŵyl Gwalia*, t. 386.
[122] Edwards, *Gŵyl Gwalia*, t. 53.
[123] 'Gwylmabsantau ac Eisteddfodau (Cydwybod Dyner)' – *Y Cyfaill o'r Hen Wlad*, Mai 1854.
[124] 'Gwylmabsantau ac Eisteddfodau (Cydwybod Dyner)' – *Y Cyfaill o'r Hen Wlad*, Mai 1854.
[125] 'Y Byd a'r Eglwys (Jeremiah)' – *Y Cyfaill o'r Hen Wlad*, Chwefror 1856.
[126] 'Dydd Gwyl Dewi Sant (E. Ellis)' – *Y Cyfaill o'r Hen Wlad*, Mehefin 1855.
[127] Huw Walters, 'Y Gymraeg a'r Wasg Gylchgronol', yn Geraint H. Jenkins (gol.), *Gwnewch Bopeth yn Gymraeg: Yr iaith Gymraeg a'i pheuoedd 1801–1911* (Caerdydd: Gwasg Prifysgol Cymru, 1999), t. 333.
[128] Jones, *Llenyddiaeth Gymreig y Bedwaredd Ganrif ar Bymtheg*, t. 33.
[129] Thomas Parry, *Hanes Llenyddiaeth Gymraeg hyd 1900* (Caerdydd: Gwasg Prifysgol Cymru, 1944), t. 230.
[130] David S. Reynolds, 'From periodical writer to poet: Whitman's journey through popular culture', yn K. Price a Susan Smith (goln), *Periodical Literature in Nineteenth Century America* (Llundain: Virginia University Press, 1995), t. 36.

Nodiadau

[131] *Y Cyfaill o'r Hen Wlad*, Mawrth 1838.
[132] 'Y Cwrdd ar y Saboth' – *Y Cyfaill o'r Hen Wlad*, Awst 1839.
[133] R. D. Thomas, *Hanes Cymry America* (Utica: T. J. Griffiths, 1872), t. 176.
[134] Elisa New, 'Bible Leaves! Bible Leaves! Hellenism and Hebraism in Melville's Moby Dick', *Poetics Today*, 19 (1998), 281–303.

6 Casgliad

[1] Penillion i'r Cyfaill (R.W.) – *Y Cyfaill o'r Hen Wlad*, Ionawr 1847.
[2] 'Pennillion wrth dderbyn y *Cyfaill* yn ei hen ddull cyntefig (Ab Gwilym)' – *Y Cyfaill o'r Hen Wlad*, Mawrth 1846.
[3] T. M. Jones, *Llenyddiaeth fy ngwlad* (Treffynnon: P. M. Evans, 1893).
[4] Jay Parini, *Promised Land: 13 books that changed America* (Efrog Newydd: Doubleday, 2008), t. 345.
[5] Mae ysgrifau golygyddol yn y *Cyfaill* yn gofyn am gefnogaeth drwy brynu'r cylchgrawn yn hytrach na'i rannu hefyd yn cadarnhau'r ddamcaniaeth hon.
[6] Paul Evans, 'The Welsh in Oneida County, New York' (thesis MA heb ei gyhoeddi, Cornell University, 1914), t. 17.
[7] Glanmor Williams, *Religion, Language and Nationality in Wales* (Caerdydd: University of Wales Press, 1979), t. 142.
[8] Aled Jones, 'The Welsh Newspaper Press', yn Hywel Teifi Edwards (gol.), *A Guide to Welsh Literature, 1800–1900* (Caerdydd: University of Wales Press, 2000), tt. 1–23.
[9] Thomas Parry, *Hanes Llenyddiaeth Gymraeg hyd 1900* (Caerdydd: Gwasg Prifysgol Cymru, 1944), t. 228.
[10] E. G. Millward, *Cenedl o Bobl Ddewrion: Agweddau ar Lenyddiaeth Oes Victoria* (Llandysul: Gomer, 1991).
[11] Huw Walters, 'Y Gymraeg a'r Wasg Gylchgronol', yn Geraint H. Jenkins (gol.), *Gwnewch Bopeth yn Gymraeg: Yr iaith Gymraeg a'i pheuoedd 1801–1911* (Caerdydd: Gwasg Prifysgol Cymru, 1999), t. 349.
[12] Edward Hartmann, *Americans from Wales* (Boston: Christopher, 1967), t. 127.
[13] Rydw i'n ddiolchgar am sgwrs gyda'r Athro Werner Sollors, a wnaeth y gymhariaeth hon.
[14] 'Rhagymadrodd/anerchiad y golygydd' – *Y Cyfaill o'r Hen Wlad*, Ionawr 1854.
[15] 'Pennillion wrth dderbyn y *Cyfaill* yn ei hen ddull cyntefig (Ab Gwilym)' – *Y Cyfaill o'r Hen Wlad*, Mawrth 1846.
[16] Rhagdraeth 1861, *Y Cyfaill o'r Hen Wlad*.

Nodiadau

17 *Y Cyfaill o'r Hen Wlad*, Mai 1860.
18 *Y Cyfaill o'r Hen Wlad*, Ionawr 1845.
19 'I'r Cyfaill (D.J.)' – *Y Cyfaill o'r Hen Wlad*, Chwefror 1854.
20 Howell Powell, *Cofiant y diweddar Barchedig William Rowlands, D.D., Utica Efrog Newydd* (Utica: Mrs Catherine Rowlands, 1873), tt. 431–7.
21 Powell, *Cofiant William Rowlands*, t. 449.
22 T. M. Jones, *Llenyddiaeth fy ngwlad* (Treffynnon: P. M. Evans, 1893), tt. 220–1.
23 *Y Cyfaill o'r Hen Wlad*, Anerchiad 1866.
24 Powell, *Cofiant William Rowlands* – Cerdd goffa Llew Llwyfo, t. 481. Roedd Llew Llwyfo yn newyddiadurwr gyda nifer o bapurau yng Nghymru ac America, ac mae'r ffaith iddo gyfansoddi'r gerdd goffa felly'n tystio i ddylanwad William Rowlands yn y diwylliant print.
25 Jerry Hunter, 'Y Traddodiad Llenyddol Coll', *Taliesin*, 118 (2003), 13–44.
26 Glanmor Williams, *Grym Tafodau Tân: Ysgrifau Hanesyddol ar Grefydd a Diwylliant* (Llandysul: Gomer, 1989), t. 227.
27 'Cerdd gan Gwilym ab Ioan, Caerefrog Newydd – Gwyl Ddewi 1840, Gwledd flynyddol y Cymry yn Nghaerefrog-Newydd' – *Y Cyfaill o'r Hen Wlad*, Ebrill 1840.
28 Maldwyn Jones, *Destination America* (Llundain: Weidenfeld & Nicholson, 1976), t. 117.
29 'Englynion arobryn i'r Cyfaill o'r Hen Wlad (Llinos Glan Ohio)' – *Y Cyfaill o'r Hen Wlad*, Mai 1854.
30 William Brock, *The United States 1789–1890* (Ithaca: Cornell University Press, 1975), tt. 188–9.
31 Powell, *Cofiant William Rowlands*.
32 Rydw i'n ddiolchgar iawn i'r Athro Elisa New am roi'r cyfle i mi ddefnyddio ei hystafell i bori drwy ei chasgliad personol o gyfnodolion Saesneg Americanaidd yn ystod fy nghyfnod ym Mhrifysgol Harvard.
33 Mewn sgwrs gyda Werner Sollors, dywedodd fod y wasg gyfnodol yn allweddol i hunaniaeth ymfudwyr o nifer o genhedloedd, a gellid cymharu'r Cymry â phrofiadau cenhedloedd lleiafrifol eraill er mwyn datblygu dealltwriaeth mwy cyffredinol o berthynas y wasg â chenedligrwydd.
34 Marc Shell a Werner Sollors, *The Multilingual Anthology of American Literature: A Reader of original texts with English translations* (Efrog Newydd: New York University Press, 2000); Marc Shell, 'Babel in America', yn M. Shell (gol.), *American Babel* (Llundain: Harvard University Press, 2002), tt. 3–34; Esther Whitfield, 'Mordecai and Haman: The Drama of Welsh America', yn M. Shell (gol.), *American Babel* (Llundain: Harvard

Nodiadau

University Press, 2002), tt. 93–117; Melinda Gray, 'Language and Belonging: A Welsh Language Novel in Late-Nineteenth-Century America', yn Werner Sollors (gol.), *Multilingual America: Transnationalism, Ethnicity, and the Languages of American Literature* (Llundain: New York University Press, 1998), tt. 91–102.

35 Werner Sollors, 'Introduction', yn Marc Shell ac Werner Sollors (goln), *The Multilingual Anthology of American Literature: A Reader of original texts with English translations* (Efrog Newydd: New York University Press, 2000), t. 7.

36 Gray, 'Language and Belonging'.

37 Jerry Hunter, 'O'r Ymfudwr Ffuglennol i'r Twrist Barddol', yn M. Wynn Thomas (gol.), *Gweld Sêr: Cymru a Chanrif America* (Caerdydd: Gwasg Prifysgol Cymru, 2001), tt. 40–73.

38 Gwyneth Lewis, 'Byw mewn Bydoedd Cyfochrog', yn M. Wynn Thomas (gol.), *Gweld Sêr: Cymru a Chanrif America* (Caerdydd: Gwasg Prifysgol Cymru, 2001), tt. 204–10.

39 Mae sawl cyfrol o'r *Proceedings of Harvard Celtic Colloqium, Journal of Welsh American Studies* sy'n ffrwyth cymdeithas NAASWCH a chynhadledd flynyddol CSANA yn brawf o'r cysylltiad rhwng America a'r gwledydd Celtaidd.

40 Heini Gruffydd, 'Pen Draw Cymreictod', yn M. Wynn Thomas (gol.), *Gweld Sêr: Cymru a Chanrif America* (Caerdydd: Gwasg Prifysgol Cymru, 2001), tt. 83–98.

41 M. Wynn Thomas, 'America: Cân fy Hunan', yn M. Wynn Thomas (gol.), *Gweld Sêr: Cymru a Chanrif America* (Caerdydd: Gwasg Prifysgol Cymru, 2001), t. 1–29.

Llyfryddiaeth

Anderson, Benedict, *Imagined Communities: Reflections on the origin and spread of nationalism* (London: Verso, 1983).

Barrett, Faith, 'American poetry fights the Civil War', yn Alfred Bendixen (gol.), *Cambridge History of American Poetry* (Efrog Newydd: Cambridge University Press, 2015), tt. 306–28.

Baycroft, Timothy, *Nationalism in Europe, 1789–1945* (Caergrawnt: Cambridge University Press, 1998).

Baym, Nina et al., *The Norton Anthology: American Literature. 7th Edition, volume B, 1820–65* (Efrog Newydd: Norton and Co.).

Beetham, Margaret, 'Towards a theory of the periodical as a publishing genre', yn Laurel Brake, Aled Jones a Lionel Madden (goln), *Investigating Victorian Journalism* (Hampshire: Macmillan, 1990), tt. 19–32.

Bendixen, Alfred, 'The Emergence of Romantic Traditions', yn Alfred Bendixen (gol.), *Cambridge History of American Poetry* (Efrog Newydd: Cambridge University Press, 2015), tt. 177–92.

Bennett, Richard, *Blynyddoedd Cyntaf Methodistiaeth* (Caernarfon: Llyfrfa'r Cyfundeb, 1909).

Bercovitch, Sacvan, *The Rites of Assent: Transformations in the Symbolic Construction of America* (Llundain: Routledge, 1993).

Bercovitch, Sacvan, 'Introduction', yn Sacvan Bercovitch (gol.), *The Cambridge History of American Literature, vol 2 1820–65* (Caergrawnt: Cambridge University Press, 1995), tt. 1–8.

Bhabha, Homi, 'DissemiNation: time, narrative, and the margins of the modern nation', yn Bhabha, Homi (gol.), *Nation and Narration* (Llundain: Routledge, 1991).

Bhabha, Homi, 'Introduction: narrating the nation', yn Homi Bhabha (gol.), *Nation and Narration* (Llundain: Routledge, 1991), tt. 1–8.

Bodnar, John, *Transplanted: A History of Immigrants in Urban America* (Indiana University Press, 1987).
Brake, Laurel, 'Introduction', yn Laurel Brake et al. (goln), *Nineteenth Century Media and the Construction of Identities* (Efrog Newydd: Palgrave, 2000), tt. 1–10.
Brake, Laurel, a Julie Codell, 'Introduction: Encountering the Press', yn Laurel Brake and Julie Codell (goln), *Encounters in the Victorian Press: editors, authors and readers* (Basingstoke: Houndmills, 2005), tt. 1–10.
Brock, William, *The United States, 1789–1890* (Ithaca: Cornell University Press, 1975).
Byron, Reginald, *Irish America* (Oxford: Clarendon, 1999).
Carroll, Peter a Noble, David W., *The Free and the Unfree: A New History of the United States* (Llundain: Penguin, 1988).
Caulkins, D. Douglas, 'Welsh Reflections: Y Drych and America 1851–2001 – review', *Journal of American Ethnic History* (2002), 103–4.
Cohen, Michael C., 'Whittier, Holmes, Lowell and the New England Tradition', yn Alfred Bendixen (gol.), *Cambridge History of American Poetry* (Efrog Newydd: Cambridge University Press, 2015), tt. 259–81.
Colley, Linda, *Britons: Forging the Nation* (Llundain: Pimlico, 1992).
Conboy, Martin, *The Press and Popular Culture* (Llundain: Sage, 2002).
Conway, Alan, *The Welsh in America: Letters from the Immigrants* (Caerdydd: University of Wales Press, 1961).
Coupland, Nikolas et al., 'Home Truths: Globalisation and the Iconising of Welsh in a Welsh-American Newspaper', *Journal of Multilingual and Multicultural Development*, 24 (2002), 153–77.
Daniels, Roger, *Coming to America: A History of Immigration and Ethnicity in American Life* (Efrog Newydd: HarperCollins, 1990).
Davies, D. Eurig, *Y Winllan Well* (Talybont: Lolfa, 2015).
Davies, David, *Oshkosh, Wisconsin, Welsh Settlement Centennial: Translation of 'Hanes y Cymry'* (Amarillo: Russell Stationery, 1947).
Davies, E. T., *Religion and Society in the Nineteenth Century* (Llandybïe: Christopher Davies, 1981).
Davies, Hugh, *Hanes Cymanfa Dwyreinbarth Pennsylvania 1845–1896* (Utica: T. J. Griffiths, 1898).
Davies, Hywel, *Transatlantic Brethren: Rev. Samuel Jones (1735–1814) and his friends. Baptists in Wales, Pennsylvania and beyond* (Llundain: Associated University Presses, 1995).
Davies, John, *Hanes Cymru* (Llundain: Penguin, 2007).
Davies, Russell, *Hope and Heartbreak: A Social History of Wales and the Welsh, 1776–1871* (Caerdydd: University of Wales Press, 2005).

Llyfryddiaeth

Day, Graham, a Thompson, Andrew, *Theorizing Nationalism* (Hampshire: Palgrave Macmillan, 2004).
Dicker, Susan J., *Languages in America* (Clevedon: Cromwell, 2003).
Dinnerstein, Leonard, a Reimers, David M., *Ethnic Americans* (Efrog Newydd: Columbia University Press, 1999).
Edwards, D., Miall, *Iaith a Diwylliant Cenedl* (Dolgellau: Y Brodyr Hughes, 1927).
Edwards, Hywel Teifi, *Gŵyl Gwalia: Yr Eisteddfod Genedlaethol yn Oes Aur Victoria. 1858–1868* (Llandysul: Gomer, 1980).
Edwards, Hywel Teifi, *Ceiriog* (Caernarfon: Pantycelyn, 1987).
Edwards, Hywel Teifi, *Eisteddfod Ffair y Byd Chicago 1893* (Llandysul: Gomer, 1990).
Edwards, Hywel Teifi, 'The Eisteddfod Poet: An Embattled Figure', yn Hywel Teifi Edwards (gol.), *A Guide to Welsh Literature c.1800–1900* (Caerdydd: Gwasg Prifysgol Cymru, 2000), tt. 24–47.
Edwards, Hywel Teifi, 'Llef dros y ganrif fwyaf', yn Geraint H. Jenkins (gol.), *Cymru a'r Cymry 2000 – Trafodion Cynhadledd Milflwyddiant Canolfan Uwchefrydiau Cymreig a Cheltaidd Prifysgol Cymru* (Llandysul: Gomer, 2001), tt. 71–86.
Ellis, David, 'The Assimilation of the Welsh in Central New York', *Welsh History Review*, 6 (1973), 424–47.
Ellis, David M., 'The Welsh in Utica', *Transactions of Honourable Society of Cymmrodorion* (1981), 127–37.
Evans, D. Gareth, *A History of Wales* (Caerdydd: University of Wales Press, 1989).
Evans, John, *Bywyd ac Athrawiaeth John Calfin* (Caernarfon: Llyfrfa y Cyfundeb, 1909).
Evans, Neil, 'The Urbanization of Welsh Society', yn Herbert Trevor ac Elwyn Jones (gol.), *People and Protest: Wales 1815–1880* (Caerdydd: University of Wales Press, 1988).
Evans, Paul, 'The Welsh in Oneida County, New York' (thesis MA heb ei gyhoeddi, Cornell University, 1914).
Fish, Carl, *The Development of American Nationality* (Efrog Newydd: American Book Company, 1913).
Fish, Stanley, *Is There a Text in this Class? The Authority of Interpretive Communities* (Cambridge: Harvard University Press, 1980).
Fitz, Earl, *Rediscovering the New World: Inter-American Literature in a comparative context* (Caergrawnt: University of Iowa Press, 1991).
Foner, Eric, *Give me Liberty!* (Llundain: Norton, 2014).
Frank, Armin, 'An Invitation to Inter-American Literary Studies', yn Armin Frank a Helga Essman (goln), *The Internationality of National*

Literatures in either America: Transfer and transformation (Gottingen: Wallstein, 1991), tt. 11–27.

Frank, Gado, 'Asserting a National Voice', yn Alfred Bendixen (gol.), *Cambridge History of American Poetry* (Efrog Newydd: Cambridge University Press, 2015), tt. 155–76.

Franklin, John a Moss, Jr, Alfred A., *From Slavery to Freedom: A History of African Americans, 7th edition* (Efrog Newydd: Alfred A. Knopf, 1994).

Garraty, John a Carnes, Mark, *The American Nation* (Efrog Newydd: Longman, 2000).

Gellner, Ernest, *Nations and Nationalism* (Rhydychen: Basil Blackwell, 1983).

Gellner, Ernest, *Nationalism* (Llundain: Weidenfield & Nicholson, 1997).

George, Stephen, *Ein Heglwys: ei hystyr, ei hanes a'i bywyd: Llyfr rhodd i gymunwyr ieuanc* (Caernarfon: Llyfrfa'r Methodistiaid Calfinaidd, 1933).

Gjerde, Jon, *Major Problems in American Immigration and Ethnic History* (Efrog Newydd: Houghton Mifflin, 1988).

Gray, Melinda, 'Language and Belonging: A Welsh Language Novel in Late-Nineteenth-Century America', yn Werner Sollors (gol.), *Multilingual America: Transnationalism, Ethnicity, and the Languages of American Literature* (Llundain: New York University Press, 1998), tt. 91–102.

Gray, Melinda, 'Grave Matters: Poetry and the Preservation of the Welsh language in the United States', yn M. Shell (gol.), *American Babel* (Llundain: Harvard University Press, 2002), tt. 307–22.

Griffiths, Huw, *Report of a research project on Y Drych and Welsh-American identities, 1851–1951* (Bwrdd Gwybodau Celtaidd, Prifysgol Cymru, 2002).

Griffiths, T. Solomon, *Hanes Methodistiaid Calfinaidd Utica, New York* (Utica: T. J. Griffiths, 1896).

Gruffydd, Heini, 'Pen Draw Cymreictod', yn M. Wynn Thomas (gol.), *Gweld Sêr: Cymru a Chanrif America* (Caerdydd: Gwasg Prifysgol Cymru, 2001), tt. 83–98.

Guibernau, Montserrat, 'Introduction', yn Montserrat Guibernau a John Rex (gol.), *Ethnicity Reader: nationalism, multiculturalism and migration* (Caergrawnt: Blackwell, 1997).

Handlin, Oscar, *The Uprooted* (Unol Daleithiau: Little Brown and company, 1951).

Handlin, Oscar, *Immigration as a Factor in American History* (New Jersey: Prentice Hall, 1959).

Llyfryddiaeth

Hanes cyfansoddiad, rheolau dysgyblaethol yn nghyda Chyffes Ffydd y corph o Fethodistiaid Calfinaidd yn Nghymru a gytunwyd arnynt yn Nghymdeithasfaoedd Aberystwyth a Bala, 1823 (Utica: E. E. Roberts, 1852).
Hansen, Marcus, *The Immigrant in American History* (Cambridge: Harvard University Press, 1940).
Hartmann, Edward, *Americans from Wales* (Boston: Christopher, 1967).
Hartmann, Edward, *American Immigration* (Minneapolis: Lerner, 1979).
Hastings, Adrian, *The Construction of Nationhood: Ethnicity, Religion and Nationalism* (Caergrawnt: Cambridge University Press, 1997).
Hess, Andreas, *American Social and Political Thought: A Concise Introduction* (Caeredin: Edinburgh University Press, 2000).
Hobsbawm, E. J., *Nations and nationalism since 1780: Programme, myth, reality* (West Nyack: Cambridge University Press, 1990).
Holifield, E. Brooks, *Theology in America: Christian Thought from the Age of the Puritan to the Civil War* (New Haven: Yale University Press, 2003).
Howell, Llewelyn D., *Traithawd ar ddechreuad a chynnydd y Cymry yn Utica a'i hamgylchoedd* (Rome: R. R. Meredith, 1860).
Hughes, Garfield, *Rhagymadroddion 1547–1659* (Caerdydd: Gwasg Prifysgol Cymru, 1976).
Hunter, Jerry, 'O'r Ymfudwr Ffuglennol i'r Twrist Barddol', yn M. Wynn Thomas (gol.), *Gweld Sêr: Cymru a Chanrif America* (Caerdydd: Gwasg Prifysgol Cymru, 2001), tt. 40–73.
Hunter, Jerry, *Llwch Cenhedloedd: Y Cymry a Rhyfel Cartref America* (Llanrwst: Gwasg Carreg Gwalch, 2003).
Hunter, Jerry, 'Y Traddodiad Llenyddol Coll', *Taliesin*, 118 (2003), 13–44.
Hunter, Jerry, *I Ddeffro Ysbryd y Wlad: Robert Everett a'r Ymgyrch yn erbyn Caethwasanaeth Americanaidd* (Llanrwst: Carreg Gwalch, 2007).
Hunter, Jerry, *Sons of Arthur, Children of Lincoln* (Caerdydd: University of Wales Press, 2007).
Hunter, Jerry, 'What can the Welsh do? Robert Everett and the Welsh-American Abolition Movement 1840–4', yn T. M. Charles-Edwards a R. J. W. Evans (goln), *Wales and the Wider World: Welsh History in an International Context* (Donnington: Shaun Tyas, 2010), tt. 157–83.
Jackson, Virginia, 'Longfellow in his time', yn Alfred Bendixen (gol.), *Cambridge History of American Poetry* (Efrog Newydd: Cambridge University Press, 2015), tt. 338–58.

Llyfryddiaeth

Jenkins, Geraint H., '"Cymru, Cymry a'r Gymraeg": Rhagymadrodd', Geraint H. Jenkins, *Gwnewch Bopeth yn Gymraeg: Yr iaith Gymraeg a'i pheuoedd 1801–1911* (Caerdydd: Gwasg Prifysgol Cymru, 1999), tt. 1–34.

Jenkins, Philip, *A History of Modern Wales, 1536–1990* (Llundain: Longman, 1992).

Jenkins, R. T., *Hanes Cymru yn y Bedwaredd Ganrif ar Bymtheg* (Caerdydd: Gwasg Prifysgol Cymru, 1933).

Jones, Aled, 'Yr Iaith Gymraeg a Newyddiaduraeth', yn Geraint H. Jenkins (gol.), *Gwnewch Bopeth yn Gymraeg: Yr iaith Gymraeg a'i pheuoedd 1801–1911* (Caerdydd: Gwasg Prifysgol Cymru, 1999), tt. 353–74.

Jones, Aled, 'The Welsh Newspaper Press', yn Hywel Teifi Edwards (gol.), *A Guide to Welsh Literature, 1800–1900* (Caerdydd: University of Wales Press, 2000), tt. 1–23.

Jones, Aled, a Jones, Bill, *Welsh Reflections: Y Drych & America, 1851–2001* (Llandysul: Gomer, 2001).

Jones, Aled Gruffydd, *Press, Politics and Society: A History of Journalism in Wales* (Caerdydd: University of Wales Press, 1993).

Jones, Ambrose, *Llenyddiaeth a Llenorion Cymreig y Bedwaredd Ganrif ar Bymtheg* (Lerpwl: Hugh Evans, 1922).

Jones, Bill, 'Raising the Wind: Emigrating from Wales to the USA in the late nineteenth century and early twentieth century' (Darlith flynyddol Canolfan Uwchefrydiau Cymry America – Prifysgol Caerdydd, 2003).

Jones, Ieuan Gwynedd, *Mid-Victorian Wales: The Observers and the Observed* (Caerdydd: University of Wales Press, 1992).

Jones, Maldwyn A., 'From the Old Country to the New: The Welsh in nineteenth century America', *Flintshire Historical Society Publication*, 27 (1975), 85–100.

Jones, Maldwyn, *American Immigration* (Chicago: The University of Chicago Press, 1960).

Jones, Maldwyn, *Destination America* (Llundain: Weidenfeld & Nicholson, 1976).

Jones, Maldwyn, *The Limits of Liberty* (Rhydychen: Oxford University Press, 1983).

Jones, Maldwyn, 'Welsh Americans and the anti-slavery movement in the United States', *Transactions of the Honourable Society of Cymmrodorion* (1985), 105–30.

Jones, R. Tudur, 'Rhyddiaith Grefyddol y Bedwaredd Ganrif ar Bymtheg', yn Geraint Bowen (gol.), *Y Traddodiad Rhyddiaith: Darlithiau Rhydychen* (Llandysul: Gomer, 1970), tt. 318–55.

Llyfryddiaeth

Jones, R. Tudur, 'Ymneilltuaeth a'r Iaith Gymraeg yn y Bedwaredd Ganrif ar Bymtheg', yn Geraint H. Jenkins (gol.), *Gwnewch Bopeth yn Gymraeg: Yr iaith Gymraeg a'i pheuoedd 1801–1911* (Caerdydd: Gwasg Prifysgol Cymru, 1999), tt. 229–50.

Jones, Richard Wyn, *Rhoi Cymru'n Gyntaf: Syniadaeth Plaid Cymru, cyfrol 1* (Caerdydd: Gwasg Prifysgol Cymru, 2007).

Jones, Robert Owen, *'Hir Oes i'r Iaith': Agweddau ar Hanes y Gymraeg a'r Gymdeithas* (Llandysul: Gomer, 1997).

Jones, T. Gwynn, *Llenyddiaeth Gymreig y Bedwaredd Ganrif ar Bymtheg: Llawlyfr at wasanaeth darllenwyr* (Caernarfon: Cwmni'r Wasg Genedlaethol Gymreig, 1927).

Jones, T. M., *Llenyddiaeth fy ngwlad* (Treffynnon: P. M. Evans, 1893).

Jones, W., *Wales in America: Scranton and the Welsh, 1860–1920* (Caerdydd: University of Wales Press, 1993).

Jones, William D., 'Y Gymraeg a Hunaniaeth Gymreig mewn Cymuned ym Mhennsylvania', yn Geraint H. Jenkins (gol.), *Iaith Carreg fy Aelwyd: Iaith a Chymuned yn y 19eg ganrif* (Caerdydd: Gwasg Prifysgol Cymru, 1999), tt. 255–80.

Jones, William J., *Yr Athrawydd Parod: sef Hyfforddydd anffaeledig i ddarllen ac ysgrifenu Cymraeg, yn nghyda rheolau barddoniaeth Gymreig ac elfenau rhifyddiaeth* (Utica: Davies & Griffiths, 1860).

Joseph, J., *Language and Identity* (Hampshire: Palgrave Macmillan, 2004).

Kinealy, Christine, *A Disunited Kingdom? England, Ireland, Scotland and Wales, 1800–1949* (Caergrawnt: Cambridge University Press, 1999).

King, Andrew, a Plunkett, John, *Victorian Print Media: A Reader* (Rhydychen: Oxford University Press, 2005).

Knowles, Anne, *Calvinists Incorporated: Welsh Immigrants on Ohio's Industrial Frontier* (Llundain: The University of Chicago Press, 2005).

Kraus, Michael, *Immigration: The American Mosaic* (Princeton: D. Van Nostrand, 1966).

Lewis, Gwyneth, 'Byw mewn Bydoedd Cyfochrog', yn M. Wynn Thomas (gol.), *Gweld Sêr: Cymru a Chanrif America* (Caerdydd: Gwasg Prifysgol Cymru, 2001), tt. 204–10.

Maini, Darshan, 'Psychoanalysis and Modern American Criticism', yn J. Chander a N. Pradhan (goln), *Studies in American Literature: essays in honour of William Mulder* (Delhi: Oxford University Press, 1976).

Matthiessen, F. O., *American Renaissance: art and expression in the age of Emerson and Whitman* (Llundain: Oxford University Press, 1968).

Mayo, Patricia, *The Roots of Identity: Three National Movements in Contemporary European Politics* (Llundain: Allen Lane, 1974).
Miller, David, *On Nationality* (Oxford: Clarendon, 1995).
Miller, Douglas, *The Birth of Modern America 1820–1850* (Efrog Newydd: Pegasus, 1970).
Miller, Kerby, *Emigrants and exiles* (Rhydychen: Oxford University Press, 1985).
Millward, E. G., *Cenedl o Bobl Ddewrion: Agweddau ar Lenyddiaeth Oes Victoria* (Llandysul: Gomer, 1991).
Morgan, Dyfnallt, *Gwŷr llên y bedwaredd ganrif ar bymtheg a'u cefndir* (Llandybïe: Christopher Davies, 1968).
New, Elisa, 'Bible Leaves! Bible Leaves! Hellenism and Hebraism in Melville's Moby Dick', *Poetics Today*, 19 (1998), 281–303.
Noll, Mark, *America's God: From Jonathan Edwards to Abraham Lincoln* (Rhydychen: Oxford University Press, 2002).
Orians, G. Harrison, 'The Rise of Romanticism 1805–1855', yn Harry Clark (gol.), *Transitions in American Literary History* (Efrog Newydd: Octagon, 1975), tt. 161–244.
Owen, Bob, 'Welsh American newspapers and periodicals', *Cylchgrawn Llyfrgell Genedlaethol Cymru*, 6 (1950), 373–84.
Owen, Bob, 'Cymry ac Addysg America', *Lleufer*, 14 (1958), tt. 29–34.
Parini, Jay, *Promised Land: 13 books that changed America* (Efrog Newydd: Doubleday, 2008).
Park, Robert Ezra, *Immigrant Press and its Control* (New York: Harper and Brothers, 1922).
Parry, Thomas, *Hanes Llenyddiaeth Gymraeg hyd 1900* (Caerdydd: Gwasg Prifysgol Cymru, 1944).
Parry, Thomas, *Hanes ein Llên* (Caerdydd: Gwasg Prifysgol Cymru, 1948).
Powell, Howell, *Cofiant y diweddar Barchedig William Rowlands, D.D., Utica Efrog Newydd* (Utica: Mrs Catherine Rowlands, 1873).
Price, K. a Smith, Susan, 'Periodical Literature in Social and Historical Context', yn K. Price a Susan Smith (goln), *Periodical Literature in Nineteenth Century America* (Llundain: Virginia University Press, 1995), tt. 3–16.
Pykett, Lyn, 'Reading the Periodical Press', yn Laurel Brake, Aled Jones a Lionel Madden (goln), *Investigating Victorian Journalism* (Hampshire: Macmillan, 1990), tt. 3–18.
Rees, Henry, a Parry, Moses, *Y Genadaeth i'r America: Golygiad byr ar agwedd crefydd y 'mhlith y Methodistiaid Calfinaidd yn Unol Daleithiau America, y nghyd â hanes taith Henry Rees a Moses Parry i ymweled â'r eglwysi yno* (Caerlleon: T. Thomas, 1841).

Reynolds, David, 'From periodical writer to poet: Whitman's journey through popular culture', yn K. Price a Susan Smith (goln), *Periodical Literature in Nineteenth Century America* (Llundain: Virginia University Press, 1995), tt. 35–50.

Rhys, Robert, *James Hughes: Iago Trichrug* (Caernarfon: Pantycelyn, 2007).

Richards, Eliza, 'Edgar Allan Poe's lost worlds', yn Alfred Bendixen (gol.), *Cambridge History of American Poetry* (Efrog Newydd: Cambridge University Press, 2015), tt. 217–37.

Richards, Melville, 'Eisteddfod y bedwaredd ganrif ar bymtheg', *Twf yr Eisteddfod: tair darlith* (Llys yr Eisteddfod Genedlaethol, 1968).

Rivlah, Julie, a Ryan, Michael, 'Introduction: English without Shadows, Literature on a World Scale', yn Julie Rivlah a Michael Ryan (goln), *Literary Theory: An Anthology* (Oxford: Blackwell, 1998).

Roberts, Brynley, 'Welsh Periodicals: A Survey', yn Laurel Brake, Aled Jones a Lionel Madden (goln), *Investigating Victorian Journalism* (Hampshire: Macmillan, 1990), tt. 71–84.

Roberts, Gomer, *Hanes Methodistiaeth Galfinaidd Cymru: cyfrol 1, Y Deffroad Mawr* (Caernarfon: Llyfrfa'r Methodistiaid Calfinaidd, 1973).

Roberts, Gomer, *Hanes Methodistiaeth Galfinaidd Cymru: cyfrol 2, Cynnydd y Corff* (Caernarfon: Llyfrfa'r Methodistiaid Calfinaidd, 1978).

Roberts, John, *Methodistiaeth Galfinaidd Cymru: ymgais at athroniaeth ei hanes, Darlith Davies 1930* (Llundain: Foyle, 1931).

Roberts, John, *The Calvinistic Methodism of Wales* (Caernarfon: Llyfrfa'r Cyfundeb, 1934).

Roberts, T., *Llenyddiaeth, Calfiniaeth a Methodistiaeth* (Caernarfon: W. Evans, 1894).

Roderick, A. J., *Golwg ar hanes Cymru o gyfnod y Tuduriaid hyd heddiw* (Truro: Ivan Corbett, 1982).

Roper, Moses, *Hanes bywyd a ffoedigaeth Moses Roper o gaethiwed Americanaidd* (Llanelli: Rees a Thomas, 1841).

Rossiter, Clinton, *The American Quest 1790–1860: An emerging nation in search of identity, unity and modernity* (Efrog Newydd: Harcourt Brace Jovanovich Inc., 1971).

Ruland, Richard, a Bradbury, Malcolm, *From Puritanism to Postmodernism: A History of American Literature* (Llundain: Routledge, 1991).

Schmidt, Albert-Marie, *John Calvin and the Calvinistic Tradition* (Llundain: Longmans, 1960).

Sernett, Milton, *North Star Country: Upstate New York and the Crusade for African-American Freedom* (Syracuse: Syracuse University Press, 2002).

Sesbachari, Neila, 'Leslie.A.Fiedeer: Critic as Mythographer', yn J. Chander a N. Pradhan (goln), *Studies in American Literature: essays in honour of William Mulder* (Delhi: Oxford University Press, 1976).

Shell, Marc, a Sollors, Werner, *The Multilingual Anthology of American Literature: A Reader of original texts with English translations* (Efrog Newydd: New York University Press, 2000).

Shell, Marc, 'Babel in America', yn M. Shell (gol.), *American Babel* (Llundain: Harvard University Press, 2002), tt. 3–34.

Shepperson, W. S., *British Emigration to North America: Projects and Opinions in the early Victorian Period* (Rhydychen: Basil Blackwell, 1957).

Skardal, Dorothy, 'Scandinavian-American Literature', yn Robert Pietro (gol.), *Ethnic Perspectives in American Literature: selected essays on the European contributions* (Efrog Newydd: Modern Language Association of America, 1983), tt. 232–65.

Smith, Anthony, *National Identity* (Llundain: Penguin, 1997).

Smith, Susan, 'Serialization and the nature of "Uncle Tom's Cabin"', yn K. Price a Susan Smith (goln), *Periodical Literature in Nineteenth Century America* (Llundain: Virginia University Press, 1995), tt. 69–89.

Sollors, Werner, 'Introduction', yn Marc Shell a Werner Sollors (goln), *The Multilingual Anthology of American Literature: A Reader of original texts with English translations* (Efrog Newydd: New York University Press, 2000), tt. 1–10.

Takaki, Ronald, *A Different Mirror: A History of Multicultural America* (Canada: Little Brown & Co, 2008).

Tony Tanner, *The Reign of Wonder: Naivety and Reality in American Literature* (Caergrawnt: Cambridge University Press, 1965).

Thomas, M. Wynn, 'America: Cân fy Hunan', yn M. Wynn Thomas (gol.), *Gweld Sêr: Cymru a Chanrif America* (Caerdydd: Gwasg Prifysgol Cymru, 2001), tt. 40–73.

Thomas, R. D., *Hanes Cymry America* (Utica: T. J. Griffiths, 1872).

Tocqueville, Alexis de, *Democracy in America* (Herts: Wordsworth Editions, 1998).

Tudur, Rhys, '*Y Cymro* 1932–45: Hanes sefydlu *Y Cymro*, ei ddatblygiad a'i gynnwys hyd ddiwedd yr Ail Ryfel Byd' (traethawd PhD, Prifysgol Cymru, Bangor, 2000).

Tyler, Robert, 'Y Wasg Gymraeg yn Nhrefedigaeth Awstralia', *Llafur*, 10 (2008), 21–32.

Walters, Huw, *Y Wasg Gyfnodol Gymreig 1735–1900 – arddangosfa 1987 yn y Llyfrgell Genedlaethol* (gwasg breifat, 1987).

Llyfryddiaeth

Walters, Huw, *Llyfryddiaeth Cylchgronau Cymreig 1735–1850* (Aberystwyth: Llyfrgell Genedlaethol Cymru, 1993).
Walters, Huw, 'Y Gymraeg a'r Wasg Gylchgronol', yn Geraint H. Jenkins (gol.), *Gwnewch Bopeth yn Gymraeg: Yr iaith Gymraeg a'i pheuoedd 1801–1911* (Caerdydd: Gwasg Prifysgol Cymru, 1999), tt. 327–53.
Whitfield, Esther, 'Mordecai and Haman: The Drama of Welsh America', yn M. Shell (gol.), *American Babel* (Llundain: Harvard University Press, 2002), tt. 93–117.
Whitman, Walt, *Leaves of Grass: Selected Poems and Prose* (Efrog Newydd: Doubleday, 1997).
Williams, D. D., *Llawlyfr Hanes Cyfundeb y Methodistiaid Calfinaidd* (Caernarfon: Pwyllgor Llenyddiaeth y Cyfundeb, 1927).
Williams, Daniel, *One Hundred Years of Calvinistic Methodism in America* (Philadelphia: Westminster, 1937).
Williams, Daniel, 'The Welsh Atlantic: Mapping the Contexts of Welsh-American Literature', yn M. Shell (gol.), *American Babel* (Llundain: Harvard University Press, 2002), tt. 343–68.
Williams, Daniel, 'Cymry Ewyrth Sam: Creu hunaniaeth Gymreig yn yr Unol Daleithiau c.1860–1900', yn Geraint H. Jenkins (gol.), *Cof Cenedl XVIII* (Llandysul: Gomer, 2003), tt. 127–60.
Williams, David, *Cymru ac America* (Caerdydd: Gwasg Prifysgol Cymru, 1975).
Williams, G. J., *Y Wasg Gymraeg ddoe a heddiw* (Bala: Llyfrau'r Faner, 1970).
Williams, Glanmor, *Religion, Language and Nationality in Wales* (Caerdydd: University of Wales Press, 1979).
Williams, Glanmor, *Grym Tafodau Tân: Ysgrifau Hanesyddol ar Grefydd a Diwylliant* (Llandysul: Gomer, 1989).
Williams, Gwyn A., *Y Baradwys Bell* (Caerdydd: Qualitex, 1976).
Williams, Gwyn A., *When was Wales?* (Llundain: Black Raven, 1985).
Williams, Ioan, *Capel a Chomin: Astudiaeth o Ffugchwedlau y pedwar llenor Fictorianaidd* (Caerdydd: Gwasg Prifysgol Cymru, 2000).
Williams, Jay, *Memory Stones: A History of Welsh-Americans in Central New York and their Churches* (Fleischmanns, Efrog Newydd: Purple Mountain, 1993).

Llyfryddiaeth

Cyfnodolion

Y Cyfaill o'r Hen Wlad
Y Cenhadwr Americanaidd
Y Seren Orllewinol
Y Drych
Yr Arweinydd
Haul Gomer
Y Dyngarwr
Y Drysorfa

Mynegai

Ab Gefell 157
Abolisioniaid 125, 128–9, 132, 134–5, 143, 161
Adams, J. Q. 130
adar 83, 213, 222–5, 230–31
adfywiad 172, 236
adnod 161, 252
adnodd 12, 25, 43, 100, 172–3, 182, 184, 186, 189, 194, 204, 211, 255, 259, 268
adolygiad 36, 101, 143, 159, 216, 221, 226
Adda 246
addoliad 20, 74, 113, 136, 189, 190, 193, 254
addysg 24–6, 41, 43–7, 57, 61, 83, 108–10, 116, 130, 136, 156, 172, 175, 179, 185, 187–9, 195, 197, 203, 207, 215, 218, 221, 225, 226, 242, 244, 247, 249–50, 252, 254
aelwyd 26, 171, 180
Affrican 112, 160
agenda 39, 56, 72, 99, 100, 105, 107, 140, 150, 156, 174, 263–4, 268
anghydfod 61, 82, 87, 89, 103, 105, 122, 129, 149, 154
Anghydffurfiaeth 20, 38

anghyfiawnder 110, 122, 127, 129
angor 20, 197, 218
Alban 111, 171, 179
Alleghenies 15, 125
alegori 246
Almaenwyr 2, 17, 19, 24, 32, 74, 262
allfudo 2, 16
alltud 22, 29, 36, 49, 73–4, 80, 170, 184, 186, 203, 205, 222–4, 233, 248, 266
Alltud y Groes 261
amaethyddol 12, 15
American Missionary 156
amgylchfyd 17, 19, 32, 53, 226, 252, 258
amhleidgarwch 50, 73
amlddiwylliannaeth 2, 206
Amserau, Yr 131, 148, 251, 255
Anderson, Benedict 5
anffurfiol 196
anianyddiaeth 47
annibyniaeth 15, 20, 100, 160, 214–15, 216–17, 238, 240–1, 243–5
Annibynwyr 21, 37, 59, 70–1, 74, 76, 77, 80, 82, 84, 88, 90–1, 96, 128, 133, 161, 238–9, 264

Mynegai

anrhydedd 36, 79, 87, 90, 114, 131,
    146, 150, 152, 154, 162, 166,
    173, 220, 229, 236–7
Anti-Humbug 251
anthem 177
antholeg 269
apocalyptaidd 198
araith 110, 146–7, 161, 163, 176,
    182, 206
areithyddiaeth 179
arfau 66–7, 84, 143–4, 200
argraffu 5, 11, 27, 39, 40, 43, 58,
    75–6, 114, 131, 133, 155, 158,
    172–3, 208, 220, 233, 237, 247
argraffwasg 7, 27, 36, 88, 92, 247
argyfwng 106, 158, 190–1
argyhoeddiad 20, 44, 47, 52, 55–6,
    77, 90–1, 96, 108, 113, 116,
    132, 162, 191, 251–2
arloeswr 2, 11, 30, 45, 62, 110, 173,
    257, 265
artistig 210
aruchel 43, 214, 248
arwahanrwydd 7, 17, 22–3, 25, 60,
    100, 169, 171, 189, 191
Arweinydd, Yr 103–4, 193–4
atgyfodi 116, 140, 161, 195, 235
Atlantic Monthly 223, 232
Athraw, Yr 27, 30, 165
athroniaeth 46, 248
awen 206–7, 212–13, 218–19, 220,
    223–5, 232, 234, 236–7, 244
Awstralia 22, 37

Babel 191, 200, 246
balchder 18–19, 173, 211, 234, 241
Baner Cymru 156
Baner ac Amserau Cymru 158–9
barddoniaeth 31, 46–8, 157–8, 182,
    204, 209, 210, 212, 216,
    219–20, 221, 223, 232, 235,
    241–3, 248, 254–5, 261

baromedr 208
Bedyddwyr 13, 21, 38, 59, 70, 83,
    88, 131
Beetham 3, 46
Beibl 17, 27, 45, 48, 74, 106, 119,
    135, 140, 143, 161, 189, 196,
    211, 228–9, 246, 252, 254
beirdd 29, 57, 177, 185, 200, 206–7,
    208–9, 210–11, 212–14,
    216–17, 219, 220–4, 231–3,
    235–9, 240, 243–8, 257, 263
beirniad (beirniaid) 104, 221,
    227–8, 233, 238–9, 242, 244–5,
    246, 251–2
beirniadaeth 6, 66, 82, 101, 140,
    142, 149, 216, 225, 227, 232,
    239, 246, 253, 268
benthyg 125
Beread, Y 59
Beth waeth pwy 144
Bhabha, Homi 37, 42, 48, 174
blaenor 44, 48, 84, 86, 113, 123,
    254
Blunt, Pch. E. 77, 80
boneddigion 224
Boston 1, 210
Boston Recorder 157
brad 58, 89, 200, 249, 252
Brake, Laurel 52–3
bratiog 182, 195, 197
brawdgarwch 74–5, 79, 178
brawdoliaeth 5, 21, 31, 38, 64, 221
brenhines (brenhiniaeth) 33,
    206–7
Brentinel, Geo. 193
brodorol 21, 25, 45, 169, 179, 183,
    194
brogarwch 213, 223, 238
Brown 241
Brown, John 151
brwydr 43, 66, 76, 79, 101, 106,
    110, 117–19, 120, 133, 144,

Mynegai

156, 158–9, 162, 165, 173–4,
186, 191, 195, 231, 237, 260
Brytaniaid 183
Brython 206–7, 266
Buchanan 147–8
buchedd 21, 228, 249–50
buddiol 36, 38–9, 43, 47–9, 50, 56,
65–6, 69, 71–2, 94, 99, 101–2,
115, 117, 155, 182 195, 200,
248, 254, 262
buddsoddi 41
buddugoliaeth 16, 162
Bunnau, John 244–5
Buren, Martin Van 137
Burned-over District 117
bydol 182, 192, 249–50, 252
byddin 72, 156–7

Caban F'Ewyrth Twm 139
cadwraeth 171, 173, 185, 188, 196
caethwasanaeth 8, 36, 83, 110–12,
114–19, 120, 122–7, 129, 130,
132–3, 135–9, 140–5, 147,
150–3, 156, 159, 160–1, 164–5
cainc 241
Caledfryn 239
caledi 12–14, 109, 269
Calfin 91–3, 120–2, 127, 132–3,
249–50
Califfornia 16
canllaw 24, 173, 245
canon 43, 158, 247, 269
carfan 40, 53, 65, 73, 83, 90–2, 105,
112, 119, 125, 129, 130, 132,
138, 147, 157, 183, 189, 193,
206, 217, 221, 244, 250–1, 253,
259
Carnhuanawc 206
Carwr Rhyddid i Bob Lliw 128
Carwr Uniondeb 130
Casnewydd 166
Cati 246

catrodau 157
cecru 8, 56, 65–6, 75–6, 83, 88,
87, 100
ceidwadaeth 121
Ceiriog 223
celfyddyd 22, 43, 47, 49, 210–12,
220, 243, 252, 255, 267
Celtaidd (Celtiad, Celtiaid) 162,
171, 199, 207, 216, 270
cenadwri 43, 55, 96, 98, 113, 122,
138, 144, 173, 187, 194, 219
cenedlaethau 16, 188, 195, 208,
225, 247
cenedlaetholdeb 15, 19, 166, 191,
210, 215–16, 222–3, 238, 240,
245, 269
cenhadu 27, 77, 252
cenhadaeth 29, 38, 44, 50, 56, 91,
127, 172, 182, 189
Cenhadwr Americanaidd, Y 59, 60,
70-3, 75–9, 80, 83–6, 88, 90,
95, 98, 100, 106, 115, 117, 119,
124, 127, 130–5, 139, 142, 148,
151–2, 154, 156, 159, 160–1,
163, 173, 199, 235, 243, 265
cenhedlaeth 20, 89, 150, 183, 188,
197, 200, 240, 265, 271
cerdd 12, 17, 33, 35, 63, 74, 80, 95,
107, 139, 143, 157–8, 166, 169,
203, 206–7, 214, 223, 230–1,
234, 243–4, 252, 257, 260, 266
cerdd dafod 220
cerddoriaeth 193, 243
Cincinnati 111, 147
clerwyr 224
clodfori 219
clytwaith 20, 79, 111, 160, 263
Codell, Julie 53
cofiant 29, 35, 42–3, 45, 73–4, 81,
90–1, 107–8, 113–14, 121–3,
125, 133, 142, 147–8, 157,
172, 221, 264, 267

Mynegai

Congl yr Athraw 225
colofn 32, 39, 42, 47, 83, 98,
    132, 151–3, 156, 159–60,
    174, 245
Columbia 162
confensiwn 223–4, 261
confensiynau 214, 249
consensws 50, 92, 96, 106–7,
    222, 241
Conway, Alan 17
Cooper 215, 241
coron 57, 206
creadigaeth 4, 19, 51, 71, 204,
    240
creadigrwydd 249, 254
crebwyll 89, 132, 218
Cristnogaeth 134, 194
Cristnogion 82, 118, 161
croth 208
Cwyn y Beirdd 220
cydaddoli 64
cydgenedl 16, 29, 32, 45, 48, 65,
    69, 87, 94, 117, 141, 144, 150,
    163, 175–6, 179, 226, 276,
    279, 281–2, 287
cydraddoldeb 115, 147
cydwladwyr 14, 17, 35, 38, 89,
    166, 181
cydwybod 26, 72, 111, 124, 128–9,
    140, 145–7, 150, 164, 190
Cydwybod Dyner 250
cydymaith 59, 84, 234, 257
cyfansoddiad 48, 108, 116, 152,
    160, 207, 232, 250
cyfarfod llenyddol 22, 234, 241,
    247
cyfarwyddyd 108, 127, 221, 254
cyfathrebu 2, 4, 5, 7, 12, 15–17,
    22–3, 36, 38, 51–2, 59, 70, 169,
    170, 184, 203, 259
cyfeillgarwch 31, 37, 39, 57
cyfeirlyfr 196

cyfiawnder 50, 58, 68, 77, 84, 86–7,
    94, 98, 106, 116
cyfnewidiol 37, 62, 82, 175, 194,
    233, 238, 242
cyfnodolyn 3, 8, 11, 24, 29, 30, 36,
    53, 56, 59, 69, 76, 101, 104,
    109, 112, 121, 133, 139, 145,
    176, 187, 258–9, 267
cyfoeth 6, 8, 42, 45, 50, 54, 192,
    199, 204, 206, 208, 225, 248
cyfraith 122
cyfreithiau 14, 109, 130
cyfranogi 40, 57, 154, 158, 175,
    187, 217
cyfranwyr 4, 23, 40, 53, 60, 75,
    82, 92, 113, 156, 174, 218,
    229, 230, 232–3, 252, 254
cyfryngau 2, 4, 17, 46, 98, 101,
    122, 163, 175, 200, 204–5,
    208, 215, 232, 235, 248
cyfundeb 28, 56, 76, 87, 90, 96–7,
    100–1, 104, 121, 126, 128, 132,
    135, 143, 163
cyfundrefn 108, 115, 124, 136, 151,
    161, 215, 250
Cyffes Ffydd 88, 123, 130
cyhoeddwyr 218, 233, 238
cyhuddiad 66, 68, 82, 84–6, 135,
    149, 150, 183, 227–8, 231
cylchrediad 30, 36–7, 40, 60, 69,
    96–8, 106, 117, 155, 163, 172,
    216, 237, 258, 267
cymanfa 1, 55, 70, 74, 103–4, 121,
    124–6, 128–9, 143, 191, 193,
    264–5
cymathu 18–19, 170–1, 240, 242
Cymdeithas Drefedigaethol
    112–13, 114, 116, 125, 138,
    148
cymdeithasfa 27, 56, 104, 122,
    126, 144, 248, 265
Cymdeithas Genhadol 157

Mynegai

Cymdeithas Wrthgaethiwol 112–14, 125–6, 128, 130
cymhellion 39, 43, 55, 67, 89, 105
cymhlethdod 7, 54, 259, 263, 267
Cymreigyddion 205
Cymro America 24
Cymro, Y 49, 149
Cymro Americiaidd, Y 149, 155
cymundeb 129
cyndadau 8, 40, 108
cyneddf 46, 197, 214, 253
cynhaliaeth 3, 17, 31, 45, 177, 208, 210–11, 230, 260, 262, 266
cynhysgaeth 8, 22, 171, 176, 211
cynnen 67, 76, 87, 96, 116, 134, 143
cynnydd 13, 15–16, 21, 24, 41, 47, 65–6, 96–8, 117, 122, 192, 194, 197
cynseiliau 3, 120
cyrch 162
cytgord 46, 263
cywair 25, 212, 226
cywilydd 83, 149, 183, 228
cywirdeb 142, 220, 225, 227–9, 230
cywydd 212, 217, 219, 222–3, 224

Channing 215
Chidlaw, Ben 18, 37, 39, 115
Christian Examiner 43, 256
Christian Register 43, 256
Chwarae Teg i Bob Ochr 91, 92, 112, 113, 120
Chwareu Teg 98, 115, 164, 226–9
Chwig(iaid) 123, 126, 137, 140, 146, 147
chwyldro 11, 15–17, 24, 121, 129, 218

daearyddol 5, 17, 29, 37–9, 57, 207
Dafydd, Dic Shon 180, 183, 294
daliadau 6, 15, 55, 67, 71, 92–3, 95, 108–9, 113–14, 122, 124, 131, 137, 140, 263, 268
Daneg 260
Dante 232
darlithwyr 200
Darnton, Robert 52
Datganiad o Annibyniaeth 160, 215
Datganiad Rhyddid 162
Davies, Hywel 38
dawnsfeydd 248
deallusion 42, 46, 215, 219, 260
deallusol 12, 32, 45–6, 48, 111, 118, 215, 222, 242
deddf 108, 122, 124, 140, 143–4, 153, 156, 160, 162
defnyddioldeb 71, 81, 90, 149, 176, 183, 192, 235, 242
defod 5, 13, 135, 250
defosiwn 186
deffroad 21, 118, 219
deheuol 111
delfryd 15
delwedd 38, 42, 50, 66, 127, 177, 192, 198, 204, 213, 220, 223, 230, 240, 250, 252
Democrat 109, 110, 137, 140, 142, 143, 146–9, 151, 153
Democrataidd (Democratiaeth) 14, 15, 24, 40, 109, 147–9, 151, 153
demograffeg 2, 12
deorfa 208–9
deublyg 19, 77, 105, 119, 144, 171, 241
deuoliaeth 157, 209, 215, 237, 260
dewrion 213

diaspora 21, 37, 61, 157, 166, 187, 208, 223, 258, 259, 267–9
Dicker 184
Dickinson 158
diduedd 30, 54, 63, 97, 102, 104, 106, 109, 136, 237, 264
diddanwch 40, 249, 251
diddymiaeth 112, 116, 144
difodiant 195
dilyniant 21, 259
dinasyddion (dinasyddiaeth) 33, 108–10, 131, 136, 153, 157, 159, 160, 164–5, 171, 176, 180, 208, 240, 268
dinesydd 108–9, 147
diogelu 172, 176, 184, 186, 204
diorseddu 199
dirwest 67, 83, 123, 211, 254
discursive construct 173
disgwrs 7, 168, 174, 180, 223, 258, 268
disgynyddion 1, 8, 28, 267, 270
diwinyddiaeth 47, 179
diwydiant (diwydiannol) 12, 15, 16, 18, 40, 196
diwygiad(au) 83, 117, 121, 129, 134, 199, 248, 250, 255
diwygwyr 119
dolen 5, 11, 32, 49, 190
Douglas 153
dramateiddio 224, 231
Drych, Y 8, 59, 97–102, 142–4, 148, 149, 152, 161, 233, 244
Drysorfa, Y 36, 56, 104, 121, 133
Duponceau 215
duwiol 44, 50, 55, 123, 229, 254
dwyieithrwydd 184, 187, 194
dychymyg 5, 215, 225
dyddiadur 17, 74, 111, 157
dyngarol 41, 115, 125, 160, 236
Dyngarwr, Y 123–24, 136–7
dysg 35, 44–5

Dysgedydd, Y 133, 268
dysgeidiaeth 25, 55, 64, 76, 91–3, 120–1, 128, 136, 138, 146, 199, 206, 248

Edwards, Hywel Teifi 174, 240
Edwards, Lewis 26, 194, 239
Efrog Newydd 1, 2, 11, 14, 16, 24, 28–9, 31, 59, 74, 81, 103, 117–18, 122, 184, 210, 232, 235, 237
Eglwys Loegr 186
Egwan, Dewi 198, 225
englyn 230–2, 243–4, 257
Eingl-Americanaidd 214, 270
Eisteddfod 8, 22, 143, 176, 197, 205, 221, 233–43, 246–52, 255, 265
elitaidd (elitiaeth) 205, 232
elw 69, 181–2
Ellis, W. E. 126–8, 135
Ellis, Ynys 2
Emancipator 114
Emerson, Ralph 214–16, 248
Emlyn, Dewi 163, 199
emosiynau 209
enaid 229
encounters 53
endid 7, 74, 98, 155, 182, 195, 203, 212, 219, 227, 235, 260–2, 269
enllib 65, 75, 77–8, 80, 87, 93, 97, 101, 135, 150
enwadaeth 8, 57, 63–5
Eos Glan Twrch 212, 214, 219, 225–6, 242, 251
epig 248
erchylltra 128, 139, 143
erledigaeth 13, 82, 91, 126
erydu 267
Eryr Gwernabwy 230
Eryr Taf 232
esblygu 36, 214, 224

Mynegai

esgeuluso (esgeulustod) 152, 176, 183, 185, 188, 190, 224, 230
etifeddiaeth 3, 9, 19, 47, 178, 180, 185, 203, 206, 213, 241, 267, 270
ethnig 7, 17, 19, 20, 32, 48, 166, 179–81, 183, 191, 198, 219, 235, 242, 269
etholiad 114, 126, 136, 141, 146–53, 164
euog 83, 134, 183, 185
Evans, Pch. Rees 142
Everett, Robert 59, 77–87, 94, 117, 120, 122–3, 125–6, 130–1, 133–5, 137, 139, 144, 148, 159, 161, 234, 255
ewyllys 35
Ewyllysiwr Pobpeth Da 186
Eyddwen 88–9

Fichte 172
Finney, Charles G. 75, 117
Fish, Stanley 51–2
Foucault 233
Foulkes, Thomas 140, 144
Free Soil Party 137
Fremont 145, 148, 156
Fugitive Slave Law 138

ffenomen 2, 13, 175, 203, 205, 238
fforwm 12, 50, 53, 66, 87, 97, 113, 119, 132, 135, 141, 208, 218, 221, 228, 231–3
ffiniau 15, 37, 48, 57, 61, 63, 98–9, 102, 104, 118, 139, 184–5, 193–4, 200, 216, 238, 265
fframwaith 3, 159, 204, 207, 221, 222, 227, 235, 268
ffresni 215
ffugchwedl 255
ffugenw 8, 55, 81, 84, 88, 90–5, 109, 113–14, 128, 130, 144, 145, 213, 227, 229, 230, 233, 244, 264
ffuglen 207–8, 210, 253–5
ffyddlondeb 60, 96, 102, 114, 125, 162, 176, 229
ffynhonnell 6, 7, 12, 41, 67, 100, 107, 119, 147, 182, 224, 245, 259, 268

Gado, Frank 210
gagendor 171
Gag Law 129
galwad 120, 157, 173, 183, 244, 245
galwedigaeth 28, 192
Gates Jr, Henry Louis 115, 242
Gellner, Ernest 5, 20, 45, 57
gelyniaeth 73, 75, 170, 198
glastwreiddio 196, 266
goddefgar 64, 77, 87
Gogledd 1, 16, 33, 125, 150, 153, 160–2, 219, 238
gogwydd 34, 54, 59, 119, 120
gohebiaeth 38, 53, 83, 104, 159, 218
Gomer 11, 45, 70, 68, 174–5, 178, 198, 234, 252
gorchestion 213, 236, 241
gorchwyl 49, 177, 200, 226, 233, 249
gorffennol 2, 4, 8, 140, 157, 170, 178, 182, 216, 224, 235
Gorllewin 15, 16, 29, 78, 112, 153
gormes 12, 101, 190, 199
gornest 123
goruchafiaeth 72, 81, 231, 249
gramadeg 47, 184, 195, 225–9, 231, 232
Gray, Melinda 269
Greeley, Horace 163
gwasgaredig 31, 49, 65, 238

Mynegai

gwasg gyfnodol 6, 24, 30, 76, 110, 114, 149, 150, 155, 173, 189, 251, 260, 262, 267
gweddi 27
gweinidogaeth 28, 120, 126
gweithredol (gweithredu) 21, 37, 58, 74, 98, 121, 130, 135–6, 142, 144, 173–4, 182, 207, 254, 267
gweledigaeth 58, 63, 99
gweithgareddau 20
gwendid(au) 182, 195, 219
Gwentydd Bychan 249
Gweriniaethwyr 141–2, 144–8, 150–1, 153–4, 160
Gwerinwr 145, 151
gwerthiant 25, 97, 158
gwerthoedd 7, 18, 21, 34, 50, 116, 203, 237
Gwilym, Ab 33, 57, 95
Gwilym Fardd 77, 81, 82, 220, 225
gwladgarol (gwladgarwch) 21, 43, 49, 50, 57, 60–1, 106, 108, 125, 161–2, 174, 177, 194, 196, 199, 200, 205, 207, 223
Gwladgarwr, Y 233
gwladwriaeth 13, 31, 51, 123, 156, 175, 210, 264
gwleidyddiaeth 8, 14, 50, 113–15, 123–7, 132, 137, 146, 154, 158–60, 162, 166, 227
gwreiddiau 20, 25, 66, 192
Gwron Democrataidd, Y 154–155
gwrthdaro 59, 66, 74, 91, 94, 131
Gwrthgaethiwedyddion 121–3, 126, 134–5, 139–42, 144, 149, 150, 167
gwrthrychol (gwrthrychedd) 73, 75, 97–8, 148, 156, 165, 227, 235
gwrthryfel 141, 167, 206

gwrthwynebu (gwrthwynebiad) 64, 118, 121, 124, 127–8, 132, 136, 142, 145–6, 149, 151, 171, 189, 198, 257–8
Gwyddeleg 176–7
Gwyddelod 8, 25, 30, 117, 124, 168
Gwyddoniadur 251–2
gwyddoniaeth 21, 53, 198
gwyliau 14, 27, 209, 254, 256
Gwynedd, Iorthryn 14, 30, 43, 58, 74, 90, 120, 235–9, 242–3, 244, 264
Gymraes, Y 247

haeriadau 56, 67, 88, 114, 142, 193, 228
hamdden 47
Handlin, Oscar 171
hanesyddol 2, 5, 7, 12, 36, 152, 169, 172, 178–9, 199, 204–5, 252, 259
haniaethol 5, 65, 182, 192, 248, 252–3, 258
Hansen, Marcus 32
Hards 147
Harris, Joseph 45
Harvard 223
Haul Gomer 94, 109
hawl 3, 16, 43, 93–4, 96, 109, 127, 129, 132, 134, 153, 164, 172, 183, 211, 239
Hebog Du 91, 112–13, 162
heddwch 57–8, 65–8, 74, 78–9, 81, 85, 106, 126, 130–1, 155, 159, 165–6, 282
heddychwr 161
Hen Destament 118, 224
hierarchiaeth 16, 192, 213
hiliaeth 115
hiraeth 2, 17, 33, 157, 195, 209, 212–13, 223–4

Mynegai

Hiraethog, Gwilym 11–13, 135, 255
Hobsbawm, E. J. 20
Hoe, Richard 40
Howell, Llewelyn D. 147
Howes, John 124
Hughes, E. J. 160
Hughes, James 121
Hugo, Victor 152
Hunter, Jerry 31, 147, 157, 170, 204, 209, 219, 221, 236, 240, 244, 266
hyder 40, 173, 182, 200, 210, 212, 215, 241–2
hyfforddiant 229
hyfforddwr 220, 226, 231
hygrededd 68–9, 79, 215
hynafol 235
hyrwyddo 18, 42, 97, 152, 183, 207
hysbyseb 33, 40, 107

ideoleg 22, 51, 54, 114, 119, 182, 249
Idloes 195
ieithwedd 43, 56–7, 65, 95, 161, 165, 182, 186, 228
ieuenctid 26, 44, 85, 103, 181, 183, 206, 245
Inglis Côs 189
integriti 135
Ioan, Gwilym ab 33, 57
Ionawr 11, 83–6, 114, 211
Iorwerth 91–3
Iorwerth Glan Aled 227–8, 239
Irish American 118, 171
Irving 241
israddol 185, 192, 223
Iwerddon 12, 17, 19, 17, 260

Jac Glan-y-Gors 180
Jackson, Andrew 15–16, 40, 104, 109, 140, 147

J. B. W. 192–3
Jefferson 15, 147
Jenkins, Jenkin 88–9
Jenkins, Thomas 27, 104–5, 150
Jeremiah 251
Jonathan 118, 262
Jones, Aled 23, 51, 91, 100, 171
Jones, Bill 64
Jones, B. W. 226
Jones, Pch. J. J. 147
Jones, J. M. 149
Jones, T. M. 258, 264
Jones, Maldwyn 110, 115
Jones, Owen 192
Jones, R. Tudur 44, 47
Jones, Richard Wyn 46
Jones, Robert Owen 44, 54, 188, 200
Jones, William J. 128

Kansas 140, 143–4, 146, 148, 153
King, Andrew 12, 52, 233
Knowles 60–1, 70–1, 73–4, 90–1, 95–6, 101–2, 106–7

Lerpwl 22, 61
Lewis 14
Lewis, E. J. 193
Liberator 140
Liberia 112, 116, 148
Lincoln 115, 153–4, 156, 162, 165–6
London Post 159
London Times 152, 159
Longfellow 216
Lovejoy 116
Lowell 244

lladmerydd 71, 74, 79, 107
llafur 26, 72, 181–2, 207, 236, 261

Mynegai

Llangeitho 26–7
llawforwyn 188–9, 215
llawlyfr 43
llenor 44, 139, 210, 214, 220–1, 224, 233, 237, 241–2, 245–7, 253, 255, 257
lleol 21, 31–2, 99, 170–1, 207, 247–8
Llesiant a rhagoroldeb cymdeithasau dirwestol 211
llifeiriant 117
llinach 166, 179
Llinos Glan Ohio 243, 257, 266
Lloegr 37, 57, 111, 159, 166, 259
llofruddiaeth 116, 166
Llundain 22, 26, 37, 49, 121, 157, 166, 205, 251
lluniaeth 220
llwfrdra 131
llwncdestun 34, 206, 270
Llwyfo, Llew 143
Llyfrau Gleision 184, 200, 234, 242, 249, 252
llyfrgell 185
llythreniaeth 225
llythrennedd 12, 17, 20, 22, 32, 45, 173, 194, 205, 208, 253
Llywodraeth 5, 14, 16, 19, 56, 109, 110–11, 119, 123, 134, 136, 146, 155–6, 160, 164, 166, 173, 184–5, 249
llywydd 101, 126–7, 137, 147–8, 150, 152–4, 160, 162–3, 165–6, 173

mabwysiedig 2, 14, 18, 25, 33, 108, 110, 141, 152, 155–6, 158, 170, 206, 211, 239
maeth 45, 70, 187, 203, 211, 220, 243, 255
magl 90, 231, 261

magwrfa 8, 21–2, 99, 210–11, 217, 220
Malen 180, 254
mamiaith 4, 11, 20–1, 23–4, 28–9, 33, 36, 64, 108, 139, 156, 166, 170, 179, 181, 188, 193, 195–6, 198, 200, 242
mamwlad 3–4, 6, 17–18, 21, 33, 38, 61, 175–6, 208, 212–13, 236–8, 242, 266
Manifest Destiny 16, 241
maniffesto 130, 151, 214
marwnad 157, 166, 209
masnach 14–15, 25, 27, 33, 44, 111, 115, 118–19, 128, 143, 192
Matthiesen 244
mawl 222, 231, 244
meddylfryd 4, 6, 15, 18, 20, 67, 98, 121, 186, 192, 197, 214, 241, 248–9, 259, 266–7
Mehefin 83,
Meirionnydd 223
Melville 158, 220, 256
menter 29, 35, 40–2, 51, 61, 69, 97, 149, 155, 218, 245, 265
Methodistiaeth Galfinaidd 121
mewnbwn 210
mewnlifiad 2, 16–17
microcosm 18
Miller, David 5, 205
Miller, Douglas 19
Miller, Kerby 171
Millward, E. G. 259
Milton 232
milwr (milwyr) 106, 156–8, 162
misolyn 11, 25, 29, 35, 47, 51, 61, 83, 96, 128, 131, 155, 187, 217, 220, 230, 233, 261, 264, 267
misolion 73, 98, 102, 143, 155, 174, 217, 234, 253
Missouri 153

Mynegai

moeseg 39, 62
moesoldeb 21, 50, 94, 205, 248, 251, 253
moeswers 180, 252
monopoli 58, 156
Morrys 254
mudiad 15–16, 21, 42, 45–6, 77, 110, 118–19, 120–2, 144, 172, 199, 235, 237, 242
Mwyalchen Glan Wnion 222–3, 224–5
myfyrdodau 210
Myllin 94
mynegiant 2, 7–8, 25, 30, 42, 50, 54, 76, 105, 149, 173, 175, 182, 192, 203–5, 219, 251, 255
Myrddin 145

naratif 6, 19, 42, 46, 51, 57, 108, 174, 254
National Era 139
nawdd 22, 26, 66, 90, 206–7, 212, 224–5
New, Elisa 260
newyddiadur 30, 32, 97, 99, 100, 102, 152, 159, 160
newyn 17, 108, 171
New York Tribune 41,
Ninnau 8, 270
noddi 178, 213, 224
North American Review 217
nostalgia 163, 216, 224
Norwy 32, 206, 242, 260

Ohio 14, 15, 29, 104, 124, 146, 173, 192, 201, 232, 235, 243, 246
Oneida 14, 115, 243, 246–7
Owen, Bob 110
Owen, James 138

Pabyddion 118,
pamffled 18, 148, 173

Paris 159
Park, Robert 4, 23
Parry, Thomas 253
Paulding 215
Pennsylfania 13–14, 29, 173, 232, 234–5, 241
penny press 40–1
perchnogaeth 39, 94, 96, 104
piler 8, 31, 110 142, 169, 173
Pittsburgh 88
Plaid y Tir Rhydd 137–8, 140, 147–8
Plaid Weriniaethol 140–1, 146, 151
Pleidwyr Tiriogaeth Rydd 136
plismon 229
Plunkett, John 12, 52, 233
plwyfoldeb 238
poblogaeth 12, 15–16, 46, 169, 209, 267
poblogaidd 24, 34, 38, 40, 54, 66, 91, 158–9, 173, 182, 209, 213, 216, 223, 226, 234, 254
pontio 4, 37, 39, 47–8, 52, 58, 70, 245, 267
Pontypŵl 27, 44
portread 6–7, 174, 176, 254
Powell, Howell 26
preservationist 206
Price, K. 208
Price, Pch. Thomas 206
proffesu 80, 87, 125, 136–7, 162, 185, 214, 240
propaganda 120, 127
proses 3, 7, 18–19, 22, 35–7, 50–2, 70, 113, 115, 129, 204, 238, 256, 263, 269
Protestaniaid 86
Prydain 2, 12–13, 17-8, 22, 28, 33–4, 106, 110–11, 152, 159, 162, 166–7, 183, 194, 199, 214, 216, 266

Mynegai

Prydeindod 34, 185
Prydeiniwr 207, 219
pryddest 143, 207, 241, 265
Puleston, Dr J. Henry 149
purdeb 31, 136, 195, 223, 226, 230
puryddion 196
pwlpud 30, 44, 122, 124–6, 130, 136, 163, 247, 264
Pykett, Lyn 10
Philadelphia 263

Racine 143, 145–6, 190, 290–1, 296
Radical(iaeth) 118, 120–1, 163, 189, 217
Reader-response theory 269
realiti 6, 127, 190, 216, 223, 258
Reception theory 51
recriwtio 157–8
Remsen 14, 83, 124–5, 198
Republicaniaid 145
Roberts, Brynley 59, 94, 143
Roberts, Morris 134
Roberts, Samuel 161, 238
Roberts, William G. 143
Robyn Wyn o Feirion 243
Rolvaag 242
Rossiter 215
Rowlands, William 8, 11, 25–37, 39, 41–7, 50, 54–8, 60–1, 63, 67, 70–1, 73–4, 76–82, 90–1, 93, 95–6, 101–2, 106–7, 113–18, 120, 124, 131, 133, 143

rhagfarn 58, 75, 77, 88–90, 97, 135, 255
Rhagluniaeth 210
rhagolygon 41, 94, 182
rhagordeinio 97
rhagoriaeth 181, 190, 195, 237, 238, 246

rhagrith 58, 68, 128, 132, 198
rhagymadrodd 41–2, 163, 181–2, 227
Rhamantiaeth (Rhamantaidd) 42, 174, 192, 199, 223–4, 254
rhaniadau 58, 63, 65, 131, 173
rheilffordd 16, 158
Rheolau Dysgyblaethol 121
rhesymeg 56, 86, 114
rhethreg 43, 144, 177, 180, 222
rhifyddiaeth 44
rhinwedd 14, 29, 50, 76, 94, 109, 142, 181, 182, 184, 221, 231, 234, 254
Rhyddfrydol 15
Rhyddid, Plaid 126, 138, 150, 152
rhwydwaith 25, 31, 38, 51, 59, 60, 80, 96, 119, 157, 166, 208, 240, 247, 268
rhwyg 12, 37, 54, 68, 77, 123
Rhyfel Cartref 106, 142, 147, 155, 158, 194, 200
rhyngwladol 160

Sais 26, 50, 177, 183, 218–9
Samuel, John 201, 263–4
sanctaidd 84, 143, 188, 229, 250
sarhad 85, 88, 228–9, 235
Scranton 241
seicoleg 5, 170
Selby 28
Senedd 108, 114, 128–9
sentimental 158, 179, 181, 193, 223–4
Seren Gomer 50, 67, 70, 94, 171, 208, 252
Seren Oneida 126
Seren Orllewinol 59, 83, 93, 131
seryddiaeth 43
Seward, Henry 151, 153
Shaftesbury, Arglwydd 163
Shakespeare 250–1

Mynegai

Shepperson, W. S. 22
Siartiaid 152
sillafu 231
Slatington 93
Smith, Gerrit 125
sofraniaeth 6, 249
Softs 147
Steuben 14, 59, 198
Stowe, Harriet Beecher 163
strategaeth 52, 86, 92, 102, 145, 151, 176, 180
strwythur 4, 5, 7, 34, 51–2, 104, 139, 155, 262
Sumner, Charles 146, 163
swyddogol 14, 22, 102–4, 109, 110, 163, 172, 182, 199, 243
sylwebaeth 36–7, 43, 52, 98, 106, 151, 157, 159, 163, 216, 222, 239, 264
symbiotig 52, 171, 247, 262
symbol 4, 12, 16, 37, 169, 172, 178, 187, 191, 203, 258
System Newydd 6, 17, 19, 36, 91, 122, 133

tabula rasa 24
Tadau Methodistaidd 120, 122
Tad Pryderus 157
tafoli 244, 260, 265
talaith 1, 14–16, 117, 122, 173, 265
techneg 42, 153, 174, 183
technoleg 24, 40
telegraff 40, 158
terfysg 153
Texas 16, 232
teyrngarwch 19, 60, 66, 82, 102, 107, 109, 117, 136, 142, 159, 167, 175, 206, 241
tiriogaeth 11, 33, 136, 140, 178, 181, 207
Tocqueville, Alexis de 118

tonau 193, 210
torfol 40
traethawd 162, 176, 183, 218, 232, 242
Traethodydd, Y 59
tramor 21, 24, 34, 181–2
tras 241
trawsatlantig 36, 61, 91, 131, 134, 175, 209, 216, 235, 238, 266
trawsblannu 18–19
trawsfudiad 20, 33
trefedigaeth 25, 33, 113–16, 125, 162
Trefedigaethwyr 113–16, 125, 162
Trichrug, Iago 37
trigolion 16, 17, 33, 38, 40, 110, 115, 175, 178, 193
trosedd 34, 183
trosiad(au) 18, 37, 40, 95, 180, 192, 213
trysor 8, 49, 102, 188, 192, 234
Tudur 44, 47, 140
tynged 24, 51, 76, 141, 145, 163, 165, 171, 224, 244, 266
Tyler, Robert 50

The Old Countryman 22
Thomas, M. Wynn 162
Thomas, William H. 114–16, 119, 120, 124
Thompson, J. P. 138

Uchel-Galfiniaeth 120
uniaith 17, 23, 109, 113, 169, 171, 174, 186, 189
unigolyddiaeth 15
Unol Daleithiau 7, 12, 14, 16, 21, 23–5, 30, 36–7, 65, 115, 119, 136, 142, 169, 184, 185, 205, 215, 236, 239, 241, 244, 252, 271
urddas 136, 183, 237

Mynegai

utgyrn 214
Utica 14, 24, 59, 94, 103, 128, 147, 165, 192, 239, 241, 243, 246, 247, 250, 265

Vermont 2, 198
Victoria 12, 34, 37, 46, 105, 186, 206

Walters, Huw 259, 260
Wenglish 196
Whig 109, 132
Whitefield 77
Whitman, Walt 158, 216, 241
Whittier 129, 139, 140, 216
Williams, Daniel 214, 242
Williams, Evan 152
Williams, Glanmor 17, 44, 266
Williams o'r Wern 133
Williams, Thomas H. 115
Williams, William 77–80, 91
Wisconsin 14, 16, 109, 143–4, 232, 235, 273
Wynne, Ellis 48

Yankees 198
ymborth 172, 219, 220, 253
Ymdeithydd 140
ymdoddi 3, 115, 170, 173, 191
ymfudedig 2, 32, 49, 110, 118, 172, 174, 178, 210, 239
ymosodiad 50, 56, 67, 85, 87, 100, 129, 130, 143
ymrafael 58, 112, 136, 221
ymrestru 43, 122, 137
ymrwymiad 28, 48, 54, 66, 68, 84, 91, 102, 105–6, 116, 135, 221, 227
ymryson 50, 56, 64, 75–6, 86, 127, 140, 183, 193, 226
ymsefydlu 17, 21, 200
ymson 129, 143
ymylol 266
ynysig (ynysu) 205, 266
Ysbiwr 74, 81
ysbrydoli 210, 241, 256
ysgrifbin 123, 128
Ysgrythur 44, 188, 252
ystyron 4, 6, 19, 25, 51, 55, 114, 204, 213, 216, 222, 258, 266